Corrigenda

Durch ein Versehen sind im Text des Zwölftafelgesetzes einige Fehler stehen geblieben.

S. 85 Z. 6/7 v. u. links lies: FAMILIA,

S. 87 Z. 21 links lies: *συκῆν*

S. 89 Z. 2 v. u. links lies: est negligentia

S. 91 Z. 4–7 v. u. links lies:

Duram esse legem putas, quae iudicem arbitrumve iure datum, qui ob rem iudicandam pecuniam accepisse convictus est, capite poenitur?

S. 92 Z. 3 rechts lies: befiehlt

S. 93 Z. 15 rechts lies: Tuditanus

S. 93 Z. 2 v. u. links lies: legibus

S. 95 Z. 1 rechts lies: Tacitus

Römisches Recht

und

römische Rechtsgeschichte

Römisches Recht
und
römische Rechtsgeschichte

Eine Einführung

von

Gottfried Härtel und Elemér Pólay

1987

HERMANN BÖHLAUS NACHFOLGER WEIMAR

Umschlagbild:
Detail aus dem Friedensaltar des Augustus
(Foto: Bibelanstalt Altenburg)

ISBN 3-7400-0048-1

Erschienen im Verlag Hermann Böhlaus Nachf. DDR - Weimar, Meyerstr. 50a
Hermann Böhlaus Nachf. Weimar 1986
Lizenznummer 272/140/154/86
Printed in the German Democratic Republic
Gesamtherstellung: VEB Druckhaus Köthen
L.-Nr. 2532
Best.-Nr. 795 633 3
LSV-Nr. 0415
03400

Inhaltsverzeichnis

ZWEITER TEIL

Grundriß der Geschichte des Privatrechts

VORBEMERKUNG

Das Rechtssystem der Römer und seine von den ersten Zeugnissen an rund zweieinhalb Jahrtausende währende Gültigkeit wurde von jeher als eine Ordnung von besonderer Bedeutung betrachtet. Sie war die erste Rechtsordnung, die von ihren Schöpfern wissenschaftlich durchdrungen wurde, eine Rechtsordnung, die, vollkommen an den Antagonismus sozialer Klassen, an die Kategorien des Privateigentums gebunden, aus den einfachsten Formen der Warenproduktion und des Warenaustausches ein höchst vollkommenes System entwickelte.

Dies System hätte sich das Studium der Historiker und Rechtswissenschaftler gesichert, auch wenn es nicht die Gesellschaftsordnung, in der es entstanden war, überlebt hätte. Nun ist jedoch das „erste Weltrecht einer warenproduzierenden Gesellschaft" (Engels), „das römische Privatrecht" als „das Privatrecht in seiner klassischen Ausbildung" (Marx) in den Jahrhunderten des Feudalismus und Kapitalismus Grundlage des geltenden Rechts geblieben, teils in Verbindung mit den einheimischen Rechten Europas, teils als in mannigfachen Formen und Inhalten direkt rezipiertes Recht. Auch die Rechtskodifikationen der kapitalistischen Gesellschaft, mit denen sich der Sozialismus konfrontiert sieht, enthalten zahlreiche Wesenszüge des römischen Rechts. Bis heute gilt, daß es nicht nur für Altertums- und Geschichtswissenschaftler ein Forschungsgegenstand von großer Bedeutung ist, nicht nur für den Juristen unerläßlich, dessen Wissenschaft sich auf Rechtsvergleichung und Geschichte des Rechts bezieht, sondern daß die Kenntnis des römischen Rechts von eminent praktischer Bedeutung für das Verständnis aller Rechtsvorgänge in der Vergangenheit wie in der Gegenwart ist.

Auch unter völlig veränderten gesellschaftlichen Bedingungen behalten die von den römischen Juristen geschaffenen und bis ins einzelne durchdachten und formulierten rechtlichen Grundtatsachen gesellschaftlichen Zusammenlebens ihre Bedeutung, und nicht wenige sind mit neuen Inhalten auch in das sozialistische Zivilrecht hinübergelangt: Grundbegriffe wie Rechts- und Handlungsfähigkeit, die Formen des Eigentumserwerbs und des Besitzes,

Grundlagen der Schuld- und der Erfolgshaftung und des Schadensersatzes, insbesondere die verschiedenen Arten von Verträgen für Darlehen, Verwahrung, Kauf, Miete, Unternehmen, Nichtigkeit und Anfechtbarkeit von Verträgen, ferner die Institutionen des Erbrechts, Nachlaß, Vermächtnis, gesetzliche und testamentarische Erbfolge und Adoption, insbesondere der Begriff der Klage und die Formen der Klageerhebung – all dies, um nur einige Bereiche auch des heutigen Zivilrechts zu nennen, wurde von den römischen Juristen und Staatsbeamten so entwickelt, daß „alle späteren Gesetzgebungen nicht Wesentliches daran zu verbessern vermochten" (Engels). So blieb die Geschichte der Institutionen, der Rechtsinstitute der Römer ein Wissenschaftszweig, der nicht nur für die allgemeine Geschichte der römischen Gesellschaftsordnung und der Rechtsentwicklung Europas, sondern auch für das Verständnis unserer eigenen Rechtsordnung grundlegende Bedeutung behielt.

Recht und Rechtsinstitut sind jedoch niemals losgelöst von der sozialen Ordnung und staatlichen Verfassung zu betrachten, in der sie entstanden sind. So stellt die römische Rechtsgeschichte seit ihrer Entwicklung zu einem selbständigen Wissenschaftszweig im vorigen Jahrhundert die sozialen und ökonomischen Grundlagen der römischen Rechtsentwicklung ebenso dar, wie die Verfassung des Staates. Recht und Rechtswissenschaft werden dabei in engem Zusammenhang gesehen mit den Epochen des Staatswesens: mit der römischen Republik das archaische und das „Vorklassisch" genannte Recht, mit dem Prinzipat das „Klassische", mit dem Dominat das als „Nachklassisch" bezeichnete – bis zur Kodifikation unter Justinian im 6. Jahrhundert u. Z. Eine marxistische Darstellung dieser Geschichte wird dadurch charakterisiert, daß die Veränderung der sozialökonomischen Basis als Ausgangspunkt auch für den Entwicklungsprozeß des römischen Rechts erkannt wird, d. h. die Rolle der Sklaverei in der patriarchalischen Gesellschaft, die Rolle der warenproduzierenden Sklaverei in der späten Republik und im Prinzipat, schließlich die Veränderung der Produktionsverhältnisse in der Zeit der Niedergangs der Sklavereigesellschaft.

Wir verweisen an dieser Stelle auf die wesentlichen Äußerungen der Klassiker des Marxismus, die am Anfang der Bibliographie zum Stoff unseres Buches angegeben werden (Seite 227). Im Anschluß daran finden sich die wichtigsten Titel, die zu dieser Materie in den einzelnen sozialistischen und in anderen Ländern vorliegen. Unser Ziel ist es, mit der Herausgabe dieses Buches eine Einführung für Althistoriker, klassische Philologen, Archäologen ebenso wie für Rechtswissenschaftler, aber auch für „Laien" zu geben, die sich für die römische Antike interessieren und die sich gleichzeitig über den Entwicklungsprozeß des römischen Staates und Rechts unterrichten wollen. Daneben möge das Buch geeignet sein, auch den Zielsetzungen eines kurzen Lehrbuches zu entsprechen, die sowohl an den Universitäten und Pädagogischen Hochschulen im Rahmen der Ausbildung der Geschichtsstudenten, als auch im Rahmen der Juristenausbildung auf der Grundlage des Marxismus-Leninismus zu berücksichtigen sind. Aus diesem Grunde weicht unsere Konzeption von den traditionellen Werken in vielen Punkten ab. Wir beabsichtigen nicht nur, die traditionellen Bestandteile der römischen Rechtsgeschichte, wie sozialökonomische Grundlagen, Staatsgeschichte, Quellengeschichte und das äußere Nachleben des römischen Rechts darzustellen, sondern wir wollten auch eine kurze Übersicht der Institutionengeschichte im Bereich des Personen-, Vermögens- und Prozeßrechts bieten. Dies sollte nicht nur in der antiken Periode der Entwicklung des römischen Privatrechts, sondern auch im Gange des nachjustinianischen Entwicklungsprozesses bis zur Neuzeit dargestellt und damit nicht nur eine äußere, formale, sondern eine inhaltliche Geschichte des auf die Rechtsentwicklung Europas eine so bestimmende Wirkung ausübenden römischen Privatrechts wenigstens angedeutet werden. Diese Entwicklung beabsichtigen wir nicht ausschließlich nach den herkömmlichen Perioden der römischen Rechtsgeschichte, wie archaische Periode, Zeitalter des Weltreiches, Niedergang Roms zu periodisieren, da die Entwicklungsstufen z. B. der einzelnen Rechtsquellen oder der Institutionen des Privatrechts nicht immer und auch nicht immer glücklich durch eine scharfe Zäsur getrennt werden können. Damit wollen wir natürlich keineswegs sagen, daß im vorliegenden Buch von den Entwicklungsstufen des römischen Staats und Rechts abgegangen wird. Durch Einbeziehung der Quellengeschichte bzw. der privatrechtlichen Institutionengeschichte können wir ein einheitlicheres Bild über diesen Entwicklungsgang geben, als beispielsweise mit Hilfe der gespaltenen Darstellung des Gesetzesbegriffs, der römischen Familie u. a. in der archaischen Zeit, der Periode des Weltreiches etc. Durch dieses einheitliche, aber dynamische Bild werden die Übergangsperioden im Rahmen der einzelnen Rechtsinstitutionen ohne scharfe künstliche Zäsuren überbrückt.

Die Verfasser möchten an dieser Stelle bemerken, daß der erste Teil des vorliegenden Buches in seinen Grundzügen der Struktur des „Historischen Teils“ des Lehrbuches „Római jog“ folgt, das von E. Pólay geschrieben wurde. Die Ausführungen von E. Pólay wurden von G. Härtel gemeinsam mit E. Pólay be- und verarbeitet. Beide Autoren legen Wert darauf, zu betonen, daß das Buch eine Gemeinschaftsarbeit darstellt und sie für den Inhalt insgesamt gemeinsam die Verantwortung tragen.

EINLEITUNG

Begriff des römischen Rechts und Gegenstand der römischen Rechtsgeschichte

Unter römischem Recht versteht man im weiteren Sinne das im Laufe von mehr als einem Jahrtausend ausgestaltete Rechtssystem, dessen Entwicklung in Rom während der Königszeit, also etwa im späten 7./6. Jh. v. u. Z., begann, das seine hohe Differenzierung im Zeitalter des römischen Weltreiches erzielte und dessen Entwicklung im 6. Jh. im Byzantinischen Reich, in der Kodifikation Kaiser Justinians I. (527–565) vollendet wurde. Im engeren Sinne verstehen wir unter römischem Recht das römische Privatrecht. Die Juristen Roms teilten seit dem Ende der Republik das Rechtssystem in das öffentliche und in das Privatrecht ein. Das öffentliche Recht regelt die Struktur des Staates und das Verhältnis der Bürger zum Staat, während das Privatrecht sich mit ihren persönlichen bzw. familien- und güterrechtlichen Verhältnissen der Untertanen des Staates zueinander befaßt. Da die persönlichen Verhältnisse zu einem gewissen Teil und die güterrechtlichen Verhältnisse in ihrer Gesamtheit Warenaustauschverhältnisse im Römischen Reich darstellen, ist das römische Privatrecht seinem Wesen nach ein Warenaustauschrecht, und zwar das entwickeltste Warenaustauschrecht im Altertum.

Im Mittelpunkt des Unterrichts der römischen Rechtsgeschichte stand allezeit das römische Recht im engeren Sinne, d. h. das römische Privatrecht.

Obwohl beim Zusammenbruch des Staatsapparates des Weströmischen Reiches gewisse öffentlich-rechtliche Lösungen, die Benennungen einiger Staatsorgane (z. B. *senatus, consul*) Roms auch von den feudalen, ja sogar von den kapitalistischen Staaten übernommen wurden, wurde die Struktur des Staates vernichtet, und damit verlor das öffentliche Recht Roms seine Bedeutung für die Entwicklung des Staatsrechtes im Feudalismus. Das Güteraustauschsrecht des Römischen Reiches, das römische Privatrecht hat demgegenüber den römischen Staat überlebt. Die grundlegende Ursache dieses Überlebens ist darin zu sehen, daß das römische Privatrecht als das Recht der entwickeltsten Warenproduktion des Altertums ausgezeichnet geeignet war, die Grundlage der späteren Regelungen des Güteraustauschs zu bilden. Die große historische Autorität des antiken Rom und der Umstand, daß das justinianische römische Recht ab dem 11. Jh., von der Zeit der Entfaltung des Gewerbes und Handels der norditalienischen Städte, in diesen Städten der Gegenstand des Universitätsunterrichts wurde, trugen dazu bei, daß die aus ganz Europa kommenden und an den dortigen Universitäten studierenden Juristengenerationen die absolute Hochachtung und Kenntnis des römischen Rechts in den meisten Staaten Europas verbreiteten. Das römische Recht wurde überdies sowohl von der römischen als auch von der orthodoxen byzantinischen Kirche angewendet und im 15. Jh. vom Heiligen Römischen Reich Deutscher Nation zu seinem eigenen lebenden Recht erhoben. Die aus der praktischen Anwendung des römischen Rechts in Deutschland hervorgegangene wissenschaftliche Richtung, die Pandektistik, hat auf die Entwicklung der meisten privatrechtlichen Systeme Europas seine nachhaltige Wirkung ausgeübt. Schließlich wurden auch die kapitalistischen Zivilgesetzbücher, so der französische Code civil, die österreichischen und deutschen Zivilgesetzbücher auf römisch-rechtlichen Grundlagen – wenn auch mit gewissen Einschränkungen – aufgebaut. Die kolonialen Eroberungen brachten das römische Privatrecht auch nach Übersee. So ist z. B. in der Südafrikanischen Republik das von den Buren eingeführte Pandektenrecht, das roman-dutch-law, ein auch heute noch geltendes Recht.

Im Mittelpunkt unserer Studie steht deshalb zunächst einmal das antik-römische Privatrecht, das dann auch das Prozeßrecht enthielt, einschließlich der justinianischen Kodifikation. Die weitere Entwicklung des römischen Privatrechts im Feudalismus und im Zeitalter des Frühkapitalismus wird im Abschnitt über das postjustinianische Weiterleben des römischen Privatrechts behandelt.

Außerdem werden wir die Entwicklung des römischen öffentlichen Rechts kurz darstellen, da ohne dessen Kenntnis die Ausgestaltung des römischen Privatrechts nicht genügend verstanden werden kann. Demgemäß ist die Struktur des Buches wie folgt gegliedert: Roms sozialökonomische Entwicklung mit einer jeweils kurzen historischen Darstellung, sein Staatsgebilde, die Gliederung des römischen Rechtssystems, die Quellen des antik-römischen Rechts und die äußere Geschichte des Weiterlebens des römischen Privatrechts nach Justinian. Danach erörtern wir den Entwicklungsprozeß des Privatrechts im antiken Rom in seinen Grundzügen, weiterhin die Grundlagen der Geschichte des „Strafrechts" im antiken Rom, und abschließend geben wir Hinweise zur inneren Geschichte des Nachlebens des römischen Privatrechts bis zum Kapitalismus.

ERSTER TEIL

Entwicklungsgeschichte und Quellen des römischen Rechts

Vorbemerkung: Epochen der Rechtsentwicklung

Die bürgerlichen Rechtshistoriker machen die Veränderungen des Rechts im allgemeinen zur Grundlage der Periodisierung bei der Darstellung der römischen Rechtsentwicklung. Sie gehen dabei entweder von den Entwicklungsperioden der Staatsformen (Königtum, Republik, Kaiserzeit), von den Veränderungen des römischen Privatrechts (Epoche der ausschließlichen Geltung des Zivilrechts, der parallelen Geltung des Zivil- und des prätorischen Rechts und der Fusion der zwei Arten des Rechts – *ius publicum* und *ius privatum* –) oder von den Entwicklungsperioden der Jurisprudenz (archaisches, vorklassisches, klassisches und nachklassisches Recht) aus. Die Wissenschaft des römischen Rechts auf marxistischer Basis betrachtet die Veränderungen der Produktionsverhältnisse als Grundlage für die Einteilung der Epochen. Dabei sind, infolge der aktiven Rolle des Überbaues, auch die Veränderungen des rechtlichen, zunächst einmal des privatrechtlichen Überbaues, zu berücksichtigen. Vom Gesichtspunkt der Veränderungen der wirtschaftlichen Grundlage aus können in der Geschichte Roms drei große Epochen unterschieden werden: die Epoche der patriarchalischen Sklavereiverhältnisse, die am Ende des 1. Punischen Krieges abgschlossen war, als mit dem Einströmen von großen Sklavenmassen sich die Struktur der Produktion veränderte und sich das Arbeitssystem der warenproduzierenden Sklaverei entwickelte. Dieses Arbeitssystem trägt aber bereits ab dem 2. Jh. der Kaiserzeit die Keime des Verfalls in sich, wobei dieser Niedergang in der wirtschaftlichen Grundlage des Reiches im 3. Jh. ganz offensichtlich wird.

In der Entwicklung des rechtlichen Überbaues spielte die Rechtswissenschaft in der Tat die entscheidende Rolle, und so ist es deshalb am zweckmäßigsten, die Veränderungen der Epochen aus dieser Sicht her zu untersuchen. Diese Jurisprudenz ist in der patriarchalischen Epoche des frühen Rom kaum sichtbar und entfaltet sich erst unter dem Einfluß der nach dem 1. Punischen Krieg (264–241 v. u. Z.) ausgestalteten Warenproduktion. Durch die Rechtswissenschaft wurden die Grundlagen des elastischen Warenaustauschsrechts gelegt, das seine genaue Ausarbeitung in den ersten drei Jahrhunderten der Kaiserzeit erfuhr. Es ist die Blütezeit der Rechtswissenschaft, so daß die Prinzipatszeit als das klassische Zeitalter der römischen Rechtsentwicklung bezeichnet wird. Die vorangehende Epoche, die sich vom 1. Punischen Krieg bis zum Beginn der Kaiserzeit erstreckt, bewertet man als vorklassische Epoche des römischen Rechts, die der klassischen Zeit folgende Epoche, deren Schlußstein die Kodifikation Justinians I. (527/65) darstellt, ist die nachklassische Epoche oder die des justinianischen Rechts. Wir können somit, unter Berücksichtigung des soeben Ausgeführten, von folgenden Epochen sprechen:

a) Das uralte Recht der römischen bäuerlichen Gesellschaft (auch archaisches Recht genannt). Dieses Zeitalter ist die Epoche der patriarchalischen Sklaverei mit ihrem, den archaischen starren und bäuerlichen Lebensverhältnissen entsprechendem Rechtssystem. Diese Epoche erstreckt sich von der Gründung Roms bis zur Mitte des 4. Jh. v. u. Z.

b) Das Recht des römischen Groß- und Weltreiches, also das vorklassische und das klassische Recht. Diese Epoche ist das blühende Zeitalter der warenerzeugenden Sklavereigesellschaft, in dessen erster Hälfte Rom die Grundlagen des Warenaustauschsrechts (vorklassisches Recht) schafft und in der zweiten Hälfte dieses Recht eingehend bearbeitet (klassisches Recht). Diese Epoche reicht von der Mitte des 3. Jh. v. u. Z. ungefähr bis zum 3. Jh. u. Z. Die Grenzlinie zwischen der vorklassischen und der klassischen Epoche bildet etwa die Entstehung des Prinzipats.

c) Die dritte Epoche ist die des Rechts der Nieder- und Untergangsepoche des Römischen Reiches (nachklassisches und justinianisches Recht). Diese Zeit wird charakterisiert durch die Auflösung der warenerzeugenden Sklaverei und damit verbunden mit der Entstehung feudaler Elemente und einer gewissen Vereinfachung der Warenerzeugung. Die Vollendung dieser Rechtsentwicklung widerspiegelt sich in einem der größten Gesetzeswerke aller Zeiten, der Kodifikation durch Kaiser Justinian I.

I. Archaisches Recht der frühen römischen Gesellschaft

1. Gesellschaft, Wirtschaft und Bevölkerung im bäuerlichen Rom

Die im Verlauf des 8./7. Jh. ursprünglich aus dem Zusammenschluß der latinischen und sabinischen Stämme entstandene und dann unter etruskischen Einfluß geratene Bevölkerung Roms lebte an der Grenze zwischen der Urgesellschaft und der auf Sklaverei beruhenden Ordnung in einer patriarchalischen Gentilorganisation. Gemäß der Tradition Varros wurde Rom nach etruskischem Brauch *(Etrusco ritu)* gegründet, wobei die Staatsentstehung einen längeren historischen Prozeß darstellte, der im 7. und zu Beginn des 6. Jh. v. u. Z. unter der Herrschaft der etruskischen Tarquinier-Dynastie (um 600 bis Ende 6. Jh.) seinen Abschluß fand.

Das Geschlecht *(gens)* bedeutete nach außen einen Schutzbund, nach innen drückt sich in einem solchen Familienverband das Bedürfnis aus, ein hauptsächlich aus Weiden, aber auch aus Ackerboden bestehendes Gemeinvermögen, weiterhin eine bestimmte Familien- und Erbfolgeordnung als Grundlage zu bewahren. Einige innerhalb der Geschlechter lebende und immer mehr Vermögen erwerbende Familien lockern aber diese urgesellschaftliche Organisation auf, und es entsteht das Privateigentum der Familienoberhäupter. Auf die Gentilorganisation weisen vor allem der gemeinsame Name (z. B. *gens Iulia*), die gemeinsamen Begräbnisplätze und die Feste hin. So war also die römische Familie am Anfang eine in Hausgemeinschaft lebende Bauernfamilie unter der Führung ihres Familienoberhauptes *(pater familias)*, unter dessen Gewalt sich die Gattin, die Kinder *(liberi* = Freie und Kinder) und evtl. bereits vorhandene Sklaven befanden. Der *pater familias* hatte über alles zum Hausverband Gehörende die absolute Vollgewalt, die bis zur Tötung *(vitae necisque potestas)*, Verstoßung und Verkauf der Gewaltunterworfenen reichte. Mißbräuche wurden nicht nur vom Staat geahndet, sondern auch vor den Göttern verantwortet, außerdem erfolgte ein gesellschaftlicher Boykott im gegebenen Falle auf Weisung des Zensors (s. u. S. 24) gegen den Täter. Bei schweren Vergehen wurde der Täter friedlos *(sacer)*, und von jedermann konnte die Gottheit gerächt und der Betreffende getötet werden.

Auf der Basis einer solchen gesellschaftlichen Organisation und der noch relativ primitiven Arbeitswerkzeuge und geringer Arbeitsteilung war im allgemeinen nur eine Naturalwirtschaft auszuüben. Dies schloß natürlich einen gewissen Warenaustausch nicht aus, der sich allerdings nicht gleichmäßig entwickelte und im 5. Jh. v. u. Z. eine rückläufige Tendenz aufwies. Ein bedeutenderer Warenaustausch begann dann erst im 4. Jh. v. u. Z. zwischen Rom und einigen etruskischen und süditalischen Städten.

Die noch langsame Entwicklung des Warenaustauschs zeigt sich auch darin, daß als allgemeines Tauschmittel nicht ausgearbeitete, sondern bei Gelegenheit des Kaufs dem Gewicht nach abzuwägende Kupferstücke *(aes rude)* als Zahlungsmittel Verwendung fanden. Sie wurden zur Zahlung gewogen (somit *pondere* = zahlen). Erst nach dem Beginn eines bedeutenderen Warenaustauschs, also etwa ab der Mitte des 4. Jh. v. u. Z., erscheint der in Scheitform gegossene und mit verschiedenen Zeichen (wie Stier, Adler) versehene Kupferblock *(aes signatum)* als ein allgemeines Tauschmittel. Das Schlagen regelmäßiger Kupfermünzen beginnt in Rom nach der Beendigung des Latinerkrieges (338 v. u. Z.). Die erste römische Kupfermünze ist das

Pfund, ein 327 Gramm schweres rundes Geldstück, der *as libralis*, der später aus Bronze und in $^1/_3$ des alten *as* geschlagen wurde. Seit Beginn des 3. Jh. v. u. Z. wurden für den zwischenstaatlichen Warenaustausch die süditalischen griechischen Silbermünzen verwendet. Selbständige Silbermünzen wurden in Rom aber erst unmittelbar vor dem 1. Punischen Krieg, möglicherweise auch erst kurz vor dem 2. Punischen Krieg hergestellt. Diese Silbermünze hieß *denarius* und repräsentierte den Wert von zehn *asses* oder *quinarius*, fünf *asses*, während als silbernes Wechselgeld der *sestertius* (= $^1/_4$ *denarius* bzw. 2,5 *asses*) diente. Der Charakter dieser Wirtschaftsform wird von dem sich langsam entwickelnden Warenaustausch kaum in Richtung auf eine grundsätzliche Änderung beeinflußt. In dieser Gesellschaft produzierte der Sklave fast ausschließlich für die persönlichen Bedürfnisse seines Herrn und dessen Familie, also für die Hausgemeinschaft.

Die freie Bevölkerung war wahrscheinlich bereits seit der Königszeit zweifach gegliedert, nämlich in Patrizier und in Plebejer. Der Ursprung beider Stände ist auch zurzeit noch nicht völlig geklärt. Eine Meinung besagt, daß beide Stände gleichen Ursprungs sind, daß es aber durch die Veränderung des Vermögensstandes nach und nach zwischen ihnen zu einer Differenzierung kam. Nach anderer Auffassung sind die Gegensätze zwischen beiden Ständen im ethnischen Ursprung zu suchen, da angeblich die Patrizier aus den erobernden Etruskern und die Plebejer aus den unterjochten Latinern und Sabinern hervorgingen. Friedrich Engels betont, daß die Bevölkerung des durch die Eroberung sich ständig vergrößernden römischen Gebietes fortlaufend zunahm, teils durch Einwanderung, teils durch Eroberung hauptsächlich derjenigen Gebiete, in denen die Latiner heimisch waren. Diese gehörten ursprünglich nicht einmal zum römischen Volk *(populus Romanus)* und stellten nach seiner Ansicht die Plebs dar.

Unseres Erachtens sind diejenigen zum Patriziat zu rechnen, die Angehörige des Geschlechteradels, also der Gentilaristokratie, waren. Sie nennen sich „Väter" *(patres)*. Rechtliche Stellung und politischer Einfluß wurden durch die Blutsverwandtschaft entschieden. In der Hand der Patrizier war der umfangreichste Teil des aus der gentilen Gemeindewiese *(ager compascuus)* entstehenden Staatslandes (bald *ager publicus*), das von ihnen weitgehend als Weide für das Vieh benutzt wurde. Generell war großer Besitz an Herden ein Maßstab für den Reichtum, was aus der auf *pecus* (Vieh) zurückzuführenden Bezeichnung für das Geld, *pecunia*, ersichtlich ist. Nach der Tradition bildete ein göttlicher Stammvater den Ursprung der Patrizier, hingegen waren die Plebejer bescheidener und betrachteten sich als *terrae filii*, „Söhne der Erde", womit wohl die Erdgottheiten gemeint sind. Aller Wahrscheinlichkeit nach dürfte die Entstehung der Plebejer in dieser frühen Zeit nicht durch ökonomische und soziale Differenzierung zu erklären sein, zumal es relativ wenig besitzende und viele arme Plebejer in der Zeit der Entstehung der römischen Sklavereigesellschaft gab. Es sind eben in dieser als Königszeit bezeichneten Periode Roms Plebejer noch nicht die generell armen freien Bürger, sondern die wegen ihrer niederen Abstammung nicht zum Adel Zählenden. Sie gelten als „vater- und sippenlose Menge".

Den nach Rom in großer Zahl einströmenden latinischen Fremden *(hostes, peregrini)* war es nur über das Asyl auf dem Capitol möglich, römischer Bürger zu werden, wobei sie sich in Form einer Zwangsklientel einem römischen Bürger, der ihr Patron *(patronus)* wurde, als Klient *(cliens)* unterstellen *(in fidem se dare)* mußten. Damit wurde der Klient Angehöriger der römischen Bürgerschaft, des *populus Romanus,* hatte nur minderes Recht, aber beteiligte sich an den *comitia curiata,* der ältesten Versammlung des Volkes (s. u. S. 26). Seine Pflicht bestand darin, seinem neuen Herrn, dem Patron, zu dessen Gens er von nun an zählte, konsequent politische Treue *(fides)* zu halten, während der Patron seinerseits wiederum seinen Klienten in Rechtsfragen unbedingt zu vertreten und ihm Schutz zu gewähren hatte.

Der Grundwiderspruch in der Epoche der Königszeit entwickelte sich also zwischen den Patriziern und den Plebejern, dem Großteil der Kleinproduzenten, während die im Entstehen begriffene grundbesitzende und viehzüchtende herrschende Klasse durch Okkupation des *ager publicus* danach trachtete, ständig mehr Grundbesitz und damit Reichtum zu erwerben und durch staatliche Institutionen ihr Eigentum zu sichern. Die Spannungen zwischen Patriziern und Plebejern verschärften sich zu Beginn der frühen Republik, als im Ergebnis der Kriege Roms die Widersprüche zwischen beiden Ständen mit elementarer Wucht auftraten. Die umfangreichere Viehbestände, größeren Grundbesitz und bereits Sklaven besitzenden Patrizier konnten naturgemäß die mit den Eroberungskriegen verbundenen Lasten viel leichter ertragen als die Plebejer, die immer mehr auf die Wucherdarlehen der Patrizier angewiesen waren und auch die Hauptmasse des Heeres stellten. Dies ermöglichte den Patriziern ab Beginn des 4. Jh. immer stärkere Konzentration des Grundbesitzes, was wiederum den Verlust des kleinen Grundbesitzes der Plebejer nach sich zog. Der Kampf zwischen beiden Ständen dauerte bis in die ersten Jahrzehnte des 3. Jh. v. u. Z. mit unterschiedlicher Heftigkeit und mit unterschiedlichen Zielen an. Er endete mit der *lex Hortensia* (287 v. u. Z. s. u. S. 30 f.). Jetzt entstand durch die Verschmelzung der Patrizier mit der Oberschicht der Plebejer die Nobilität, (von *nobiles,* die Edlen), der neue Amtsadel. Auf den Kampf zwischen beiden Ständen, deren Grenzen nicht zugleich die Klassengrenzen darstellen, wird an anderer Stelle noch zurückzukommen sein (s. u. S. 28 ff.).

In den ersten Jahrhunderten der römischen Geschichte war Rom nur einer der Stadtstaaten von Mittelitalien. Erst mit der Eroberung des etruskischen Veji (396 v. u. Z.) kam es zu einer beträchtlichen Änderung im sozialökonomischen und politischen Leben Roms (s. u. S. 32). Mit dieser Eroberung wurden zahlreiche Kriegsgefangene in das römische Wirtschaftsleben eingegliedert, und Rom überragte in kurzer Zeit die meist nur wenige Sklaven besitzenden latinischen Stadtstaaten. Der Ausbau des Systems der Sklavenarbeit steigerte die Kraft Roms mit der Vermehrung der Produktion bedeutend. Wir sind deshalb für jene Zeit berechtigt, von folgenden ständisch geprägten Klassen zu sprechen:

Die Klasse der Patrizier jener Zeit, der grundbesitzende und viehzüchtende Adel, der den größten Anteil des *ager publicus* in seinen Händen konzentriert hatte. Ferner die Klassen der freien Kleinproduzenten, Parzellenbauern und Handwerker, die zumeist fast ausschließlich ohne Sklaven arbeiteten und die Masse der Bevölkerung Roms darstellten. Sie wurden ökonomisch und politisch von der herrschenden Klasse ausgebeutet. Die Angehörigen der Plebs gehörten überwiegend, jedoch seit dem Hortensischen Gesetz nicht ausschließlich, dieser Klasse an. In dieser Zeit basierte die Produktion überwiegend auf dem eigenen Bedarf, und die einfache Warenproduktion steckte noch in ihrer Anfangsphase.

Daneben gab es die Klasse der Sklaven, die zu jener Zeit, da die Sklavenarbeit noch nicht die Grundlage der Produktion bildete, noch keine Hauptklasse in der römischen Gesellschaft darstellte. Sie ist in dieser frühen Zeit patriarchalisch und der Haus- und Luxussklaverei im Alten Orient ähnlich.

2. Die Struktur des Staates in der Königszeit und in der frühen Republik

a) Gens, curia, tribus und der Staatsaufbau in der Königszeit

Der Überlieferung nach gliedert sich das römische Volk in der Königszeit in drei Stämme *(tribus)* zu je zehn Kurien *(curiae)*, vermutlich „Männerverbände" *(„coviriae")*, die in zehn Dekurien *(decuriae)* untergliedert waren. Die Einteilung der Bevölkerung in drei Stämme *(tribus)* ist aller Wahrscheinlichkeit nach das Ergebnis der etruskischen Eroberung. Die *curiae* stellten Mittelglieder zwischen den *gentes* und *tribus* in Rom dar, ähnlich wie die phratria in Athen. Aus dem Bündnis der drei *tribus* war nach der Tradition das römische Königtum erwachsen, wobei der König *(rex)* in Wirklichkeit der Leiter des bäuerlichen Stammesbündnisses gewesen ist. Die öffentliche Abstimmung wurde nach Kurien durchgeführt, ihre Versammlungen hießen somit *comitia curiata* (Kuriatkomitien), so daß wir die Kurienordnung als die älteste, in der frühen Königszeit vorhandene Verfassungsgliederung bezeichnen können.

Kurien und Tribus sind als ursprüngliche Formationen der militärischen Organisation zu betrachten, zumal jeder Stamm 1 000 Mann und zugleich einen Anführer *(tribunus celerum)* zu stellen hatte, wobei die drei Stämme zusammen eine *legio* (Legion, „Aushebung") ergaben, die insgesamt 3 000 Mann Fußvolk und zusätzlich 300 Reiter *(equites)* umfaßte. Diese Adelsreiterei unterstand einem *magister equitum*. Früher galt allgemein die Ansicht, wonach die insgesamt 300 *decuriae* der römischen Heeresverfassung den römischen *gentes* entsprachen, da im *senatus* gleichfalls 300 Angehörige der patrizischen Geschlechter saßen. Dem steht allerdings entgegen, daß eine einzelne *gens* mit einem gemeinsamen Stammvater *(pater gentis)* oftmals bedeutend mehr als nur zehn waffenfähige Männer stellen konnte. Wir sind somit durchaus berechtigt, diese älteste Kurienordnung als eine künstliche Institution zu werten, die zwar in der voretruskischen Zeit entstand, aber dann erst unter der Herrschaft der etruskischen Tarquinierkönige ihre Umbildung zu staatlichen Institutionen erhielt.

Die staatliche Organisation setzte sich aus drei Organen zusammen, dem *rex*, dem *senatus* und den *comitia*.

Der König (*rex* von *regere* = ordnen, leiten) war der höchste Richter, Heerführer und Priester Roms, der in der *regia* residierte und die äußeren Attribute seiner Macht und Würde von den Etruskern übernommen hatte. Nach der Überlieferung sollen sieben Könige geherrscht haben, von denen die ersten latinische, die Vertreter der Tarquinierdynastie etruskische Namen trugen. Die äußeren Attribute des Herrschers waren im Frieden die mit einem breiten Purpursaum besetzte Toga *(toga praetexta)*, im Kriege hingegen der kurze Purpurmantel, ferner der Elfenbeinsessel *(sella curulis)*, die ihm vorangehenden zwölf Liktoren mit Rutenbündel und eingestecktem Beil *(fasces et secures)*, ein Zeugnis seiner absoluten richterlichen Macht. Im Zeitalter der etruskischen Herrschaft haben aller Wahrscheinlichkeit nach die Kurien den König gewählt, so daß die königliche Gewalt somit nicht erblich gewesen sein dürfte. Dem König oblag die Einberufung der Volksversammlung, die Entscheidung über Krieg und Frieden und die Vereinbarung von Gesetzen mit dem Volk auf der Basis der Volksversammlung. Er war oberster Heerführer und besaß das *imperium*, als oberster Priester hatte er das *auspicium*, konnte also die Götterzeichen einholen, wobei er sich des Rates der *pontifices* bediente. Sicherlich mußte der *rex* die Empfehlungen des Senats berücksichtigen. Die Staatsführung wurde in der Zeit zwischen dem Tod des Königs und der Wahl des neuen Herrschers von Senatoren als *interreges* versehen, in je fünf Tagen alternierend, bis die Volksversammlung dem neuen vom *interrex* ernannten König die Akklamation erteilte *(lex curiata de imperio)*.

Der Senat (*senatus* von *senex* – alt, *senes* die Alten) war ursprünglich eine Versammlung der Häupter *(patres)* der patrizischen Geschlechter. Er wirkte als Beirat des Königs und war der ständige Vertreter der staatlichen Hoheitsrechte. Im Laufe der Königszeit entwickelte er sich zu einer Institution der römischen Aristokratie von wohl zunächst 100 bis auf 300 Mitglieder – bis Sulla, also bis ins 1. Jh. v. u. Z. war dies die Normalzahl –, deren Sitz im Senat lebenslänglich war und die möglicherweise vom König ernannt wurden. In der Königszeit trat sicherlich der *senatus* nur auf Ladung des *rex* zusammen *(cogere senatum)* und beantwortete die ihm vom König vorgelegten Fragen *(regium consilium)*. Daß der König daran gebunden war, ist wohl nur mit Vorsicht anzunehmen, höchstens durch das Herkommen, wobei es aber durchaus Fälle gegeben haben mag, die eine Zustimmung dieses aristokratischen Gremiums geradezu erforderten. Auf jeden Fall dürfte aber bereits in der Königszeit dem Senat das Recht aufgrund der *auctoritas patrum* zugestanden haben, Beschlüsse der Volksversammlung zu akzeptieren oder zu verwerfen. Auf die Ausübung der Herrschermacht beim Tode des Königs bis zur Wahl des neuen Königs durch Zwischenkönige *(interreges)* aus den Reihen der Senatoren wurde bereits eingegangen.

Die Volksversammlung der Königszeit waren die *comitia* (von *comire*) *curiata*, die sicherlich bis in die Anfänge des römischen Gemeinwesens zurückgehen (s. o. S. 20). Die Versammlung bestand aus 30 *curiae*, deren Mitglieder zunächst nur Patrizier sein konnten. Da aber die *curia* die erste Einteilung für das Militärwesen darstellte, durften offensichtlich in der späteren Königszeit auch Plebejer an den Komitien teilnehmen, so daß der gesamte *populus Romanus* vertreten war. Die Volksversammlung wurde nach der Tradition vom König einberufen und hatte evtl. eintretende Änderungen der Verfassung zur Kenntnis zu nehmen und zu bestätigen. Sie wirkte bei der Einsetzung des neuen Königs, so bei der *inauguratio* und bei der *lex de imperio* mit.

b) Die staatliche Struktur in der frühen Republik

Die Liquidierung des Königtums (nach der Überlieferung um 508/07 v. u. Z.) bedeutete auch den Untergang des vorherrschenden etruskischen Einflusses. Jedoch trat eine grundlegende Änderung in Roms Staatsorganisation nur in bezug auf die den Platz des Königs besetzenden hohen Beamten ein. Die Staatsorgane auch in der Epoche der Republik waren die Magistrate, der Senat und die Volksversammlungen.

Unter Magistrat *(magistratus)* versteht man nach der Vertreibung des letzten Königs den die oberste Staatsgewalt ausübenden Amtsträger oder das Amt selbst, denen das römische Volk *(populus Romanus* = Bürgergemeinde) rechtlich handelnd gegenübertritt. Diese „Beamten" übten nunmehr nur noch die volle militärische und politische Gewalt aus, während die religiösen Befugnisse des Königs auf zeremoniellem Gebiet dem *rex sacrorum*, auf anderem Gebiet den Priestern, und hier vor allem dem Kollegium der drei *pontifices* (Brückenbauer) verblieben, die auch die Rechtserfahrenen dieser Zeit waren. Allgemein werden unterschieden *magistratus patricii* oder *magistratus curules* (von *sella curulis* = Elfenbeinsessel für zunächst nur patrizische Magistrate), die für die Gesamtgemeinde zuständig waren und in *magistratus plebeii,* nichtkurulische Magistrate, deren Wirkungsbereich sich zunächst nur auf die Plebejer erstreckte. Außerdem wäre zu unterscheiden nach ständigen Jahresämtern und außerordentlichen Magistraturen, wie Diktator oder Konsulartribun (zwischen 445/4–367 v. u. Z.). Frühere Ansichten gehen davon aus, daß die Doppelbesetzung des höchsten Amtes bereits 508/07 begann und die Inhaber desselben als Konsuln *(consules)* bezeichnet wurden. Heute wird zumeist angenommen, daß anfangs ein paar Jahre lang ein *praetor maximus* (Liv. 7, 3, 4 ff.), dann Prätoren (*praetores,* von *praeire iure et exercitu* = vorangehen im Rechts- und Kriegswesen) die Träger des obersten Amtes gewesen sind. Die den Prätoren und später den Konsuln zustehende oberste Gewalt hieß *imperium,* war prinzipiell unbeschränkt und unbegrenzbar. Praktisch enthielt sie die militärische Obergewalt *(imperium militare),* die verwaltungsrechtliche Zuchtgewalt *(coercitio),* als Zuchtmittel hatten die Prätoren die Möglichkeiten der Pfändung *(pignoris capio),* der Geldbuße *(multa),* der Fesselung *(vincula),* der Auspeitschung *(verberatio)* und sogar die Tötung unter ihrer Aufsicht. Ihnen oblag die Rechtsprechung *(iurisdictio),* sie besaßen die Gewalt, die Volksversammlung einzuberufen und Gesetzesanträge einzubringen *(ius agendi cum populo),* das Recht, Senatoren zu ernennen, den Senat einzuberufen und zu befragen *(ius agendi cum senatu* bzw. *ius referendi ad senatum)* sowie allgemeine oder besondere Erlasse zu verordnen *(ius edicendi).* Ihnen standen *sella curulis* und *toga praetexta* zu, und das römische Jahr wurde nach dem Namen der beiden jährlich wechselnden Oberbeamten benannt, deren Amtsdauer sich mit dem Kalenderjahr, damals am 1. März beginnend, deckte.

Außerhalb der Stadt und im Kriege bestand also für den mit *imperium* versehenen Magistrat das Recht, widerspenstige Bürger zu strafen oder sogar töten zu lassen *(imperium militare).* Innerhalb Roms *(imperium domi)* war der an Leib und Leben bedrohte römische Bürger jederzeit im Stadtgebiet *(domi)* in der Lage, das Volk um Hilfe anzurufen *(provocatio ad populum).* Die den Oberbeamten vorangehenden zwölf Liktoren durften als sinnfälliges Zeugnis der Beschränkung der Machtbefugnis des betreffenden Magistrats innerhalb der Stadt *(intra pomerium)* nicht die Beile in die Ruten stecken, wie dies außerhalb der Stadt der Fall war. Gegenüber den anderen noch zu nennenden untergeordneten Magistraten bestand bei deren noch nicht vollzogenen Amtshandlungen ihr Einspruchsrecht, das *ius intercedendi.* Die Eigentümlichkeit der Magistrate ist die auf ein Amtsjahr begrenzte Wahl, die Annuität (von *annus* = Jahr), ferner die Kollegialität, d. h. zwei oder mehrere Magistrate stehen mit gleichen Machtbefugnissen *(par potestas)* nebeneinander und haben die Möglichkeit, das Wirken des anderen Magistrats durch *intercessio,* Einspruch, zu verhindern.

Die Magistraturen sind unbesoldet, also Ehrenämter *(honores)*, und niemand darf im Normalfall mehr als ein Amt zugleich bekleiden, so daß zur Verhinderung übergroßer Machtfülle Ämterhäufung vermieden wurde. Daneben konnte der Amtsträger für seine Amtsführung im Zivil- oder Strafprozeß nach Beendigung seiner Amtszeit zur Rechenschaft gezogen werden, allerdings auch während der laufenden Amtsperiode durch einen höher gestellten Magistrat.

Seit 367, der Zeit der *leges Liciniae Sextiae*, heißen nach der heute üblichen Ansicht die mit dem *imperium maius* versehenen obersten Amtsträger Konsuln *(consules)*, und ein dritter Träger des Imperiums erhielt die bisherige alte Benennung Prätor *(praetor)*, war als ihr verfassungsmäßiger Vertreter *minor collega consulum*, also den Konsuln nachgeordnet, hatte ihnen gegenüber das *imperium minus* und ihm verblieb die Rechtsprechung, die *iurisdictio*.

Weitere Magistraturen, die in der Zeit der frühen Republik entstanden, waren die statt mit *imperium* mit einer entsprechenden Amtsgewalt *(potestas)* ausgezeichneten Magistrate, so die Quästoren *(quaestores)*, die zunächst durch die Oberbeamten ernannt und seit dem Jahr 447 v. u. Z. in den Zenturiatkomitien (s. u. S. 26 f.) gewählt wurden. Diese beiden Beamten hatten die Staatskasse *(aerarium populi Romani)* zu verwalten, Forderungen gegen Privatpersonen einzutreiben und Staatsschulden zu begleichen. Die im Jahre 421 v. u. Z. zusätzlich eingesetzten weiteren zwei Quästoren waren die Verwalter der Kriegskasse und der Kriegsbeute.

Seit etwa 443 gab es zwei Zensoren (*censores* = Einschätzer), die für 18 Monate gewählt wurden und die die Listen der steuerzahlenden Bürger zu prüfen hatten *(census)*, was alle fünf Jahre (jedes *lustrum*) erfolgte. Sie hatten ferner die römischen Bürger in *tribus* und *centuriae* einzuteilen, die Senatsliste aufzustellen, vor allem die ehemaligen Magistrate in den Senat aufzunehmen *(lectio senatus)*, übten die Sittenaufsicht über die vornehmen Familien Roms aus *(regimen morum* bzw. *cura morum)* und hatten damit die Möglichkeit, bei Verletzung der guten Sitten *(mos maiorum)* Senatoren aus dem Senat zu verstoßen *(senatu movere)*. Ihnen oblag ferner das Recht der Verpachtung von Steuern, Zöllen, Einkünften aus Bergwerken und Staatsländereien *(agri vectigales)*. Den Zensoren, zumeist aus den Reihen der ehemaligen Konsuln stammend, standen ebenfalls *toga praetexta* und *sella curulis* zu. Es war ein ungemein wichtiges und höchstes Ansehen versprechendes Staatsamt.

Seit 366, der Zeit der *leges Liciniae Sextiae*, haben wir zudem noch das Amt der kurulischen Ädilen *(aediles curules)*, die zu den bereits seit 494 v. u. Z. vorhandenen plebejischen Ädilen *(aediles plebeii)* hinzutraten. Als Beamte des gesamten *populus Romanus* besaßen die kurulischen Ädilen zwar nicht das *imperium*, aber als *curatores urbis annonae ludorumque sollemnium* hatten sie Straßen und Märkte zu überwachen, die *cura annonae* sollte die Versorgung der ständig steigenden Bevölkerung Roms mit Lebensmitteln absichern, vor allem also die Getreideversorgung gewährleisten, während die *cura ludorum sollemnium* sich mit der Finanzierung und Überwachung der öffentlichen Spiele befaßte. Die Jurisdiktion, nur für die kurulischen Ädilen zutreffend, bezieht sich auf Marktstreitigkeiten im Falle des Verkaufs von Sklaven und Zugtieren und auf Schäden, die durch in der Öffentlichkeit gehaltene wilde Tiere verursacht wurden. Die niederen Magistrate, mit der *potestas* ausgestattet, besaßen nur eine Geldbußen und Pfändung umfassende Koerzitions(= Polizei- und Zwangs-)gewalt.

Bei staatlichen Not- und Krisensituationen wurde ein Diktator *(dictator)* als außerordentlicher Magistrat von einem der beiden Konsuln ernannt *(dictatorem dicere)*, ursprünglich wohl als *magister populi* bezeichnet. Er besaß das *imperium maius*, und während seiner Dienstzeit, die höchstens sechs Monate umfassen sollte, ruhte das *imperium* der Konsuln, da dem Diktator die gesamte oberste militärische und zivile Gewalt übertragen war. Er ernannte einen ihm untergeordneten Amtskollegen, den Befehlshaber der Reiterei, *magister equitum*. Dem Diktator gingen als Zeichen seiner allen überlegenen Gewalt 24 Liktoren voraus, gegen seine Entscheidung war keine Interzession *(intercessio)* und keine *provocatio ad populum* möglich, auch brauchte er sich für seine Handlungen nicht zu verantworten.

Unterbeamte der Magistrate, die sog. *apparitores*, waren als Schreiber *(scribae)*, Herolde *(praecones)*, Boten *(viatores)*, dazu die bereits genannten Liktoren *(lictores)* u. a. eingesetzt.

Im Senat, dessen Zahl auf 300 Mitglieder festgelegt war, saßen die Magistrate zunächst auf Lebenszeit, seit der wohl im Jahre 312 erlassenen *lex Ovinia* ernannten die Zensoren die Senatsmitglieder *(lectio senatus)* für jeweils fünf Jahre. Ab dem 4. Jh. v. u. Z. erhielten auch die plebejischen Beamten Zutritt zu diesem Gremium der führenden römischen Gesellschaftsschicht.

In den Senatssitzungen erfolgte die Meinungsäußerung nach strenger Rangfolge: sie ging vom *princeps senatus*, meist einem ehemaligen Zensor *(censorius)* oder gewesenen Konsuln *(consulares)* aus. Die gebräuchliche Anrede „*patres conscripti*“ gilt für alle „eingeschriebenen“ Senatoren, nach der späteren Auslegung sollten eben auf diese Weise neben den Patriziern die mit in die Senatsliste „hinzugeschriebenen“ Plebejer genannt werden.

Dem Senat stand weiterhin, wie in der Königszeit, die Zwischenherrschaft, das sog. *interregnum* zu, das bei dem Tod beider Konsuln oder bei sonstigem Ausscheiden der zwei Höchstmagistrate in Kraft trat. Die Senatoren besaßen die *auctoritas patrum*, das bedeutete z. B., daß die Beschlüsse der *comitia centuriata* (s. u.) erst nach Genehmigung der *patres* verbindlich wurden. Nach der *lex Publilia Philonis* vom Jahre 339 v. u. Z. mußte für Gesetzesanträge, nach der *lex Maenia* aus dem 3. Jh. v. u. Z. für Wahlanträge die *auctoritas patrum* schon vor den Komitien eingeholt werden. Des weiteren war die beratende Funktion des Senats für die Magistrate, das *consilium* von Bedeutung, auch wenn die Beschlüsse formell als bloße Gutachten *(senatus consulta)* bezeichnet wurden.

Die Senatoren beschlossen ferner die Außenpolitik und hatten das Verhandlungsrecht mit Gesandten ausländischer Staaten. Auch wurde vom Senat die Kriegsführung entschieden, eine sehr bedeutsame Aufgabe, da sich ja Rom in nahezu permanentem Kriegszustand befand und die Benennung der Feldherren eine ganz besonders wichtige Rolle spielte. Sie hatten zudem die Verfügungsgewalt über die Finanzen und über das gesamte weitere Staatsvermögen, das im Zuge der Entwicklung Roms zum Weltreich einen ungeheuren Zuwachs erreichte. Außerdem stellten die Senatoren die einzelnen Richter als Geschworene. So ist aus dieser Übersicht zu erkennen, daß in der Zeit der frühen Republik de iure alle Gewalt von der Bürgerschaft ausging, de facto aber der Senat der Hort der aristokratischen Reaktion war und die Führung des Staates voll in seinen Händen hatte.

In der Zeit der frühen Republik gab es drei Arten von Volksversammlungen: Die Bedeutung der *comitia curiata* verminderte sich im Vergleich zur Königszeit. Zunächst vom *rex* oder *interrex* oder vom *pontifex maximus* auf dem Forum einberufen *(calare comitia)*, dann vom republikanischen Höchstmagistrat versammelt, übten sie später vor allem sakrale Funktionen aus. So verliehen sie dem *rex* durch die *lex curiata de imperio* und in der Zeit der Republik den durch die *comitia centuriata* gewählten Trägern des Imperiums die sakral-rechtliche Bestätigung; sie führten die Magistrate in ihr Amt ein *(inauguratio)*, entschieden in testamentarischen Fragen bezüglich der Erbeinsetzung *(testamentum in calatis comitiis)* und in der Annahme an Sohnes statt (*ad-* oder *arrogatio*).

Der Ursprung der *comitia centuriata* soll nach der Tradition bis auf den vorletzten König Servius Tullius zurückreichen und war zu jener Zeit wohl die Versammlung des in militärische Einheiten *(centuriae)* gegliederten, sowohl Patrizier wie auch Plebejer umfassenden *populus Romanus*. Im Laufe der Zeit verloren sie ihren militärischen Charakter, während auf dieser Basis anfangs das Fußvolk *(pedites)* in Schwerbewaffnete *(classis)* und Leichtbewaffnete *(infra classem)* eingeteilt worden war. Sie entwickelten sich mehr und mehr zu einer Wahl- und Steuerordnung. Es erfolgte – wohl in der 1. Hälfte des 5. Jh. – eine Einteilung der römischen Bürger nach dem Vermögen, jedoch in der uns überlieferten Form mit dem Geldzensus erst entweder nach dem Latinerkrieg 338 v. u. Z. oder nach dem letzten Samnitenkrieg (290 v. u. Z.), wobei die Zuordnung der Bürger in einzelne Vermögensklassen über politische Rechte und militärische Verpflichtungen entschied. Damit war eine Timokratie (= Vermögensherrschaft) entstanden, bei der die besitzenden Schichten die entscheidende Stimme besaßen. Aufgrund dieser Reform wurden die Bürger nach ihrem Vermögen in 18 Zenturien Ritter *(equites, supra classem)*, der patrizische Reiteradel, und in fünf Klassen mit 175 Zenturien Fußsoldaten eingeteilt. Jede dieser Zenturien hatte eine Stimme. Die Schichten mit dem größten Vermögen, vermutlich mit mehr als etwa 20 *iugera* Grundbesitz (ein *iugerum* = 2 523 m²), später mit 100 000 oder mehr *asses* Vermögen angesetzt, die erste Klasse *(prima classis)* mit 80 Zenturien Schwerbewaffneten und die davor befindlichen 18 Zenturien Reiteradel besaßen mit ihren 98 Stimmen die numerische Überlegenheit gegenüber den anderen Klassen *(classis)*, deren Mitglieder kleinere Vermögen besaßen oder Besitzlose waren, denen insgesamt 95 Zenturien zugebilligt wurden. Die 2. Klasse mit später 75 000 *asses* Vermögen stellte 20 Zenturien, die 3. Klasse mit 50 000 *asses* Vermögen ebenfalls 20 Zenturien, die 4. Klasse mit 25 000 *asses* Vermögen hatte gleichfalls 20 Zenturien, während die mit 12 500 *asses* Vermögen bewertete 5. Klasse 30 Zenturien aufzubieten hatte, und wie die Angehörigen der 2.–4. Klasse im allgemeinen als Leichtbewaffnete dienten. Dazu rechneten weiter die Unbewaffneten *(accensi velati)*, die Handwerker *(fabri)* ohne Zensus mit zwei Zenturien, die Musiker *(cornicines et tubicines)* ohne Zensus mit zwei Zenturien und die Besitzlosen, die *proletarii (infra classem)*, die eben nur Kinder = *proles* besaßen, mit einer Zenturie. Innerhalb der einzelnen Zenturien entschied jeweils die einfache Mehrheit über Zustimmung oder Ablehnung. Bei einstimmiger Entscheidung der Ritter und der 1. Vermögensklasse – also 98 Zenturien – kamen die unteren Vermögensklassen – 95 Zenturien – gar nicht mehr zur Abstimmung, so daß es sich bei dieser dem König Servius Tullius zugeschriebenen und danach als Servianische Verfassung bezeichneten Einteilung um eine Scheindemokratie handelte, die den Patriziern und den reichsten Plebejern stets die Vorherrschaft sicherte. Diese Volksversammlung wählte die höchsten Magistrate, also Konsuln, Prätor und Zensor, entschied über Krieg und Frieden, beschloß die Gesetze *(leges)* und war für die Aburteilung von Staatsverbrechen zuständig.

Die Wurzeln der *comitia tributa*, d. h. der nach Gebietseinheiten (*tribus* = Bezirk) zusammengerufenen *comitia*, sollen nach der Tradition ebenfalls bis auf Servius Tullius zurückreichen, obwohl ursprünglich die Königszeit nur drei *tribus* als Stammeseinheiten kannte (s. o. S. 20). Dieser König soll angeblich als erster das Gebiet Roms in Bezirke unterteilt haben, wobei es vier städtische und 16 ländliche *tribus* gab. In den städtischen *tribus* waren die niederen Volksschichten eingeschrieben, *proletarii* und Freigelassene, in den ländlichen die Patrizier, die in die ihren Gütern naheliegenden *tribus* eingeteilt waren und das Übergewicht hatten. Bis zum Jahr 241 v. u. Z. wurde das römische Staatsgebiet in vier städtische *(tribus urbanae)* und 31 ländliche *(tribus rusticae) tribus* eingeteilt.

Das *concilium plebis* ist noch als eine besondere Art der Volksversammlung zu erwähnen. Während die *comitia* die Versammlungen des gesamten *populus Romanus* waren, sind die *concilia plebis tributa* keine Komitien, sondern die Wahlversammlungen ausschließlich der nach *tribus* eingeteilten *plebs*. Sie sind unter dem Vorsitz der Volkstribunen *(tribuni plebis)* (s. u. S. 28 f.) verantwortlich für die Wahl derselben, ebenso der *aediles plebis*, und die Entscheidungen *(plebiscita)* dieser Volksversammlung erstreckten sich bis 287 v. u. Z. nur auf die Plebs, bedurften bis dahin der Zustimmung des Senats, galten jedoch seitdem für das gesamte römische Volk (s. u. S. 30 f.).

c) Der Stände- und der Klassenkampf der Patrizier und Plebejer im Spiegel der Gesetzgebung

Der sich immer mehr verschärfende Klassenkampf zwischen Patriziern und Plebejern spielte sich im Rahmen des republikanischen Staatssystems ab. Dieser brachte von Zeit zu Zeit verfassungsrechtliche Lösungen, die auf Kompromissen beruhten und sicherte letztenendes die politische Rechtsgleichheit der Plebs. Den oberen Schichten der Plebejer ging es darum, ebenfalls Zugang zu den höheren Magistraturen zu erreichen *(ius honorum)*, also die politische Gleichberechtigung, worauf schon hingewiesen wurde, und außerdem das Recht der Eheschließung mit den Patriziern *(ius conubii)* zu erlangen. Juristisch gesehen gehörten die wohlhabenden Plebejer als Stand mit zur herrschenden Klasse, so daß es sich hierbei nicht um einen Klassenkampf, sondern um einen nichtantagonistischen Ständekampf handelte. Das grundlegende Problem in diesen jahrhundertelangen Auseinandersetzungen war aber der Klassenkampf zwischen den Patriziern und den armen Plebejern, also zwischen großem und kleinem Grundbesitz, der in verschiedenen Etappen erfolgte. Den ärmeren Plebejern ging es um die gerechtere Aufteilung des *ager publicus*, um die Erweiterung ihrer persönlichen und politischen Rechte und um die Einschränkung des Wuchers, der vielfach zu ihrer Schuldsklaverei führte.

Aufgrund der ersten *secessio* (= Auszug) der Plebs auf den Heiligen Berg *(secessio plebis in montem sacrum)*, die nach der Tradition im Jahre 494 v. u. Z. erfolgte, erzwangen die Plebejer Zugeständnisse von den Patriziern. Man könnte den Auszug als eine Art Heeresdienstverweigerung bezeichnen, da sie sich weigerten, am Kampf gegen die benachbarten Aequer teilzunehmen. Da man die Plebejer, die die Masse des Heeresaufgebotes stellten, bei diesem Kampf und den weiter zu erwartenden kriegerischen Auseinandersetzungen unbedingt benötigte, billigte man ihnen (als Vertreter ihrer Forderungen) zwei Volkstribunen *(tribuni plebis)* zu, deren Zahl im Jahre 471 auf vier und 449 v. u. Z. für die Dauer auf zehn erhöht wurde. Diesen Beamten der Plebs wurde durch einen Schwur der Plebs *(coniuratio)* die Unverletzlichkeit *(sacrosanctitas)* für die Dauer ihrer Amtsführung zugesichert. Dieser kollektive Eid (eine *lex sacrata)* band die Plebejer, denjenigen zu töten, der diese Unverletzlichkeit mißachtete. Die Tribunen hatten weiterhin das Recht, den von den Patriziern verfolgten Plebejern Hilfe zu bringen *(ius auxilium ferendi, ius auxilii)*, Asyl zu gewähren und die Gültigkeit der die Interessen der Plebejer verletzenden Gesetze durch ihr Einspruchs- oder Vetorecht *(ius intercedendi)* zu verhindern. Dieses Einspruchsrecht galt allerdings nicht gegen Entscheidungen der später eingesetzten Zensoren und des Diktators. An den Senatssitzungen durften sie zunächst nur als Zuhörer teilnehmen, seit dem 2. Jh. v. u. Z. besaßen sie dann die reguläre Mitgliedschaft, nachdem sie seit dem Ende des Ständekampfes als (niedere) Magistrate des gesamten *populus Romanus* galten. Daneben wählten sich die Plebejer noch zwei plebejische Ädilen *(aediles plebis)*, die das zentrale Heiligtum der Plebejer auf dem Aventin verwalteten, den Tempel der Ceres, wo sich auch Kasse und Archiv der Plebejer befanden.

Da die Plebejer, wie bereits angedeutet, in den Zenturiatkomitien nur ungenügend ihre Interessen zur Geltung bringen konnten, erfolgte unter der Leitung der Volkstribunen ihre gesonderte Versammlung nach örtlichen *tribus*. Sie wurden als *concilium plebis* bezeichnet, ihre dort gefaßten Beschlüsse hießen Plebiszite *(plebis scita)*. Ihre Gültigkeit erstreckte sich bis zur Annahme der *lex Hortensia* im Jahre 287 v. u. Z. zunächst nur auf die Plebejer, und sie erhielten erst dann für den gesamten *populus Romanus* Gesetzeskraft, wenn der Senat sie bestätigt hatte.

Nach der Tradition erfolgte 486 v. u. Z. der Agrargesetzentwurf des Heerführers Cassius, der – allerdings vergeblich – vorschlug, das eroberte Land unter die armen Plebejer aufzuteilen. In den fünfziger Jahren dieses Jahrhunderts wurde nach der Überlieferung weiter das Gesetz des Volkstribunen Icilius über die Landverteilung unter die ärmsten Bürger Roms auf dem Aventin angenommen, daneben ein Gesetz des Tarpeius und Aternius, das das Recht der Konsuln auf die Verhängung von Strafen zu beschränken suchte *(lex Aternia Tarpeia)*.

Das nächste greifbare Ergebnis im Kampf zwischen Patriziern und Plebejern ist die Aufzeichnung des bisher geltenden Gewohnheitsrechtes 450/449 auf zwölf erzenen Tafeln, die auf dem *Forum Romanum* aufgestellt wurden (XII-Tafel-Gesetz). Auf die Einzelheiten dieses grundlegenden Gesetzes, das der willkürlichen Auslegung des Gewohnheitsrechtes durch die Patrizier eine doch beachtliche Grenze setzte, wird nach ausführlicher einzugehen sein (s. u. S. 80 ff.).

Wenige Jahre später erzwangen die Plebejer durch die *lex Canuleia* 445 v. u. Z. die Aufhebung des noch in den XII-Tafeln fixierten Eheverbotes zwischen Patriziern und Plebejern. Im folgenden Jahr wurde das ab 400 v. u. Z. (Liv. 4, 6, 8) auch für die Plebejer offenstehende Amt der *tribuni militum consulari potestate* geschaffen. Die mit konsularischer Gewalt ausgestatteten *tribuni militum* wurden in den Zenturiatkomitien gewählt (Liv. 5, 13, 3) und ernannten ihrerseits *tribuni militum* ohne konsularische Gewalt als ihre Unterführer (Liv. 7, 5, 9). Dieses wohl durch den Mangel an militärischen Oberbefehlshabern erforderlich gewordene Amt bestand bis zum Jahre 367 v. u. Z. fort. Über das Amt der Militärtribunen war es nunmehr auch Plebejern möglich, in den Senat zu gelangen, allerdings war ihnen der Zugang zum Patriziat verwehrt. Sie wurden, wie bereits erwähnt, im Senat deshalb auch nicht als *patres,* sondern als „Aufgeschriebene" *(conscripti)* bezeichnet, so daß die offizielle Anrede im Senat *patres (et) conscripti* lautete.

Im Jahre 421 wurden die beiden Quästorenstellen auf vier erhöht und 409 erstmalig Plebejer für diese Funktion zugelassen. 367 kamen zu den ursprünglich zwei *aediles plebis* noch zwei *aediles curules* hinzu, deren Funktion wohl bald auch von Plebejern bekleidet werden konnte (s. o. S. 29).

Im Jahre 367/66 gelang es den Plebejern durch die *leges Liciniae Sextiae* die Schulden dadurch zu verringern, daß die für ein Darlehen bereits gezahlten Zinsen von der Gesamtschuldsumme abgesetzt werden konnten und der verbleibende Rest in drei Jahresraten zurückzuzahlen war. Gleichzeitig wurde durch dieses Gesetz der Besitz an *ager publicus* auf 500 *iugera* (ca. 125 ha) für einen einzelnen römischen Bürger beschränkt; vor allem aber wurde mit diesen Gesetzen eine Stelle des obersten Jahresamtes – dessen Träger früher als *praetores,* jetzt als *consules* bezeichnet wurden – für die Plebejer geöffnet. Der erste plebejische Konsul war L. Sextius Lateranus im Jahre 366.

Das Amt des Zensors konnte von den Plebejern erstmalig im Jahre 351, das des Prätors, des rangnächsten Amtes nach dem Konsulat im Jahre 337 bekleidet werden, ein weiterer Erfolg allerdings nur für die besitzenden Kreise der Plebejer, da ja bekanntlich die Magistraturen unbesoldet und de facto deshalb den armen plebejischen Schichten nicht zugänglich waren.

Die *lex Poetelia Papiria de nexis* (über die Selbstverpfändung) aus dem Jahre 326 v. u. Z. brachte den verarmten und verschuldeten Plebejern, die vielfach in die Schuldknechtschaft der Besitzenden geraten waren, einen weiteren großen Erfolg: Seit diesem Gesetz haftete der Schuldner dem Gläubiger nur noch mit seinem Vermögen, er konnte also wegen seiner Schulden nicht mehr, wie noch im XII-Tafel-Gesetz fixiert, versklavt oder sogar getötet werden.

Die *lex Valeria* vom Jahre 300 v. u. Z. gestattete jedem römischen Bürger durch das *ius provocationis* gegen ungerechte Entscheidungen eines Magistrats an die Volksversammlung zu appellieren und verbot Auspeitschung und Hinrichtung eines römischen Bürgers innerhalb der Stadt Rom ohne Appellation. Die *lex Ogulnia* vom gleichen Jahr ermöglichte den Plebejern den Zugang zu den Priesterämtern der *pontifices* und *augures,* obwohl das patrizische Monopol bei den Priesterämtern nur im Jahre 253 durchbrochen wurde, da nur in diesem Jahr der *Pontifex maximus* ein Plebejer war.

Nach weiteren schweren Auseinandersetzungen konnte schließlich der plebejische Diktator Q. Hortensius im Jahre 287 v. u. Z. die *lex Hortensia de plebiscitis* durchsetzen, wodurch die Beschlüsse der Plebs in den Tribus Gesetzeskraft erlangten und nicht mehr der Zustimmung des Senats bedurften. Sie waren lt. Gaius *legibus exaequata* (Gai. 1, 3). Dabei wird vielfach in den Quellen zwischen den *concilia plebis* und ihren Beschlüssen *(plebiscita)* und den in den *comitia tributa* gefaßten *leges* nicht mehr unterschieden. Damit wurden nunmehr die Tributkomitien die entscheidende Form der Volksversammlung, so daß bis in die Zeit Sullas in den Zenturiatkomitien keine Gesetze mehr beschlossen wurden. Patrizier und Plebejer unterschieden sich also hinsichtlich ihrer Rechtsfähigkeit zu Beginn des 3. Jh. v. u. Z. nicht mehr. Beide waren vollberechtigte Bürger *(cives optimo iure)* mit dem Recht der gegenseitigen Eheschließung *(ius conubii)*, die Plebejer hatten die uneingeschränkte Geschäftsfähigkeit und konnten sich an ein römisches Gericht zum Schutze ihrer Interessen wenden *(ius commercii)*, besaßen das Recht, an der Volksversammlung teilzunehmen *(ius suffragii)* und das Recht der Bewerbung um eine Magistratur *(ius honorum)*. Es war nunmehr im Ergebnis des jahrhundertelangen Kampfes eine neue Amtsaristokratie, die Nobilität, entstanden *(nobiles,* die „Edlen"), gebildet aus der Verschmelzung der Patrizier mit der reichen Oberschicht der Plebejer. Sie waren die Vertreter der neuen herrschenden Klasse Roms, die als Grundbesitzeraristokratie ökonomisch und politisch die führende Rolle in der römischen Gesellschaft spielte. Die unteren Schichten der Plebejer hatten durch die zügig voranschreitende Eroberung der Apenninenhalbinsel Bodenparzellen erhalten, so daß sich der Klassenkampf in der Folgezeit auch auf anderen Ebenen abspielte, vor allem zwischen den immer stärker einströmenden Sklaven und den Sklavenhaltern. Dies stellte den Grundwiderspruch der gesamten Sklavereigesellschaft dar.

d) Die Unterwerfung Italiens (510/09–265 v. u. Z.)

Nach der Abschüttelung des etruskischen Königtums mußte Rom sich zunächst gegen die Versuche der Etrusker zur Wehr setzen, ihre ehemaligen Positionen im Gebiet Latiums zu restaurieren. Die schwere Niederlage der Etrusker nebst ihren Verbündeten, den Karthagern, durch Hieron I. von Syrakus in der Seeschlacht bei Kyme im Jahre 474 v. u. Z. war für die Römer eine äußerst wertvolle Hilfe. Erhebungen fast aller latinischen Städte *(omne Latium)* gegen die römische Hegemonie in Latium sollen durch den Sieg Roms am See Regillus unmittelbar nach 500 v. u. Z. vereitelt worden sein, obwohl Rom die juristische Annäherung der Latiner an den römischen Status lt. Vertrag anerkennen mußte *(foedus Cassianum* 493 v. u. Z., benannt nach dem Konsul von 501 Spurius Cassius). 486 v. u. Z. wurde ein Bündnis mit den Hernikern abgeschlossen, ebenfalls auf der Basis von Gleichberechtigten *(foedus aequum)* wie mit den Latinern. Damit war ein Dreibund entstanden, der sich vor allem gegen die vordringenden Aequer und Volsker richtete. 426 v. u. Z. gelang es den Römern, die am linken Tiberufer gelegene Stadt Fidenae einzunehmen und nach äußerst verlustreichen zehnjährigen Kämpfen unter Führung des Diktators M. Furius Camillus die Stadt Veji zu besetzen (396, s. o. S. 19). Damit war Rom am Anfang des 4. Jh. v. u. Z. die stärkste Macht in Mittelitalien geworden. Jedoch bedeutete der Sieg der Gallier am 18. Juli 387 v. u. Z. an der Allia für die Römer einen schweren Rückschlag, von dem sich die Stadt erst nach Jahrzehnten wieder erholen konnte.

Nach sich ständig verschärfenden Spannungen zwischen Latinern und Römern kam es zwischen 340 und 338 v. u. Z. im Latinerkrieg zu einem für die Römer letztlich schwer erkämpften Sieg, in dessen Folge sie den Latinerbund als politische Vereinigung auflösten und den einzelnen Latinerstädten unterschiedliche Rechte zubilligten. Sie besaßen von nun an nicht mehr das *commercium* (den rechtlichen Schutz bei Geschäftsabschlüssen), hatten nur ausnahmsweise das *conubium* (Recht der Eheschließung mit römischen Bürgern) und durften keine *concilia* (gegenseitige Zusammenkünfte) durchführen. Nach dem Latinerkrieg gab es außer den das volle römische Bürgerrecht erhaltenden Städten nunmehr zwei unterschiedliche Arten latinischer Städte: einmal die sog. *civitates foederatae,* mit Rom verbündete Städte, ohne römisches Bürgerrecht, aber in ihren inneren Angelegenheiten autonom; dann die *civitates sine suffragio,* Städte ohne Stimmrecht in den römischen Volksversammlungen, aber im übrigen zivilrechtlich römischen Bürgern gleichgestellt und zum Heeresdienst verpflichtet.

Alle Einwohner dieser Städte ohne volles römisches Bürgerrecht wurden als Bundesgenossen *(socii)* der Römer bezeichnet, wobei die Latiner eine Sonderstellung einnahmen, da sie als „Bundesgenossen und Latiner" *(socii nominisque Latini)* galten. Sie behielten auch das *ius migrationis* (das Übersiedlungsrecht) und konnten bei Übersiedlung nach Rom und Einstufung in einen *census* danach das volle römische Bürgerrecht erwerben.

Zwischen Römern und Bundesgenossen ohne Bürgerrecht bestanden keinesfalls gleichberechtigte vertragliche Beziehungen, sondern nur ein *foedus iniquum* (= ungleiches Bündnis) – von seiten der *socii* nicht aufkündbar. Sie waren alle außenpolitisch unselbständig und zur Heeresfolge verpflichtet. Die Städte, denen man das Stimmrecht in der Volksversammlung vorenthielt, wurden spätestens ab dem 1. Jh. v. u. Z. als Munizipien bezeichnet (*municipium, munera capere,* „Übernehmen der Pflichten", d. h. der Bürger hat Pflichten, ohne entsprechende Rechte zu übernehmen).

Bald danach führte Roms Hegemoniestreben in Mittelitalien zum Zusammenstoß mit den Samniten. Nach dem ersten historisch nicht exakt faßbaren Samnitenkrieg (343–341 v. u. Z.) führte der zweite Samnitenkrieg (318–304 v. u. Z.) zum Erwerb des fruchtbaren Kampanien. Im dritten Samnitenkrieg wurde eine große antirömische Koalition vor allem von Samniten, Etruskern, Kelten, Lukanern, Umbrern und Sabinern zerschlagen. Rom beherrschte nunmehr Italien vom Po im Norden der Apenninenhalbinsel bis zur Nordgrenze Lukaniens.

Nach schweren Auseinandersetzungen mit den Griechenstädten Unteritaliens, die den berühmtesten Feldherrn seiner Zeit, den König von Epiros, Pyrrhos, zu Hilfe riefen, wurde nach verlustreichen Schlachten bei Herakleia (280 v. u. Z.) und Ausculum (279 v. u. Z.), in denen der epirotische König „Pyrrhossiege" errang, dieser doch in der entscheidenden Schlacht von Beneventum (275) geschlagen. Die Picenter (268 v. u. Z.) und Sallentiner (266 v. u. Z.) wurden niedergeworfen und die letzte etruskische Stadt Volsinii 265 v. u. Z. erobert. Damit war die Unterwerfung Italiens abgeschlossen und Rom zur Großmacht im Mittelmeergebiet geworden. Der Zusammenstoß mit der bis dahin führenden Macht im westlichen Mittelmeergebiet, Karthago, stand unmittelbar bevor.

e) Ius, fas, mos

Das Leben der Urgemeinschaft wird durch soziale Normen, sittliche Regeln religiösen oder nicht religiösen Inhalts geordnet. Ein Teil davon entwickelt sich mit der Ausgestaltung des Staates zu rechtlichen Normen, indem der Staat ihre Geltung mit gewaltsamen Mitteln sichert. Das Gebiet der Rechtsnormen entwickelt sich dann immer weiter, während die sozialen Normen und sittlichen Regeln auf einen immer engeren Bedeutungsbereich zusammengedrängt werden.

Die erste Differenzierung der sozialen Normen des bäuerlichen Rom wird in der Beziehung von *ius, fas* und *mos* ersichtlich. *Ius* ist in ältester Interpretation derjenige Platz, wo vom Gerichtsherrn = *rex* das Recht gesprochen wird *(ius dicere)*. Wenn wir darin die erste Phase des sog. Prozeßverfahrens sehen, bedeutet *in ius vocatio* die Ladung vor Gericht, so daß *ius* als Recht in bzw. vor diesem Gericht gefunden wird. *Ius* ist somit keine einen anderen Menschen verletzende Handlung. Die *iniuria* dagegen bedeutete schon vor den XII-Tafeln die ungerechtfertigte Klageerhebung *(iniuria vindicare)*, bald im XII-Tafel-Gesetz eine Menschenverletzung. Das Gesetz gibt dem Betroffenen die Möglichkeit, zugefügtes Unrecht am Täter zu rächen *(talio)* bzw. den Verletzten durch die Leistung einer festgestellten Sühneabgabe zu befriedigen. In späterer Zeit bedeutete *ius* in seiner Zusammensetzung mit dem Attribut *„civile"* das Rechtssystem des römischen Stadtstaates und dann des Staates mit einem Stadtzentrum, die Gesamtheit derjenigen Rechtssatzungen, die die Lebensverhältnisse der römischen Bürger untereinander sowie die Lebensverhältnisse zwischen dem Staat und seinen Bürgern ordneten („Zivilrecht"). Seit dem 2. Jh. v. u. Z. umfaßte dieser Ausdruck das die Familien- und Vermögensverhältnisse der römischen Bürger untereinander regelnde Recht, später als römisches Privatrecht bezeichnet. Außerdem wird seit dem Ende der Republik, besonders aber in der Kaiserzeit, auch das Juristenrecht bzw. die Rechtswissenschaft mit diesem Ausdruck benannt. Schließlich wird es verhältnismäßig früh als Grundbegriff für voneinander zu scheidende Rechtskategorien angewendet, so z. B. *ius civile – ius gentium; ius civile – ius praetorium* etc.

Unter *fas* wurde ursprünglich das Verhalten verstanden, das die Götter nicht verletzt. So wurden die zum Gerichtsverfahren geeigneten Tage als *dies fasti* betrachtet, während die für die religiösen Feierlichkeiten reservierten Tage, in denen die Durchführung der Gerichtsbarkeit die Götter verletzt hätte, mit dem Ausdruck *dies nefasti* versehen wurden. Der Gegenbegriff zum *fas* ist also das *nefas,* die die Rache des Gottes zur Folge habende Gottesverletzung. Der dem Gott durch diese Handlung Verfallene *(sacer)* kann von jedermann getötet werden, wobei oft ein Sühneopfer *(piaculum)* als Befreiung davon geweiht wird (z. B. ein Widder-*aries).*

Unter *mos* verstanden die Römer die Gesamtheit sittlicher Normen nicht religiösen Charakters und im allgemeinen nicht den Begriff der Moral. Die Normen des *mos* im ältesten Sinne bezogen sich auf gewisse Lebensverhältnisse der unter der Gewalt des *pater familias* stehenden Hausgemeinschaft. Dies betrifft die Verhältnisse zwischen dem Familienoberhaupt und seiner Gattin, seinen Kindern, dem Sklavenhalter und seinen Sklaven und die Hausgerichtsbarkeit des *pater familias* über seine Gattin und seine Kinder. So konnte der Herr gegen den Sklaven den Normen des *ius* gemäß gewisse Grausamkeiten verüben, die von den Regeln des *fas* nicht gehindert wurden, während die Normen des *mos* dies allerdings verboten. Die Wahrung der Normen des *mos* überwachte der Zensor und ahndete die Verletzungen derselben mit dem Ausschluß aus dem Senat oder aus dem Ritterstand, mit der Erklärung der Ehrlosigkeit, der Versetzung in gering angesehene Tribus *(tribu movere)* oder durch Vermerk in der Bürgerliste *(nota censoria).* Die Normen des *mos* wurden zu Beginn der Kaiserzeit meist zu Rechtsregeln erhoben. Den Ausdruck *mos* darf man aber mit den *boni mores* nicht verwechseln. Der letztere bedeutet in Rom die altherkömmliche „Sittenordnung", die auch am Ende der Republik im prätorischen Edikt vorkommt (D. 47, 10,15, 2 und D. 47, 10, 15, 24 – Ulpian) und im allgemeinen die öffentliche Ordnung bedeutet. Die Verletzung der *boni mores* konnte ein Delikt oder ungültiges Rechtsgeschäft zur Folge haben.

II. Das Recht des römischen Großreiches zur Zeit der mittleren und späten Republik (Vorklassisches Recht)

1. Gesellschaft, Wirtschaft und Bevölkerung

a) Roms Hegemonie in Italien, 1. Punischer Krieg

Wie bereits betont, geriet im 3. Jh. v. u. Z. Rom nach der Unterwerfung ganz Italiens notwendigerweise in Konflikt mit dem Herrn des westlichen Mittelmeerbeckens, dem nach der Tradition 814 v. u. Z. von den Phönikern gegründeten Karthago. Karthagos Macht basierte vor allem darauf, daß es in der Landwirtschaft seiner unterworfenen afrikanischen Gebiete große Mengen von Sklaven einsetzte. Zum anderen ermöglichte seine hochentwickelte Flotte den Ausbau eines gewaltigen Zwischenhandels, der bei dem Produktionsaustausch von Ländern mit sehr unterschiedlichem sozialökonomischen Entwicklungsstand erhebliche Gewinne erbrachte. Bis zum 4. Jh. v. u. Z. schloß Rom mit Karthago zwei Handelsverträge und einen gegenseitigen Beistandspakt ab, so daß diese friedlichen Beziehungen bis zum Anfang der sechziger Jahre des 3. Jh. v. u. Z. anhielten und für beide Staaten nutzbringend waren.

Der 1. Punische Krieg (264–241 v. u. Z.), durch den Streit um Messana ausgelöst, ging in der Hauptsache um den Besitz Siziliens, das sich zu einem beträchtlichen Teil in den Händen der Karthager befand. Nach wechselvollen und für die Römer schließlich siegreich zu Ende geführten Kämpfen führte der Friedensvertrag des Jahres 241 v. u. Z. für Rom zum Erwerb Siziliens. Es wurde außer dem Königreich Hierons II. dem Herrschaftsgebiet Roms einverleibt und im Jahre 227 v. u. Z. zur ersten Provinz *(provincia)* gemacht. Im Gefolge eines Söldneraufstandes in Karthago, dem sich Sklaven und vor allem Libyer anschlossen, okkupierte Rom die Inseln Sardinien und Korsika, die gemeinsam zur zweiten römischen Provinz eingerichtet und wie Sizilien von einem Prätor verwaltet wurden.

b) Entfaltung der warenproduzierenden Sklavereigesellschaft

Bereits im 4. Jh. v. u. Z., vor allem aber nach dem ersten Punischen Krieg gelangte eine Vielzahl von Sklaven nach Rom, ein Zustand, der sich in der Folgezeit durch die nahezu ununterbrochen geführten Kriege weiter verstärken sollte. Im zweiten Punischen Krieg (218–201 v. u. Z.) konnte schließlich Rom nach der Entscheidungsschlacht bei Zama Regia (202) den mit schwersten Verlusten erkauften Sieg über den genialen karthagischen Heerführer Hannibal erringen, der Rom fast 16 Jahre an den Rand des Abgrundes gebracht hatte. Nach dem dritten Punischen Krieg (149–146 v. u. Z.) wurde das von den Römern eroberte Karthago auf Befehl des Senats bis auf die Grundmauern zerstört und das Stadtgebiet verflucht, es sollte nie wieder besiedelt werden. Nachdem der Besitz Karthagos außerhalb Afrikas, so vor allem in Spanien, bereits nach dem zweiten Punischen Krieg eine Beute der Römer geworden war, wurde das restliche karthagische Hoheitsgebiet im Jahre 146 v. u. Z. zur Provinz *Africa* erklärt, und Rom hatte damit die endgültige Herrschaft im westlichen Mittelmeergebiet erreicht.

Die Expansion nach dem Osten begann bereits 229–228 und 219 v. u. Z. mit dem 1. und 2. Illyrischen Krieg, die beide für Rom erfolgreich verliefen. Nach drei Makedonischen Kriegen (215–205, 200–197 und 171–168 v. u. Z.) wurde die hellenistische Antigonidendynastie beseitigt und 149 v. u. Z. Makedonien als Provinz *Macedonia* dem *Imperium Romanum* angegliedert. Der lästige Handelskonkurrent Korinth wurde 146 v. u. Z. nach einer Erhebung des Achäischen Bundes bis auf die Grundmauern zerstört, 133–129 v. u. Z. das durch Testament Attalos' III. an Rom gefallene Pergamenische Reich nach der Niederschlagung des Aufstandes des Aristonikos zur Provinz *Asia* gemacht. Damit war Rom zum stärksten Staat des gesamten Mittelmeerraumes geworden. In der soeben dargestellten Zeit wurde die bisherige patriarchalische Sklaverei von der auf Warenerzeugung gerichteten Betriebssklaverei abgelöst. In diesem Fall produzierte der Sklavenhalter für den Markt, und sein Interesse bestand darin, aus seinen Arbeitskräften die maximale Leistung in kürzester Zeit herauszupressen. Vor allem in der Landwirtschaft, dem dominierenden Produktionszweig in Rom, erfolgte nunmehr, speziell auf den mittleren und großen Gütern, ein massenhafter Einsatz von Sklaven.

In der auf der Basis der Sklaverei beruhenden Produktionsweise stellten die völlig rechtlosen Sklaven *(servi)* eine Hauptklasse der römischen Gesellschaft dar. Ihr Einsatz erfolgte außer in der Landwirtschaft *(familia rustica)*, in Bergwerken, Steinbrüchen und zu einem nicht unbeträchtlichen Teil als Haus- bzw. Stadtsklaven *(familia urbana)*. Hier wurden sie zu allen entsprechenden Dienstleistungen herangezogen, wobei sowohl Land- als auch Stadtsklaven aufgrund der ihnen übertragenen Funktion als Verwalter, Aufseher, Pädagogen, Ärzte, Wissenschaftler etc. auch gesellschaftlich gehobene Schichten repräsentierten. Zu diesen gehörten auch die als Archivare, Polizisten, Schreiber u. a. eingesetzten Staatssklaven.

Von den Staatssklaven abgesehen, die Eigentum des römischen Staates waren, unterstanden die Sklaven völlig der Gewalt des *pater familias*, der sie als sein persönliches Eigentum wie eine Ware behandeln, also verkaufen, verschenken oder vererben konnte. Der Eigentümer der Sklaven konnte über Leben und Tod seiner Sklaven – zumindest in der von uns betrachteten Periode – entscheiden, er besaß das *ius vitae ac necis*. Da den Sklaven eine rechtmäßige Ehe verboten und nur ein *contubernium* gestattet wurde, gehörten auch die Sklavenkinder dem Sklavenhalter, in dessen Eigentum sich die Mutter des Kindes befand. Obwohl, wie bereits vermerkt, die soziale Lage der Sklaven sehr unterschiedlich sein konnte, war ihr Dasein in großen Bereichen insbesondere der ländlichen und „industriellen" Ausbeutung menschenunwürdig, so daß Sklavenaufstände größerer Art nur noch eine Frage der Zeit waren; das sollte sich folgerichtig im 1. und 2. sizilischen Sklavenkrieg (136–132 und 104–101 v. u. Z.) und im Spartacusaufstand (73–71 v. u. Z.) zeigen.

c) Die soziale Gliederung der freien Bevölkerung in der mittleren Republik

Die soziale Gliederung der freien Bevölkerung läßt im 3. und 2. Jh. v. u. Z. etwa folgende Schichtung erkennen: Die Mitglieder des *senatus* entstammten meist der Nobilität, d. h. den Geschlechtern, die schon in langer Tradition die senatorischen Ämter innehatten. Ab dem 3. Jh. v. u. Z. wurde der senatorische Stand „Neuzugängen" sozusagen verschlossen, *homines novi* gelangten in dieser Epoche nur noch äußerst selten in dieses höchste Staatsorgan. Macht und Reichtum des Adelsstandes beruhten auf seinem z. T. außerordentlich großen Grundbesitz, umso mehr als durch eine *lex Claudia* (218 v. u. Z.) den Senatoren eine Betätigung im Handel untersagt war, jedenfalls für sie beschränkt wurde. Die Senatoren trugen den breiten Purpurstreifen an der Tunika und rote Schuhe.

Aus den reich gewordenen Plebejern hatte sich der Ritterstand *(ordo equester)* entwickelt. Die Ritter *(equites)* waren die sich mit Wuchergeschäften befassenden Bankiers und Großhändler von Rom, die Geld- und Handelsaristokratie, ökonomisch stark und politisch nicht ohne Einfluß. Die Erstarkung des Ritterstandes ist vor allem darauf zurückzuführen, daß in Rom staatlichen Einnahmen und Aufträge für das Heer oder Errichtung von Bauten an private Unternehmer bzw. Gesellschaften *(societates publicanorum)* verpachtet wurden, die besonders durch die Steuerpacht in den Provinzen zu ungeheuerem Reichtum gelangten. In ihren Interessen meist mit denen der Nobilität identisch, gab es dennoch mehrfach Situationen, wo durch antisenatorische Verbindungen sich Gegensätze zur herrschenden Klasse der Nobilität zeigten. Als Zeichen der Ritter waren der schmale Purpurstreifen an der Tunika und der goldene Ring äußere Attribute ihres Standes.

Die ausgebeuteten Freien setzten sich vor allem aus den verarmten Bauern zusammen, die durch die vergebliche Konkurrenz in Italien und besonders in den Provinzen mit den Latifundien ruiniert wurden *(latifundia perdidere Italiam)*. Diese verarmten Bauern fluteten nach dem Verlust ihrer Felder nach Rom oder in andere italische Städte, wo es ihnen meist nur schwer möglich wurde, eine entsprechende Lohnarbeit oder Tätigkeit im Handwerk zu finden. Sie vermehrten dort die Reihen des antiken Lumpenproletariats, das auf Kosten der Gesellschaft lebte und das Publikum für die kostenlosen Spiele *(panem et circenses)* darstellte, anders als in der modernen kapitalistischen Gesellschaft, die auf Kosten des Proletariats lebt.

d) Erscheinungsformen der gesellschaftlichen Konflikte

Seit der zweiten Hälfte des 2. Jh. v. u. Z. brachen ihrem Wesen nach verschiedene gesellschaftliche Konflikte in drei Richtungen aus: Einmal in den Sklavenaufständen, für die der erste und der zweite sizilische Sklavenkrieg (136–132 und 104–101 v. u. Z.) sowie der Aufstand des Spartacus (73–71 v. u. Z.) genannt sein sollen (s. o. S. 37). Nachdem sich die auf der Basis der Sklaverei beruhende Produktionsweise durchgesetzt hatte, nahmen die Auseinandersetzungen zwischen den Sklavenbesitzern und den Sklaven immer größere Ausmaße an. Gerade in Sizilien, der Kornkammer Roms, war die Ausbeutung der auf den dortigen Latifundien zur Arbeit gepreßten Sklaven besonders groß und führte zu den beiden sizilischen Sklavenaufständen. Bei beiden Erhebungen ging es nicht darum, die Sklaven wieder in ihre Heimat zu führen, wie dies beim Spartacusaufstand geplant war, sondern die siegreichen Sklaven schufen sich ein eigenes Königreich – vor allem nach seleukidischem Vorbild – mit entsprechenden Staatsorganen und stellten sozusagen die antike Gesellschaft auf den Kopf, indem sie ihre bisherigen Herren versklavten und sich an deren Stelle setzten. Nur mit großer Mühe und mit viel Verlusten gelang es den Römern, dieser Aufstände Herr zu werden, von denen der Aufstand des Spartacus im Kernland des Imperiums, Italien, den Bestand des Staates gefährdete.

Zu den Konflikten zählen ebenso die mit der Bodenbesitzreform verbundenen Bewegungen. Einige einsichtige Mitglieder der Nobilität verfolgten nicht ohne Sorge die Verelendung des freien Bauerntums und die daraus entstehende soziale Spannung. Sie drangen auf eine Bodenreform, die einem Teil des verarmten und besitzlos gewordenen Bauern Boden zuteilen sollte. Der Volkstribun Tiberius Sempronius Gracchus (162–132 v. u. Z.) brachte im Jahre 133 v. u. Z. die Agrarfrage auf die Tagesordnung. Er fußte auf den *leges Liciniae Sextiae* des Jahres 367/66 v. u. Z., die wie erwähnt u. a. vorgesehen hatten, daß kein römischer Bürger mehr als 500 *iugera* (ca. 125 ha) an *ager publicus* im Besitz haben sollte. Tiberius billigte, über das alte Gesetz hinausgehend, für höchstens zwei erwachsene Söhne jeder Familie nochmals weitere 2 × 250 *iugera* zu, so daß als Höchstbesitz an *ager publicus* für eine einzelne Familie die erbliche Größe von 1 000 *iugera* (ca. 250 ha) gelten und der darüber hinausgehende Besitz aufgeteilt werden sollte. Eine dreiköpfige Landverteilungskommission *(tresviri agris dandis adsignandis iudicandis)* sollte das dadurch gewonnene Staatsland in Parzellen zu je 30 *iugera* (ca. 7,5 ha) aufteilen und an landarme Bauern gegen eine kleine Summe vergeben als privates, aber zinspflichtiges Eigentum *(ager privatus vectigalisque).* Der Senat brachte das Gesetz zu Fall, Tiberius wurde mit vielen seiner Anhänger im Jahre 131 v. u. Z. getötet. Erneut wurde die Agrarfrage durch den jüngeren Bruder des Tiberius, Gaius Gracchus (154 bis 121 v. u. Z.) in Bewegung gebracht, der im Jahre 123 v. u. Z. als Volkstribun vor allem die soziale Basis seiner Bestrebungen zu erweitern und den Ritterstand für sich zu gewinnen suchte. Ein Getreidegesetz *(lex frumentaria)* gewährte jedem erwachsenen römischen Bürger einen Modius ($8^3/_4$ l) verbilligtes Getreide für $6^1/_3$ *asses,* insgesamt war es möglich, jährlich 60 *modii* verbilligt zu erwerben. Ein Militärgesetz *(lex militaris)* untersagte Aushebungen vor Erreichung des 17. Lebensjahres und verbot den Abzug der Ausrüstungskosten vom Sold *(stipendium),* den Legionären wurde zudem gestattet, gegen ungerechte Behandlung zu appellieren. Die Steuerpacht der im Jahre 129 v. u. Z. eingerichteten reichen Provinz Asia übertrug Gaius den Rittern *(lex Sempronia de provincia Asia),* um sich deren Wohlwollen zu sichern, zudem bot er ihnen durch eine *lex iudiciaria* die Möglichkeit, an den Geschworenengerichten teilzuhaben, die vordem nur von Senatoren besetzt waren. Die *lex de provinciis consularibus* sollte mögliche Begünstigungen bei der Vergabe der Statthalterschaften der Provinzen dadurch entgegenwirken, daß man bereits vor den Wahlen der *consules* die zukünftigen Provinzstatthalter nominierte. Eine *lex de coloniis deducendis* sah die Gründung neuer Kolonien vor. Der Antrag des Gaius Gracchus, das Vollbürgerrecht an die Latiner und das Latinerrecht an die italischen *socii* der Römer zu verleihen und die Kolonie *Iunonia* an der Stätte der bisherigen – zerstörten und von Rom verfluchten – Stadt Karthago zu errichten, führten wesentlich mit zu seinem Untergang.

Gaius Gracchus scheiterte wie sein Bruder und wurde neben Tausenden seiner Anhänger ein Opfer der senatorischen Reaktion. Diese hatte nicht erkannt, daß die Wiederherstellung eines freien Bauernstandes als Rekrutierungsquelle für die römische Armee dienen sollte – ein Anliegen, das ja auch im Interesse der Nobilität gelegen haben müßte. Trotz des Scheiterns der beiden Gracchen stieg die Zensuszahl der waffenfähigen römischen Bürger von 318 000 im Jahre 131 v. u. Z. auf 394 000 im Jahre 125, so konnten immerhin 76 000 Neubauernstellen geschaffen werden, was natürlich das gesamte Agrarproblem nicht lösen konnte.

Gesellschaftliche Spannungen drückten sich auch in den provinzialen Aufständen aus, da sich die von Rom unterjochten und ausgebeuteten Völker in der Zeit der Republik mehrfach gegen die römische Herrschaft auflehnten.

Starke Gegensätze bestanden weiterhin zwischen den römischen Bürgern und den Bundesgenossen Italiens, die in der römischen Armee dienten, aber nicht das Provokationsrecht besaßen und die eindringlich das römische Bürgerrecht forderten.

Die Verweigerung dieses berechtigten Ansinnens führte zu dem von 91–88 sich hinziehenden Bundesgenossenkrieg, auch als *bellum Italicum, bellum sociale* oder *bellum Marsicum* bezeichnet. Im Ergebnis dieser für beide Seiten verlustreichen Kämpfe mußte fast der gesamten freien Bevölkerung der Apenninenhalbinsel das römische Bürgerrecht zugestanden werden. In diesem Zusammenhang soll nur kurz angedeutet werden, in welchem Ausmaß sich das Römische Reich noch in der Zeit der späten Republik weiter durch Okkupation ausdehnte. Im Jahre 96 v. u. Z. fällt Kyrene nach dem Tod des Ptolemaios Apion durch Erbschaft an Rom und wird im Jahre 74 v. u. Z. Provinz. Im gleichen Jahr vererbt Nikomedes IV. sein Reich Bithynien an Rom, Pontos wird 64 v. u. Z. von Pompeius unterworfen und Kreta als Provinz eingerichtet. Das Jahr 63 v. u. Z. bringt die Neuordnung des Ostens durch Pompeius, der nach der Beseitigung der Seleukidenherrschaft ein Provinz- und Klientelstaatssystem im Nahen Osten begründet. Aus Westpontus, Bithynien und Paphlagonien wird die Provinz Pontus gebildet, aus dem Norden Syriens (von Issos bis Damaskus) die Provinz *Syria* geschaffen und die Provinz *Cilicia* durch die Eingliederung von Isaurien und Pamphylien vergrößert. In der Zeit von 58–50 v. u. Z. erobert Gaius Iulius Caesar Gallien, der nach dem Sieg über die Pompeianer bei Thapsus und nach dem Selbstmord des numidischen Königs Iuba Numidien als Provinz *Africa nova* zum Römischen Reich hinzufügt. Octavian kann nach der Einnahme von Alexandria am 30. August 30 v. u. Z. und nach dem Selbstmord des Antonius und der letzten Ptolemäerherrscherin Kleopatra VII. Ägypten dem Römischen Reich einverleiben. Als römische Provinz erhält es einen Sonderstatus, es wird Domanialland Octavians und in der Prinzipatzeit sozusagen als Privateigentum des jeweiligen Kaisers betrachtet.

e) Zur sozialen Gliederung der freien Bevölkerung in der späten Republik

Auf die Schichtung der freien Gesellschaft Roms in der Zeit der mittleren Republik – Nobilität, Ritterstand und freie Kleinproduzenten – wurde bereits eingegangen. Im letzten Jahrhundert der Republik, etwa von der Zeit der Gracchen (133 v. u. Z.) bis zum Ende der Bürgerkriege und dem Beginn der Alleinherrschaft des Caesar Augustus (27 v. u. Z.), waren vor allem durch die schweren inneren Kämpfe, die mit den Reformen der Gracchen und dem heftigen Widerstand der Senatsaristokratie begonnen hatten, zwei wichtige politische Gruppierungen entstanden. Dies waren auf der einen Seite die Optimaten (*optimus:* der Beste) und zum anderen die Popularen (*popularis:* volkstümlich, dem Volke zugetan). Die Vertreter beider Strömungen gehörten der herrschenden Klasse an und unterschieden sich vor allem durch das unterschiedliche Herangehen an die auf der Tagesordnung stehenden innenpolitischen Fragen, die dringend einer Lösung bedurften.

Die Optimaten, meist aus den alten Familien der Nobilität stammend, wollten vor allem die aristokratische Herrschaft des Senats *(senatus auctoritas)* sowie die Gewalt der Magistrate stärken, das Gerichtswesen beherrschen und möglichst allein über den *ager publicus* und über die Verwaltung der Provinzen verfügen. Kurz gesagt war ihnen daran gelegen, die aristokratisch beherrschte römische Republik zu erhalten und ihren Stand gegen das Eindringen neuer sozialer Schichten abzuschließen. Ökonomisch durch den von ihnen weitgehend extensiv bewirtschafteten Großgrundbesitz äußerst mächtig, waren sie die reaktionäre und konservative Schicht der herrschenden Klasse. Sie konnten sich zudem auf ein ausgedehntes Klientelsystem stützen, das ihnen in den Komitien durch ihre Stimme entsprechenden Einfluß sicherte.

Die Popularen dagegen sahen ein, daß zum Erhalt des römischen Staatswesens dringend Reformen erforderlich waren und die reaktionäre Haltung ihrer politischen Gegner, der Optimaten, den Staat äußerst gefährdete. Sie stützten sich vor allem auf die Ritter und auf die große Masse der freien Kleinproduzenten, also auf die ländliche und städtische Plebs. Durch ihre sozial sehr heterogene Zusammensetzung war ihrem Wirken jedoch eine Grenze gesetzt, zumal bei ihrer unklaren und vielfach divergierenden politischen Zielstellung besonders die Ritter ein sehr unzuverlässiger Partner waren. Ihre ökonomischen Interessen als Großhändler, Wucherer, Steuerpächter und mittlere Grundeigentümer standen denen der Plebs völlig entgegen. Ihnen ging es vor allem darum, ihre umfangreichen geschäftlichen Belange ungestört von den Optimaten ausüben zu können. Sie strebten z. T. ebenfalls danach, hohe Ämter zu bekleiden und sich der Gerichtsbarkeit zu bemächtigen. Andere Teile der Popularen wollten die Autorität der Volksversammlung vergrößern und den unteren Schichten des römischen Volkes durch Tilgung von Schulden, Landzuwendungen und verbilligte oder kostenlose Getreideverteilung entgegenkommen. Dies lag aber wiederum nicht im Sinne der Ritter, die sich im gegebenen Fall wieder den Optimaten zuwanden. Die Plebs stellte ebenfalls keine einheitliche Masse dar, zumal die ländlichen Schichten *(plebs rustica)* verständlicherweise als kleine Bauern, kleine Pächter, Saisonarbeiter und dörfliche Handwerker andere Ziele verfolgten als die städtische Plebs *(plebs urbana)*. Hier standen vielfach wieder die kleinen Handwerker, kleinen Händler und die freien Lohnarbeiter der großen Masse der *proletarii* gegenüber, die vor allem danach strebten, *panem et circenses* geboten zu bekommen oder in einem sozial relativ sicheren Klientelverhältnis vor den Unbilden der Zeit geschützt zu sein. Zwischen Anhängern der Optimaten und Popularen kam es in den rund 100 Jahren zwischen dem Auftreten der Gracchen bis zum Untergang der Republik wiederholt zu schweren innenpolitischen Auseinandersetzungen, verbunden mit blutigen Bürgerkriegen und grausamen Proskriptionen, in denen die Kämpfe zwischen Marius und Sulla als Repräsentanten der Popularen und der Optimaten die beiden Parteien vor allem kennzeichnen. Mit dem Namen des Marius ist besonders seine Heeresreform verbunden, auf die seine bedeutenden militärischen Erfolge gegen König Jugurtha von Numidien sowie gegen die germanischen Stämme der Kimbern und Teutonen wesentlich zurückzuführen sind.

Da die Reformen der Gracchen mißlungen waren und die freie Bauernschaft nicht mehr genügend Soldaten für das Heer stellen konnte, nahm Marius nunmehr besitzlose *proletarii* in das Heer auf, für die eine Dienstzeit von 16 bis 20 Jahren festgelegt wurde. Die entlassenen Soldaten erhielten als Veteranen *(veterani)* meist eine Parzelle Land, so daß ihre Versorgung gesichert war. Damit war aber jetzt aus dem bisherigen Bauernheer ein Heer von Berufssoldaten geworden, mit dem der erfolgreiche Feldherr jederzeit in die innenpolitischen und sozialen Auseinandersetzungen eingreifen konnte, was durch Marius und Sulla geschah.

Sulla, ebenfalls ein hervorragender Heerführer, hatte sich widersetzt, als der Senat das ihm bereits zuerkannte Oberkommando im Kampf gegen Mithridates VI. auf heftigen Druck eines Volkstribunen an Marius übertrug, war mit seinen eigenen Legionen gegen Rom marschiert und hatte die Stadt gewaltsam besetzt. Nach Ächtung der Marianer sollte das Senatsregime von ihm durch neue Gesetze gesichert werden. Für römische Begriffe war die Überschreitung der als heilig geltenden Stadtgrenzen mit Legionen ein bisher noch nicht vorgekommener Rechtsbruch. Zwar kam es nach dem Abmarsch Sullas zum östlichen Kriegsschauplatz nochmals zur Herrschaft der Marianer, aber im Jahr 82 befand sich Italien bis auf wenige Stützpunkte wieder in seiner Hand, er hatte die absolute Herrschaft im Staate errungen. Auf seine Diktatur wird unten einzugehen sein (s. u. S. 44).

2. Das Staatswesen in der mittleren und späten Republik

a) Rom als Stadtstaat

Die Entwicklung in der republikanischen Zeit erbrachte in bezug auf die äußeren Formen der Verfassung keine wesentlichen Änderungen. Die höchsten Magistrate des Staates mit dem *imperium maius* waren nach wie vor die zwei Konsuln. Neben dem Prätor, der dem Konsul gegenüber ein *imperium minus* hat, war schon seit dem Jahr 243 v. u. Z. (242 ?) ein zweiter Prätor gewählt worden, wobei der bisherige Prätor als *praetor urbanus* (Stadtprätor) und der neuernannte als *praetor peregrinus* (Prätor der Fremden) bezeichnet wurde. Die Aufstellung des neuen Prätorenamtes lag darin begründet, daß die seit dem 4. Jh. v. u. Z. in immer größeren Mengen nach Rom strömenden Fremden *(peregrini)* sich bei ihren mit römischen Staatsbürgern entstandenen Rechtsstreitigkeiten nicht an den seit 367 v. u. Z. rechtsprechenden Prätor wenden konnten, da dieser nur die zwischen römischen Bürgern bestehenden Prozesse leitete (s. o. S. 24). Da aber in Rom der Importhandel (Sklaven, Luxuswaren) in bedeutenderem Maße hauptsächlich von fremden Kaufleuten *(peregrini)* abgewickelt wurde, war es notwendig, für die Entscheidung der Rechtsstreite zwischen den römischen Bürgern und Fremden und nur ausnahmsweise unter diesen, eine römische Gerichtsinstanz zu schaffen. Damit zog Rom die zwischen seinen Bürgern und den *peregrini* entstehenden Rechtsstreitigkeiten vor seine eigene Rechtsinstanz, und der *praetor peregrinus* konnte in diesen Fällen aufgrund seines Imperiums – prinzipiell nach Belieben, tatsächlich aber die Normen des Zivilrechts auch unter ganz verschiedenen Peregrinenrechten vor Augen haltend – eine neue privatrechtliche Prozeßordnung ausarbeiten.

Daneben wirkten wie früher die kurulischen Ädilen, die Quästoren, Zensoren und auch die plebejischen Magistrate – Volkstribunen und plebejische Ädilen. Von politischer und gesellschaftlicher Bedeutung war, daß durch *transitio ad plebem* (Übergang in die Plebs) jetzt auch Bewerber patrizischer Abstammung das Amt eines Tribunen besetzen konnten. Besonders bedeutsam waren zu dieser Zeit die zwei kurulischen Ädilen, die als Roms Marktrichter fungierten und die rechtliche Organisation des Verkehrs der Sklaven- und Viehmärkte in ihren Händen hielten. Die Regeln für die Erringung der Ämter wurden von der herrschenden Klasse Roms so festgesetzt, daß diese möglichst nur von den Mitgliedern der begüterten und vornehmen Familien bekleidet werden konnten. Im Jahre 180 v. u. Z. wurde die *lex Villia annalis* (das Jahresgesetz des Villius) erlassen, wonach zuerst das Amt des Quästors, dann das der Ädilen oder Tribunen, danach das des Prätors und abschließend das des Konsuls erreicht werden konnte. Prätor konnte nur sein, wer mindestens 40 und Konsul, wer mindestens 43 Jahre alt war. Außerdem mußte der Kandidat für die Quästur sich vorher zehn Jahre lang dem Kriegsdienst unterzogen oder zehn Jahre lang zur Musterung bzw. Aushebung gestellt haben. Weiterhin konnten Zensor oder Diktator nur diejenigen römischen Bürger werden, die bereits das Amt des Konsuls bekleidet hatten. Somit wurde ein entsprechendes Mindestalter und eine magistratische Stufenfolge im Gesetz des Volkstribunen Villius fixiert. Da es die Pflicht der Ädilen war, für das Volk auf eigene Kosten Spiele zu organisieren, konnten sich verständlicherweise um dieses Amt nur Bürger mit großem Vermögen bewerben, da die bei diesen Spielen entstandenen Kosten vielfach gewaltige Ausmaße angenommen hatten. Hatte jemand vorher das Amt der Quästoren oder Ädilen nicht bekleidet, war es im allgemeinen kaum erfolgversprechend, sich um die nächsthöheren Ämter des Prätors oder Konsuls zu bewerben.

Da die Magistratur vom jeweiligen Amtsträger ohne Gehalt versehen wurde und die während des Amtsjahres aufgetretenen Kosten – wie z. B. Organisierung von Spielen, Empfang von Gesandten, Bautätigkeit etc. – ganze

Vermögen verschlangen, wurde es eine allgemeine Praxis, daß der Amtsträger nach Ableistung der Magistratur in der Regel für ein Jahr das Amt des Statthalters einer römischen Provinz erhielt. Dort hatte er dann eine äußerst günstige Gelegenheit, bei intensiver Ausbeutung der Provinzbevölkerung seine materiellen Verluste nicht nur auszugleichen, sondern sich auch persönlich aufgrund seiner nahezu uneingeschränkten Machtfülle außergewöhnlich zu bereichern. Durch Sullas Verwaltungsreform im Jahre 81 v. u. Z. wurde für die römischen Obermagistrate, also für die Konsuln und Prätoren, institutionell gesichert, daß sie nach Ablauf ihrer Amtstätigkeit als Promagistrate (*proconsul* oder *propraetor)* die Verwaltung einer Provinz übernahmen.

Die Diktatur Sullas *(dictator legibus scribundis et rei publicae restituendae,* für Gesetzgebung und Wiederherstellung des Staates) unterschied sich in bezug auf ihre Kompetenzen und durch ihre zeitliche Unbegrenztheit völlig von den bisherigen Diktaturen, die auf ein halbes Jahr begrenzt und nur für äußerste Not- oder Krisenzeiten des Staates vorgesehen waren. Zudem ließ sich Sulla neben dieser Funktion noch zum Konsul wählen. Darin zeigte sich ein Symptom der Krise der aristokratischen römischen Republik, deren stadtstaatliche Organisationsformen eben nicht mehr ausreichten, um die sozialen wie die provinzialen Probleme zu lösen. Sulla versuchte zwar durch seine *leges Corneliae,* dieser Krise Herr zu werden, aber es gelang ihm nicht. So hatte er die Amtsbefugnisse der Volkstribunen, speziell ihr Interzessionsrecht, das auf den Schutz des einzelnen Bürgers beschränkt wurde, weiter eingeengt und ihnen nach Ableistung ihrer Tätigkeit als Volkstribunen den Zugang zu weiteren Ämtern versperrt. Das Amt des Volkstribunen war nur noch Senatoren zugänglich, und der Senat mußte den Anträgen der Volkstribunen vorherige Zustimmungen geben. Sulla entzog auch dem Zensor das Recht der Aufstellung der Senatsliste und der Volksversammlung den Einfluß auf die Rechtsprechung, indem er für gewisse Vergehen bzw. Verbrechen bestimmte ständige Gerichtshöfe *(quaestiones perpetuae)* schuf, dadurch die Zahl der Prätoren von inzwischen sechs auf acht erhöhte und die Zahl der Quästoren von zehn auf zwanzig heraufsetzte. Der Senat wurde um 300 neue Mitglieder aus dem Ritterstand auf 600 verstärkt, die Heerführung in den Provinzen besonderen Feldherren oder den Statthaltern übertragen. Außerdem wurde durch Sulla unter Bezugnahme auf die oben genannte *lex Villia annalis* fixiert, daß man für die Bekleidung der Quästur mindestens 30 Jahre alt sein mußte – für Prätur und Konsulat blieben 40 bzw. 43 Jahre bestehen – und generell das folgende Amt erst nach einem Intervall von mindestens zwei Jahren besetzt werden konnte. Zum Konsul konnte man zudem auch jetzt erst nach zehn Jahren gewählt werden.

Im Jahre 79 legte Sulla, der sich als skrupelloser Politiker erwiesen und sich selbst den Beinamen *Felix* (der Glückliche) beigelegt hatte, seine außerordentlichen Vollmachten nieder, der Grund ist auch heute noch nicht voll geklärt.

Durch ihn war formal die Vormachtstellung der Nobilität wieder erreicht worden, der Senat war erneut die entscheidende Institution im Staat. Aber bald schon nach seinem Tode brachen in den siebziger und sechziger Jahren des 1. Jh. v. u. Z. die Gegensätze in der römischen Gesellschaft wieder offen hervor, die nach ihm benannte Verfassung war politisch überholt und für Rom nicht haltbar. Die äußerst gefahrvolle Situation, bedingt vor allem durch den über drei Jahre währenden und ganz Italien in seinen Bann ziehenden Spartacusaufstand, führte dazu, daß die Optimaten den Popularen Zugeständnisse machen mußten. Diese wurden vor allem durch M. Licinius Crassus, den reichsten Mann Roms und Bezwinger des Spartacus sowie durch den erfolgreichen Feldherrn Cn. Pompeius mit dem Ehrennamen *Magnus* (der Große) erreicht, die als Konsuln des Jahres 70 de facto durch verschiedene Maßnahmen die vorsullanische Verfassung restaurierten und zugleich den Weg in eine Militärdiktatur zu weisen schienen.

Derjenige, der entscheidend dazu beitrug, eine völlig neue Etappe in der Entwicklung des römischen Staates einzuleiten, war C. Iulius Caesar. Aus alter Patrizierfamilie stammend, mit dem Popularenführer Marius verwandt, wurde er durch großzügige Spenden bei Popularen und Plebejern beliebt und näherte sich den sich gegenseitig bekämpfenden Machthabern Pompeius und Crassus, die jeder allein ihre Forderungen gegenüber dem Senat nicht durchsetzen konnten. Auch Caesar brauchte ein koordiniertes Vorgehen mit beiden, um seine Interessen zur Geltung zu bringen.

Die monarchischen Bestrebungen, die sich bereits seit Marius, stärker aber dann bei Sulla offenbarten, führten zu der Übereinkunft des Jahres 60 v. u. Z. Es ging als das Jahr des ersten Triumvirats zwischen Caesar, Pompeius und Crassus in die Geschichte ein, bedeutete eine ungeheuere Machtfülle der Triumvirn, trug aber keinen staatsrechtlichen Charakter. Caesar gelang es nach dem Tode des Crassus und des Pompeius sowie der Vernichtung der Pompejaner, die Alleinherrschaft zu erringen. Mit unzähligen Ehrungen bedacht – Caesar wird Diktator auf Lebenszeit *(dictator perpetuus)*, Konsul auf zehn Jahre, *pontifex maximus*, Imperator mit ständigem erblichen Titel, Volkstribun auf Lebenszeit, „Vater des Vaterlandes" *(parens patriae)* – strebte er konsequent, aber vergeblich die Monarchie an. Die Ämterhäufung war allerdings nicht nur als Ehrung Caesars gedacht – es waren überlegte staatsrechtliche Schritte zur Begründung einer neuen Verfassung. Die Zahl der Magistraturen wurde von ihm erhöht, so gab es jetzt 16 statt 10 Prätoren, vier plebejische Ädilen und 40 Quästoren statt bisher 20. Die Senatorenzahl wurde auf 900 heraufgesetzt, vor allem waren es Caesar treu ergebene Politiker und Militärs, die von ihm in den Senat delegiert wurden, meist Vertreter der italischen und zum Teil provinzialen Aristokratie.

In diesem Zusammenhang soll die *lex Iulia municipalis* (Gesetz des Iulius über die Munizipien) genannt werden, die Munizipalordnung, die von Caesar institutionalisiert und von seinem Adoptivsohn Octavian weiter ausgebaut wurde. Damit wurde über den Rahmen der Polis hinaus dem Reichsgedanken weiter Gestalt gegeben. Durch diese *lex Iulia municipalis* erhielten die *municipia* als verkleinerte Nachbildungen der hauptstädtischen Verfassung ein fest umrissenes Territorium und ständige Gerichtsbarkeit, hatten den *census* durchzuführen und die städtischen Magistrate zu wählen. Zudem wurde von Caesar das Gerichtswesen geordnet, Senatoren und Ritter bildeten jeweils eine Hälfte zu gleichen Teilen als Geschworene.

Die Ermordung Caesars am 15. 3. 44 v. u. Z. durch die von D. Iunius Brutus, M. Iunius Brutus und C. Cassius Longinus angeführte Verschwörung führte zum 2. Triumvirat, zum Zusammenschluß zwischen dem Erben Caesars, Octavian und Caesars nächsten Anhängern Antonius und Lepidus, am 27. November 43 durch die *lex Titia* legalisiert *(tresviri rei publicae constituendae)* und bis zum 31. 12. 38 zeitlich fixiert. Aus diesem zweiten Triumvirat ging nach der Einnahme Alexandrias am 1. 8. 30 v. u. Z. und dem Selbstmord von Königin Kleopatra VII. sowie ihres Gatten Antonius schließlich Octavian-Augustus als Sieger hervor.

b) Die rechtliche Ordnung Italiens

Italien war in rechtlicher Hinsicht zweigeteilt: Einmal gab es den *ager Romanus,* d. h. das römische Staatsgebiet, das zu Beginn der Punischen Kriege außer dem Gebiet von Latium einen beträchtlichen Teil von Kampanien, Südetrurien und im allgemeinen Mittelitalien bis zur Adria umfaßte. Auf diesem Gebiet lagen die ursprünglichen selbständigen Gemeinden, deren Bevölkerung später als *municipia* unter die römischen Staatsbürger aufgenommen wurde (s. o. S. 32).

Zum Gebiet der verbündeten Gemeinden gehörten die Städte Italiens, die mit Rom einen Bündnisvertrag geschlossen hatten. Diese rechtliche Doppelheit Italiens dauerte bis zum Jahre 90 v. u. Z., als durch die *lex Iulia de civitate* des Konsuls L. Iulius Caesar allen Latinern und Rom treugebliebenen Bundesgenossen im Bundesgenossenkrieg des Jahres 91–88 v. u. Z. das römische Bürgerrecht zugebilligt wurde (s. o. S. 40). Ein Jahr später brachten die Volkstribunen M. Plautius Silvanus und C. Papirius Carbo die *lex Plautia Papiria* mit der Ausdehnung dieses Zugeständnisses auf alle *socii* südlich des Po durch – wenn sie sich innerhalb von 60 Tagen waffenlos in Rom einfanden. Im gleichen Jahr billigte das Gesetz des Konsul Cn. Pompeius Strabo auch den Bewohnern nördlich des Po, den Angehörigen der Transpadana, das latinische Recht zu. Allerdings konnten diese Neubürger sich nicht in eine der 35 bereits vorhandenen Tribus eintragen lassen, sondern es wurden acht oder zehn neue Tribus geschaffen.

Man kann feststellen, daß sich zur Zeit Sullas das Gebiet der Stadt Rom vom norditalischen Fluß Rubico bis zur Meerenge von Messina ausdehnte und daß nach römischer Vorstellung dennoch die Idee des alten Stadtstaates gewahrt werden sollte.

Alle Gemeinden Italiens außerhalb Roms wurden *municipia civium Romanorum,* die freien Einwohner dieser fast 150 Städte erhielten das römische Vollbürgerrecht zugebilligt, Italien wurde so dem römischen Stadtgebiet *(domi)* juristisch gleichgestellt (s. o. S. 32). Der Boden konnte nunmehr römisches Privateigentum werden, blieb grundsteuerfrei, und die Städte erhielten durch eine Generalordnung eine Selbstverwaltung. An der Spitze stehen *duoviri iure dicundo* – den Konsuln entsprechend – darunter *duoviri aediles.* Dem Senat ist der *ordo decurionum* (Gemeinderat), den römischen Komitien sind die *contiones curiatae* vergleichbar.

c) Die rechtliche Ordnung der Provinzen

Rom brachte das Gebiet Italiens mit Hilfe seines Hegemonialsystems, die Provinzen jenseits der Meere mit dem Provinzialsystem unter seine Herrschaft. Das will sagen, daß die bestehenden Bündnis- und Freundschaftsverträge, die bislang mit den italischen Gemeinden geschlossen worden waren, außerhalb Italiens nicht mehr ausreichten. Die neu eroberten Gebiete wurden fast regelmäßig in den Bestand des *Imperium Romanum* als Provinz einverleibt. Nur selten gab es Ausnahmen – wie etwa bei Rhodos 163 –, so daß man sich mit einer Bundesgenossenschaft zufriedengab, die allerdings den Partner gänzlich unselbständig werden ließ.

An der Spitze der Provinz stand der römische Statthalter, der das unterworfene Territorium als Ausland, ohne Eigenstaatlichkeit betrachtete und nach Kriegsbeuterecht verwaltete. Der das Gebiet erobernde Feldherr erließ mit einer Komission von zehn Senatoren eine Provinzialordnung *(lex provinciae),* nach der sich die Rechtsstellung der Provinzen im allgemeinen richtete. Vielfach war es allerdings so, daß unter Aufsicht des Statthalters die lokale Selbstverwaltung durch die von Rom zugebilligte örtliche Verwaltungsorganisation versehen wurde. Der Statthalter, mit zunächst einem bescheidenen Kreis von Mitarbeitern, der sich in der Folgezeit allerdings laufend vermehrte, umgeben, preßte meist die Provinzialbevölkerung in schamloser Weise aus. Er sollte in der Provinz die Interessen Roms vertreten, die römischen Bürger und auch die Bundesgenossen schützen, Recht und Gesetz wahren. Wie bereits betont, war unter Sulla die Statthalterschaft neu geregelt worden, so daß diese Funktion von den stadtrömischen Ämtern getrennt wurde. Gewesene Konsuln und Prätoren wurden nun in ihrem zweiten Amtsjahr in einer Provinz „an Stelle eines Konsuls oder eines Prätors“ *(pro consule, pro praetore)* Statthalter einer Provinz. Die Oberaufsicht des Senats war dabei meistens nicht allzu streng, so daß die Ausplünderungen der Provinzbevölkerung durch die Statthalter, ihre Hilfsmagistrate, die Quästoren und die römischen Steuerpächter ein vielfach unglaubliches Maß annahmen. Die gegen diese Erpressung gerichteten Repetundengesetze *(leges repetundarum)* waren nur selten in der Lage, hier wirksame Abhilfe zu schaffen.

Der Grund und Boden der Provinz wurde römischer *ager publicus,* ging also prinzipiell auf den *populus Romanus* über (siehe Gai. 2, 7). Die bisherigen freien Bewohner wurden meistens *dediticii* (von *deditio* = Ergebung auf Gnade und Ungnade), erhielten also nur beschränkte Rechtsfähigkeit. Im allgemeinen wurde den Unterworfenen ihr bisheriges Bürgerrecht, ein gewisser Teil des Bodens und die Selbstverwaltung zurückgegeben – aber diese Vergünstigungen blieben jederzeit widerrufbar. Seit der Zeit des C. Gracchus erhielten die Grundstücke in den Provinzen eine Grundsteuer *(stipendium)* auferlegt, die als Sold für die Soldaten diente und auch als Bodenzins gewertet werden kann *(ager stipendiarius).* Die Besteuerung führte unter hellenistischem Einfluß zu der Rechtstheorie, daß der Provinzboden Eigentum des römischen Staates sei. Nach Gaius hat der einzelne an diesem Boden nur ein eigentumsähnliches Nutzungsrecht (Gai. 2, 7: *possessio vel ususfructus).*

3. Ius civile und ius praetorium

Das *ius civile* oder älter *ius Quiritium* (von *Quirites,* röm. Bürger) das Zivilrecht ordnete die Lebensverhältnisse des römischen Bürgers gegenüber seinem Staat und auch gegenüber seinen Mitbürgern. Dies war das spezielle, mit dem modernen Ausdruck das „eigene Recht des römischen Bürgers" und später des römischen Staates mit dem Zentrum Rom.
Gaius sagt in seinen Institutionen 1, 1:

Omnes populi, qui legibus et moribus reguntur, partim suo proprio partem communi omnium hominum iure utuntur: nam quod quisque populus ipse sibi ius constituit, id ipsius proprium est vocaturque ius civile, quasi ius proprium civitatis.

Alle Völker, die von Gesetzen und Gewohnheiten regiert werden, benutzen teils ihr eigenes, teils ein allen Menschen gemeinschaftliches Recht. Denn das Recht, welches jedes Volk für sich selbst gesetzt hat, das wird sein eigenes bürgerliches Recht (Zivilrecht) genannt, gleichsam das der Bürgerschaft eigene Recht.

Dieses Zivilrecht ist die Gesamtheit der eigenartigen rechtlichen Normen des römischen Volkes. Es war ein starres, formelles Recht und paßte sich am Anfang nur schwer den Erfordernissen des sich rasch entwickelnden Warenaustauschs an. Der Ausdruck „Zivilrecht" wurde aber bereits vom 2. Jh. v. u. Z. an zur Bezeichnung der Rechtsnormen benutzt, die die untereinander bestehenden Familien- und Vermögensverhältnisse der römischen Bürger regelten. In diesem Sinne bedeutete das Zivilrecht mehr und mehr das starre Warenaustauschsrecht des *populus Romanus.* Demgegenüber bestand das flexiblere Warenaustauschsrecht, bei dessen Ausgestaltung die Prätoren eine entscheidende Rolle spielten, das *ius praetorium.* Der Prätor *(prae-*

tor urbanus) war anfänglich stark an die Regeln des Zivilrechts bzw. an die alten Prozeßformalitäten gebunden. Schon relativ früh aber bildete er im Rahmen des Möglichen für den Schutz der Vermögensinteressen der römischen Bürger solche Rechtshilfeformen aus, deren Geltung nicht auf den starren Zivilrechtsregeln, sondern auf seinem *imperium* beruhte. Auf diese Weise förderte er den Teil des Zivilrechts, der die Warenaustauschsverhältnisse regelte, in außerodentlichem Maße. Diese Rechtshilfeformen, so z. B. die prätorische Einweisung eines Bürgers in den Besitz eines fremden Grundstücks, wenn dieser in einer ihn mit Schaden bedrohenden Lage ist, ferner der Unterlassungsbefehl des Prätors im Falle gewissen rechtsverletzenden Verhaltens etc., bedeuteten den Beginn der rechtserzeugenden Tätigkeit des Prätors.

Während der *praetor urbanus* die Rechtsprechung *(iurisdictio)* nur zwischen römischen Bürgern regelte, versah der Träger des im Jahre 242 v. u. Z. geschaffenen zweiten Prätorenamtes, der *praetor peregrinus,* diese Funktion in den Rechtsstreitigkeiten der römischen Bürger mit den *peregrini,* d. h. mit den in Roms Gebiet wohnenden oder vorübergehend dort weilenden Fremden oder ausnahmsweise zwischen diesen (s. o. S. 43). Der *praetor peregrinus,* den die Regeln des Zivilrechts nicht verpflichteten, stattete die zwischen den Bürgern und den *peregrini* angewendete Prozeßordnung nach eigenem Ermessen, gestützt auf sein *imperium,* aus. Dabei berücksichtigte er offenbar die in den einheimischen Rechtsordnungen der *peregrini* geltenden und von ihm selbst als brauchbar angesehenen Rechtsnormen unter dem Aspekt des römischen Prozesses. Die *lex Aebutia* (Mitte des 2. Jh. v. u. Z.) erhob die vom *praetor peregrinus* erlassene Prozeßordnung und die auf die Eigenart des römischen Prozeßrechts bezogenen Rechtsregeln zur zivilrechtlichen Kraft. Dadurch wurde die gesetzliche Anwendung dieses Rechtsstoffes in Rechtsstreitigkeiten zwischen römischen Bürgern untereinander auch vor der Instanz des *praetor urbanus* ermöglicht, was aber keinesfalls bedeutet, daß dieser Prätor die Prozeßformeln des *praetor peregrinus* tatsächlich nicht schon vor der *lex Aebutia* in zwischen zwei Bürgern entstandenen Rechtsstreitigkeiten angewendet hätte, wie es von L. Mitteis vorausgesetzt wurde. So entwickelte sich das prätorische Recht *(ius praetorium)* aus den bedeutungsvollen Rechtshilfen des *praetor urbanus* sowie aus der vom *praetor peregrinus* ausgebildeten und auch im Zivilrecht übernommenen Prozeßordnung und den in diesem Rahmen befindlichen materiellen Rechtsregeln.

Die rechtsschöpferische Tätigkeit der Prätoren war aber nicht identisch mit der rechtserzeugenden Tätigkeit der zur Gesetzgebung befugten Organe Roms. Man sagte „Der Prätor kann nicht Recht erzeugen" *(praetor ius facere non potest).* Der Prätor besaß nur die *iurisdictio,* d. h. das Recht, die Rechtsprechung zu leiten. Dennoch wurde er mit seinen Rechtshilfeformen, die in seiner jährlich erlassenen offiziellen Bekanntmachung, dem *edictum,* publiziert wurden, wenn auch nicht im zivilrechtlichen Sinne, so doch de facto zu einem äußerst wichtigen Faktor der Rechtserzeugung. Cicero erwähnt schon das Zivilrecht und das prätorische Recht als zwei gleichrangige Rechtszweige, mit dem Ausdruck „*ex iure civili ac praetorio*" (Caec. 34). Das *ius civile* verkörpert also mit dem Aufschwung der Rechtsbildung das primitive, das *ius praetorium* hingegen das entwickelte Warenaustauschsrecht. Die zwei Arten des Warenaustauschsrechts konnten natürlich voneinander isoliert nicht längere Zeit nebeneinander erhalten werden. Eines mußte auf das andere notwendigerweise eine Wirkung ausüben. Diese Durchdringung, die durch die *lex Aebutia* offensichtlich gefördert wurde, kann mit den Worten des klassischen Rechtsgelehrten Papinianus wie folgt charakterisiert werden:

Ius praetorium est, quod praetores introduxerunt adiuvandi vel supplendi vel corrigendi iuris civilis gratia propter utilitatem publicam (D. 1, 1, 7, 1).
Das prätorische Recht ist das, was durch die Prätoren des allgemeinen Nutzens wegen eingeleitet wurde, um die Regeln des Zivilrechts zu unterstützen, zu ergänzen oder zu berichtigen.

Das Eindringen des prätorischen Rechts in das Zivilrecht wäre aber ohne eine gewisse ideologische Vorbereitung oder Begründung schwerlich möglich gewesen. Eine ausdrückliche Außerachtlassung und die Änderung der starren Regeln des Zwölftafelgesetzes, welches das uralte Gewohnheitsrecht und die „unveränderliche Macht" der herrschenden Klasse symbolisierte, entsprach keinesfalls der konservativen Grundhaltung der ihre Interessen verteidigenden herrschenden Klasse. Die Auflockerung der Grenzen des Zivilrechts zur Sicherung der Einwirkung des prätorischen Rechts konnte nur dann geschehen, wenn die formale Unberührbarkeit der uralten Rechtsregeln nicht verletzt wurde. Ein Teil der römischen Juristen suchte das ab der Mitte des 2. Jh. v. u. Z. erfolgende Einströmen der griechischen Philosophen für die Auflokkerung der Grenzen des Zivilrechts zu nutzen. Von den Begriffen der griechischen Philosophie (Aristoteles) waren nach der Umsetzung in lateinische Formen besonders drei geeignet, um für eine gewisse Beweglichkeit des Zivilrechts eine ideologische Grundlage zu schaffen. Diese Begriffe waren: a) die *aequitas,* b) das *ius naturale* und c) das *ius gentium.*

Zu a) Zur Begründung der entsprechenden rechtlichen Regelung des Warenaustauschs war die Anerkennung des Grundsatzes der formalen Rechtsgleichheit zwischen den Freien notwendig. Die vom Zivilrecht zum Ausdruck gebrachte politische Ungleichheit der Rechte *(civis-peregrinus)* bedeutete nämlich ein ernstes Hemmnis gegen die Entwicklung des Warenaustauschs. Zu diesem Zweck zeigte sich die *aequitas,* die zuerst im allgemeinen Gerechtigkeit bzw. Gleichheit bedeutete, sehr geeignet. Sie nahm ihren Ursprung vom griechischen Ausdruck „*kalon kai dikaion*", den die Römer mit dem Ausdruck „*bonum et aequum*" (gut und gerecht) übersetzt haben. Die Auslegung des *aequum* wird von Cicero (*inv.* 2, 68) wie folgt gegeben:

Par, quod in omnes aequabile est gleich ist, was für alle gleichartig ist.

Überdies erwies sich die Idee der aequitas nicht nur dazu geeignet, die formale Rechtsgleichheit der Freien auszudrücken, sondern auch, um gewisse Formen des alten Warenaustauschsrechts, des Zivilrechts, aufzuheben. Darauf weist Cicero (top. 9) hin, wenn er das Zivilrecht mit der *aequitas* identifiziert:

Ius civile est aequitas constituta iis, qui eiusdem civitatis sunt ad res obtinendas.
Das Zivilrecht ist die für alle Bürger eines Staats festgesetzte Gleichberechtigung im Hinblick auf die Erhaltung ihres Besitz(standes).

Der Begriff der *aequitas* erlitt im klassischen, nachklassischen und justinianischen Zeitalter Modifikationen. Beim ersten Auftreten bedeutete er in erster Linie Gleichheit und gewissermaßen Billigkeit, (*epieikeia* bei den Griechen) was in enger Verbindung mit der Gleichheit steht, im klassischen Zeitalter auch das nicht in Rechtssätzen fixierte Recht, im justinianischen Zeitalter Menschlichkeit *(humanitas),* Wohlwollen *(benignitas),* Billigkeit gegenüber der Strenge des Rechts.

Der in den Quellen benutzte Begriff *ius strictum* (strenges Recht) ist der Ausdruck für das buchstäblich anzuwendende Zivilrecht. Das *ius aequum* bedeutete dagegen das sich neben dem Zivilrecht ausgestaltende neue, elastische Warenaustauschsrecht, auch bei Justinian heißt es „billiges Recht".

Zu b) Das *ius naturale,* das römische Naturrecht, stellt ebenfalls eine philosophische Kategorie nicht römisch-rechtlichen, sondern griechischen Ursprungs *(„physei dikaion")* dar. Dieser Begriff beruht nach Ansicht der Römer auf der *aequitas,* wie Paulus, der Jurist des klassischen Zeitalters betont:

Ius pluribus modis dicitur: uno modo, cum id quod semper aequum ac bonum est, ius dicitur, ut est ius naturale. (D. 1, 1, 11).
Der Ausdruck Recht wird in mehrfacher Bedeutung gebraucht: einmal, wenn das, was allezeit billig und gut ist, Recht genannt wird, wie es das Naturrecht ist.

Die erste Erscheinung dieses Begriffs findet sich übrigens bei Cicero. Seiner Ansicht nach ist es *iuris atque iniuriae regula* (Maßstab des Rechts und der Unrechtmäßigkeit – *leg.* 1, 19). Bei Gaius Ende des 2. Jh. u. Z. ist der Grund des *ius naturale* die *naturalis ratio* (natürliche Vernunft) (Gai. 1, 1). Ulpian erklärt (D. 1, 1, 1, 3) schließlich den Sinn des *ius naturale:*

Ius naturale est, quod natura omnia animalia docuit.
Naturrecht ist das, was die Natur alle Lebewesen lehrt.

Wie Ulpian weiter ausführt, gehören dazu die Ehe, die Aufzucht und auch die Erziehung der Kinder. In der Kaiserzeit gewinnt unter dem Einfluß der Stoa die Meinung an Gewicht, daß nach dem *ius naturale* alle Menschen frei sind; dem steht die Sklaverei nach dem *ius gentium* gegenüber.

Zu c) Anfangs bedeutete das *ius gentium* das Recht des Krieges und des Friedens, positives Recht. Nach Gaius (1, 1) heißt es aber zum *ius gentium:*

Quod vero naturalis ratio inter omnes homines constituit, id apud omnes populos peraeque custoditur vocaturque ius gentium, quasi quo iure omnes gentes utuntur.
Was von der natürlichen Vernunft unter allen Menschen festgesetzt wurde, wird von allen Völkern in gleicher Weise befolgt und wird deshalb das Recht der Völker genannt, gleichsam als das Recht, das alle Völker anwenden.

Gaius identifiziert also das *ius gentium* mit dem *ius naturale,* wenn er feststellt, daß dessen Grundlage die *ratio naturalis* ist. Er charakterisiert es als ein Recht, das alle Völker anwenden. Eine Quelle, die dem klassischen Rechtsgelehrten Florentinus zugeschrieben wird, aber wahrscheinlich vom nachklassischen Zeitalter herrührt, führt zum Unterschied zwischen dem *ius gentium* und dem *ius naturale* folgende Tatsache an: Während das Rechtsinstitut der Sklaverei im *ius gentium* bestehe, weil es bei allen Völkern gleichermaßen bekannt sei, widerspreche es dem *ius naturale* hingegen als naturwidrig (D. 1, 5, 4, 1 – Florentinus). In der Literatur sind die Meinungen darüber geteilt, ob das *ius gentium* in diesem Sinne gesehen ein positives Recht oder eine philosophische Kategorie sei. Die Tatsache, daß die römischen Juristen über das Rechtsinstitut des *ius gentium* oft sprechen, so z. B. über die Heirat nach dem *ius gentium,* die Art und Weise des Eigentumserwerbs nach dem *ius gentium,* scheint darauf hinzuweisen, daß es ein wirklicher Rechtszweig war. Andererseits identifizieren die Quellen das *ius gentium* mit dem *ius naturale,* d. h. mit einer zweifellos philosophischen Kategorie und verstehen darunter ein Recht, das allen Völkern gemeinsam ist. Ein solches Recht kann es in der Wirklichkeit nicht geben, da keine derartigen überstaatlichen Zwangsinstitutionen vorhanden sind, die seine Befolgung bei allen Völkern erzwingen könnte. So gesehen scheint das *ius gentium* eine philosophische Kategorie und kein positives Recht zu sein.

4. Reichsrecht, Volksrecht, Provinzialrecht

Im Römischen Reich kamen dem Geltungsbereich nach drei Typen des Rechtssystems zur Anwendung. Das Reichsrecht war gültig auf dem ganzen Gebiet des Reiches und zwar vor den römischen Gerichten in Italien und in den Provinzen. Dies betraf sowohl die zwischen den römischen Bürgern untereinander als auch die zwischen ihnen und den Peregrinen bestehenden Rechtsstreitigkeiten. Demgemäß enthält es das ganze Zivilrecht, das prätorische Recht und später, nach der neuen Differenzierung des Rechtssystems, sowohl das römische öffentliche Recht als auch das römische Privatrecht. Das lokale „Volksrecht“, wie z. B. das aus der Zeit der römischen Eroberung Ägyptens stammende Familien- und Erbrecht des Ptolemäerstaates, überhaupt die Rechtsordnungen der nichtrömischen Bevölkerung in den von Rom unterworfenen Ländern, kamen zur Geltung vor den peregrinen gerichtlichen Instanzen, die – aus der Zeit vor der Eroberung stammend – von den

Römern als Gerichte unterer Instanzen belassen wurden. Schließlich wurde das Provinzialrecht aufgrund der für eine Provinz oder für mehrere Provinzen aufgestellten Provinzialordnung angewendet, die als rechtserzeugender Faktor vor den provinzialrömischen Gerichten galt (z. B. am Ende des 3. Jh. v. u. Z. *lex Rupilia*). Sie sollte im Rechtsstreit entweder zwischen den in der Provinz befindlichen römischen Bürgern oder zwischen Bürgern und Peregrinen, ja sogar auch zwischen den Peregrinen bestehende Rechtsstreitigkeiten klären, falls diese vom römischen Provinzialgericht an sich gezogen wurden.

Diese drei Typen des Rechts konnten natürlich nicht ohne Wechselwirkung nebeneinander bestehen. So wie der *praetor peregrinus* in Rom mehrere Elemente in das von ihm angewendete Recht aus den lokalen Volksrechten aufnahm, berücksichtigte auch die Rechtspraxis der Provinzstatthalter in vielen Fällen das vor den lokalen Gerichten angewendete Volksrecht und auch umgekehrt. Die lokalen Volksrechte übten so eine gewisse Wirkung auf das Recht des Römischen Reiches und auf die Provinz aus und dasselbe kann auch umgekehrt beobachtet werden.

III. Das Recht des römischen Weltreiches in der Zeit des Prinzipats (Klassisches Recht)

1. Gesellschaft, Wirtschaft und Bevölkerung

a) Die Sklaven in der Warenproduktion

Das Römische Reich erreichte den Gipfel der mit Sklaven ausgeübten Warenproduktion zu Beginn der Prinzipatszeit. Dies bedeutete für die herrschende Klasse Roms – unter Berücksichtigung des von Augustus geschaffenen „Römischen Friedens" *(pax Romana)* – ein „Goldenes Zeitalter". Es zeigte sich aber allmählich, daß die Sklavenarbeit höchstens zur quantitativen Steigerung der Produktion geeignet war, aber keine qualitative Neuentwicklung hervorbringen konnte. Die begrenzte materielle Interessiertheit der Sklaven in den großen landwirtschaftlichen Betrieben Italiens führte deshalb zur Erschöpfung der produktiven Kräfte der Ländereien. Außerdem bot das auf der Arbeit der Sklaven beruhende Wirtschaftssystem keine Möglichkeit mehr für die Entwicklung der Produktivkräfte.

Es sei nochmals daran erinnert, daß in den letzten Jahrzehnten der Republik sich die gesellschaftlichen Widersprüche wesentlich verschärft hatten und die Zahl der in den laufenden Eroberungskriegen geraubten Menschen ins Unermeßliche gestiegen war. Am Ende der Republik und in der frühen Kaiserzeit kommt es zur Entwicklung von Kolonenwirtschaften, da sich nach den großen Sklavenaufständen die Ansicht bei den Großgrundbesitzern durchgesetzt hatte, daß der mit Massen von Sklaven betriebene Großgrundbesitz, dessen Wirtschaftskraft in erster Linie auf der Weidewirtschaft beruhte, einen viel zu großen Risikofaktor darstellte. Man suchte das Mehrprodukt durch Intensivierung der Landwirtschaft zu erhöhen, so daß es jetzt vor allem der mit dem Großgrundeigentum verbundene Kleinbesitz war, der in wirtschaftlicher Hinsicht dominierte. Wohl waren die kleineren und mittleren Villen, die auf städtischem Gebiet lagen und mit Sklaven betrieben wurden, durchaus noch in der Lage sich weiterzuentwickeln, während die auf der Grundlage der Sklavenarbeit basierenden Latifundien ihre Bedeutung nach und nach einbüßten. Die Sklavenarbeit wurde abgelöst durch familienwirtschaftlich auf den Latifundien arbeitende Kleinpächter, „Kolonen". Ihre Wirtschaftsweise wurde in Rom ein Mittel zur Sicherung und Weiterentwicklung der bestehenden wirtschaftlichen Verhältnisse, wobei in der frühen Kolonatszeit die mit Sklaven arbeitenden Großpächter und familienwirtschaftlich arbeitende Kleinpächter auf den Gütern nebeneinander bestanden. Es ist ein langer, differenzierter und äußerst unterschiedlich verlaufender Entwicklungsprozeß, der von der Sklaverei zum Kolonat erfolgte, und bei dem die Sklavenwirtschaft nur ganz allmählich ihre führende Rolle in der Landwirtschaft einbüßte. Auch die Abnahme der Expansionskriege, der Verzicht auf Eroberungen, so etwa der Hadrians auf die Eroberungen Trajans im Osten, lassen den Zustrom von Sklaven versiegen. Auch die Werke der landwirtschaftlichen Schriftsteller deuten auf eine Stagnierung und Verminderung der Zahl der Sklaven hin. Während Cato maior im 2. Jh. v. u. Z. noch verkündete, daß die Sklaven nicht zu schonen seien, macht Terentius Varro am Ende des 1. Jh. v. u. Z. die Gutsbesitzer darauf aufmerksam, daß es sich mehr lohne, in ungesunden Gegenden Lohnarbeiter statt Sklaven arbeiten zu lassen, da deren Untergang ein Schaden des Eigentümers ist. Der Niedergang der Sklavereigesellschaft war also von der durch den Prinzipat geschaffenen Monarchie nicht mehr zu verhindern, er konnte höchstens hinausgeschoben werden.

b) Die soziale Gliederung der freien Bevölkerung

Die gesellschaftliche Gliederung in der Prinzipatszeit entspricht im großen und ganzen der Schichtung in der Zeit der Republik. Zur herrschenden Klasse gehören die Stände der Senatoren, der Ritter und der Kurialen.

Die Großgrundeigentümer-Aristokratie wurde meist durch den Senatorenstand mit vielen neuen reich gewordenen Familien gebildet. Hinzu kam, daß Augustus einen Teil der vermögendsten Schichten der Munizipien in den Senatorenstand aufnahm. Der Senat verlor zunehmend an politischer

Macht und wurde von 1 000 auf 600 Mitglieder reduziert. Obwohl das Gremium an Einfluß, Bedeutung und Macht einbüßte, war der Kaiser dennoch nicht in der Lage, ganz auf den Senat zu verzichten. Die Senatoren stellten weiterhin die Legionskommandeure, waren die Statthalter der senatorischen und der kaiserlichen Provinzen als *legati Augusti pro praetore* (kaiserliche Legaten im proprätorischen Rang), und der Stadtpräfekt von Rom *(praefectus urbi)* mit Amtsbereich über ganz Italien wurde stets dem Senatorenstand entnommen, ebenso die hohen Beamten der Hauptstadt. So ist es nicht unrichtig, wenn man feststellt, daß durch diese Machtbefugnisse der Einfluß des Senats in der Gesellschaft erhalten blieb. Der jeweilige Kaiser war unter diesen Aspekten der Exponent der herrschenden Klasse, die sich aus den Großgrundbesitzern rekrutierte und die überwiegend im Senat ihren Sitz hatte. Zwar war das Verhältnis zwischen Senat und Kaiser mehrfach äußerst gespannt, es kam zu verschiedenen senatorischen Verschwörungen, aber de facto wurde trotz der Drohung Neros, den Senat zu liquidieren, dieser nicht beseitigt. Auch im 2. Jh. ist noch von einem bedeutenden senatorischen Anteil bei der Ausübung amtlicher Gewalt zu sprechen.

Der Ritterstand setzte sich außer den Mitgliedern des alten Standes vor allem aus den Palastbeamten hohen Ranges, den bemittelten Mitgliedern der italischen Munizipien und auch aus wohlhabenden Freigelassenen zusammen. In der gesamten Zeit des Prinzipats ist für diesen Stand ein beträchtlicher sozialer und politischer Aufstieg festzustellen. Die Steuerpacht in den Provinzen wurde ihnen zwar – und dies allerdings zum Wohle der Provinzialbevölkerung – durch den Kaiser entzogen, doch waren Ritter als kaiserliche Beamte in der Steuerverwaltung der Provinzen tätig. Überall bekleideten sie in der neu geschaffenen kaiserlichen Verwaltung hohe Funktionen, in einzelnen Provinzen sogar als Statthalter, und sie bildeten den Kaderbestand der Stabsoffiziere in der römischen Armee. Des weiteren war ihr Einfluß als Prokuratoren (Verwalter) der kaiserlichen Finanzen und des kaiserlichen Großgrundbesitzes beträchtlich. Die Präfektur der Prätorianergarde in Rom *(praefectus praetorio)*, die Präfektur der Getreideversorgung der Hauptstadt *(praefectura annonae)* und die Präfektur (Statthalterschaft) der Provinz Ägypten *(praefectus Aegypti)* stellten die höchsten Ämter dar, die Personen aus dem Ritterstand bekleiden konnten.

Während der senatorische Zensus eine Million Sesterzen betrug, war als Mindestvermögen für einen Ritter die Summe von 400 000 Sesterzen festgesetzt.

In der Zeit des Augustus kommt es zu einer großartigen Entwicklung des Städtewesens, die Urbanisierung schreitet vor allem in den westlichen Provinzen des Reiches voran. In Siedlungen verschiedener Rechtsstellung *(coloniae, municipia)*, Militärsiedlungen, Bürgersiedlungen und größeren Gemeinden in den unterworfenen Provinzen *(civitates)*, daneben in kleineren Landstädten und Marktansiedlungen *(pagi, vici, fora)* entstand ein reges städtisches Leben. Dabei unterstützte der Munizipaladel als führende soziale Schicht der städtischen Bevölkerung ganz aktiv die augusteische Politik, die in seinem Interesse lag und günstige ökonomische Entwicklungsmöglichkeiten bot. Bei diesem Urbanisierungsprozeß spielten die Duumvirn als die obersten städtischen Beamten und die Dekurionen als Mitglieder des jeweiligen Gemeinderates eine große Rolle; aus ihren Familien rekrutierte sich seit der Mitte des 1. Jh. der Ritterstand und auch der römische Senat. Zu den ausgebeuteten Klassen gehörten die freien und abhängigen Kleinproduzenten – der Stand der städtischen und der ländlichen Plebs, die Tagelöhner und die Sklaven.

Die römische Plebs war zu jener Zeit noch zu einem beträchtlichen Teil produktiv tätig, sie arbeitete in der Hauptstadt *(plebs urbana)* teilweise im Handwerk und im Kleinhandel, während die ländlichen Plebejer *(plebs rustica)* kleine und mittlere Bauern waren. Daneben gab es viele Plebejer, die sich als Tagelöhner verdingten und unter dem Druck der römischen Beamten stark zu leiden hatten. Viele Angehörige des Lumpenproletariats mußten von der Gesellschaft unterhalten und ernährt werden. Die niederen Schichten der *proletarii* waren weitgehend auf die Spenden der Reichen angewiesen und erhielten monatlich Nahrungsmittel und Geldzuwendungen, die allerdings den Lebensunterhalt einer mehrköpfigen Familie nicht abdecken konnten. Mit Brot und Spielen – *panem et circenses* – versuchte die herrschende Klasse, die Plebejer zu beruhigen und ihre Interessen in eine für die Regierung ungefährliche Richtung zu lenken. Zu den ausgebeuteten Klassen gehören weiter die Sklaven, die in der frühen Kaiserzeit einen nicht unbedeutenden Anteil der Bevölkerung ausmachten und sowohl in der Landwirtschaft, im Bergbau, im Handwerk, Handel und Gewerbe sowie in den verschiedensten Dienstleistungen eingesetzt waren.

2. Der Staatsaufbau im Prinzipat

a) Formelles Fortleben der republikanischen Verfassung

Die grundlegende Eigentümlichkeit der Staatsverfassung des Augustus ist die, daß er neben der Aufrechterhaltung republikanischer Formen die Monarchie als unausbleibliche Folge der Bürgerkriege und der Ausdehnung des Reiches ausgestaltete. Der Übergang von der Republik zum Prinzipat erfolgte in den Jahren zwischen 30 und 27 v. u. Z. An der Spitze des Imperiums stand der den Titel *princeps senatus* (Erster, Vorsteher des Senats) tragende Kaiser, wobei der Name Kaiser vom *cognomen* Caesars entnommen wurde und der Adoptivsohn Caesars, Octavian, bereits seit 40 v. u. Z. statt des

Gentilnamens den Namen *Imperator Caesar divi filius* (Imperator, Sohn des göttlichen [Caesar]) trug. Der Name Caesar ging in der Folgezeit als Vorname der römischen Kaiser bis in die Dominatszeit ein und ist als Titel der späteren Kaiser und Zaren bis in die Moderne übernommen worden. Daneben besaß Octavian bereits seit 36 v. u. Z. die Rechte eines Volkstribunen, er war also juristisch unantastbar *(sacrosanctus)*. In der Zeit von 31 bis 23 v. u. Z. besetzte er kontinuierlich jeweils eines der beiden Konsulämter, erhielt am 13. 1. 27 die auf zehn Jahre begrenzte prokonsularische Gewalt, und ihm wurde vom Senat am 16. 1. 27 v. u. Z. der ehrenvolle Beiname Augustus (der Erhabene) verliehen, – in der Folgezeit die Bezeichnung der kaiserlichen Herrschaft – was vor allem sein Sozialprestige erhöhte. Nur wenige Jahre später, 23 v. u. Z., bestätigte ihm der Senat sein prokonsularisches Imperium *(imperium proconsulare)*, seine *tribunicia potestas* wurde ihm im selben Jahr auf Lebenszeit zugebilligt. Dies bedeutete nicht, daß er de facto das Amt des Konsuls oder Volkstribunen ausgeübt hat, seine Befugnisse aber stimmen mit denen der Konsuln, Prokonsuln und Volkstribunen überein. Er steht über den betreffenden Magistraten und kann dadurch allen interzedieren.

Ab 19 v. u. Z. hatte er das konsularische Imperium – ebenfalls auf Lebenszeit – erhalten und die Aufsicht über die Gesetze und Sitten *(cura legum et morum)*. Nach dem Tode des bisherigen *Pontifex maximus* M. Aemilius Lepidus 12 v. u. Z. erhielt er zugleich noch dessen Amt und wurde 2 v. u. Z. mit dem Ehrennamen „Vater des Vaterlandes" *(pater patriae)* ausgezeichnet. Mit dieser ungeheuren Machtfülle ausgestattet, hatte er die Möglichkeit, jederzeit die Volksversammlung einzuberufen, er besaß das Vetorecht, war als *Imperator* Oberbefehlshaber der Armee, das Haupt des Senats *(princeps senatus)*, und er konnte durch seine prokonsularische Gewalt die direkte Regierung in den Provinzen ausüben. Damit war Augustus nunmehr in der Lage, in den Formen der alten republikanischen Staatsordnung diese selbst letztlich zu beseitigen, da die bisherigen traditionellen Grundsätze – Kollegialität, Annuität und Verbot der Ämterhäufung – für ihn selbst nicht galten.

Neben dem *princeps* bestanden die republikanischen Magistrate weiter, aber nur die Prätoren versahen dieselben Funktionen wie in der Zeit der Republik. Dem Konsul verblieben vor allem Senatsvorsitz und äußere Ehren, wobei zwar an der Zweizahl festgehalten wurde, aber bald häufig mehrere Konsulpaare pro Jahr ernannt wurden. Der erste gibt dem Jahr den Namen *(Eponymie)*. Die kurulischen Ädilen waren nach wie vor verantwortlich für Marktgerichtsbarkeit und Marktpolizei, die Vorsorge für die Lebensmittelspenden übernahmen hingegen kaiserliche Beamte, während die Quästoren weitgehend den Rang unmittelbarer Verwaltungsgehilfen des Kaisers und der Provinzstatthalter einnahmen. Demgegenüber wuchs der Einfluß der vom Kaiser ernannten neuen Beamten, so des höchsten Polizeibeamten, des senatorischen Stadtpräfekten Roms *(praefectus urbi)*, des ritterlichen Befehlshabers der Prätorianergarde *(praefectus praetorio)*, der zugleich auch Justizaufgaben versah, immer mehr an (s. o. S. 55). Der *praefectus annonae (annona* = Jahresernte) war für die städtische Verpflegung verantwortlich, der *praefectus vigilum* befehligt eine Polizeitruppe, der *praefectus vehiculorum* die vom Kaiser eingerichtete Post *(cursus publicus)*. Die vier letztgenannten Ämter sind Personen aus dem Ritterstand vorbehalten.

Das Amt des Volkstribunen war von nun an völlig seiner ehemaligen großen Bedeutung beraubt, die Zensur ab 22 v. u. Z. bis zum Aufgehen in der kaiserlichen Gewalt zwar von manchen Kaisern ausgeübt, aber seit Domitian nicht mehr selbständig besetzt. Seit der Zeit Kaiser Hadrians bürokratisierte sich die Staatsverwaltung immer mehr, was wohl in erster Linie damit begründet werden kann, daß für die Verwaltung des riesigen *Imperium Romanum* ein Berufsbeamtenstand, wie man die Legionslegaten und die Statthalter der kaiserlichen Provinzen, die jeweils mehrere Jahre auf ihrem Posten blieben, in gewisser Weise bezeichnen kann, unerläßlich war.

Kaiser Septimius Severus (193–211) baute eine Militärbürokratie aus, wobei die ehemaligen Armeekommandanten zu Oberbeamten wurden. Mit seinem Namen ist das neue System der Strafgerichtsbarkeit verbunden. Damit wurde von nun an ein grundlegender Unterschied bei der Bestrafung zwischen Vornehmen *(honestiores)* und Unebenbürtigen *(humiliores)* geschaffen.

Der Senat als Körperschaft verlor wie erwähnt im Laufe der Kaiserzeit völlig an politischer Macht, seine Autorität ging an den jeweiligen Kaiser über, er blieb aber während der ganzen Prinzipatszeit Teilhaber der Regierungsgewalt. Augustus reduzierte dieses Staatsorgan, auf das er nicht verzichten konnte, von 1 000 auf 600 Senatoren, wobei Mißliebige und Gegner des Princeps ausgestoßen wurden. Wesentlich ist auch, daß trotz der Einbuße an politischer Macht der Senat weiterhin das Zentrum der großgrundbesitzenden Sklaveneigentümer blieb und daß sein politisches und soziales Ansehen ungebrochen war. Seit der Abschaffung der Volksgesetzgebung traten die Senatsgutachten *(senatus consulta)* an deren Stelle, seit dem 2. Jh. erlangten sie gesetzesgleiche Wirkung (Gai. 1, 4 *legis vicem optinent*). Mit dem Ende dieses Jhs. wurde nicht mehr die Senatsbestimmung, sondern die *oratio principis* (der kaiserliche Antrag), der sich zu widersetzen meist sehr gefährlich war, als Entscheidungsfaktor angesehen und so zitiert. Der Senat wurde somit zum Gesetzgebungsorgan für den Kaiser. Neben der bisherigen außerordentlichen Strafgerichtsbarkeit, die Staatsverbrecher zum Staatsfeind *(hostis)* erklären konnte, bekam der Senat seit Tiberius die Strafgerichtsbarkeit über die Senatoren zugebilligt, ein Sonderprivileg, das allerdings nur wenige Jahrzehnte ausgeübt wurde.

Die Volksversammlungen der römischen Bürger verloren seit der Zeit des Augustus immer mehr an Bedeutung, sie wurden in seinem Todesjahr (14 u. Z.)

aller Wahrscheinlichkeit nach letztmalig in Rom zusammengerufen. Seit seinem Nachfolger Tiberius (14–37) übernahm der Senat ihre bisherigen Rechte und hatte dabei streng auf die Vorschläge und Empfehlungen des Kaisers zu achten, deren Nichteinhaltung, wie bereits angedeutet, für die Senatoren oftmals gefährliche Konsequenzen nach sich ziehen konnte. Demgegenüber blieb in den Provinzstädten und in den Städten Italiens die Volksversammlung für die Wahlen zu den städtischen Magistraturen weiter zuständig. In der frühen Prinzipatszeit genoß Italien noch die bevorzugte Stellung des *ius Italicum,* die Freiheit von der Grundsteuer und von den militärischen Lasten.

In den italischen Gemeinden wurden für die höhere Gerichtsbarkeit neben der niederen der Gemeindeorgane von Hadrian vier Legaten von konsularischem Rang bestellt, von Mark Aurel vier *iuridici* mit prätorischem Rang. Den Gemeindebehörden obliegt die Gerichtsbarkeit in Strafsachen, die durch die Kognitionsverfahren der kaiserlichen Beamten nach und nach in den Hintergrund rückt.

b) Verwaltung der Provinzen

Mit dem Jahre 27 und der scheinbaren Wiederherstellung der *res publica* nahm Augustus eine Teilung der Provinzen zwischen dem Kaiser und dem Senat vor: es gab seitdem dem Senat unterstellte „befriedete" Provinzen *(provinciae populi Romani),* während die meisten Grenzprovinzen, wo sich fast alle Legionen befanden, in die Hände des Kaisers kamen *(provinciae Caesaris),* so z. B. die Provinzen in Gallien und Spanien, dazu Syrien, Ägypten und die Donauprovinzen. Dem Senat unterstanden *Gallia Narbonensis, Baetica,* Sizilien, *Africa proconsularis,* Makedonien, *Achaia, Asia,* Zypern, Bithynien und Pontus, Kreta und die *Cyrenaika.* Trotz der senatorischen Verwaltung oblag dem Herrscher ein nicht unbedeutendes Aufsichtsrecht auch über die senatorischen Provinzen, die zudem nur in der Provinz *Africa proconsularis* eine Legion zu ihrer Verfügung hatten. An der Spitze der senatorischen Provinzen stand als Statthalter *(praeses provinciae)* ab dem 2. Jh. der Prokonsul, der diesen Titel kraft seiner Amtsgewalt *pro consule* trug, auch wenn er vordem kein Konsulatsamt, sondern nur das des Prätors ausgeübt hatte. Seine Amtszeit dauerte wie die aller „republikanischen" Magistrate ein Jahr. Für die Rechtsprechung wurden ihnen Legaten unterstellt, für die Finanzverwaltung Quästoren.

Die Statthalter besaßen in Zivil- und Strafsachen die ordentliche Gerichtsbarkeit, die von Geschworenengerichten wahrgenommen wurde. Der Boden der senatorischen Provinzen war nach der Rechtstheorie öffentliches Eigentum des *populus Romanus,* die Provinzbewohner hatten für den Besitz und für die Benutzung der einzelnen Grundstücke *(possessio vel usus fructus)* eine Grundsteuer *(stipendium)* zu zahlen. Die auf die einzelnen Gemeinden umgelegte Steuer ging in den Staatsschatz ein, das *aerarium populi Romani*, dessen Verfügungsgewalt dem Senat verbleibt.

An der Spitze der kaiserlichen Provinzen *(provinciae Augusti* bzw. *Caesaris)* standen in der Regel *legati Augusti pro praetore*, die der Kaiser aus ehemaligen Konsuln oder Prätoren auf unbestimmte Zeit meist auf ca. 3 Jahre ernannte, und die ein vom Kaiser übertragenes *imperium* besaßen. Da sie auch die Befehlshaber der in den Provinzen stationierten Legionen waren, war demgemäß auch ihre Bedeutung wesentlich größer als die der Prokonsuln der senatorischen Provinzen. Nur wenige Provinzen unterstanden nach ihrer Unterwerfung Prokuratoren *(procuratores)* aus dem Ritterstand. Diese wurden lt. kaiserlicher Verfügung ohne zeitliche Begrenzung ernannt und waren nur dem Kaiser rechenschaftspflichtig. Für die Finanzverwaltung waren den Statthaltern der kaiserlichen Provinzen Prokuratoren (s. o. S. 59) und für die Rechtsprechung *legati iuridici* beigestellt. Der Boden der kaiserlichen Provinzen wurde als Staatsvermögen, über das ausschließlich der Kaiser verfügte, angesehen.

Die mit der Benutzung verbundene Grundsteuer *(tributum soli)* wurde durch Beamte erhoben. Die von der niederen Landbevölkerung erhobene Kopfsteuer *(tributum capitis)* floß wie die oben erwähnte Grundsteuer und andere Abgaben in den kaiserlichen Fiskus. Ägypten genoß eine Sonderstellung, da der Kaiser hier als juristischer Nachfolger der bisherigen Herrscher der Ptolemäerdynastie regierte. Der kaiserlicher Statthalter Ägyptens, *praefectus Alexandriae et Aegypti*, stets aus dem Ritterstand, besaß mit dem *praefectus praetorio* den höchsten ritterlichen Rang und genoß Vorzug vor allen anderen Provinzstatthaltern (s. o. S. 59). Das römische oder latinische Bürgerrecht erhielten bereits seit der Zeit Caesars verdiente Personen oder sozial höherstehende Personengruppen aus den Provinzen, sowie Veteranen der in den Provinzen ausgehobenen Auxiliartruppen. Das Gleiche galt für ehemalige Magistrate und für Gemeinderäte der latinischen Gemeinden.

c) Constitutio Antoniniana

Die *Constitutio Antoniniana*, eine Verordnung des Kaisers Caracalla vom Jahre 212 (P. Giss. 40), dehnte das römische Bürgerrecht *(ius civile)* auf alle freien Untertanen des Römischen Reiches aus. Eine Ausnahme bildeten die in ihrer Bedeutung noch nicht voll geklärten *peregrini dediticii*, die als gewaltunterworfene Bevölkerung kein eigenes Bürgerrecht besaßen und auch kein römisches Bürgerrecht erhielten. Mit der *Constitutio* bekamen einige peregrinische Städte, wie z. B. Athen, bedeutende wirtschaftliche Privilegien zugebilligt, die ihnen allerdings jederzeit wieder entzogen werden konnten.

Die Hauptursache der Verleihung des römischen Bürgerrechts an die freien Reichsangehörigen ist wohl darin zu sehen, daß dadurch dem Kaiser bedeutende Einnahmen aus der von Augustus geschaffenen und bis dahin nur für die römischen Bürger zu zahlenden 5%igen Erbschaftssteuer *(lex Iulia vicesimaria)* zuflossen, was auch von Cass. Dio (77, 9, 5) betont wird. Die Vorrechte Italiens wurden daurch zugleich bedeutend eingeschränkt.

In der Rechtsentwicklung erbrachte die *Constitutio Antoniniana* hinsichtlich der Dualität der Reichs- und lokalen Volksrechte eine nicht unwesentliche neue Lage, auf die später noch einzugehen sein wird.

3. Ius publicum, ius privatum

a) Ius civile und ius praetorium im klassischen Zeitalter

Die Grenzlinie zwischen dem Zivilrecht und dem prätorischen Recht als einem primitiven und einem entwickelten Warenaustauschsrecht begann sich, wie geschildert, bereits in der Zeit der Republik aufzulockern. Obwohl die klassische Rechtswissenschaft noch von den Rechtsinstituten des Zivilrechts und des prätorischen Rechts spricht, verschmelzen diese mehr und mehr. Zwischen beiden Arten des so verschmolzenen Rechts gibt es in der klassischen Zeit nur dem Ursprung nach einen Unterschied.

Das Zivilrecht rührt von den zur Rechtserzeugung berufenen Vertretern der Verfassung her, also Volksversammlung, Senat, Kaiser, Rechtsgelehrten, während das prätorische Recht von formell nicht berufenen Amtsträgern, wie Prätor, Ädil *(aedilis curulis)* und Provinzstatthalter stammt. Diese Verschmelzung spiegelt sich in der Feststellung des klassischen Rechtsgelehrten Marcianus wider, der betont:

Nam et ipsum ius honorarium viva vox est iuris civilis. (D. 1, 1, 8).
Denn auch das von den Amtsträgern selbst erzeugte Recht ist das lebende Wort des Zivilrechts.

Unter *ius honorarium* wird ein solches Recht verstanden, das von den Trägern der Ämter *(honores)*, in erster Linie von den Prätoren ausgebildet wurde.

b) Das ius publicum und das ius privatum

Das System des römischen Reichsrechts zeigt jedoch seit dem Beginn des Prinzipats eine gewisse neue Gliederung, die jetzt in erster Linie nicht mehr vom Begriffspaar Zivil- und prätorisches Recht, sondern vom *ius publicum* und *ius privatum* definiert wird. Die Bezeichnung *publicus* (öffentlich) – *privatus* (privat) ist bereits in der Zeit der späten Republik bekannt (z. B. *ager publicus* und *privatus, servus publicus* und *privatus).* Jedoch erscheinen *ius publicum* und *ius privatum* als die Rechtsgliederung deckende Kategorien ausdrücklich erst zu Beginn der Prinzipatszeit. Das durch das *ius publicum* geregelte Verhältnis wird von Ulpian in den Digesten (1, 1, 1, 2) so erklärt:

Publicum ius in sacris, in sacerdotibus, in magistratibus consistit.
Das öffentliche Recht bezieht sich auf Sakralangelegenheiten, auf die Priester und auf die Amtsträger.

Daraus geht einwandfrei hervor, daß sich das römische öffentliche Recht auf die Organisation des Staates einschließlich der religiösen Organisation bezog. Das römische Privatrecht schloß die privaten Lebensverhältnisse, die Familien- und Vermögensverhältnisse der römischen Bürger ein. *Ius publicum* und *ius privatum* wurden durch die klassische und durch die nachklassische römische Rechtswissenschaft mit der Einführung der Begriffe des „öffentlichen (Gemein-)Interesses" *(utilitas publica)* und des „Privatinteresses" *(utilitas privata)* unterschieden. Darauf weist auch der Text Ulpians hin, dem zu entnehmen ist:

Huius studii duae sunt positiones, publicum et privatum. publicum ius est quod ad statum rei Romanae spectat, privatum quod ad singulorum utilitatem: sunt enim quaedam publice utilia, quaedam privatim (D. 1, 1, 1, 2).
Diese Wissenschaft hat zwei Hauptteile: das Öffentliche und das Private. Das öffentliche Recht bezieht sich auf den römischen Staat, während das Privatrecht das Interesse der einzelnen vor Augen hat. Es gibt nämlich Dinge, die der Gemeinschaft und Dinge, die den Privatpersonen nützlich sind.

Das öffentliche Recht kann sich aber auch ausnahmsweise nicht auf die Staatsorganisation, auf den Staat beziehen, sondern auf Lebensverhältnisse typisch privaten Charakters, so z. B. auf Testamentserrichtung (D. 28, 1, 3 – Papinian). Dieser Doppelteilung des römischen Rechts entspricht auch der gleichfalls von Papinian stammende Satz, wonach „Die Regeln des *ius publicum* durch Übereinkommen der Privatpersonen nicht geändert werden können" (D. 2, 14, 38). Davon ausgehend ist die Rechtsregel entweder zwingend (stringent, *ius cogens*) oder nachgiebig, lückenfüllend *(ius dispositivum)*. Die letztgenannte Regel wird dann angewendet, wenn die Parteien nicht anders zu einer Regelung kommen. Die Regeln des öffentlichen Rechts sind zwingend, so z. B. die Regeln des Wahlrechts, während die des Privatrechts meist dehnbarer sind, wie beispielsweise die Vorschriften des Vertragsrechts. Das heißt die Regeln des Privatrechts werden nur dann angewendet, wenn die Parteien ihre Verhältnisse nicht vertraglich auf andere Art geordnet haben. Es gibt allerdings auch unter den Regeln des Privatrechts einige mit zwingendem Charakter, so z. B. die Altersgrenze der Pubertät oder die zinsbeschränkenden Verfügungen.

Es ist unrichtig, das *ius publicum* der Römer mit dem öffentlichen Recht der Neuzeit und das *ius privatum* mit dem modernen Privatrecht zu identifizieren. Beide obengenannten römischen Rechtszweige entstanden unter den Umständen der einfachen antiken Warenproduktion, dagegen die beiden grundlegenden modernen Rechtszweige unter der entwickelten Warenproduktion des klassischen Kapitalismus. Im Sozialismus ist die Entgegensetzung Privatrecht – öffentliches Recht aufgehoben und besteht nicht mehr.

Das kapitalistische öffentliche Recht dient der unmittelbaren Unterdrükkung der Arbeiterklasse, d. h. der grundlegend ausgebeuteten Klasse. Das *ius publicum* sicherte unmittelbar nur die politische Unterdrückung der sekundär Ausgebeuteten, der armen Freien, dagegen wurde die Ausbeutung der Sklaven durch das das Privateigentum regelnde *ius privatum* ermöglicht. Im kapitalistischen Privatrecht kann der Staat ohne weiteres Subjekt privatrechtlicher Verhältnisse sein. Wenn beispielsweise der Schaden durch die Staatsorgane verursacht wurde, so beklagt der Beschädigte den Fiskus. Das *ius privatum* bezog sich demgegenüber überhaupt nicht auf den Staat, da der Staat mit seinen Untertanen nur im Verhältnis der Überordnung stehen konnte.

Weiterhin war verständlicherweise auch das von den beiden Rechtszweigen geregelte Gebiet der Lebensverhältnisse bei den Römern und in der Neuzeit verschieden. Ein im modernen Sinne betrachtetes Strafrecht war z. B. bei den Römern unbekannt. Die sog. Gemeinverbrechen wurden nämlich im Rahmen des *ius publicum,* die sog. Privatdelikte in dem des *ius privatum* geregelt, während das kapitalistische Strafrecht einen Teil des öffentlichen Rechts bildet. Im römischen Recht stellten die Regeln des Prozeßverfahrens in familien- und vermögensrechtlichen Fällen einen Teil des *ius privatum* dar, in modernen Rechten ist das Zivilverfahrensrecht ein Teil des öffentlichen Rechts.

c) Das Privatrecht in den Provinzen

In den wirtschaftlich am weitesten entwickelten östlichen Provinzen des Römischen Reiches verlangsamte sich die Infiltration des römischen Privatrechts durch die von Rom am Leben erhaltenen „Volksrechte" (s. u. S. 64) sowie durch die griechische Sprache. Durch ägyptische Papyrusfunde wurde allerdings bewiesen, daß zwischen dem eindringenden römischen Reichsrecht und dem lokalen Volksrecht keine Reibungen bestanden, sondern daß sich beide näher kamen und zwischen ihnen eine gewisse Wechselwirkung erzielt wurde.

Das niedrigere Kulturniveau der in den westlichen Provinzen, z. B. Gallien oder Spanien wohnenden Völker und die schnelle Verbreitung der lateinischen Sprache bewirkten, daß das römische Recht in diese Gebiete verhältnismäßig rasch eindrang. Da aber hier die Wirtschaftsverhältnisse primitiver waren, konnte das differenzierte römische Warenaustauschsrecht in diesen Gebieten nur durch Vereinfachung seiner äußerst fein geschliffenen Formen Anwendung finden. Das sog. nachklassische westliche Vulgarrecht begann sich also bereits im späteren Prinzipat zu entwickeln.

Die oben erwähnte *Constitutio Antoniniana* (212) hob die Daseinsberechtigung der örtlichen Volksrechte im Osten nicht auf. Sie beließ ihnen die sog. örtliche „Heimatpertinenz“ *(civitas peregrina)* der Neubürger und ermöglichte damit, daß hauptsächlich in familien- und erbrechtlichen Fällen für die Neubürger „anstatt des römischen Rechts und der römischen Gesetze“ *(pro iure et lege)* auch weiterhin das lokale Volksrecht angewendet wurde, wenn die kaiserlichen Konstitutionen nicht anders verordneten. So wurde z. B. die Geschwisterehe in Ägypten auch von den Neubürgern noch nach der *Constitutio Antoniniana* eingegangen, bis sie von Kaiser Diokletian Ende des 3. Jh. streng verboten wurde.

IV. Das Recht des verfallenden Römischen Reiches (Nachklassisches und justinianisches Recht)

1. Gesellschaft, Wirtschaft und Bevölkerung in der Verfallszeit des Römischen Reiches

Seit dem späten 2. Jh. wurde die Krise der auf der Sklaverei basierenden Produktionsweise ganz offensichtlich. So kam es in dieser Zeit zu einer beträchtlichen Veränderung der Sozialstruktur besonders auf dem Lande. Dabei änderte sich vor allem die innere Struktur der Kolonenwirtschaft, so daß sich bis zum Ende der Prinzipatszeit die verschiedenen ländlichen Produzenten, wie Kolonen, Inquilinen, die mit einem Pekulium versehenen Sklaven, Freigelassene und freie Bauern immer mehr einander annäherten. Der sich anbahnende Wandlungsprozeß in der Klassenstruktur wurde aber durch die bis in die Spätantike immer noch vorherrschenden Rechtsnormen infolge des Weiterbestehens des alten römischen Staatswesens gehemmt. Dies betrifft sowohl Strukturänderungen in der unterdrückten als auch in der herrschenden Klasse.

Die neue Großgrundbesitzeraristokratie hatte weitgehend ihren Großgrundbesitz aus dem städtischen Territorium herausgelöst, sie arbeitete überwiegend mit Kolonen, die zum Teil aus ehemaligen Sklaven und in Abhängigkeit geratenen freien Bauern hervorgegangen waren. Die städtischen Oberschichten, die Munizipalaristokratie besaß ihre ökonomische Basis in den kleineren und mittelgroßen städtischen Villenwirtschaften, die noch überwiegend mit Sklaven bearbeitet wurden (s. o. S. 54). Hier entstanden Kolonatsverhältnisse nur, wenn sich auf den städtischen Gebieten ebenfalls Großgrundbesitz entwickelte. Die Produktionsweise der Sklaverei hatte somit auf dem städtischen Territorium noch immer, auch in den Zeiten des Niedergangs, ihre wirtschaftliche Grundlage und begann sich hier nur relativ langsam zu verändern. Aufstandsbewegungen der Kolonen, der Sklaven und der unterdrückten Freien wurden immer häufiger, besonders in den Randgebieten des Imperiums, wo die Staatsgewalt schwächer war und sich noch Überbleibsel alter Eigentumsformen erhielten. Bewegungen der Freien sind uns am besten bekannt durch die Aufstände der sog. Bagauden in Gallien und Hispanien sowie der Agonistiker im römischen Afrika in der Zeit von 3.–5. Jh. Dazu kam es zu immer stärkeren Angriffen der Barbaren, besonders im Westreich, die oftmals die Unterstützung der Kolonen, der unterdrückten Freien und der Sklaven erhielten.

Die Kaiser Diokletian und Konstantin I. versuchten dieser äußerst kritischen Situation durch verschiedene Reformen, wie Umorganisation der Verwaltung, Bindung der Kolonen an die Scholle etc. abzuhelfen. Aber die allgemeine Krise der Sklavereigesellschaft führte seit dem Ende des 4. Jh. in die Epoche der sozialen Revolution. Seit 395 wurde das de facto bereits am Ende des 3. Jh. geteilte Römische Reich auch de iure als Ost- und Westreich verwaltet, und 476 ging das Weströmische Reich aufgrund der inneren Krise und der Einfälle der Barbaren zugrunde. Die gesonderte Entwicklung der griechischen Reichshälfte führte in den östlichen Feudalismus und spielte weiterhin eine bedeutende Rolle.

Für die Rechtsentwicklung ist vor allem die Zeit bis zum 6. Jh., dem Zeitalter Justinians I., von besonderer Bedeutung, da sich zu jener Zeit noch einmal eine späte Blüte des Reiches durch Rückeroberung Italiens, Nordafrikas und verschiedener Mittelmeerinseln, wie Sizilien, Sardinien, Teile von Südostspanien, Korsika und die Balearen, zeigte und die umfassende Rechtskodifikation zustande kam. Nach dem Ende seiner Regierungszeit setzte im 7. Jh. in Byzanz der Feudalisierungsprozeß verstärkt ein.

In der späten Prinzipatszeit war der Staatsapparat nicht mehr in der Lage, die gesellschaftlichen Verhältnisse mit den bisherigen Mitteln aufrechtzuerhalten – die Krise hatte das zwischen Kaiser, Senatsaristokratie, Rittern und Munizipalaristokratie noch bestehende Gleichgewicht erschüttert. In der Dominatszeit finden wir als herrschende Klasse nunmehr allein die Großgrundbesitzeraristokratie vor, zu der auch die Kaiserfamilie und der führende Klerus der christlichen Kirche gehörte. Die meist ausschließlich von Lasten freien Großgrundbesitzer sind die Vorgänger der späteren Feudalherren, wie auch die Kolonen in gewisser Weise als die Vorläufer der feudalabhängigen Leibeigenen angesehen werden können. Zwar sind infolge der noch bestehenden Sklavereigesellschaft die Großgrundbesitzer noch nicht als Feudalherren zu bezeichnen, aber sie beginnen sich diesem Status anzunähern. Keime feudaler Produktionsverhältnisse zeichnen sich mehr und mehr ab. Dies betrifft die von den Großgrundbesitzern der Dominatszeit geschaffenen Macht- und Unterdrückungsorgane, ihre privaten Heeresabteilungen *(bucellarii)*, Gefängnisse, befestigte Landhäuser, ihre eigenen Kirchen u. a. Die ausgebeuteten Klassen waren im Dominat die noch – allerdings stark eingeschränkt – selbständig arbeitenden Kleinproduzenten und auch die Sklaven. Dabei waren die kleinen Warenproduzenten breit gefächert und umfaßten *coloni* in verschiedensten Formen *(originarii, adscripticii, coloni liberi, inquilini, laeti)*, ebenfalls freie Bauern und Handwerker. In bezug auf ihre ökonomische und soziale Position beginnen sich die ausgebeuteten Klassen immer mehr anzunähern, obwohl de iure auch in der Spätantike noch zwischen Freien und Sklaven scharf zu unterscheiden war. Die Kolonen wurden seit Konstantin I. de facto Sklaven des Bodens, es erfolgte nunmehr eine soziale Angleichung der freien Unterdrückten an die Sklaven.

Der Senatsadel blieb auch im Dominat der höchste Stand, er zerfiel in untereinander abgegrenzte Rangklassen – *clarissimi, spectabiles* und *illustres* –, war aber durch die Reformen Diokletians in seiner politischen Bedeutung stärker als bisher eingeschränkt. Seine Positionen nahmen jetzt vor allem die Ritter ein, die von Konstantin I. in großer Zahl in den von ihm wesentlich erweiterten Senat aufgenommen wurden, der in Rom 600 Mitglieder und seit 330 in der neugegründeten Hauptstadt Konstantinopel 300 Senatoren umfaßte. Diese Zahl erhöhte sich aber bald auf zusammen etwa 4 000 Mitglieder, die allerdings nur zu einem äußerst bescheidenen Teil an den Sitzungen teilnahmen und sich mit ihrem senatorischen Ehrenrang zufrieden gaben. Vom Ritterstand hören wir nach Konstantin kaum noch etwas, die Ritter wurden über höhere Kommandostellen im Heer, über Gerichtsfunktionen und über die kaiserliche Verwaltung in den Senatsadel integriert. Vor allem der senatorische Hochadel, die *viri illustres*, gewannen seit dem späten 4. und 5. Jh. aufs neue an Bedeutung, ihre politische durch ihre Stellung in der Bürokratie bedingte Macht, ihr ökonomischer Einfluß infolge des riesigen Großgrundbesitzes und die von ihnen besetzten hohen und höchsten Staatsämter machten sie zu einem nahezu fast selbständigen Staat im Staate.

In den Städten spielten die Kurialen, *(curiales)* die ursprünglich die Mitglieder des Stadtrates waren, bislang eine nicht unwesentliche Rolle. Da die kaiserliche Regierung sie für die Einziehung der Steuern verantworlich machte, wurde ihre soziale und ökonomische Lage durch den Niedergang vieler Städte immer prekärer, so daß sie oft ihr Amt und ihre Städte verließen. Die Kaiser banden sie deshalb durch Gesetze an die Kurie *(curia)*, ebenso die Handwerker der Städte, Arbeiter in Münzwerkstätten, Waffenwerkstätten etc., aber meist ohne bleibenden Erfolg. Mehrere Kaiser des Dominats suchten zur Erhaltung der Versorgung des Heeres und des regelmäßigen Eingangs der Steuern die Munizipalaristokratie vor den sich mehrenden Übergriffen der Großgrundbesitzer in Schutz zu nehmen, aber diese Versuche waren fast immer zum Scheitern verurteilt. So schieden die Angehörigen der munizipalen Oberschicht im Dominat nach und nach aus der herrschenden Klasse aus und bildeten eine Zwischenschicht. Die im städtischen Handwerk und im kleineren Handel tätigen Plebejer litten unter dem wachsenden Druck der kaiserlichen Verwaltung und ihres eigenen Stadtrates, was bald zu ihrer völligen Verarmung führte. Ihre Lage war meist so schlecht, daß die vielfach an der äußersten Grenze des Existenzminimums lebenden armen städtischen Freien auch jetzt wieder durch *„panem et circenses"*, besonders aber durch Lebensmittelspenden der Besitzenden dahinvegetierten. Bei Flucht auf das Land führte nicht selten ihre Ergreifung dazu, daß sie von den Verwaltern der Großgüter einfach den Kolonen einverleibt wurden, was ihre Lage in den meisten Fällen nicht verbesserte.

2. Der Staatsapparat im Dominat

Das „republikanische Kaisertum", der Prinzipat, hatte seine republikanischen Züge in der Zeit des Septimius Severus endgültig abgelegt und erschien von da ab als nahezu unverschleierter Despotismus. Die von Diokletian (284–305) geschaffene Regierungsform, der Dominat (*dominatus,* von *dominus* = Herr) verließ endgültig auch der Form nach die republikanischen Ideen, und das Reich wird zu einer Monarchie mit stark hellenistischem Charakter, deren Schwerpunkt im Osten lag. Bereits im Jahre 286 erhob Diokletian seinen Mitstreiter Maximian zum Augustus, am 1. März 293 in Nikomedia, seiner neuen Residenz, den Präfekten seiner Prätorianergarde C. Galerius Valerius Maximinus zum Cäsar und späteren Thronfolger. Maximian bestellte am gleichen Tage in seiner Mailänder Residenz seinen Prätorianerpräfekten C. Flavius Valerius Constantius *(Chlorus)* zum Cäsar und präsumtiven Nachfolger.

Wir bezeichnen diese Herrschaftsform als Tetrarchie (= Vierherrschaft). Die beiden Augusti gelten als „Oberkaiser", die beiden Cäsaren als „Unterkaiser", zugleich als Schwiegersöhne; sie sollten nach 20 Jahren den abtretenden Augusti auf den Thron nachfolgen und ihrerseits wieder neue „Unterkaiser" ernennen. Die neue Herrschaftsform wahrte zunächst die staatliche Einheit des Reiches. Die einzelnen Kaiser erhielten entsprechende territoriale Bereiche zuerkannt, um den Aufständen im Inneren des Reiches und Angriffen auf die Reichsgrenzen wirkungsvoller entgegentreten zu können. Während sich Diokletian den Osten des Imperiums – Kleinasien, Syrien, Palästina und Ägypten – vorbehielt, war sein Cäsar Galerius mit Sitz in Sirmium (an der Save) für die Balkanhalbinsel von Noricum bis zur Mündung der Donau mit Makedonien und Griechenland zuständig. Der Augustus des Westens mit Residenz in Mailand war für Italien und Afrika (außer Ägypten) verantwortlich, demgegenüber wurde seinem Cäsar, der sich Trier und Eburacum (York) als Residenz erkor, Spanien und Gallien sowie Britannien zur Verwaltung übertragen. Diokletian war der von allen anderen Mitkaisern anerkannte „Oberherr". Damit versuchte er die Probleme der Regierung des riesigen Reiches und der Thronfolge zu lösen – schuf aber damit auch bereits die Grundlage für die spätere Teilung des *Imperium Romanum* in ein Ost- und Westreich, die 395 nach dem Tode von Theodosius I. d. Gr. endgültig besiegelt wurde. Die Verbindung zwischen beiden Reichsteilen äußerte sich nunmehr vor allem darin, daß die Kaiser beider Reichshälften ihre Verordnungen auch in beiden Herrschaftsbereichen publizierten.

Die von Diokletian geschaffene Tetrarchie bewährte sich allerdings nicht, da vor allem ein Aspekt von ihm bei der Thronfolge nicht berücksichtigt worden war: die Söhne der einzelnen Kaiser waren verständlicherweise nicht ohne weiteres gewillt, sich bei der Neuwahl der folgenden Cäsaren übergehen zu lassen. So kam es bereits mit der Abdankung Diokletians und Maximians im Jahre 305 zu schweren und blutigen Thronstreitigkeiten und Kämpfen, aus denen schließlich Konstantin I. 306 als Sieger hervorging, der nach Ausschaltung seiner Konkurrenten dann von 324–337 als Alleinherrscher regierte.

Die Staatsgewalt konzentrierte sich völlig in den Händen des Kaisers, der sich nicht mehr als „Erster Bürger", sondern als „Herr und Gott" *(dominus et deus)* betrachtete und in der christlichen Ära mit dem Attributen „göttlich" *(divus)* und „heilig" *(sacer)* versehen wurde. Während früher die Kaiser im Senatorengewand erschienen und vielfach den Anschein zu erwekken suchten, als seien sie Erste unter Gleichen, führte man jetzt an den Kaiserresidenzen das persische Hofzeremoniell ein. Dabei erschien der Herrscher, der bereits zu Lebzeiten göttliche Verehrung genoß und dessen Gewalt unbeschränkt war, mit purpurgesticktem und golddurchwirktem Gewand und seit Konstantins I. Zeit mit einem Diadem auf dem Kopf – auch *corona* (Krone) genannt.

Die Staatsorgane der Republik verloren nunmehr endgültig alle Bedeutung. Das Konsulamt wurde vom Kaiser als Auszeichnung verdienter Persönlichkeiten vergeben. Seine Bedeutung lag nur noch darin begründet, daß weiterhin nach alter Sitte das Jahr nach den Konsuln bezeichnet wurde und sie im Senat den Vorsitz führten. Meist übernahmen die Kaiser den Konsultitel auch selbst. Die römischen Magistraturen waren auf die Erfüllung städtischer Funktionen reduziert, das Amt der Ädilen wurde abgeschafft, und die Organisation der mit ungeheuren Kosten verbundenen Festspiele den Prätoren und Quästoren übertragen. Die Prätoren fungierten in den sog. Freiheitsprozessen und übten vor allem eine Art von Vormundschaftsbehörde aus, während die Rechtsprechung in der Stadt Rom bis im Umkreis zum 150. Meilenstein von dem vom Kaiser ernannten *praefectus urbi* versehen wurde.

Ab 330 finden wir, wie bereits betont, zwei Senate vor, von denen einer in Rom und der andere in der neugegründeten Hauptstadt Konstantinopel seinen Sitz hatte, aber de facto sanken beide zu einer städtischen Behörde herab, obwohl der Kaiser gelegentlich noch einige seiner Edikte im Senat promulgierte. Die Senatsaristokratie trug das bereits im 2. Jh. gebräuchliche Prädikat *vir clarissimus* als oberste Rangklasse im Dominat, während für die Mitglieder des Senats von Konstantinopel die Bezeichnung *vir clarus* vorgesehen war. Die eigentliche Regierung des Reiches versahen die vom Kaiser ernannten hohen Würdenträger und Beamten, von denen die wichtigsten genannt sein sollen. So gibt es nunmehr vier *praefecti praetorio* an der Spitze der Präfekturen des Reiches mit Sitz am jeweiligen Kaiserhof als oberste zivile Beamte ohne militärische Befugnisse. Die Präfekturen wurden in von Stellvertretern des *praefectus praetorio* oder *vicarii (vice agentes praefectorum praetorio)* verwaltete Diözesen unterteilt, diese wiederum in 120 Provinzen, die den Provinzstatthaltern (*consularis, corrector* oder als *praeses* bezeichnet) unterstanden. Auch die Bezirke Italiens besaßen keinen Vorrang mehr und wurden wie Provinzen durch *correctores* verwaltet. *Proconsules* wurden für die Provinzen *Asia, Africa* und *Achaia* ernannt. In den Rechtsquellen ist für die Vikare und Provinzstatthalter des öfteren der Titel *iudex* (Richter) vorzufinden. Die Provinzstatthalter stellten für die Gerichtsbarkeit in Zivil- und Strafsachen die erste Instanz dar. Die Berufung gegen ihre Entscheidung ging an den Vikar oder an den Präfekten, an den Kaiser nur in Ausnahmefällen.

Der Zeremoniemeister, *magister admissionum,* war für die Einhaltung der dem Kaiser zustehenden „göttlichen" Ehrungen beim Eintritt in das Beratungszimmer *(consistorium)* verantwortlich, wo die Proskynese und der Gewandkuß *(adoratio)* des Kaisers erfolgte, er unterstand dem Oberhofmeister, *magister officiorum.* Dieser leitete alle kaiserlichen Kanzleien, *scrinia,* bes. *libellorum, epistularum* und *memoriae,* auch die Post, war Kommandant der Hoftruppe und der Sicherheitspolizei *(agentes in rebus).* Als weitere höchste Beamte finden wir den kaiserlichen Schatzmeister bzw. Finanzminister, den *comes sacrarum largitionum* vor, ferner gibt es den Justizminister, den *quaestor sacri palatii* und den Verwalter des Kronvermögens, den Domänenminister, den *comes rerum privatarum.* Die Bezeichnung *c.r.p.* ist deshalb zutreffend, da die Domänen als *res privatae* des jeweiligen Kaisers galten. Die kaiserliche Kanzlei wurde vom *magister memoriae* (vorher *ab epistulis*), geleitet, die Bittschriften hatte der *magister libellorum* (vorher *a libellis*) zu erledigen, während als Vorsteher des kaiserlichen Privathaushaltes der Oberkämmerer, *praepositus sacri cubiculi* fungierte. Der Schutz des Herrschers war dem dafür Verantwortlichen der Palasttruppen, dem *comes domesticorum,* anvertraut. Die Hierarchie und Bezahlung der einzelnen Amtsträger war durch eine strenge Vorschrift *(notitia dignitatum)* festgelegt. Der Beirat des Kaisers wurde statt des Senats jetzt das *sacrum consistorium,* dessen Mitglieder die erwähnten höchsten kaiserlichen Würdenträger und die weiterhin vom Kaiser dazu eingeladenen Personen waren.

Neben den genannten hohen Beamten wären weiter als Heerführer, Angehörige des kaiserlichen Gefolges, in drei Rangklassen gegliederte „Begleiter" des Kaisers, mit dem Titel *comes* versehen, zu nennen. Seit Konstantin d. Gr. gab es den Heermeister, *magister militum,* und zwar als Kommandeur der Fußtruppen den *magister peditum* und als Kommandeur der Reiterei den *magister equitum.* Seit Konstantius II. wurden für jede Präfektur diese beiden Heermeister ernannt. Am Hofe des Kaisers befanden sich der oberste Heermeister oder Reichsfeldherr, der *magister militum praesentalis,* eine Stelle, die mehr und mehr von Angehörigen germanischer Stämme besetzt wurde.

3. Allgemeine Charakterisierung des Rechts im Dominat und in der justinianischen Epoche

Das nachklassische und justinianische Zeitalter sind die Periode der Vereinheitlichung der römischen Rechtsentwicklung.

Die bisher bestehende Dualität des *ius publicum* und *ius privatum* verblaßt nach und nach und stellt sich des weiteren nur noch als eine wissenschaftliche Kategorie dar *(huius studii duae sunt positiones: publicum et privatum* D. 1, 1, 1, 2 – Ulpian, s. o. S. 62). Das früher in zwei Zweige zerfallene Rechtssystem wird offensichtlich einheitlich, und das *ius publicum* und das *ius privatum* verwandeln sich mehr zu juristischen Denkformen.

Die Vereinheitlichung des Reichsrechts zeigt sich in den die Rechtsregeln sammelnden Arbeiten, in den Zitiergesetzen, die unter Bezugnahme auf die Werke der verschiedenen Rechtsgelehrten eine Einheit herbeiführen wollen, in den rechtsvereinigenden Akten, die der justinianischen Kodifikation vorangehen. Hauptsächlich äußert sich die Vereinheitlichung des Reichsrechts in der justinianischen Kodifikation selber, die eine Verallgemeinerung der Rechtsregeln und – der klassischen Kasuistik entgegengesetzt – eine bedeutende Abstraktion charakterisiert.

Schließlich kommt der Vereinheitlichungsprozeß zwischen dem Reichsrecht und den lokalen Volksrechten seit dem 4. Jh. besonders zur Geltung. Im Ergebnis dessen werden die zwischen den Rechtssystemen bestehenden Differenzen liquidiert und die früheren Volksrechte im Osten nunmehr durch je eine Gruppe der familien- und erbrechtlichen Regeln bezeichnet.

4. Vulgarrecht und justinianische Kodifikation

Eine der Eigenarten der nachklassischen Rechtsentwicklung ist das Vordringen des sog. Vulgarrechts im 4. und 5. Jh. Einer der Gründe für seine Ausgestaltung ist darin zu sehen, daß der differenzierte römische Warenaustausch, in dessen Dienst die klassische Rechtswissenschaft die höchste Juristentechnik schuf, vom 4. Jh. an gewissermaßen vereinfacht wurde. Der andere Grund liegt darin, daß diese „raffinierte" Art des juristischen Denkens in den Provinzen, wo das Niveau des Warenaustauschs unterhalb des italischen und des östlichen Teiles des Weltreiches stand, nie angewendet wurde. Die Provinzialjuristen im Westen und die ihnen folgenden dortigen Gerichtsinstanzen arbeiteten mit einfacheren Lösungsformeln als Roms klassische Juristen (s. o. S. 63). Beide Erscheinungen wurden ab dem 4./5. Jh. miteinander verbunden, und es entwickelte sich daraus eine sog. vulgarrechtliche Denkart. Diese hat einen gewissen Einfluß auf das juristische Denken im ganzen Reich ausgeübt. Nach dieser Denkweise wurde das von den klassischen Juristen scharf gesonderte Eigentum und der Besitz oder Kauf vom Eigentumsübertragungsakt nie scharf unterschieden. Unter dem nachklassischen Vulgarrecht ist somit einerseits die gegenüber Rom einfachere Rechtspraxis der Provinzen (besonders im Westen) und andererseits das aus dem Niedergang des Warenaustauschs stammende und die einfacher gewordene rechtliche Denkart widerspiegelnde römische Recht zu verstehen.

Die justinianische Kodifikation, auf die später noch näher einzugehen sein wird, setzt das Ende der nachklassischen Rechtsentwicklung ungeachtet dessen, daß sie keine natürliche Folge dieser Rechtsentwicklung war. Das vulgarrechtliche Denken bestimmte im allgemeinen nicht die Eigenart der justinianischen Kodifikation, obwohl eine gewisse Vereinfachung im Verlauf der justinianischen Umarbeitung der klassischen Werke nicht geleugnet werden kann. Seit dem Zwölftafelgesetz bedeutet dieses Gesetzeswerk erstmalig die vollständige Zusammenfassung des ganzen römischen Rechts, wenn man berücksichtigt, daß die hadrianische Ediktkodifikation und die von Theodosius II. verordnete Kodifikation *(Codex Theodosianus)* nur das in einem gewissem Zeitalter erlassene Ediktsmaterial bzw. die Masse der noch gültigen kaiserlichen Verordnungen enthielt. Die justinianische Kodifikation ist die Zusammenfassung sowohl der Werke der Rechtsgelehrten als auch der kaiserlichen Verordnungen, und in ihr spiegelt sich die gesamte römische Rechtsentwicklung wider (s. u. S. 118 ff.).

V. Die zwischenstaatlichen Beziehungen Roms

1. Im bäuerlichen und republikanischen Rom

Wir greifen nochmals zurück zu den Anfängen Roms, um das Ausgreifen der Stadt zu ihren Nachbarn und über ihre Grenzen verständlich zu machen. Nach sagenhaften Angaben stand Rom am Anfang seiner Geschichte unter der Hegemonie von Alba Longa, einem Stadtstaat in Latium und konnte erst später die führende Rolle in diesem Gebiet einnehmen. Nach antiker historischer Überlieferung schloß Rom in der frühen Republik mit einem aus acht latinischen Städten bestehenden Bund einen Vertrag (latinischer Städtebund) und später auch mit dem Städtebund der Hernici (486 v. u. Z.). Im Sinne des Vertrages wurde die Kriegsbeute unter den drei vertragsschließenden Parteien in drei Teile geteilt. Die Zerstörung der etruskischen Stadt Veji (396 v. u. Z.) machte Rom zur führenden Stadt in Latium, und damit begann eine immer weiter getriebene Eroberungspolitik in Mittelitalien. Die Hegemonie über Latium errang Rom aber erst endgültig nach der siegreichen Beendigung des Latinischen Krieges 338 v. u. Z. Der latinische Bund zerfiel nunmehr, und Rom verteilte als eine der latinischen Städte sozusagen ein gewisses „halbes oder partielles Bürgerrecht", und zwar nach Livius (8, 14) „einem jeden seinem Verdienst nach". Dies bedeutete, daß den Bewohnern einiger Städte in Rom ein beschränktes Stimmrecht in den Tributkomitien zustand. Ferner erhielten die Bürger einer jeden latinischen Stadt die nach dem römischen Recht bestehende vermögensrechtliche Rechtsfähigkeit und damit die Möglichkeit, mit römischen Bürgern oder Bürgerinnen eine Ehe zu schließen, es entsteht jetzt das latinische Bürgerrecht (s. o. S. 32).

In der Zeit des B u n d e s der latinischen Städte zu Beginn des 5. Jh. v. u. Z. gab es als ein Verbindungsglied die gemeinsamen Bundesorgane – die Bundeskomitien, den *praetor* oder *dictator Latinus* sowie die Bundesarmee (Fest. 241). Bundeskomitien und *praetor* bzw. *dictator Latinus* waren selbst in historisch faßbaren Zeiten noch anzutreffen. Die Einhaltung der Vorschriften der zwischenstaatlichen Verbindungen wurde durch das als *fetiales* bezeichnete Priesterkollegium gesichert. Das Verfahren der Kriegserklärung, der Friedensschluß sowie die mit der Auslieferung der Kriegsgefangenen verbundenen Obliegenheiten wurden vom *pater patratus*, dem Haupt des Kollegiums, gelenkt. Das Gastrecht *(hospitium)* beruhte aller Wahrscheinlichkeit nach auf dem zwischen Stadtstaaten geschlossenen gegenseitigen Beistandspakt *(amicitia)*, der den Bürgern beider vertragschließender Stadtstaaten im jeweils anderen Staat Schutz gewährte.

Neben dem Ausbau seiner Hegemonie über Latium strebte Rom nach der Herrschaft über das gesamte Italien. Diese wurde durch die mit den außerhalb Mittelitaliens liegenden Stadtstaaten geschlossenen Verträge verschiedensten Inhalts zunächst damit erreicht, daß die Selbständigkeit der anderen vertragschließenden Partei durch den Vertrag grundlegend eingeschränkt wurde.

Solche Verträge wurden von Rom mit den mittel- und süditalischen Städten Elea, Posidonia und Neapolis sowie mit den etruskischen Stadtstaaten Pisa und Populonia geschlossen. Die im italischen Bund, dem Zusammenschluß der Latiner, Sabeller und Osker sowie der Etrusker und der Griechenstädte Süditaliens unter dem Begriff *socii nominisque Latini* (Bundesgenossen und Latiner) zusammengefaßten Bündner erhielten jeweils unterschiedliche Rechte und Pflichten (s. o. S. 32). Während die Ausbildung der italischen Hegemonie durch die mit den einzelnen italischen Stadtstaaten geschlossenen Verträge unter der Polisideologie Roms erfolgte, bestand die Grundlage für die Bindung der Gebiete im Osten in der Form von Provinzen an Rom darin, daß Rom sich als Nachfolger Alexanders d. Großen erklärte und in die Diplomatie die Schlagworte *„aequitas"*, „Gerechtigkeit", „Freiheit" einführte. In Griechenland verschleierte Rom damit seine Eroberungspolitik, indem es als Befreier vom makedonischen Joch auftrat.

Die Grundlage der Verbindung zwischen Rom und den nichtlatinischen Gemeinschaften war in erster Linie der Bündnisvertrag *(foedus)*. Diese Verträge haben formell zwei Formen: einmal das *foedus aequum* und zum anderen das *foedus iniquum*. Das erstgenannte stellte einen „gleichen", das letztgenannte einen „ungleichen" Bündnisvertrag dar (s. o. S. 32). Allerdings war der Unterschied zwischen ihnen in Wirklichkeit nur formell. Dies bedeutete, daß die den Vertrag schließende andere Partei auch die „Majestät des römischen Volkes" *(maiestatem populi Romani)* anzuerkennen hatte. Beide Formen der Bündnisverträge nahmen dem mit Rom vertragschließenden Staat das Recht des selbständigen Vertragsabschlusses und das Recht der Kriegserklärung, die mit dem Vertrag auf Rom übertragen wurden. Allerdings gab es natürlich auch ein *foedus aequum* mit solchem Inhalt, daß der anderen vertragschließenden Partei diese Rechte nicht entzogen wurden. Dies waren z. B. die Friedensverträge Roms mit Karthago nach dem 1. und 2. Punischen Krieg, die die Niederlage Karthagos zwar zum Ausdruck brachten, aber seine Selbständigkeit trotzdem bewahrten.

In dieser Zeit gab es weiter den gegenseitigen Beistandspakt *(amicitia)*, womit Rom im allgemeinen die Neutralität der anderen vertragschließenden Partei für sich sicherte oder auch in Form des *foedus aequum* ein Schutzbündnis schuf. Zugleich wurde das Rechtsinstitut der *recuperatio* in einem breiteren Rahmen ausgebaut. Darunter verstand man ein solches vertragliches Rechtsverhältnis, aufgrund dessen ein aus drei Mitgliedern bestehendes römisches (!) Schwurgericht über den Ersatz der von dem mit Rom im vertraglichen Verhältnis stehenden Staat oder von seinen Bürgern verursachten Schäden entschied.

2. In der Kaiserzeit

Roms „Alleinherrschaftsideologie" entfaltete sich voll in der Kaiserzeit. Sie verkörperte sich im Begriff des *Imperium Romanum*, dem römischen Weltreich und in der *Pax Romana*, nämlich im Frieden, den das erobernde Rom der Welt sicherte. Die Schlagworte der „Gleichheit" und „Gerechtigkeit" spielen in der Eroberungspolitik Roms keine Rolle mehr, da Rom außer Persien keinen weiteren ernsthaften Konkurrenten besaß. So verarmte dieses Zeitalter notwendigerweise selbst in den Einrichtungen des zwischenstaatlichen Verkehrs. Es gab zwar noch zwischenstaatliche Verträge, so z. B. mit dem Perserreich als einem vollständig unabhängigen Staat geschlossene Verträge; ferner mit solchen östlichen Königreichen geschlossene Verträge, deren Unabhängigkeit Rom nicht aufhob (z. B. Armenien) und die damit die Rolle der Pufferzone zwischen Rom und dem Perserreich spielten.

Die häufigsten aber waren diejenigen Verträge, die Rom mit einigen östlichen Königen schloß, wodurch der König des betreffenden Staates ein Klient des römischen Kaisers und sein Staat ein Klientelstaat wurde. Der König erhielt das römische Bürgerrecht, und damit konnte er nötigenfalls vor ein römisches Gericht gestellt werden, wie z. B. die Könige von Judäa und Syrien. Diese Verträge waren im allgemeinen nur zu Lebzeiten des betreffenden Herrschers gültig, während nach seinem Tod sein Land meist zur römischen Provinz wurde.

3. Ius fetiale und ius gentium als Recht des Krieges und des Friedens

Das ius fetiale bedeutete die Gesamtheit derjenigen religiösen Vorschriften, die den Verkehr zwischen Rom, dem frühen Stadtstaat und Latium sowie den Stadtstaaten Mittelitaliens zunächst betreffs der Kriegserklärung und des Friedensschlusses ordneten. Die Befolgung dieser Vorschriften wurde in Rom ebenso wie bei den anderen Völkern vom Priesterkollegium der *fetiales* überwacht, die die sakralen Handlungen der Kriegserklärung und des Friedensschlusses ausführten. Das *ius fetiale* war also ursprünglich nicht einmal *ius*, sondern ein Gebiet des *fas*, was durch die Ideologie des Krieges im frühen Rom bestätigt wurde. Die vertragschließenden Parteien unterstrichen ihren Vertrag mit einem Eid. Brach eine Partei diesen Eid, so wurden durch diese Handlung die Götter verletzt. Aus diesem Grunde war der Krieg ein gottesgerichtsartiges Duell zweier Staaten, das „Mittel der Götter" für die Einhaltung des Rechts war aber Rom.

Der sakrale Gehalt des *ius fetiale* verschwand mit der Entwicklung des römischen Weltreiches mehr und mehr, die den zwischenstaatlichen Verkehr regelnden Normen erhielten einen weltlichen Charakter. Der Begriff des *ius fetiale* ging in die Bezeichnung *ius gentium* über, das in seinen ersten Erscheinungsformen die Gesamtheit der den zwischenstaatlichen Verkehr Roms ordnenden Regeln ausdrückte *(ius belli ac pacis)*, die aber ihren sakralen Charakter verloren. Da sich in der Kaiserzeit der Gedanke der Alleinherrschaft immer mehr festigte und den Charakter einer Ideologie annahm, verschwand dieser Rechtsregelkomplex aus dem römischen Recht, zumal Rom als Weltmacht keine solchen Normen mehr benötigte. Das *ius gentium* bedeutet nunmehr ausschließlich „das gemeinsame Recht aller Völker" (Gai. 1, 1). Da die Alleinherrschaftsideologie Roms sehr alte Wurzeln hatte, weiterhin der Begriff der Souveränität im Altertum unbekannt war – obwohl das Völkerrecht darauf beruht – und erst zu Beginn des Kapitalismus (so in der Lehre von Jean Bodin und Hugo Grotius) zum Ausdruck kam, kann weder das *ius fetiale* noch das *ius gentium* als Völkerrecht im heutigen Sinne angesehen werden.

VI. Die Quellen des römischen Privatrechts und seine Schriftdenkmäler

1. Begriff des Rechts und Rechtsanwendung

a) Der Begriff des Rechts

Die Römer benutzten, wie bereits betont, für die Bezeichnung des Rechts im allgemeinen das Wort *„ius"* in zweifacher Bedeutung. Sie verstanden darunter teils die Rechtsregeln, mit modernem Ausdruck das „objektive Recht", da sie mit diesem Wort die verschiedenen Gruppen der Rechtsregeln bezeichnen wollten, wie z. B. *ius civile, ius praetorium, ius publicum, ius privatum* etc. Weiterhin zählten dazu gewisse, den Anschein einer Rechtsregelgruppe erwekkenden philosophischen Begriffe, wie das *ius naturale* oder *ius gentium* oder andererseits gewisse Quellen der Rechtsregeln, wie das Gesetz, die kaiserliche Verordnung (Gai. 1, 2). Aber das Wort *„ius"* bedeutete auch eine Berechtigung, mit einem modernem Ausdruck das „subjektive Recht", d. h. eine Person hat auf etwas Recht. In diesem Sinne sagt Ulpian:

Cui ius est donandi, eidem et vendendi et concedendi ius est (D. 50, 17, 163).
Wer das Recht hat zu schenken, hat auch das Recht, zu verkaufen und zu überlassen.

Im ähnlichen Sinne spricht auch Gaius über das Recht:

Nullus videtur dolo facere, qui suo iure utitur (D. 50, 17, 55).
Niemand handelt arglistig, wenn er von seinem Rechte Gebrauch macht.

Die Quellen geben manchmal auch die inhaltliche Auslegung des objektiven Rechts wider. So sagt Celsus unter Bezugnahme auf Ulpian Folgendes:

Ius est ars boni et aequi (D. 1, 1, 1, 1). Das Recht ist die Kunst des Guten und Gerechten.

Dieses „Gute und Billige" dient aber zur Sicherung der Ordnung des Privateigentums, der Ideologie des Privateigentums. Dies wird durch Ulpians Feststellung über die Gerechtigkeit *(iustitia)* als Grundlage dieser Rechtsordnung bestätigt:

Iustitia est constans et perpetua voluntas ius suum cuique tribuendi (D. 1, 1, 10).
Die Gerechtigkeit ist der ständige und unaufhörliche Wille, jedermann das ihm zustehende Recht zuzuteilen.

Ulpian beleuchtet hier also den Begriff der Gerechtigkeit von der Seite der Sicherung der subjektiven Rechte aus. Die auf den sog. „Dreierzweck" des Rechts bezügliche These wurde ebenfalls Ulpian zugeschrieben, sie rührt aber aller Wahrscheinlichkeit nach aus dem nachklassischen Zeitalter her und besagt folgendes:

Iuris praecepta sunt haec: honeste vivere, alterum non laedere, suum cuique tribuere (D. 1, 1, 10, 1).
Die Regeln des Rechts sind die folgenden: ehrlich leben, andere nicht verletzen, jedem das Seine zubilligen.

b) Die Rechtsanwendung

Der Schöpfer der Rechtsnorm hat, vor allem in den entwickelten Rechtstypen, einen typischen Fall vor Augen, den er entsprechend für die Bildung der Rechtsnorm zugrunde legt. Vor dem Richter steht aber häufig nicht der Typusfall, sondern eine andere Sachlage, die mit dem vom Rechtsschöpfer geregelten Tatbestand höchstens eine Ähnlichkeit aufweist. Die wichtigste Funktion des Richters ist nun die, von den bestehenden Rechtsvorschriften die entsprechende auszuwählen und auf Grund dieser die Entscheidung zu treffen. Die Rechtsanwendung ist somit eine logische Operation, in der eine Sachlage und eine Vorschrift gegeben sind. Die Pflicht des Richters besteht darin, die Verfügungen der Rechtsregel auf den konkreten Fall zu beziehen und das Urteil zu fällen. Bei den primitiven Völkern wird die Gerichtsbarkeit durch eine de facto buchstäbliche Anwendung der Rechtsregeln charakterisiert. In einer sozial-ökonomisch und politisch entwickelten Gesellschaft wird der Sinn der Rechtsregel vom Richter untersucht, was durch die folgenden Worte von Celsus ausgedrückt wird:

Scire leges non hoc est verba earum tenere, sed vim ac potestatem (D. 1, 3, 17).
Die Gesetze zu kennen, bedeutet nicht, ihre Worte einzuhalten, sondern ihren Sinn und ihren Zweck.

Damit erhebt sich das römische Recht über die Kasuistik altorientalischer Gesetzgebung. Die Mittel der rechtsanwendenden Arbeit des Richters sind demnach die *interpretatio,* d. h. die Auslegung der Gesetze und die Analogie, d. h. die Entscheidung nach einem Ähnlichen.

Interpretatio: Im Fall der *interpretatio* gibt es eine Norm für den vor dem Richter zur Entscheidung anstehenden Fall, die ausgelegt werden muß. Paßt nun diese Rechtsnorm genau zur in Frage kommenden Angelegenheit, kann der Richter ohne weiteres entscheiden. Ist aber der in dieser enthaltene Tatbestand mit dem vor dem Richter liegenden Sachverhalt nicht völlig identisch, so legt dieser die Rechtsvorschrift entweder ausdehnend oder evtl. einschränkend aus, um sie auf die gegebene Sachlage anwenden zu können. Im ersteren Fall dehnt die Auslegung den buchstäblichen Sinn der Rechtsregel aus, im letzteren Fall schränkt sie diesen ein. So regelte z. B. ein *senatusconsultum* die Darlehensverträge des unter väterlicher Gewalt stehenden Sohnes. Ulpian legt das in der Vorschrift Enthaltene auch auf die Darlehensverträge der unter der väterlichen Gewalt stehenden Tochter ausdehnend aus (D. 14, 6, 9, 2). Es sind demgegenüber die von den allgemeinen Normen eine Ausnahme statuierenden Regeln einschränkend auszulegen. So konnte sich z. B. der Soldat darauf berufen, daß er die Regeln nicht kannte. Diese privilegartige Regel war aber offenbar nicht auf den ausgedienten Soldaten, den Veteranen, zu beziehen. Es gab eine Interpretationsregel, daß alle Ausnahmen einschränkend auszulegen sind. Die klassische und auch die nachklassische Rechtswissenschaft arbeiteten mehrere, selbst in den modernen Rechtssystemen angewendete Prinzipien der Auslegung der Rechtsregeln aus. Solche Prinzipien waren:

Incivile est nisi tota lege perspecta una aliqua particula eius proposita iudicare vel respondere (D. 1, 3, 24 – Celsus).
Es ist ungebührlich, aufgrund einer gewissen Teilverfügung des Gesetzes zu entscheiden oder eine Meinung zu bilden, ohne das Ganze des Gesetzes in Betracht zu ziehen.

Die Rechtsnorm soll also in ihrer Gesamtheit ausgelegt und nicht so erklärt werden, daß nur einige Teile davon entnommen werden. Ein Gesetz kann auch mit der Einhaltung der Buchstaben verletzt werden. Darauf bezieht sich die auf die Umgehung des Gesetzes bezügliche These des Rechtsgelehrten Paulus, der feststellt:

Contra legem facit, qui id facit quod lex prohibet, in fraudem vero, qui salvis verbis legis sententiam eius circumvenit (D. 1, 3, 29).
Wer das tut, was das Gesetz verbietet, handelt gesetzwidrig; aber wer die Worte des Gesetzes einhaltend seinen Sinn umgeht, umgeht das Gesetz.

Ist das Gesetz zweideutig, soll der Wille des Gesetzgebers untersucht werden:

In ambigua voce legis ea potius accipienda est significatio, quae vitio caret, praesertim cum etiam voluntas legis ex hoc colligi possit (D. 1, 3, 19 – Celsus).
Hat sich das Gesetz etwas zweideutig ausgedrückt, so soll diejenige Auslegung angewendet werden, die nicht mangelhaft ist, besonders wenn daraus auch der Wille der gesetzgebenden Gewalt erschlossen werden kann.

Im Zweifelsfall ist demnach die oben erwähnte Auslegung anzuwenden, die eine mildere Lösung zur Folge hat, besagt die dem Juristen Marcellus zugeschriebene, aber wahrscheinlich von der justinianischen Kodifikation herrührende These:

Sed in re dubia benigniorem interpretationem sequi non minus iustius est quam tutius. (D. 28, 4, 3, pr.).
Aber im Zweifelsfall ist die Befolgung der milderen Auslegung sowohl gerechter als sicherer.

Daneben sind auch die allgemeinen Regeln der Logik unter den Auslegungsgrundsätzen der römischen Juristen zu finden, z. B.:

Non debet, cui plus licet, quod minus est non licere (D. 50, 17, 21 – Ulpian).

Es geht nicht, daß demjenigen, dem mehr erlaubt ist, weniger nicht erlaubt wäre (d. h. die Folgerung vom Größeren auf das Geringere, *argumentum a maiori ad minus).*

Von der Bestimmung hingegen, daß die wegen Ehebruchs verurteilte Frau nicht Zeugnis ablegen kann, folgert Paulus logischerweise, daß demgemäß die Frauen sonst berechtigt sind, im Verfahren vor dem Gericht zu zeugen (D. 22, 5, 18), was als *argumentum a contrario* (Folgerung aus dem Gegensatz) gilt.

Die Analogie der Auslegung bedeutet demgegenüber, daß es hier für den gegebenen Fall überhaupt keine Norm gibt, und der Richter aufgrund gewisser Ähnlichkeiten zu konstruieren hat. Dies war bei den *pontifices* der Fall, als sie die Sätze des XII-Tafel-Gesetzes mit verschiedenen Spitzfindigkeiten auf solche Fälle anwendeten, auf die diese sich nicht bezogen, obwohl die alten Quellen diese Tätigkeit als *interpretatio* (Auslegung) bezeichnen. So benutzten sie für den Zweck der Eigentumsübertragung jene vom Zwölf-Tafel-Gesetz herrührende Regel, wonach insofern der Kläger die Bitte vorträgt und der Beklagte nicht widerspricht, der Prätor das verlangte Ding dem Kläger zuerteilt *(in iure cessio).* Aufgrund der Analogie verfuhr auch der Prätor, als er die für die Verteidigung des Eigentumsrechtes am italischen Grundstück gebührende zivilrechtliche Klage *(rei vindivatio)* auch für die Verteidigung des auf einem Provinzialgrundstück errichteten eigentumsartigen Rechtsverhältnisses *(rei vindicatio utilis)* gewährte.

Da in der römischen Rechtsentwicklung die Analogie eine sehr große Rolle spielte, können wir die Tätigkeit der *pontifices* und der Prätoren auch als eine Art der Rechtserzeugung ansehen. Der klassische Rechtsgelehrte Paulus sieht die folgende Regel als eine Beschränkung der Analogieanwendung an:

Quod vero contra rationem iuris receptum est, non est producendum ad consequentias. (D. 1, 3, 14)
Was als dem Wesen des Rechts widersprechend angenommen wurde, kann nicht zu weiteren Folgerungen führen.

So kann z. B. ein auf eine bestimmte Gruppe von Personen bezügliches Rechtsprivileg *(ius singulare)* nicht durch Analogie ausgedehnt werden.

2. Die einzelnen Quellen des römischen Rechts

Das Recht erscheint immer in irgendeiner Form, und diese Form ist der Träger der Rechtsregel. Die verschiedenen Erscheinungsformen der Rechtsregel werden Rechtsquellen genannt. Gaius sagt das Folgende zu Beginn seines Lehrbuches über die Quellen des römischen Rechts:

Constat autem ius civile populi Romani ex legibus, plebiscitis, senatus consultis, constitutionibus principum, edictis eorum, qui ius edicendi habent, responsis prudentium (1, 2).
Das Recht des römischen Volkes besteht aus den Gesetzen, den Beschlüssen der Plebs, des

Senats, den kaiserlichen Verordnungen, den Edikten derer, die das Recht, ein Edikt zu erlassen haben und den Meinungen der Rechtsgelehrten.

Diese Aufzählung ist in einer Beziehung unvollständig, da sie das Gewohnheitsrecht nicht enthält, obwohl es schon zu Gaius' Zeiten eine lebendige Rechtsquelle darstellte. Wenn wir diese Feststellungen im Lehrbuch von Gaius mit der geschichtlichen Reihenfolge der Erscheinungen der Rechtsquellen vergleichen, können wir von den folgenden Kategorien der römischen Rechtsquellen sprechen: a) Gewohnheitsrecht *(consuetudo)*, b) Gesetz *(lex, plebiscitum)*, c) *senatus consultum*, d) *edictum*, e) Rechtswissenschaft, f) kaiserliche Verordnungen.

a) Das Gewohnheitsrecht

Die älteste Quelle des römischen *ius* war das Gewohnheitsrecht. Dies ist insofern auch natürlich, als die Normen der Urgesellschaft so beschaffen waren, daß die Menschen bei der Beurteilung eines Lebensverhältnisses einer gewissen Praxis (Gewohnheit) folgten, die entweder religiös oder moralisch bedingt war. Nach seiner Entstehung sicherte der Staat selbst die Durchsetzung einiger dieser Gewohnheiten mit seiner Zwangsgewalt (z. B. Todesstrafe, Talion, Verbannung, Geldstrafe etc.), was mit Hilfe seiner Gerichte oder anderer Herrschaftsorgane erfolgte. So erhielt nunmehr die Gewohnheit einen rechtlichen Inhalt und wurde zur Rechtsgewohnheit. Die Gesamtheit der Rechtsgewohnheiten pflegt Gewohnheitsrecht genannt zu werden. Dieses Recht entstand immer ungeschrieben, d. h. zu seiner Entstehung war anders wie beim Gesetz *(ius scriptum)* keine schriftliche Abfassung notwendig. Damit wurde das Gewohnheitsrecht als ungeschriebenes Recht *(ius non scriptum)* bezeichnet. Daß das Gewohnheitsrecht eine mit dem *mos* gemeinsame Wurzel hatte, ist auch darin ersichtlich, daß man das Gewohnheitsrecht vielfach mit dem Ausdruck *mores maiorum* (= Gewohnheiten, Sitten der Vorfahren) benannte. Die Regeln des Gewohnheitsrechtes können aber keineswegs mit den Regeln des *mos* identifiziert werden, weil die ersteren durch Rechtsnormen, die letzteren durch außerrechtliche Normen gebildet wurden. Seit Beginn des Prinzipats wurde das Gewohnheitsrecht als *consuetudo* bezeichnet.

Die Kennzeichen des Gewohnheitsrechts wurden zuerst von einem Juristen des klassischen Zeitalters, Salvius Iulianus (2. Jh. u. Z.) besprochen (D. 1, 3, 32, 1). Ihr Inhalt ist: Das stillschweigende Einverständnis des Volkes *(tacitus consensus populi)* erhält praktische Bedeutung, zwar ohne schriftliche Abfassung *(sine ullo scripto)*, verpflichtet aber einen jeden *(tenebunt omnes)*.

Diese Kriterien wurden von Justinians Institutionen auch noch dreieinhalb Jahrhunderte später hervorgehoben.

Sowohl im juristischen Denken des Prinzipats wie in dem des Dominats drückt sich die Bewertung des Gewohnheitsrechts aus. In der Zeit des Prinzipats sprechen die Quellen vom Doppelcharakter des Gewohnheitsrechts gegenüber dem Gesetz: Paulus betont, daß das Gewohnheitsrecht die beste Auslegung der Gesetze darstellt (D. 1, 3, 37). Die zur gleichen Zeit wirkenden Juristen Ulpian (D. 9, 2, 27, 4) und Callistrat (D. 11, 1, 1, 1) sprechen von der derogativen, das Gesetz aufhebenden Gewohnheit *(desuetudo).*

Dies bedeutet, daß das Gewohnheitsrecht die Gesetze im Falle von Zweideutigkeit *(in ambiguitatibus)* erklärte (D. 1, 3, 38 – Callistrat), zum anderen, daß die Praxis einige Gesetze systematisch nicht anwendete, so daß deren Geltung aufgehoben war und somit die Praxis gesetzaufhebend wirkte. Zu Beginn des Dominats sprach eine auf das Jahr 319 datierte Verordnung dem Gewohnheitsrecht seine bezüglich des Gesetzes derogative Wirkung ab (C. 8, 52, 2). Dies ist dadurch begründet, daß die Kaiser die Durchsetzung der lokalen Gewohnheit der örtlichen Provinzen beschränken wollten und es im Gegensatz zum kaiserlichen Absolutismus stand, daß die den kaiserlichen Willen ausdrückenden Verordnungen, die als Gesetz *(lex)* bezeichnet wurden, von der Praxis aufgehoben werden konnten.

b) Das Gesetz

aa) Leges regiae

Der Tradition gemäß war das älteste Denkmal der römischen Gesetzgebung nicht das XII-Tafel-Gesetz, sondern die nach Dionys von Halikarnass (3, 36, 4) in der Königszeit vom *pontifex maximus* Papirius zusammengestellten *leges regiae* (königliche Gesetze = *ius Papirianum*). Diese knüpfen sich größtenteils an die Namen sagenhafter Könige. Ihrem Inhalt nach sind sie meist uralte religiöse, sittliche, moralische und juristische Regeln, z. T. überliefert bei Cicero, Livius, Dionys, Plutarch, Tacitus u. a., vom Juristen Marcellus finden wir eine Notiz in den Digesten (11, 8, 2). Neben den *leges regiae* sollen Protokolle und Aufzeichnungen aus dem königlichen Rom bestanden haben, die *commentarii regum,* die im Gallierbrand vernichtet wurden.

bb) Das Zwölftafelgesetz

Die XII-Tafel-Gesetze sind die älteste uns bekannte Schöpfung der römischen Gesetzgebung, deren formelle Autorität selbst noch am Anfang der Kaiserzeit bestand.

Die Situation der Plebs war im 5. Jh. v. u. Z. immer unerträglicher geworden, ihre Verschuldung wuchs laufend an. Die Schwierigkeiten ihrer Lage wurden auch dadurch verschärft, daß die patrizischen Richter die bestehenden gewohnheitsrechtlichen Regeln so auslegten, wie es die Interessen ihrer Klasse verlangten. Sie konnten dies umso mehr tun, weil ihre Rechtsprechung infolge der bis dahin unveröffentlichten Rechtsregeln unkontrollierbar war. Die Kenntnis dieser Regeln gehörte zur geheimen Wissenschaft des Kollegiums der aus dem Stand der Patrizier stammenden priesterlichen Rechtsexperten, der *pontifices*. Der Volkstribun C. Terentilius Arsa war nach Livius (3, 9, 5) der erste, der 462 energisch forderte, das für das Volk gültige Gewohnheitsrecht niederzuschreiben und zu publizieren. Nach der Annahme seines Vorschlages wurde von den Komitien ein Zehnerausschuß *(decemviri legibus scribundis)* gewählt, der die bestehenden Gesetze fixieren sollte, nachdem man vorher angeblich ein Komitee nach Griechenland entsandt hatte, um Solons Gesetze zu studieren. Das Ergebnis der Arbeit der *decemviri* war ein aus zehn Tafeln bestehendes Regelmaterial (450 v. u. Z.). Im folgenden Jahr wurde von einem neu gewählten Decemvirat ein weiteres Zweitafelmaterial zusammengestellt. Das zwölf Tafeln umfassende Rechtsmaterial wurde von der Volksversammlung angenommen und auf Erztafeln auf dem Forum publiziert.

Leider wurden die XII-Tafel-Gesetze ein Opfer der Einnahme Roms durch die Gallier im Jahre 387 v. u. Z., so daß uns die Gesetze nur auszugsweise bekannt sind. Sie können vor allem aber dadurch ergänzt werden, daß spätere lateinische und griechische Autoren auf sie Bezug nehmen und die Gesetzestexte, wenn auch nicht wortwörtlich, zitieren. Das Gesetzeswerk enthält Regeln privatrechtlicher (familien- und vermögensrechtlicher), prozeßrechtlicher, verfassungsrechtlicher und religiöser Natur. Sein Zweck war es, daß der damaligen Gesellschaft entsprechende römische Gewohnheitsrecht zu fixieren. Nach Livius (3, 34, 6) waren die XII-Tafeln die „Quelle des gesamten öffentlichen und privaten Rechts“ *(fons omnis publici privatique iuris)*.

Die wesentlichsten Rekonstruktionsversuche dieses großen Gesetzgebungswerkes begannen im 16. Jh., wobei als erster in dieser Reihe Aymarus Rivallius (Aymar du Rivail, 1515) zu nennen ist. Eine weitere wichtige Ausgabe ist die von Jacobus Gothofredus *„Fragmenta XII tabularum suis nunc primum tabulis restituta, probationibus, notis et indice munita“* (Heidelberg 1616). In der Ausgabe von H. F. Dirksen „Übersicht der bisherigen Versuche zur Kritik und Herstellung des Textes der Zwölf-Tafel-Fragmente“ (Leipzig 1824) wird die Literatur bis zu diesem Zeitpunkt kritisch verarbeitet. Die modernen Ausgaben basieren auf der vorzüglichen Ausgabe von R. Schöll *„Legis duodecim tabularum reliquiae. Edidit constituit prolegomena addidit“* (1866).

Im Folgenden soll wegen seiner außerordentlichen Bedeutung für die römische Geschichte das gesamte XII-Tafel-Gesetz gebracht werden, wobei für die Auswahl und Anordnung die Ausgabe von Schöll zu Grunde gelegt wird, der auch die moderne Ausgabe der Quellen des römischen antejustinianischen Rechts von Arangio-Ruiz folgt. Unterschieden wird zwischen Zitaten, die auf Grund ihrer sprachlichen Fassung als wörtlich überliefert angesehen werden können und indirekten Quellenstellen, die Regeln der XII-Tafeln mitteilen.

TABULA I	*TAFEL 1*
1. *SI IN IUS VOCAT, ITO. NI IT, ANTESTAMINO: IGITUR EM CAPITO.*	1. Wenn (der Kläger) vor Gericht ruft, soll (der Beklagte) gehen. Geht er nicht, sollen Zeugen gerufen werden: (der Kläger) mag ihn dann also ergreifen.
2. *SI CALVITUR PEDEMVE STRUIT, MANUM ENDO IACITO.*	2. Wenn (der Beklagte) zu Täuschungen greift oder sich anschickt zu fliehen, soll (der Kläger) Hand an ihn legen.
3. *SI MORBUS AEVITASVE VITIUM ESCIT, IUMENTUM DATO. SI NOLET, ARCERAM NE STERNITO.*	3. Wenn Krankheit oder Alter seinen Fehler verursachen, soll (der Kläger) ihm ein Zugtier stellen. Wenn jener das ablehnt, braucht (der Kläger) ihm keinen gedeckten Wagen zu bereiten.
4. *ASSIDUO VINDEX ASSIDUUS ESTO. PROLETARIO IAM CIVI QUIS VOLET VINDEX ESTO.*	4. Für einen ansässigen steuerpflichtigen Bürger soll ebenfalls ein ansässiger wohlhabender Bürger als Bürge auftreten; für einen Bürger der untersten Klasse soll Bürge sein, wer es will.
5. *NEX ... FORTI SANATI.*	5. Verpflichtung ... dem Vornehmen wie dem Klienten.
6. *REM UBI PACUNT, ORATO.*	6. Sobald (die Streitenden) sich vergleichen, soll er (der Prätor) dazu sprechen.
7. *NI PACUNT, IN COMITIO AUT IN FORO ANTE MERIDIEM CAUSSAM COICIUNTO. COM PERORANTO AMBO PRAESENTES.*	7. Wenn sie sich nicht einigen, sollen sie im Comitium oder auf dem Forum den Fall vor Mittag vorbringen und ermitteln. Beide zusammen sollen persönlich anwesend ihre Sache erörtern.
8. *POST MERIDIEM PRAESENTI LITEM ADDICITO.*	8. Nach dem Mittag soll er (der Prätor) dem, der anwesend ist, den Streitgegenstand zusprechen.
9. *SI AMBO PRAESENTES, SOLIS OCCASUS SUPREMA TEMPESTAS ESTO.*	9. Sind beide anwesend, soll Sonnenuntergang der äußerste Zeitpunkt (der Prozeßverhandlung) sein.
10. *cum proletarii et adsidui et sanates et vades et subvades et XXV asses et taliones ... evanuerint, omnisque illa XII tabularum antiquitas ... lege Aebutia lata consopita sit ...*	10. Da die Ausdrücke Bürger der untersten Klasse, wohlhabende Ansässige, Klienten, Prozeßbürgen und Unterbürgen (subvades), die Sache unter 25 Asse und die Vergeltung gleich um gleich (vor Gericht) nun verschwunden sind, sowie all jene antiquierten Bestimmungen der XII Tafeln seit Erlaß der lex Aebutia eingeschlafen sind ...
TABULA II	*TAFEL 2*
1.a. *de rebus M aeris plurisve D assibus, de minoris vero L assibus sacramento contendebatur; nam ita lege XII tabularum cautum erat. At si de libertate hominis controversia erat, etiamsi pretiosissimus homo esset, tamen*	1.a. Über Streitobjekte von 1 000 As oder mehr wurde auf eine Strafe von 500 As provoziert (gewettet), aber bei Gegenständen geringeren Wertes wurde um 50 As gestritten; denn so war es durch das Zwölftafelgesetz

ut L assibus sacramento contenderetur, eadem lege cautum est ...

festgelegt. Aber wenn der Streit um die Freiheit eines Menschen (Sklaven) ging, dann war durch das gleiche Gesetz festgelegt, daß mit einer Wettsumme von 50 As der Rechtsstreit geführt wurde, auch wenn es sich um einen Menschen von besonders hohem Wert handelte.

1.b. *per iudicis postulationem agebatur, si qua de re ut ita ageretur lex iussisset, sicuti lex XII tabularum de eo quod ex stipulatione petitur, eaque res talis fere erat. qui agebat, sic dicebat: „EX SPONSIONE TE MIHI X MILIA SESTERTIORUM DARE OPORTERE AIO. ID POSTULO AIAS AN NEGES". Adversarius dicebat non oportere. Actor dicebat: „QUANDO TU NEGAS, TE PRAETOR IUDICEM SIVE ARBITRUM POSTULO UTI DES." Itaque in eo genere actionis sine poena quisque negabat. Item de hereditate dividenda inter coheredes eadem lex per iudicis postulationem agi iussit ...*

1.b. Unter Anforderung eines Richters wurde geklagt, wenn ein Gesetz angeordnet hatte, daß eben über diese Sache so prozessiert werden solle, wie das Zwölftafelgesetz über das was auf Grund einer feierlichen Verpflichtung (Stipulation) eingeklagt wird, vorsieht. Diese Sache lief etwa folgendermaßen ab: der Kläger sagte förmlich: Ich behaupte, daß Du mir auf Grund deiner Verpflichtung 10 000 Sesterzen geben mußt. Ich fordere, daß Du das zugibst oder leugnest. Der Gegner behauptete ebenso, er habe nichts zu erstatten. Darauf der Kläger: Da du ableugnest, fordere ich dich, Prätor, auf, daß du einen Richter oder Schiedsrichter bestimmen mögest. Daher konnte bei dieser Art des Prozesses jeder ungestraft (die Klagebehauptung) ableugnen. Auch bei Erbteilungen unter verschiedene Miterben befahl das gleiche Gesetz, mit Anforderungen eines Richters zu verhandeln.

2. ... *MORBUS SONTICUS ... AUT STATUS DIES CUM HOSTE ... QUID HORUM FUIT UNUM IUDICI ARBITROVE REOVE, EO DIES DIFFISSUS ESTO.*

2. (Wenn) eine gefährliche Krankheit besteht ... oder ein Termin mit einem Fremden bereits festgelegt war, ... wenn eins dieser Dinge zutrifft für den Richter oder den Schiedsmann oder den Beklagten, dann soll deshalb der (Prozeß)termin verschoben werden.

3. *CUI TESTIMONIUM DEFUERIT, IS TERTIIS DIEBUS OB PORTUM OBVAGULATUM ITO.*

3. Wem ein Zeugnis versagt worden ist, der soll einen um den anderen Tag gehen, um an der Pforte (des Zeugen) lautes Geschrei zu erheben.

TABULA III

TAFEL 3

1. *AERIS CONFESSI REBUSQUE IURE IUDICATIS XXX DIES IUSTI SUNTO.*

1. Für eine anerkannte Geldschuld und für durch richterlichen Spruch rechtlich entschiedene Sachen soll eine Frist von 30 Tagen rechtens sein.

2. *POST DEINDE MANUS INIECTIO ESTO. IN IUS DUCITO.*

2. Danach soll dann das Hand an den Schuldner legen gestattet sein. Er (der Gläubiger) soll ihn vor Gericht führen.

3. *NI IUDICATUM FACIT AUT QUIS ENDO EO IN IURE VINDICIT, SECUM DUCITO, VINCITO AUT NERVO AUT*

3. Wenn er nicht erfüllt, wozu er verurteilt ist, oder wenn keiner ihn vor Gericht als Bürge befreit, soll er (der Gläubiger) ihn mit

COMPEDIBUS XV PONDO, NE MAIORE, AUT SI VOLET MINORE VINCITO.

sich führen, ihn fesseln – entweder mit einem Strick oder mit Fußfesseln von 15 Pfund, nicht mit schwereren, aber wenn er will, mag er ihn (den Schuldner) mit leichteren fesseln.

4\. *SI VOLET SUO VIVITO. NI SUO VIVIT, QUI EUM VINCTUM HABEBIT, LIBRAS FARRIS ENDO DIES DATO. SI VOLET, PLUS DATO.*

4\. Wenn er will, soll er (in der Haft) vom Seinigen leben. Lebt er nicht davon, soll der, der ihn gefesselt hält, ihm pro Tag ein Pfund Speltweizen geben. Wenn er will, soll er auch mehr geben.

5\. *Erat autem ius interea paciscendi ac nisi pacti forent, habebantur in vinculis dies sexaginta. Inter eos dies trinis nundinis continuis ad praetorem in comitium producebantur, quantaeque pecuniae iudicati essent, praedicabatur. Tertiis autem mudinis capite poenas dabant, aut trans Tiberim peregre venum ibant.*

5\. Es bestand aber auch das Recht, sich in der Zwischenzeit wieder zu einigen. Wenn sie sich nicht einigten, wurden die Schuldner 60 Tage in Schuldhaft gehalten. Innerhalb dieser Tage sollen die Schuldner an drei aufeinanderfolgenden Markttagen dem Prätor im Comitium vorgeführt werden. Es wurde ausgerufen, zu welcher Geldsumme sie verurteilt waren. Am dritten Markttag erlitten sie die Todesstrafe oder sie mußten jenseits des Tibers verkauft in die Fremde (Sklaverei) gehen.

6\. *TERTIIS NUNDINIS PARTIS SECANTO. SI PLUS MINUSVE SECUERUNT, SE FRAUDE ESTO.*

6\. Am dritten Markttag sollen sie (die Gläubiger) sich Teile (vom Schuldner) schneiden, wenn sie mehr oder weniger (als ihren Anteil) abschnitten haben, soll das als ohne Betrug geschehen sein.

7\. *ADVERSUS HOSTEM AETERNA AUCTORITAS (ESTO).*

7\. Gegen einen Fremden soll ewige Gültigkeit des Anspruchs bestehen bleiben.

TABULA IV

TAFEL 4

1\. *cito necatus tamquam ex XII tabulis insignis ad deformitatem puer.*

1\. ... schnell umgebracht gleichsam wie (nach den XII Tafeln) ein durch seine Mißgestalt auffallender Knabe umgebracht wurde.

2\. *SI PATER FILIUM TER VENUM DUIT, FILIUS A PATRE LIBER ESTO.*

2\. (... da das Zwölftafelgesetz dem Vater gegenüber dem Sohn Gewalt über Leben und Tod gab). Wenn aber ein Vater seinen Sohn dreimal zum Verkauf gegeben hat, soll der Sohn von der väterlichen Gewalt frei sein.

3\. *Illam suam suas res sibi habere iussit ex XII tabulis, claves ademit, exegit.*

3\. Seiner Frau befahl er auf Grund der XII Tafeln, ihre Sachen an sich zu nehmen, nahm ihr den Schlüssel ab, wies sie hinaus.

4\. *comperi, feminam in undecimo mense post mariti mortem peperisse, factumque esse negotium ... quasi marito mortuo postea concepisset, quoniam Xviri in decem mensibus gigni hominem, non in undecimo scripsissent.*

4\. Ich habe erfahren, daß eine Frau im elften Monat nach dem Tode ihres Gatten geboren habe und daß daraus die Sachlage entstanden sei, als habe sie nach dem Tode des Mannes empfangen, da ja die X Männer geschrieben hätten, in 10 Monaten werde ein Mensch geboren, nicht aber im elften.

TABULA V

1. *Veteres ... voluerunt feminas, etiamsi perfectae aetatis sint, ... in tutela esse ... exceptis virginibus Vestalibus, quas ... liberas esse voluerunt: itaque etiam lege XII tabularum cautum est.*

2. *Mulieris, quae in agnatorum tutela erat, res mancipii usucapi non poterant, praeterquam si ab ipsa tutore (auctore) traditae essent: id (que) ita lege XII tabularum (cautum erat).*

3. *UTI LEGASSIT SUPER PECUNIA TUTELAVE SUAE REI, ITA IUS ESTO.*

4. *SI INTESTATO MORITUR, CUI SUUS HERES NEC ESCIT, ADGNATUS PROXIMUS FAMILIAM HABETO.*

5. *SI ADGNATUS NEC ESCIT, GENTILES FAMILIAM HABENTO.*

6. *Quibus testamento ... tutor datus non sit, iis ex lege XII (tabularum) agnati sunt tutores.*

7.a. *SI FURIOSUS ESCIT, ADGNATUM GENTILIUMQUE IN EO PECUNIAQUE EIUS POTESTAS ESTO. b. ... AST EI CUSTOS NEC ESCIT. c. Lege XII tabularum prodigo interdicitur bonorum suorum administratio. Lex XII tabularum ... prodigum, cui bonis interdictum est, in curatione iubet esse agnatorum.*

8. *Civis Romani liberti hereditatem lex XII tabularum patrono defert, si intestato sine suo herede libertus decesserit. Cum de patrono et liberto loquitur lex, EX EA FAMILIA. inquit, IN EAM FAMILIAM.*

9. *Ea, quae in nominibus sunt, ... ipso iure in portiones hereditarias ex lege XII tabularum divisa sunt. Ex lege XII tabularum aes alienum hereditarium pro portionibus quaesitis singulis ipso iure divisum.*

TAFEL 5

1. Die Alten wollten, daß die Frauen, auch wenn sie im reifen Alter stehen, wegen der Unbeständigkeit ihres Geistes unter Vormundschaft bleiben – ausgenommen die Vestalinnen, die frei davon sein sollten. So ist es auch durch das Zwölftafelgesetz festgesetzt.

2. Von einer Frau, die in der Vormundschaft ihrer Agnaten stand, konnten Gegenstände aus ihrem Eigentum (res mancipi) nicht ersessen werden, außer wenn sie von ihr selbst auf Veranlassung ihres Vormundes übergeben worden waren; und dies war so im Zwölftafelgesetz festgelegt.

3. Wie jemand über Geld oder Vormundschaft aus seinem Eigentum testamentarisch bestimmt hat, so soll es als Recht gelten.

4. Wenn jemand ohne Testament stirbt, der keinen rechtlichen Erben besitzt, so soll der nächste Agnat sein Vermögen (familiam) haben.

5. Wenn ein Agnat nicht existiert, sollen die Gentilen das Familienerbe haben.

6. Denen durch Testament kein Vormund gegeben ist, für die sind nach den XII Tafeln die Agnaten Vormünder.

7.a. Wenn jemand geisteskrank ist, soll die Befugnis über ihn und sein Vermögen bei den Agnaten und Gentilen liegen. b. ... aber wenn für ihn kein Wärter vorhanden ist ... c. Durch die XII-Tafeln wird einem Verschwender die Verwaltung seiner Güter untersagt. – Das Zwölftafelgesetz schreibt vor, daß ein Verschwender, dem die Nutzung seiner Güter untersagt ist, in der Pflege seiner Agnaten stehen solle.

8. Eines freigelassenen römischen Bürgers Erbschaft spricht das Zwölftafelgesetz dem Herrn zu, wenn der Freigelassene ohne Testament und ohne eigenen Erben verstorben ist. Wenn das Gesetz vom „Patron" und Freigelassenen spricht, drückt es sich so aus: „aus diesem Familienverband" „zurück in diesen Familienverband".

9. Das, was an nominellen Forderungen besteht, ist auf Grund des Zwölftafelgesetzes rechtskräftig auf die Erbschaftsteile verteilt worden. – Nach dem Zwölftafelgesetz wurden Erbschaftsschulden nach Maßgabe der einzelnen in Anspruch genommenen Erbteile gesetzlich verteilt.

10. *Haec actio (familiae herciscundae) proficiscitur e lege XII tabularum.*

10. Diese Klage der Erbauseinandersetzung schreibt sich her aus dem Zwölftafelgesetz.

TABULA VI

TAFEL 6

1. *CUM NEXUM FACIET MANCIPIUMQUE, UTI LINGUA NUNCUPASSIT, ITA IUS ESTO.*

1. Wenn jemand eine Schuldverpflichtung eingeht oder eine Eigentumsübertragung, so soll das, wie er es mündlich feierlich dargetan hat, gültig sein.

2. *Cum ex XII tabulis satis esset ea praestari, quae essent lingua nuncupata, quae qui infitiatus esset, dupli poenam subiret, a iuris consultis etiam reticentiae poena est constituta.*

2. Da es nach den Zwölftafeln genügte, das zu leisten, was mündlich feierlich zugesichert war, jenem aber, der (die Zusicherung) in Abrede stellte, eine Strafe um das Doppelte auferlegt wurde, ist von den Rechtgelehrten auch eine Strafe für das Verschweigen (der Abmachung) festgelegt worden.

3. *Usus auctoritas fundi biennium est, ... ceterarum rerum omnium ... annuus est usus.*

3. Die Gültigkeit der Ersitzung beträgt bei einem Grundstück zwei Jahre ... bei allen übrigen Sachen tritt die Ersitzung nach einem Jahr ein.

4. *Lege XII tabularum cautum est, ut si qua nollet eo modo (usu) in manum mariti convenire, ea quotannis trinoctio abesset atque eo modo (usum) cuiusque anni interrumperet.*

4. Durch das Zwölftafelgesetz ist bestimmt, daß, wenn eine Frau nicht auf diese Weise (nämlich durch dauernden Verkehr) in die Gewalt ihres Gatten gelangen wollte, diese jährlich drei Nächte abwesend sein müsse und auf diese Weise die „Ersitzung" jedes Jahres wieder unterbricht.

5.a. *SI QUI IN IURE MANUM CONSERUNT ...*
5.b. *Et mancipationem et in iure cessionem lex XII tabularum confirmat.*

5.a. Wenn welche vor Gericht handgemein werden ...,
5.b. Sowohl eine Eigentumsübertragung (vor privaten Zeugen) wie eine solche (bzw. Eigentumsentäußerung) vor dem Prätor bestätigt das Zwölftafelgesetz.

6. *Advocati (Verginiae) ... postulant, ut (Ap. Claudius) ... lege ab ipso lata vindicias det secundum libertatem.*

6. Die Anwälte (der Verginia) stellen die Forderung, daß er (Appius Claudius) auf Grund des von ihm selbst erlassenen Gesetzes zugunsten der Freiheit (Verginia den Verwandten) zuspreche (vindiziere).

7. *TIGNUM IUNCTUM AEDIBUS VINEAVE ET CONCAPIT NE SOLVITO.*

7. Einen Balken, der mit einem Gebäude oder einem Weingarten verbunden ist, und diese dadurch zusammenhält, soll man nicht lösen.

8. *Lex XII tabularum neque solvere permittit tignum furtivum aedibus vel vineis iunctum neque vindicare, ... sed in eum, qui convictus est iunxisse, in duplum dat actionem.*

8. Das Zwölftafelgesetz gestattet weder, einen gestohlenen Balken, der danach mit einem Gebäude oder Weingarten verbunden worden ist, zu lösen, noch ihn für sich als Eigentum zu beanspruchen, aber gegen den, der überführt wurde, die Verbindung hergestellt zu haben, läßt es eine Klage auf doppelten Ersatz zu.

9. ... *QUANDOQUE SARPTA, DONEC DEMPTA ERUNT* ...

9. ... und wenn beschnitten, bis sie weggenommen sein werden ...

TABULA VII

TAFEL 7

1. *XII tabularum interpretes ambitum parietis circuitum esse describunt. Ambitus dicitur circuitus aedificiorum patens ... pedes duos et semissem ... Sestertius duos asses et semissem (valet), ... lex ... XII tabularum argumento est, in qua duo pedes et semis „sestertius pes" vocatur.*

1. Die Ausleger der Zwölftafeln beschrieben den „ambitus" als den Umgang um die Hausmauer. – „Ambitus" wird der frei zugängliche Umweg von Gebäuden genannt ..., zweieinhalb Fuß breit ... Der Sesterz gilt $2^1/_2$ Asse, wofür das Zwölftafelgesetz Beweis ist, in dem $2^1/_2$ Fuß „Sesterzfuß" genannt wird.

2. *Sciendum est in actione finium regundorum illud observandum esse, quod (in XII tabulis) ad exemplum quodammodo eius legis scriptum est, quam Athenis Solonem dicitur tulisse. Nam illic ita est:*
ἐάν τις αἱμασιὰν παρ᾽ ἀλλοτρίῳ χωρίῳ ὀρύττῃ, τὸν ὅρον μὴ παραβαίνειν, ἐὰν τειχίον, πόδα ἀπολείπειν, ἐὰν δὲ οἴκημα, δύο πόδας, ἐὰν δὲ τάφον ἢ βόθρον ὀρύττῃ, ὅσον τὸ βάθος ᾖ, τοσοῦτον ἀπολείπειν, ἐὰν δὲ φρέαρ, ὀργυιάν. ἐλαίαν δὲ καὶ συκῆν ἐννέα πόδας ἀπὸ τοῦ ἀλλοτρίου φυτεύειν, τά δὲ ἄλλα δένδρα πέντε πόδας.

2. Man muß wissen, daß bei einem Prozeß über Grenzfestsetzungen folgendes zu beachten ist, was in den Zwölftafeln gewissermaßen nach dem Beispiel jenes Gesetzes geschrieben steht, das in Athen Solon erlassen haben soll. Denn dort steht: Wenn jemand bei einem fremden Grundstück eine Hecke (Zaun) setzt, dann darf er die Grenzlinie damit nicht überschreiten. Wenn er eine Mauer errichtet, muß er einen Fuß entfernt bleiben; wenn aber ein Haus, zwei Fuß; gräbt er einen Graben oder eine Grube, muß er soweit entfernt bleiben, wie dessen Tiefe ist. Wenn es sich um einen Brunnen handelt, (muß der Abstand) ein Klafter (= 6 Fuß) sein. Einen Oelbaum oder eine Feige kann man nur neun Fuß von der Nachbargrenze pflanzen, andere Bäume aber fünf Fuß.

3.a. *In XII tabulis ... nusquam nominatur villa, semper in significatione ea „hortus", in horti vero „heredium".*

3.a. In den Zwölftafeln wird nirgends von „Landhaus" (villa) gesprochen, sondern immer in dieser Bedeutung von „Garten" (hortus), in der Bedeutung „Garten" aber von „Erbgut" (heredium).

3.b. *Tuguria a tecto appellantur domicilia rusticorum sordida, ... quo nomine Messalla in explanatione XII ait etiam ... significari.*

3.b. Hütten nennt man nach der Art ihres Daches armselige bäuerliche Behausungen, ... ein Name, mit dem sie auch nach Messalla in seiner Erläuterung der Zwölftafeln bezeichnet werden.

4. *Usus capionem XII tabulae intra V pedes esse noluerunt.*

4. Eine Ersitzung wollten die Zwölftafeln nicht innerhalb fünf Fuß gestatten (am Grenzstreifen).

5.a. *SI IURGANT* ...

5.b. *controversia est nata de finibus, in qua ... e XII tres arbitri fines regemus.*

5.a. Wenn sie in Wortwechsel geraten ...

5.b. Ein regelrechter Streit ist entstanden über den Grenzstreifen, in dem nun wir drei auf Grund der Zwölftafeln die Grenze festsetzen werden.

6. *Viae latitudo ex lege XII tabularum in porrectum octo pedes habet, in anfractum, id est ubi flexum est, sedecim.*

6. Eines Weges Breite beträgt nach dem Zwölftafelgesetz acht Fuß auf gerader Strecke, in der Kurve, d. h. wo er umbiegt, 16 Fuß.

7. *VIAM MUNIUNTO: NI SAM DELAPIDASSINT, QUA VOLET IUMENTO AGITO.*

7. Den Weg sollen sie befestigen; wenn sie ihn nicht gepflastert haben, soll man mit dem Zugtier fahren, wo man will.

8.a. *SI AQUA PLUVIA NOCET ...*

8.a. Wenn Regenwasser Schaden anrichtet ...

8.b. *Si per publicum locum rivus aquae ductus privato nocebit, erit actio privato ex lege XII tabularum, ut noxa domino sarciatur.*

8.b. Wenn ein über öffentliches Gelände geführter Wasserlauf einem Privaten Schaden verursacht, so hat der Privatmann auf Grund des Zwölftafelgesetzes das Recht zu einer Klage, daß der Schaden dem Eigentümer ersetzt wird.

9.a. *Lex XII tabularum efficere voluit, ut XV pedes altius rami arboris circumcidantur.*

9.a. Das Zwölftafelgesetz wollte erreichen, daß Äste eines Baumes, die höher als 15 Fuß hängen, rundum abgeschnitten werden.

9.b. *Si arbor ex vicini fundo vento inclinata in tuum fundum sit, ex lege XII tabularum de adimenda ea recte agere potes.*

9.b. Wenn ein Baum aus des Nachbarn Grundstück durch Wind in dein Grundstück hinübergebogen wird, kannst du nach dem Zwölftafelgesetz rechtens auf Entfernung desselben klagen.

10. *Cautum est lege XII tabularum, ut glandem in alienum fundum procidentem liceret colligere.*

10. Im Zwölftafelgesetz ist gesichert, daß man Eicheln, die auf ein fremdes Grundstück fallen, aufsammeln darf.

11. *Venditae et traditae (res) non aliter emptori adquiruntur, quam si is venditori pretium solverit vel alio modo satisfecerit, veluti expromissore aut pignore dato; quod cavetur ... lege XII tabularum.*

11. Verkaufte und bereits übergebene Sachen sind vom Käufer nur dann rechtmäßig erworben, wenn er dem Verkäufer den Preis erlegt oder ihn auf andere Weise zufriedengestellt hat, indem er z. B. einen Dritten, der (die Bezahlung) verspricht, beigebracht oder ein Pfand hergegeben hat; dies wird durch das Zwölftafelgesetz verfügt.

12. *Sub hac condicione liber esse iussus „si decem milia heredi dederit", etsi ab herede abalienatus sit, emptori dando pecuniam ad libertatem perveniet: idque lex XII tabularum iubet.*

12. Einer, dem testamentarisch zugesagt wurde, unter der Bedingung frei zu sein, „Wenn er dem Erben 10 000 gegeben hätte", wird auch dann zur Freiheit gelangen, wenn er vom Erben weiter verkauft sein sollte, vorausgesetzt, daß er das Geld dem (neuen) Käufer zahlt: auch das ordnet das Zwölftafelgesetz an.

TABULA VIII

TAFEL 8

1.a. *QUI MALUM CARMEN INCANTASSIT ...*

1.a. Wer ein bösartiges Schmählied angestimmt hat ...

1.b. *XII tabulae cum perpaucas res capite sanxissent, in his hanc quoque sanciendam putaverunt: si quis occentavisset sive carmen condidisset, quod infamiam faceret flagitiumve alteri.*

1.b. Während die Zwölftafeln nur für sehr wenige Sachen die Todesstrafe verhängt hatten, glaubten sie doch, unter ihnen die folgende so bestrafen zu müssen: wenn jemand ein Spottlied gegen jemanden angestimmt oder ein solches Gedicht verfaßt hätte, das einem anderen Schimpf und Schande bereiten würde.

2. *SI MEMBRUM RUP(S)IT, NI CUM EO PACIT, TALIO ESTO.*

2. Wenn jemand (einem anderen) ein Glied verletzt, soll er das Entsprechende zur Ver-

geltung geben, wenn man sich nicht friedlich mit ihm (dem Täter) verständigt.

3. *MANU FUSTIVE SI OS FREGIT LIBERO, CCC, SI SERVO, CL POENAM SUBITO.*

3. (Die gesetzliche Injurienklage auf Grund der Zwölftafeln ordnet an: Wer jemandem ein Unrecht zufügt, soll sich einer Strafe von 25 Sesterzen unterziehen – so lautet das allgemeine Gesetz. Es gab aber auch spezielle Anordnungen wie:) Wenn jemand mit der Hand oder einem Stecken einem Freien einen Knochen gebrochen hat, soll er sich einer Strafe von 300 (As), wenn aber einem Sklaven, einer solchen von 150 (As) unterziehen.

4. *SI INIURIAM FAXSIT, VIGINTI QUINQUE POENAE SUNTO.*

4. Wenn jemand ein Unrecht begangen oder eine Verletzung beigebracht hat, soll die Buße 25 (As) betragen.

5. ... *RUP(S)IT ... SARCITO.*

5. ... (Wenn einer) verletzt hat, soll er Wiedergutmachung üben.

6. *Si quadrupes pauperiem fecisse dicetur, ... lex (XII tab.) voluit aut dari id quod nocuit aut aestimationem noxiae offerri.*

6. Wenn ein Vierfüßler angeblich Schaden zugefügt hat, so wollte das Zwölftafelgesetz, daß entweder das (Tier) erstattet wird, das den Schaden verursachte oder eine Schätzung des angerichteten Schadens in Geld angeboten wird.

7. *Si glans ex arbore tua in meum fundum cadat, eamque ego immisso pecore depascam, ... neque ex lege XII tabularum de pastu pecoris, quia non in tuo pascitur, neque de pauperie ... agi posse.*

7. Wenn eine Eichel von deinem Baum auf mein Grundstück fällt und ich lasse sie durch Eintreiben von Vieh abweiden, so kann man weder auf Grund des Zwölftafelgesetzes wegen des Weidens von Vieh, weil nicht auf deinem Boden geweidet wird, noch wegen Schaden klagen.

8.a. *QUI FRUGES EXCANTASSIT.* 8.b. ... *NEVE ALIENAM SEGETEM PELLEXERIS ...*

8.a. Wer Feldfrüchte verzaubert hat, ... 8.b. und du auch nicht eine fremde Saat an dich gelockt hast (durch Zauberei). ...

9. *Frugem aratro quaesitam noctu pavisse ac secuisse puberi XII tabulis capital erat, suspensumque Cereri necari iubebant, ... inpubem praetoris arbitratu verberari noxiamve duplionemve decerni.*

9. Feldfrüchte, die mit dem Pflug geerntet werden, nachts abzuweiden oder zu schneiden war für einen Erwachsenen nach den Zwölftafeln ein Kapitalverbrechen, und sie befahlen, (den Täter) für Ceres geweiht aufzuhängen und zu töten; ein Knabe sollte nach Schiedsspruch des Prätors gegeißelt werden oder es sollte auf Wiedergutmachung des Schadens oder doppelten Ersatz erkannt werden.

10. *Qui aedes acervumve frumenti iuxta domum positum combusserit, vinctus verberatus igni necari (XII tabulis) iubetur, si modo sciens prudensque id commiserit; si vero casu, id estnegligentia, aut noxiam sarcire iubetur, aut, si minus idoneus sit, levius castigatur.*

10. Wenn jemand ein Haus oder einen Haufen Getreide, das bei einem Haus gelagert ist, abbrennt, so wurde durch die Zwölftafeln befohlen, daß er gefesselt und gegeißelt den Feuertod zu erleiden hatte, wenn er es nur wissentlich und mit Vorbedacht begangen hat; wenn aber durch Zufall, d. h. durch Fahrläs-

sigkeit, wird ihm auferlegt, den Schaden wieder gutzumachen oder wenn er weniger dazu in der Lage ist, wird er leichter bestraft.

11. *cautum est XII tabulis, ut qui iniuria cecidisset alienas (arbores), lueret in singulas aeris XXV.*

11. Festgesetzt ist durch die Zwölftafeln, daß wer zu unrecht fremde Bäume gefällt hat, für jeden einzelnen 25 Asse Buße erlegen soll.

12. *SI NOX FURTUM FAXIT, SI IM OCCISIT, IURE CAESUS ESTO.*

12. Wenn er bei Nacht einen Diebstahl begangen hat und man hat ihn (den Dieb) getötet, so soll er mit Recht erschlagen sein.

13. *LUCI ... SI SE TELO DEFENDIT, ... ENDOQUE PLORATO.*

13. (Hat er es) bei Tag (getan) ... und verteidigt sich mit der Waffe, so soll er (der Bestohlene) dabei laute Klage erheben.

14. *Ex ceteris manifestis furibus liberos verberari addicique iusserunt (Xviri) ei, cui furtum factum esset ...; servos ... verberibus affici et e saxo praecipitari; sed pueros impuberes praetoris arbitratu verberari voluerunt noxiamque ... sarciri.*

14. Unter den übrigen (Strafen) verfügten die Zehnmänner bei auf frischer Tat ertappten Dieben, daß Freie gegeißelt wurden und dem zugeschrieben (als Sklaven), dem sie den Diebstahl zugefügt hatten; bei Sklaven, daß sie gegeißelt und vom Felsen gestürzt würden; minderjährige Knaben wollten sie nach dem Spruch des Prätors geißeln und den Schaden vergelten lassen.

15.a. *Concepti et oblati (furti) poena ex lege XII tabularum tripli est ...*

15.a. Für einen mit Vorbedacht geplanten und durchgeführten Diebstahl ist die Strafe nach dem Zwölftafelgesetz dreifacher Wertersatz.

15.b. *LANCE ET LICIO ...*

15.b. Mit der Schüssel und mit dem Schurz.

16. *SI ADORAT FURTO, QUOD NEC MANIFESTUM ERIT, DUPLIONE DAMNUM DECIDITO.*

16. Wenn jemand um einen Diebstahl Klage erhebt, der aber nicht auf handhafter Tat (entdeckt) ist, so soll der Schaden durch (Zahlung des) doppelten Wertes erledigt werden.

17. *Furtivam (rem) lex XII tabularum usucapi prohibet ...*

17. Einen gestohlenen Gegenstand verbietet das Zwölftafelgesetz zu ersitzen.

18.a. *XII tabulis sanctum, ne quis unciario fenore amplius exerceret ...*

18.a. Durch die Zwölftafeln ist unverbrüchlich festgelegt, daß niemand an Zinsen mehr als ein Zwölftel durchsetzt.

18.b. *Maiores ... in legibus posiverunt furem dupli condemnari, feneratorem quadrupli.*

18.b. Die Alten setzten in ihren Gesetzen fest, daß ein Dieb zum Doppelten (des gestohlenen Gutes) verurteilt werde, ein Wucherer zum Vierfachen.

19. *Ex causa depositi lege XII tabularum in duplum actio datur.*

19. Zur Sache eines Depositum (Aufbewahrung) wird im Zwölftafelgesetz die Klage auf doppelten Ersatz zugelassen.

20.a. *Sciendum est suspecti crimen e lege XII tabularum descendere.*

20.a. Man muß wissen, daß die Beschuldigung eines (der Veruntreuung) verdächtigen (Vormunds) aus dem Zwölftafelgesetz sich herleitet.

20.b. *Si tutores rem pupilli furati sunt, videamus an ea actione, quae proponitur ex lege XII tabularum adversus tutorem in duplum, singuli in solidum teneantur.*

20.b. Wenn die Vormünder das Vermögen eines Mündels veruntreut haben, müssen wir sehen, ob mit der Klage, die durch das Zwölftafelgesetz gegen den Vormund auf doppel-

21. *PATRONUS SI CLIENTI FRAUDEM FECERIT, SACER ESTO.*
22. *QUI SE SIERIT TESTARIER LIBRIPENSVE FUERIT, NI TESTIMONIUM FATIATUR, INPROBUS INTESTABILISQUE ESTO.*

23. *Ex XII tabulis, si nunc quoque, qui falsum testimonium dixisse convictus esset, e saxo Tarpeio deiceretur.*

24.a. *SI TELUM MANU FUGIT MAGIS QUAM IECIT, aries subicitur.*

24.b. *Frugem furtim pavisse XII tabulis capital erat gravius quam in homicidio.*

25. *Qui venenum dicit, adicere debet, utrum malum an bonum; nam et medicamenta venena sunt.*
26. *XII tabulis cautum esse cognoscimus, ne qui in urbe coetus nocturnos agitaret.*

27. *His (sodalibus) potestatem facit lex (XII tab.), pactionem quam velint sibi ferre, dum ne quid ex publica lege corrumpant; sed haec lex videtur ex lege Solonis translata esse.*

TABULA IX
1.2. *„Privilegia ne inroganto; de capite civis nisi per maximum comitiatum ... ne ferunto". – Leges praeclarissimae de XII tabulis tralatae duae, quarum altera privilegia tollit, altera de capite civis rogari nisi maximo comitiatu vetat.*

3. *Duram esse legem putas, quae iudicem dam pecuniam accepisse convictus est, capite arbiturmve iure datum, qui ob rem iudican- poenitur?*
4. *Quaestores, qui capitalibus rebus praeessent, appellantur quaestores parricidii, quorum etiam meminit lex XII tabularum.*

ten Wert vorgeschrieben wird, jeder einzelne für die ganze Summe belangt werden soll.
21. Wenn der Herr gegen seinen Klienten betrügerisch handelt, soll er verwünscht sein.
22. Wenn jemand, der zugestimmt hat, als Zeuge aufzutreten oder der Waagehalter (libripens) gewesen ist, kein Zeugnis ablegt, der soll als ehrlos und zum Zeugnis unwürdig (angesehen) sein.
23. Wenn auch jetzt noch, wie nach den Zwölftafeln, jemand, der falsches Zeugnis abgelegt zu haben, überführt worden ist, vom Tarpeischen Felsen herabgestürzt werden würde ...
24.a. Wenn eine Waffe der Hand mehr entglitten ist, als daß (der Betreffende) sie geschleudert hat, wird ein Bock (als Strafe) ausgesetzt.
24.b. Feldfrüchte in diebischer Absicht nachts abgeweidet zu haben, war nach den Zwölftafeln ein Kapitalverbrechen ... schwerer (zu strafen) als bei Totschlag.
25. Wer „Gift" sagt, muß hinzufügen, ob er schlimmes oder gutes meint; denn auch Medikamente sind „Giftsäfte".
26. Es ist uns bekannt, daß in den Zwölftafeln bestimmt war, niemand dürfe in der Stadt nächtliche Zusammenkünfte betreiben.
27. Diesen (Vereinsgenossen) gab das Zwölftafelgesetz die Befugnis, sich ein Statut, wie sie es wollten, zu geben, so lange sie damit nichts aus der öffentlichen Gesetzesordnung untergruben; doch scheint dies Gesetz aus Solons Gesetzgebung übertragen worden zu sein.
TAFEL 9
1.2. „Vorrechte sollen sie nicht beantragen; über das Leben eines Bürgers sollen sie nicht als nur durch die höchste Volksversammlung ein Urteil herbeiführen". Zwei ganz hervorragende Gesetze, die aus den Zwölftafeln übernommen wurden, von denen das eine Vorrechte aufhebt, das andere über das Leben eines Bürgers zu entscheiden verbietet, außer durch die höchste Volksversammlung.
3. Meinst du, es sei ein hartes Gesetz, das einen rechtmäßig eingesetzten Richter oder Schiedsrichter mit dem Tode bestraft, der überführt worden ist, für den von ihm zu entscheidenden Fall Geld angenommen zu haben?
4. Die Quästoren, die den Gerichten über Kapitalverbrechen vorstehen, werden Hoch-

verrats- und Mordquästoren genannt; ihrer gedenkt auch das Zwölftafelgesetz.

5. *Lex XII tabularum iubet eum, qui hostem concitaverit quive civem hosti tradiderit, capite puniri.*

5. Das Zwölftafelgesetz beflieht, daß einer, der den Feind aufgereizt hat oder einen Bürger dem Feind ausgeliefert hat, mit dem Tode bestraft wird.

6. *Interfici indemnatum quemcunque hominem etiam XII tabularum decreta vetuerunt.*

6. Einen nicht Verurteilten zu töten, verbieten auch die Satzungen der Zwölftafeln.

TABULA X

TAFEL 10

1. *HOMINEM MORTUUM IN URBE NE SEPELITO NEVE URITO.*

1. Einen Toten soll man in der Stadt weder begraben noch verbrennen.

2. *... HOC PLUS NE FACITO: ROGUM ASCEA NE POLITO.*

2. Mehr als dies soll man nicht tun: das Scheiterhaufenholz soll man nicht mit der Axt glätten.

3. *Extenuata igitur sumptu tribus reciniis et tunicula purpurae et decem tibicinibus tollit etiam lamentationem.*

3. Bei verringertem Aufwand, drei Kopftüchern, einer kleinen purpurnen Tunica, und 12 Flötenspielern, hebt es (das Gesetz) auch die Totenklage auf.

4. *MULIERES GENAS NE RADUNTO, NEVE LESSUM FUNERIS ERGO HABENTO.*

4. Die Frauen sollen ihre Wangen nicht zerkratzen und also auch keine Totenklage beim Leichenbegängnis erheben.

5.a. *HOMINE MORTUO NE OSSA LEGITO, QUO POST FUNUS FACIAT.*

5.a. Von einem Toten soll man nicht die Gebeine sammeln, um hinterher noch ein Leichenbegräbnis zu veranstalten,

5.b. *excipit bellicam peregrinamque mortem.*

5.b. ausgenommen beim Tod in der Schlacht oder in der Fremde.

6.a. *Haec praeterea sunt in legibus: „servilis unctura tollitur omnisque circumpotatio" ... „Ne sumptuosa respersio, ne longae coronae, ne acerrae".*

6.a. Außerdem steht noch das in den Gesetzen: „Eine den Sklaven obliegende Salbung wird aufgehoben und der gesamte Umtrunk" ... „Kein aufwendiges Besprengen, keine langen Girlanden, keine Weihrauchkästchen" (soll es geben).

6.b. *Murrata potione usos antiquos indicio est, quod XII tabulis cavetur, ne mortuo indatur.*

6.b. Daß die Alten sich des Myrrhensaftes bedienten, dafür gibt es ein Anzeichen, weil nämlich nach den Zwölftafeln bestimmt wird, ihn keinem Toten beizugeben.

7. *QUI CORONAM PARIT IPSE PECUNIAVE EIUS HONORIS VIRTUTISVE ERGO DUITUR EI ...*

7. Wer sich einen Kranz selbst erworben hat oder durch sein Vermögen dieser Ehre oder durch besondere Tüchtigkeit teilhaftig geworden ist, dem soll man ihn beigeben ...

8. *... NEVE AURUM ADDITO. AT CUI AURO DENTES IUNCTI ESCUNT. AST IM CUM ILLO SEPELIET URETVE, SE FRAUDE ESTO.*

8. ... und man soll kein Gold beigeben, aber wenn jemandem die Zähne mit Gold befestigt sind und man ihn (einen Toten) damit begraben oder verbrennen würde, soll das ohne Schaden (für den Täter) sein.

9. *Rogum bustumve novum vetat propius LX pedes adigi aedes alienas invito domino.*

9. Einen Scheiterhaufen oder einen frischen Grabhügel näher als 60 Fuß an ein fremdes

Gebäude heranzutreiben verbietet (das Gesetz) ohne Zustimmung des Inhabers.

10. *Forum ... bustumve usucapi vetat.*

10. Einen Grabplatz oder Grabhügel zu ersitzen verbietet das Gesetz.

TABULA XI

1. *(Decemviri) cum X tabulas summa legum aequitate prudentiaque conscripsissent, in annum posterum Xviros alios subrogaverunt, qui duabus tabulis iniquarum legum additis conubia, ut ne plebi cum partibus essent, inhumanissima lege sanxerunt.*

2. *Tuditanus refert ... Xviros, qui decem tabulis duas addiderunt, de intercalando populum rogasse. Cassius eosdem scribit auctores.*

3. *E quibus (libris de rep.) unum ἱστορικόν requiris de Cn. Flavio Anni filio. Ille vero ante Xviros non fuit. Quid ergo profecit, quod protulit fastos? Occultatam putant quodam tempore istam tabulam, ut dies agendi peterentur a paucis.*

TAFEL 11

1. Als die Dezemvirn die 10 Tafeln mit äußerster Billigkeit der Gesetze und Umsicht zusammengeschrieben hatten, ließen sie im darauffolgenden Jahr zehn andere Männer an ihrer Stelle wählen, die nun zwei weitere Tafeln ungerechter Gesetze hinzufügten: sie bestimmten in einem äußerst unmenschlichen Gesetz, daß keine Ehen zwischen Plebejern und Patriziern (geschlossen) werden durften.

2. Tuditaus überliefert, daß die Dezemvirn die zu den zehn Gesetzestafeln noch zwei hinzufügten, über das Einschalten (von Schalttagen) das Volk befragt hätten. Auch Cassius schreibt ihnen die Urheberschaft zu.

3. Von diesen (Büchern über den Staat) erfragst du auch ein historisches über Cn. Flavius, Sohn des Annius. Der hat aber nicht vor den Dezemvirn gelebt. Was also nützte es ihm, daß er den Kalender veröffentlichte? Man meint, daß diese Tafeln eine Zeit lang verborgen gehalten wurden, damit die Prozeßtage nur von wenigen erfragt werden konnten.

TABULA XII

1. *Lege autem introducta est pignoris capio, veluti lege XII tabularum adversus eum, qui hostiam emisset nec pretium redderet; item adversus eum, qui mercedem non redderet pro eo iumento, quod quis ideo locasset, ut inde pecuniam acceptam in dapem, id est in sacrificium, impenderet.*

2.a. *SI SERVUS FURTUM FAXIT NOXIAMVE NOXIT ...*

2.b. *Ex maleficiis filiorum familias servorumque, noxales actiones proditae sunt, uti liceret patri dominove aut litis aestimationem sufferre aut noxae dedere ... Constitutae sunt ... aut Legibus aut edicto praetoris: legibus velut furti lege XII tabularum ...*

TAFEL 12

1. Durch das Gesetz wurde die Pfandnahme eingeführt, wie schon im Zwölftafelgesetz gegen den, der ein Opfertier gekauft hatte und den Preis dafür nicht erlegte, ebenso gegen den, der die Miete für das Zugtier nicht erlegte, das einer zu dem Zweck vermietet hatte, daß er das davon empfangene Geld für ein Opfermahl, d. h. für Opferzwecke, aufwenden könne.

2.a. Wenn ein Sklave einen Diebstahl beging oder Schaden zufügte ...

2.b. Auf Grund von Vergehen der Hauskinder und Sklaven sind Schadenersatzklagen bekannt gemacht worden, so daß es dem Hausvater oder Eigentümer gestattet war, entweder eine Schätzung des Streitobjekts (bzw. Schadens) hinzunehmen oder (den Schädiger zur Begleichung) der Schuld zu übergeben. –

Diese „Noxalklagen" sind, sei es durch Gesetze oder durch das prätorische Edikt festgelegt; durch Gesetze, wie durch das Diebstahlgesetz der Zwölftafeln.

3. SI VINDICIAM FALSAM TULIT, SI VELIT IS, PRAETOR ARBITROS TRIS DATO, EORUM ARBITRIO FRUCTUS DUPLIONE DAMNUM DECIDITO.

3. Wenn jemand fälschlich seine Forderung zeitweise zugesprochen erhielt, so soll der Prätor, wenn jener (der Gegner) es wünscht, drei Schiedsrichter stellen, und auf deren Schiedsspruch soll der Schaden durch Verdoppelung des Ertrags aus der Welt geschafft werden.

4. Rem, de qua controversia est, prohibemur (lege XII tabularum) in sacrum dedicare: alioquin dupli poenam patimur, ... sed duplum utrum fisco an adversario praestandum sit, nihil exprimitur.

4. Die Sache, über die ein Rechtsstreit besteht, werden wir durch das Zwölftafelgesetz gehindert, als Opfer zu weihen, andernfalls erleiden wir die Strafe des doppelten Wertes. Allerdings wird nichts darüber ausgedrückt, ob das Doppel der Staatskasse oder dem Streitgegner zuzuführen ist.

5. in XII tabulis legem esse, ut quodcumque postremum populus iussisset, id ius ratumque esset.

5. In den Zwölftafeln sei ein Gesetz enthalten, wonach, was immer das Volk letztlich beschlossen hätte, das soll Recht sein und Gültigkeit besitzen.

Quellen zum Zwölftafelgesetz

I

1. Cicero De legibus 2, 4, 9.
   Gellius 20, 1, 25.
   Porphyrio ad Hor.sat. 1, 9, 76.
2. Festus 210, 310.
3.4. Gellius 20, 1, 25; 16, 10, 5.
5. Festus 348.
6.7. Auctor ad Herennium 2, 13, 20.
   Gellius 17, 2, 10.
8.9. Gellius 17, 2, 10.
   Varro De lingua Lat. 7, 51, Festus 305.
10. Gellius 16, 10, 8.

II

1.a Gaius 4, 14. 1.b Gaius 4, 17.
2. Festus 290, 273.
   Cicero De off. 1, 12, 37.
3. Festus 233.

III

1.–4. Gellius 15, 13, 13; 20, 1, 42–45.
5. Gellius 20, 1, 46, 47.
6. Gellius 20, 1, 48–52.
7. Cicero De officiis 1, 12, 37.

IV

1. Cicero De legibus 3, 8, 19.
2. Ulpian fragm. 10, 1.
3. Cicero Oratio Philippica 2, 28, 69.
4. Gellius 3, 16, 12.

V

1. Gaius 1, 144 f.
2. Gaius 2, 47.
3. Ulpian fragm. 11, 14.
4. Ulpian fragm. 26, 1.
5. Coll. legum Mos.et Rom. 16, 4, 2.
6. Gaius 1, 155.
7a. Auctor ad Herennium 1, 13, 23.
7b. Festus 162.
7c. Dig. 27, 10, 1 pr.
8. Ulpian fragm. 29, 1.
9. Corpus Iuris 3, 36, 6.
10. Dig. 10, 2, 1 pr.

VI

1. Festus 173.
2. Cicero De officiis 3, 16, 65.
3. Cicero Topica 4, 23.

4. Gaius 1, 111.
5a. Gellius 20, 10, 7.
5b. Paulus Vat. fragm. 50.
6. Livius 3, 44, 11 f.
7. Festus 364.
8. Dig. 47, 3, 1 pr.
9. Festus 348.

VII
1. Varro De lingua Lat. 5, 22. Festus P. 5.
2. Dig. 10, 1, 13.
3a. Plinius Naturalis historia 19, 4, 50.
3b. Festus F 355.
4. Cicero De legibus 1, 21, 55.
5a. Nonius Marcellus 430. ad Cicero De republica 4.
5b. Cicero De legibus 1, 21, 55.
6. Dig. 8, 3, 8.
7. Festus 37.
8a. Dig. 40, 7, 21 pr.
8b. Dig. 43, 8, 5.
9a. Dig. 43, 27, 1, 8.
9b. Dig. 43, 27, 2.
10. Plinius Naturalis historia 16, 5, 15.
11. Iustiniani Institutiones 2, 1, 41.
12. Ulpian fragm. 2, 4.

VIII
1a. Plinius Naturalis historia 28, 2, 10–17.
1b. Cicero Derepublica 4, 10, 12.
2. Festus 363. Gellius 20, 1, 14.
3.4. Collatio legum Mos.et Rom. 2, 5, 5. Gellius 20, 1, 12.
5. Festus 265, 322.
6. Dig. 9, 1, 1 pr.
7. Dig. 19, 5, 14, 3.
8a. Plinius Naturalis historia 28, 2, 10–17.
8b. Servius in Vergilii eclogam 8, 99.
9. Plinius Naturalis historia 18, 3, 12.
10. Dig. 47, 9, 9.
11. Plinius Naturalis historia 17, 1, 7.
12. Macrobius Saturnalia 1, 4, 19.
13. Cicero Pro Tullio 20, 47; 21, 50.
14. Gellius 11, 18, 8.
15a. Gaius 3, 191.
16. Festus 162.
17. Gaius 2, 45.
18a. Tactius Annales 6, 16.
18b. Cato De agri cultura praef.
19. Paulus Coll. 10, 7, 11.
20a. Dig. 26, 10, 1, 2.
20b. Dig. 26, 7, 55, 1.
21. Servius ad Vergilii Aeneidem 6, 609.
22. Gellius 15, 13, 11.
23. Gellius 20, 1, 53.
24a. Servius in Vergilii eclogam 4, 43.
24b. Plinius Naturalis historia 18, 3, 12.
25. Dig. 50, 16, 236 pr.
26. Latro Cato 19.
27. Dig. 47, 22, 4.

IX
1.2. Cicero De legibus 3, 4, 11; 19, 44.
3. Gellius 20, 1, 7.
4. Dig. 1, 2, 2, 23.
5. Dig. 48, 4, 3.
6. Salvianus De gubernatione dei 8, 5, 24.

X
1. Cicero De legibus 2, 23, 58.
2. Cicero De legibus 2, 23, 59.
3. Cicero De legibus 2, 23, 59.
4. Cicero De legibus 2, 25, 64.
5a. Cicero De legibus 2, 24, 60.
5b. Cicero De legibus 2, 24, 60.
6a. Cicero De legibus 2, 24, 60.
6b. Festus F. 158.
7. Cicero De legibus 2, 24, 60; Plinius Naturalis historia 21, 3, 7.
8. Cicero De legibus 2, 24, 60.
9. Cicero De legibus 2, 24, 61.
10. Cicero De legibus 2, 24, 61.

XI
1. Cicero De republica 2, 61–63.
2. Macrobius Saturnalia 1, 13, 21.
3. Cicero Ad Atticum 6, 1, 8.

XII
1. Gaius 4, 28.
2a. Dig. 9, 4, 2, 1.
2b. Gaius 4, 75 f.
3. Festus 376.
4. Dig. 44, 6, 3.
5. Livius 7, 17, 12.

Die Zwölftafelgesetzgebung hat die von der Plebs gehegten Hoffnungen nicht erfüllt, da die Kenntnis der Prozeßformeln *(legis actio)* auch weiterhin die Geheimwissenschaft des *Pontifikalkollegiums* blieb. Dies bedeutete, daß der Richter dem Plebejer beim Fehlen gewisser Worte im Rahmen der Klageformel Teile seines Rechts verweigern konnte. Die Struktur des altrömischen Prozesses war nämlich so ausgebildet, daß das Fehlen eines vorgeschriebenen Wortes Sachfälligkeiten nach sich ziehen konnte.

Zunächst war allerdings das XII-Tafel-Gesetz die ausschließliche Grundlage der römischen Rechtsentwicklung. Vermutlich erwies sich das Gesetzeswerk aber bereits in der Zeit seiner Erzeugung in gewisser Hinsicht als lückenhaft. Hier ergriff die herrschende Klasse die Gelegenheit, die Lücken des Gesetzes, ohne neue Gesetze zu erzeugen, mit auch weiterhin geheimgehaltenen neuen gewohnheitsrechtlichen Regeln zu ergänzen. Diese Tätigkeit ist in der römischen Rechtsgeschichte unter dem Namen der Auslegung *(interpretatio)* der *pontifices* bekannt. Die Auslegung der *pontifices* bestand in der Anwendung der Geschäftsformen des XII-Tafel-Gesetzes auf die nicht geregelten Fälle aufgrund des Grundsatzes der Ähnlichkeit (Analogie). Damit wurde die Geschicklichkeit und Findigkeit der *pontifices* zur Grundlage der neuen Rechtsentwicklung.

Die auf dem Gebiet der Rechtsprechung privilegierte Lage der Patrizier war erst dann beendet, als die vor der rechtssuchenden Öffentlichkeit bis dahin unbekannte Sammlung der Prozeßformeln im Jahre 300 v. u. Z. durch Cn. Flavius, den Schreiber *(scriba)* des Staatsmannes Ap. Claudius Caecus, veröffentlicht wurde *(ius Flavianum)*. Dieser publizierte als erster auch die Liste der zur Prozeßführung geeigneten Tage *(dies fasti)*. Zu dieser Zeit war der lange und schwere Klassenkampf zwischen Patriziern und Plebejern in das Stadium des Ausgleichs geraten, und es bildet sich aus der Oberschicht der Plebejer und den Patriziern die neue Adelsschicht der Nobilität, des Amtsadels, heraus.

Die dem XII-Tafel-Gesetz folgende Gesetzgebung spielte in der Entwicklung des römischen Privatrechts kaum eine bedeutende Rolle. Es gibt nur einige Gesetze, die eine entscheidende Bedeutung erlangt haben: so ein *plebiscitum* aus dem 3. Jh. v. u. Z., die *lex Aquilia*, die die Grundlagen des Schadenersetzrechtes fixierte; ferner die vom 2. Jh. v. u. Z. stammende *lex Plaetoria*, die die Verträge der Minderjährigen, die ihr 25. Lebensjahr noch nicht vollendet hatten, regelte; die in der Mitte des 2. Jh. v. u. Z. entstandene *lex Aebutia*, die sich auf das prätorische Prozeßverfahren bezog; die aus dem Jahre 111 v. u. Z. stammende *lex agraria*, die das unter der faktischen Macht der Besitzer des *ager publicus* stehende Grundstück zu deren Eigentum machte etc.

cc) Das Gesetz in der Zeit der Republik

Neben dem Gewohnheitsrecht ist die älteste Quelle des römischen Rechts das Gesetz *(lex)*, das die auf eine streng vorgeschriebene Weise schriftlich abgefaßten, bewilligten und regelmäßig promulgierten Beschlüsse der Volksversammlungen, der Kuriat-, der Zenturiat- und evtl. der Tributkomitien zum Inhalt hatte. In der Zeit der Republik nahmen an der Gesetzgebung alle drei Hauptorgane des Staates teil.

Der Magistrat (Konsul, Prätor, evtl. Diktator, Volkstribun) rief die Volksversammlung zusammen, arbeitete den schriftlichen Text des Gesetzentwurfs aus und unterbreitete diesen – nach Gutdünken bzw. seinem Wirkungskreise nach – den Komitien. Danach besprach das Volk *(populus)* den Entwurf in formlosen Versammlungen *(contio)*.

Die Volksversammlung stimmte mit „ja" oder „nein" über den Entschluß ab. Dies geschah in frühen Zeiten öffentlich, später geheim und auf Scherben, auf denen das Zeichen *UR* (= *uti rogas* = wie du fragst, d. h. ja) oder das Zeichen *A* (= *antiquo* = ich bestehe auf dem alten, d. h. nein) stand. Das von der Volksversammlung angenommene Gesetz sollte vom Senat „durch den Willen der Väter" *(patrum auctoritate)* sanktioniert werden. Diese Sanktionierung konnte später auch vor der Abhaltung der Versammlung ausbedungen werden. Das so zustandegekommene Gesetz erhielt die Bezeichnung *lex lata* oder *lex rogata* (= eingebrachtes, abgestimmtes Gesetz). Die *lex* hatte drei Teile: Die *praescriptio*, die Überschrift des Gesetzes, die den Namen des Magistrats, nach dem das Gesetz im allgemeinen benannt wurde (z. B. *lex Hortensia* = das Gesetz des Hortensius), sowie den Ort und die Zeit der Gesetzgebung und den Namen der zuerst abstimmenden *tribus* enthielt. Die *rogatio* war der „verfügende Teil" des Gesetzes, der den Befehl, die Vorschrift, das Verbot des Gesetzes umfaßte. Die *sanctio* schließlich enthielt die gegen die Verletzer des Gesetzes in Aussicht gestellten „Rechtsnachteile". Die *sanctio* war also die Garantie der Geltendmachung des Gesetzes, die Manifestation der Zwangsgewalt des Staates.

Das Gesetz konnte je nach Formulierung der *sanctio* verschieden geartet sein: Die *lex perfecta* (das vollkommene Gesetz) erklärte ein gewisses Verhalten als verboten und ungültig. Die Folge dessen war gewöhnlich die Wiederherstellung des früheren Zustandes (z. B. war der erzwungene Vertrag ungültig); ferner gab es die *lex minus quam perfecta*, die nur eine Strafe vorschrieb, während die rechtsverletzende Handlung aber gültig blieb (z. B. war die Ehe der Frau, die vor dem Ablauf des Witwenjahres geschlossen wurde, gültig, aber die Frau sollte bestraft werden); und schließlich die *lex imperfecta*, die dem verbotenen Verhalten keine Folge hinzufügte (z. B. die *lex Cincia*, die Schenkungen über eine gewisse Wertgrenze hinweg verbot, aber die diese übersteigende Schenkung weder für ungültig erklärte noch die

Parteien mit Strafe belegte); die *lex plusquamperfecta,* also ein solches Gesetz, das sowohl Ungültigkeits-, als auch Strafsanktionen hat, wird in der Rechtsquelle nicht erwähnt (Ulpian, Prooem. 1, 2).

Seit der *lex Hortensia* (287 v. u. Z.) wurde das *plebiscitum* eine der *lex* gleichartige Rechtsquelle. Das *plebiscitum* war ein durch die Plebs in der plebejischen Volksversammlung *(concilium plebis)* in der Weise der Gesetze erlassener Beschluß. Ursprünglich bezog dieser sich nur auf die Plebs, wurde aber in den Rang der *lex* erhoben, nachdem die *lex Hortensia* bestimmt hatte, daß *plebiscita* für das ganze römische Volk verbindlich sind (Gai 1, 3).

In der Zeit der späten Republik wurde es zur Gewohnheit, daß die *comitia* je einem Staatsmann (z. B. Sulla, Caesar) unbeschränkte gesetzgeberische Gewalt übertrugen. Im allgemeinen unterbreiteten diese Politiker ihre Gesetze der Volksversammlung zur Bestätigung. Es kam allerdings häufig vor, daß die Volksversammlung dem Feldherrn das Recht einräumte, ein Gesetz zu erlassen, das eine Provinzordnung enthielt. Diese Gesetze wurden später gegenüber der *lex lata* als *lex data* (gegebenes Gesetz) bezeichnet. Benannt wurden die Gesetze nach dem Namen des bzw. der beiden Antragsteller.

dd) Das Gesetz in der Kaiserzeit

Zu Beginn der Prinzipatszeit bestanden zwar noch die Komitien, aber ihre gesetzgebende Tätigkeit war von immer geringerer Bedeutung, so daß von ihnen gegen Ende des 1. Jh. u. Z. – obwohl den Komitien dieses Recht nicht entzogen wurde – kein Gesetz mehr gegeben wurde. Das vielleicht letzte in einer Versammlung der *comitia* erlassene Gesetz – eine *lex agraria* – soll aus der Zeit des Kaisers Nerva vom Ende des 1. Jh. u. Z. stammen.

Die *lex* hatte in der Kaiserzeit auch noch zwei andere Bedeutungen: in der Zeit des Dominats wurden die kaiserlichen Verordnungen *lex* genannt, und zum anderen wird der Ausdruck *lex* auch in einem übertragenen Sinn benutzt, wenn man von den das Verhalten der vertragschließenden Parteien vorschreibenden vertraglichen Bedingungen *(lex contractus)* spricht. Dies gilt z. B. im Falle der Miete von den das Verhalten des Mieters bestimmenden Vorschriften *(lex locationis).*

c) Das senatus consultum

Ungeachtet seiner hohen Autorität war der Senat in der Zeit der Republik kein Organ der Rechtsetzung. Er erteilte höchstens seinen Rat *(consultum)* einem Magistrat, der für die Erzeugung der gewünschten Gesetze die notwendigen Schritte unternahm. Die Tatsache aber, daß der Senat den Magistrat nach Ablauf seiner Dienstzeit zur Rechenschaft ziehen konnte, sicherte ihm ein ungeheures Gewicht.

In der Kaiserzeit erhielt das vielfach in Erz oder Stein noch erhaltene bzw. in den Digesten Justinians überlieferte *senatus consultum* (SC) eine immer größer werdende Bedeutung, weil sich hinter ihm gewöhnlich der Wille des Prinzeps verbarg. So betont Gaius (1, 4) bereits im 2. Jh. v. u. Z., daß das *senatus consultum* Gesetzeskraft hat *(legis vicem optinet)*. In der Entwicklung des Privatrechts sind die *senatus consulta (SCC)* der ersten zwei Jahrhunderte des Prinzeps bedeutend. Das *senatus consultum*, ebenso wie das Gesetz, trägt im allgemeinen den Namen seines Initiators, so z. B. SC *Tertullianum*. Der Prinzeps als höchster Mann des Senats, sozusagen als „Präsident", konnte dem Senat in der Form der *oratio principis* einen Antrag präsentieren, deren Gesetzeskraft formell durch die Form des *senatus consultum* gesichert wurde.

d) Das Edikt

In Rom hatten die republikanischen Magistrate im allgemeinen das Recht, bei ihrem Amtsantritt ihr amtliches Programm, d. h. die Normen, denen gemäß sie während ihrer Amtszeit zu verfahren wünschten, auf einer weißen Holztafel *(album)* zu veröffentlichen. Dieses Recht wurde Ankündigungserlassungsrecht *(ius edicendi)* und die Ankündigung Edikt genannt.

Für die Entwicklung des römischen Rechts besaßen die Edikte der Prätoren und der kurulischen Ädilen eine entscheidende Bedeutung. Erstere haben auf dem Gebiet des Vermögens- und teilweise auf dem des Familienrechts, letztere auf dem der Haftung des Verkäufers für Sachen- und Rechtsmangel ihre Normen ausgestaltet. Dem Edikt des Prätors entsprach in den Provinzen das Edikt des Statthalters *(edictum provinciale)*, dem der Ankündigung der kurulischen Ädilen in den Senatsprovinzen das der provinzialen Quästoren.

Das prätorische Edikt spielte unter allen Edikten als Rechtsquelle eine besondere Rolle. Die in ihm enthaltenen Normen wurden auf eine besondere Weise ausgestaltet und erschienen in einer besonderen Form.

Der Prätor konnte im zivilrechtlichen Sinn – wie schon betont – keine Rechtsnormen erzeugen *(praetor ius facere non potest)*, sondern bei der Mitteilung seines offiziellen Programms nur aussagen: „Ich gebe Klage *(iudicium dabo)* für gewisse Ansprüche"; „ich werde ein gewisses Verhalten nicht bestätigen" *(ratum non habebo)*; „ich weise jemanden in den Besitz von irgendetwas ein" *(in possessionem esse iubeo)*; „ich werde dem Übereinkommen der Parteien Schutz gewähren" *(pacta conventa ... servabo)* etc. Diesen offiziellen Programmpunkten konnte der Prätor durch seine Prozeßleitungsgewalt Geltung verschaffen, wobei diese Gewalt auf seinem Imperium begründet war.

Das prätorische Edikt war schon vom 3. Jh. v. u. Z. an ein wichtiger Faktor der römischen Rechtsentwicklung bei der Entwicklung der außergerichtlichen

Rechtshilfen, z. B. der *interdicta.* Eine besondere Bedeutung erhielt die Rolle des Prätors aber dann, als neben den alten zivilrechtlichen Prozeßformen, neben den *legis actiones,* zufolge der Verordnung der *lex Aebutia* (2. Jh.) der sog. – vom *praetor peregrinus* übernommene – Formularprozeß vom Stadtprätor ausgebildet wurde. Damit wurde es möglich, durch den Prozeß auch solche Ansprüche geltend zu machen, die gemäß dem Zivilrecht nicht geklagt werden konnten. Mit dieser Tätigkeit erleichterte der *praetor urbanus* mit seinen auf zivilrechtliche Ansprüche gegründeten *formulae* auch die Geltendmachung des Zivilrechts. Er entwickelte damit auf dem Gebiet der durch das Zivilrecht nicht geordneten Lebensverhältnisse selbst neue Formen und diesen entsprechende *formulae.* Edikte mit einem inhaltlich neuen Text wurden von den Prätoren natürlich nicht bei jeder Gelegenheit erlassen. Die ihr Amt neu antretenden Prätoren haben denjenigen Teil des vom Amtsvorgänger erlassenen Edikts, der sich in der Praxis als geeignet erwiesen hatte, bei ihrem Amtsantritt mit Geltung für ihr gesamtes Amtsjahr beibehalten *(edictum perpetuum)* und höchstens mit einigen neuen Programmpunkten ergänzt *(edictum novum).* Es war sogar möglich, das Edikt auch während des Jahres zu ergänzen *(edictum repentinum).* So entstand langsam ein gewisses ständiges Material, das jeder Prätor von seinem Vorgänger übernahm *(edictum tralatitium).*

Der Rechtsquellencharakter des prätorischen Edikts war sehr labil, solange der das Edikt erlassende Magistrat daran nicht gebunden war. Im Jahre 67 v. u. Z. entschied aber eine *lex Cornelia de edicendo,* daß die Prätoren an ihre Edikte gebunden sind, d. h., das von ihnen Veröffentlichte war auch für sie verbindlich. Diese Verfügung, auch wenn sie sich nicht unbedingt durchsetzte, machte das Edikt formell jedenfalls zu einer Rechtsquelle. Sein Material kristallisierte sich bereits im Zeitalter Ciceros insoweit heraus, als es damals ein „für ein Jahr gültiges Gesetz" *(lex annua)* genannt wurde (Cic., Verr. II, 1, 109). Am Ende der Entwicklung des prätorischen Ediktsmaterials war dieses ein während mehr als 300 Jahren gewordener Rechtsstoff. Darin erschienen die prätorischen Rechtsregeln wenig geordnet, ohne irgendein System, was die Nutzung dieser Rechtsquelle sehr erschwerte. Kaiser Hadrian beauftragte deshalb um 130 den Rechtsgelehrten Salvius Iulianus mit der Ordnung dieses Ediktsmaterials. Dieser bedeutende Jurist gab dem bisher ungeordneten Stoff eine bestimmte Struktur und fügte als Anhang hierzu den ebenfalls neu geordneten Ediktstext der kurulischen Ädilen bei; wahrscheinlich konstruierte er sogar das Material des *edictum provinciale* neu. Hadrian erklärte daraufhin dieses als *Edictum perpetuum* oder *E. Hadrianum* bzw. *E. Salvianum* bezeichnete Gesetzeswerk mit einem *senatusconsultum* für unabänderlich. Die Prätoren und Statthalter wurden verpflichtet, diesen Text unverändert zu veröffentlichen, was bis zum 3. Jh. die Regel blieb. Damit setzte die kaiserliche Gewalt der prätorischen Rechtserzeugung ein Ende.

3. Die Rechtswissenschaft

a) Alte und vorklassische Zeit

In Rom bedeutete die Rechtswissenschaft von Anfang an nicht die Lehre von einer Rechtspflege abstrakten, theoretischen Charakters. Sie war stattdessen voll und ganz die Wissenschaft des alltäglichen Lebens, die mit der Auslegung des Inhalts der vorhandenen Rechtsquellen, mit der Ausfüllung von Lücken, Ausgestaltung neuerer Lösungen zu einer der wichtigsten Bewegungskräfte und schließlich auch selbst zu einer Rechtsquelle wurde. Ihre große Bedeutung bestand außerdem darin, daß die Gerichte später jede andere Rechtsquelle *(lex, senatus consultum, edictum)* durch die Werke der Rechtsgelehrten ausgelegt, angewendet haben. Damit hebt sich die Rechtswissenschaft in ihrer Bedeutung über alle anderen Rechtsquellen hinaus.

Die Anfänge der römischen Jurisprudenz können auf das Zeitalter des alten Rechts zurückgeführt werden. Die berufenen Kenner des ältesten römischen Gewohnweitsrechts waren, wie schon erwähnt, die Mitglieder des Pontifikalkollegiums. Dieses anfangs aus drei, später bis zu 15 Mitgliedern bestehende Kollegium registrierte unter der Leitung des *pontifex maximus* die „von den Göttern zur Rechtsprechung als geeignet gewiesenen" veröffentlichten Tage *(dies fasti)*. So war ihre priesterliche Funktion mit der Rechtsprechung eng verflochten. Nur sie kannten das alte Gewohnheitsrecht und die Vertrags- und Prozeßformeln, deren Versäumnis oder fehlerhafte Ausführung mit dem Ausbleiben der Rechtswirkung verbunden war. Die Plebejer erkämpften die Veröffentlichung des in Gesetzform abgefaßten Inhalts des Gewohnheitsrechts auf Erztafeln (XII-Tafel-Gesetz) auf dem Forum in den Jahren 450/449 v. u. Z. (s. o. S. 80 ff.) für die Bekanntgabe der „geheimen Rechtswissenschaft" der *pontifices* für sich. Seit dieser Zeit wurde die Rolle des Pontifikalkollegiums noch bedeutender, denn die *pontifices* lösten die im Laufe der sich entwickelnden Lebensverhältnisse entstandenen neuen Rechtsprobleme durch analoge Anwendung der bestehenden Vertragsformeln der Regeln des XII-Tafel-Gesetzes. So wurde die Entwicklung der römischen Rechtswissenschaft durch die pontifikale *interpretatio* für eine längere Zeit bestimmt. Das Zeitalter der Jurisprudenz der *pontifices* endete im 3. Jh. v. u. Z. und die Rechtswissenschaft wurde dadurch, daß Cn. Flavius die Klageformulare publizierte, öffentlich *(ius Flavianum)* (oben S. 96).

In der sich vom Einfluß der *pontifices* stufenweise befreienden Rechtswissenschaft erscheint zu Beginn der Name des einem alten Patriziergeschlecht angehörenden Ap. Claudius Caecus, der nicht mehr Mitglied des Pontifikalkollegiums war. Wahrscheinlich war die von seinem früheren Sekretär Cn. Flavius publizierte Sammlung der Klageformulare sein Werk. Die Rechtswissenschaft dieser Zeit bestand aber eher aus der Erteilung rechtlicher Gutachten, wie dies von der Tätigkeit des ersten plebejischen *pontifex maximus* Ti. Coruncanius (um 250 v. u. Z.) bestätigt wird. Dieser Rechtsgelehrte erteilte allerdings seine Rechtsgutachten nicht als *pontifex maximus*, sondern als ein vom Pontifikalkollegium unabhängiger Rechtsexperte. Der Beginn des öffentlichen Rechtsunterrichts ist ebenfalls mit seinem Namen verknüpft.

Wenn auch die Rechtswissenschaft dieser Zeit noch nicht völlig vom Einfluß der *pontifices* unabhängig war, so stellte sie doch nicht mehr das Ergebnis der „berufsmäßigen" Arbeit der *pontifices* dar. Diese juristische Tätigkeit nahm nur ausnahmsweise eine literarische Form an, war weitgehend mündlichen Charakters und wurde durch die von den Vorgängern auf die Nachfolger übergehende mündliche Überlieferung aufrechterhalten.

Das Zeitalter der „literarischen" Rechtswissenschaft beginnt in der Zeit nach dem 1. Punischen Krieg (264–241 v. u. Z.), als sich in Rom ein großer wirtschaftlicher Aufschwung vollzog, und erreicht ihr im Vergleich zu den gegebenen Verhältnissen hohes Niveau durch das Eindringen der griechischen Philosophie nach Rom. Den Anfang dieser Epoche kennzeichnet die literarische Tätigkeit des Konsuls Sex. Aelius Paetus Catus, Konsul 198, dessen Name durch sein leider nicht erhaltenes Buch *„Tripertita"* in die Rechtsgeschichte eingegangen ist. Es handelt sich hierbei im ersten Teil um das Zwölftafelgesetz, beim zweiten Teil um die damit verbundene *interpretatio* und beim dritten Teil um die Prozeßformeln *(legis actiones)*. Von ihm stammt ebenfalls die als *„ius Aelianum"* bekannte Formelsammlung, eine Ergänzung und Modernisierung des *„ius Flavianum"*.

Weitere bedeutende Rechtsgelehrte sind der ältere Cato, M. Porcius Cato *Censorius maior* (234–149 v. u. Z.) und sein Sohn, M. Porcius Cato *minor* (192–152 v. u. Z.). Die Tätigkeit von Cato *maior* bedeutet eine Rückkehr zur Jurisprudenz der *pontifices*, während die Sammlung der Rechtsgutachten von Cato *minor* schon das Auftreten einer neuen Gattung in der römischen Rechtswissenschaft darstellt. Die vorklassische Rechtswissenschaft wirklicher Schöpferkraft ist mit dem Namen dreier Juristen verknüpft, nämlich M. Manilius, M. Iunius Brutus und P. Mucius Scaevola (Mitte des 2. Jh. v. u. Z.), die nach den Worten des Pomponius *„fundaverunt ius civile"* (die Jurisprudenz begründeten D. 1, 2, 2, 39).

Während Sex. Aelius gegenüber der griechischen Philosophie den Standpunkt der Neutralität vertrat, war der ältere Cato ein ausgesprochener Feind dieser Philosophie. Die Tätigkeit der drei oben genannten Rechtsgelehrten spiegelte allerdings bereits die Wirkung der aristotelischen Dialektik wider. Dies manifestierte sich vor allem in den von den drei Juristen geschaffenen Definitionen, in den unter ihnen erfolgten Auseinandersetzungen und in dem in Dialogen geschriebenen Werk des M. Iunius Brutus als dem ersten „Lehrbuch" des römischen Rechts.

Die Entstehung des Systems der Rechtswissenschaft knüpft sich an den Namen des zu Anfang des letzten Jahrhunderts der Republik tätigen Gelehrten Q. Mucius Scaevola, der im Jahre 82 v. u. Z. von Marianern im Heiligtum der Göttin Vesta ermordet wurde. Zeitlich war er der erste Jurist, dessen Werke in die justinianische Kodifikation eingingen. Die erhaltenen Fragmente seines über die Definitionen geschriebenen Buchs spiegelt die unmittelbare Wirkung der griechischen Philosophie wider. Mit ihm endet die Wirkung der pontifikalen Rechtswissenschaft endgültig, er ist auch der erste, der in der römischen Rechtswissenschaft eine „Schule" begründet hat. Sein berühmtester Schüler war C. Aquilius Gallus, nach dessen Namen die *stipulatio Aquiliana* bezeichnet ist. Durch diese sog. „Generalquittung" konnte der Schuldner von allen Schulden gegenüber den Gläubigern mittels eines Rechtsaktes *(stipulatio)* befreit werden. Daneben ist von seinen Schülern Balbus Lucilius zu nennen.

Die republikanische Jurisprudenz erreichte ihren Höhepunkt in der Tätigkeit eines jüngeren Zeitgenossen Scaevolas, des Ser. Sulpicius Rufus, meist nur Servius genannt (gest. 43 v. u. Z.). Er ist derjenige, der nach dem Ende der pontifikalen Traditionen im Rahmen der abwechslungsreichen literarischen Formen – wie rechtswissenschaftlicher Kommentar, Monographie, rechtswissenschaftlicher Brief etc. – einen neuen Weg einschlug. Er beschäftigte sich nicht nur mit dem Zivilrecht, sondern er war auch der erste Kommentator des prätorischen Edikts. Servius benutzt die Methode der griechischen Dialektik in einem viel weiteren Umfang als Scaevola – sein Freund Cicero nennt ihn vielleicht etwas übertreibend den Begründer der juristischen Dialektik. Seine Tätigkeit hatte eine viel größere Wirkung auf die Nachwelt als die von Scaevola. Von seinen Zeitgenossen ragen sein soeben erwähnter Lehrer C. Aquilius Gallus und aus dem Kreis seiner Schüler P. Alfenus Varus, Aufidius Namusa und A. Ofilius hervor. Als Juristen der ausgehenden Republik, die nicht zum Schülerkreis des Servius gehören, sind zu nennen A. Cascellius, C. Trebatius Testa und C. Aelius Tubero.

Cicero, der überragende Rhetor und Jurist, dem der größte Teil unserer Kenntnisse über die philosophischen Begriffe der römischen Jurisprudenz, wie *aequitas, ius naturale, ius gentium* etc. zu danken ist, soll an dieser Stelle besonders erwähnt werden. Wir kennen durch ihn auch die Entstehung und Entwicklung mehrerer Rechtsinstitute.

b) Die klassische Epoche

Die Grundlagen des Weltrechts des einfachen Warenaustauschs wurden von den republikanischen Juristen von Sex. Aelius an bis zu Servius, den sog. „Alten" *(veteres* oder auch *antiqui)* fixiert. Dem mit dem Prinzipat beginnenden klassischen Zeitalter des römischen Rechts fiel die Aufgabe zu, diese

Rechtsinstitute weiterzuentwickeln, zu verfeinern und abzuschleifen, wobei die sog. *veteres* mit großer Hochachtung behandelt wurden. Bei der Entfaltung der klassischen Rechtswissenschaft spielte das von Kaiser Augustus initiierte *ius respondendi* eine außerordentlich wichtige Rolle.

Die Tätigkeit der republikanischen Rechtsgelehrten verlief nach den Quellen in drei Richtungen: Der Rechtsgelehrte unterwies entweder die Parteien beim Abschluß der Rechtsgeschäfte in Hinsicht auf die anzuwendenden Vertrags- und Klageformeln *(cavere, in iure cavere),* oder er leitete bzw. instruierte die Prozeßhandlungen *(agere)* der Parteien, oder er erteilte öffentlich Rechtsgutachten *(respondere),* besprach diese mit seiner Zuhörerschaft und sammelte sie in seinen Schriften (Sammlung der *responsa).*

Diese letzte und wichtigste Tätigkeit der Rechtsgelehrten wurde von Augustus dazu benutzt, diese hervorragenden Männer der Jurisprudenz in die Staatsmaschinerie einzubauen und sie mit zu einer Stütze seiner Alleinherrschaft zu machen. Augustus gab nämlich einigen „autorisierten" Juristen das Privileg, mit kaiserlicher Autorität *responsa* zu erteilen. Diese waren zwar für den Richter nicht unbedingt verbindlich, aber die Autorität des Kaisers sicherte doch de facto ihre Anwendung.

In der Zeit der Herrschaft des Kaisers Tiberius (14–37 u. Z.) entwickelte sich das *ius respondendi* weiter. Bis dahin konnte die Begutachtung nur in konkreten Fällen angewendet werden, danach wurde es möglich, vor dem Richter auch die in anderen ähnlichen Fällen gegebenen Gutachten anzurufen. Kaiser Hadrian (117–138) versah die *responsa* der kaiserlich privilegierten Juristen mit verbindlicher Kraft und schuf damit eine Gruppe von Juristen, deren Gutachten auch formell zur Rechtsquelle wurden. Äußerten sich mehrere Rechtsgelehrte zu dieser Frage, so konnte nach Hadrian der Richter unter diesen Meinungen frei wählen (Gai. 1, 7).

Der Beginn der kaiserzeitlichen Rechtswissenschaft wird nach der Entstehung zweier Schulen bezeichnet. Eine der beiden, die *schola Sabiniana,* erhielt ihren Namen von einem ihrer Mitglieder, Massurius Sabinus, der als erster Jurist aus dem Ritterstand von Tiberius das *ius respondendi* bekam und mit seinem das Zivilrecht zusammenfassenden Werk der Begründer des Systems des Zivilrechts wurde (Sabinus-System). Diese Schule wurde von einem Höfling des Kaisers Augustus, C. Ateius Capito begründet, dessen Bedeutung wohl mehr auf dem Gebiet des öffentlichen als auf dem des Privatrechts gelegen haben dürfte.

Die andere, nach Sempronius Proculus genannte *schola Proculiana* wurde von einem hervorragenden republikanisch gesinnten Rechtsgelehrten der Zeit des Augustus, M. Antistius Labeo, begründet. Seine rd. 400 Bände ausmachende literarische Tätigkeit ließ ihre Wirkung auf jedem Gebiet des römischen Privatrechts fühlen. Es ist heute schwer, den Unterschied zwischen beiden „Schulen" auszumachen. Einige Wissenschaftler erachten die politische Stellungnahme – wie republikanische oder monarchische – als Trennungslinie, andere die starrere, rationalistische Meinung der Sabinianer und die elastischere, die *aequitas* mehr zur Geltung bringende wissenschaftliche Auffassung der Prokulianer als Unterscheidung. Es gibt Romanisten, die nur zwei wissenschaftliche Richtungen und solche, die zwei wirkliche wissenschaftliche Fach„schulen" in ihnen erblicken. Nach allgemeiner Ansicht ist allerdings keiner dieser Standpunkte in sich selbst schlüssig. Aller Wahrscheinlichkeit nach waren die beiden „Schulen" Freundeskreise, in deren Rahmen das jüngste Mitglied die Ansichten der Älteren übernahm und manchmal schöpferisch weiterentwickelte. Zeitgenossen des Labeo und Capito sind Vitellius und Fabius Mela, weitere Juristen der frühen Prinzipatszeit Atilicinus Fulcinus Priscus (vortrajanische Zeit), Vivianus, Octavenus, Plautius, Urseius Ferox, Titius Aristo (trajanische Zeit) und Sex. Pedius, ein Zeitgenosse Julians, der bis zur Regierungszeit des Kaisers Mark Aurel wirkte.

Zur Schule der Sabinianer gehörten außer den Begründern C. Cassius Longinus (Konsul 30 u. Z.), nach dem die Schule auch *schola Cassiana* genannt wird, weiter Cn. Aurulenus Caelius Sabinus, C. Octavius Titius Tossianus Iavolenus Priscus, Aburnius Valens und Tuscianus. Das letzte Schulhaupt der Sabinianer war der Verfasser des *Edictum perpetuum*, L. Octavius Cornelius Salvius Iulianus, einer der größten Rechtsgelehrten um die Mitte des 2. Jh. u. Z., der Verfasser von aus 90 Büchern bestehenden „Digesten". (s. u. S. 120). Außerdem wird der durch seine rechtsgeschichtlichen Werke berühmte Pomponius, aus dessen Werken wir viele unserer auf die Vergangenheit der römischen Rechtswissenschaft bezüglichen Kenntnisse entnehmen, und Gaius hinzugezählt.

Die hervorragendsten Mitglieder der Schule der Prokulianer waren, außer dem Begründer und Namensgeber, M. Cocceius Nerva (d. Ä) und Nerva *filius* (d. J.), Proculus, Pegasus, P. Iuventius Celsus (d. Ä.) und P. Iuventius Celsus (d. J.), von denen die scharfsinnigen und prinzipiellen Feststellungen des letzteren oft zitiert werden, sowie L. Neratius Priscus, der dem *consilium* der Kaiser Trajan und Hadrian angehörte.

Mit der Regierung Kaiser Hadrians (117–138) beginnt eine neue Phase des klassischen Zeitalters der römischen Rechtswissenschaft, die im allgemeinen die „Blütezeit des Meisterrechts" genannt wird, und die mit dem Ende der Herrschaft der Severer in den dreißiger Jahren des 3. Jh. endet. Diese Schule beginnt mit der Tätigkeit von L. Octavius Cornelius Salvius Iulianus, geht zu Sex. Pomponius, L. Volusius Maecianus, entfaltet sich mit dem Wirken von S. Caecilius Africanus, Papirius Iustus, Tarruntenus Paternus, Ulpius Marcellus und Q. Cervidius Scaevola und erreicht ihren Gipfelpunkt mit der Tätigkeit der im nachklassischen Zeitalter als größten qualifizierten fünf Juristen, nämlich Gaius, Papinianus, Paulus, Ulpianus und Modestinus.

Über das Leben von Gaius wissen wir nur wenig. Sein voller Name ist uns unbekannt, seine Abstammung ebenfalls unsicher. Nach neuester Auffassung dürfte er zwischen 110 und 178 gelebt haben. Seine Zeitgenossen erwähnen ihn nicht, dieser Umstand führte die modernen Romanisten bei der Bewertung des Gaius mehrfach irre. So besagt eine Meinung, daß Gaius höchstens ein drittklassiger Provinzjurist gewesen sei. Aber seine Zeitgenossen berufen sich offensichtlich deshalb nicht auf ihn, weil er wohl in einer hellenisierten Provinz, vielleicht in Berytos (Beirut) gelebt hat. Darauf deutet hin, daß er ein profunder Kenner des römischen Rechts dieser Provinz war, was durch seinen zum *edictum provinciale* geschriebenen Kommentar erhärtet wird. Dann dürfte er sicherlich ohne *ius respondendi* in Rom gewirkt haben. Offenbar wurden seine Werke auch bald allgemein bekannt. Von ihm stammt das außerordentlich prägnante, zugleich das einzige in fast vollem Umfang erhaltene Lehrbuch des römischen Privatrechts in einer leicht übersehbaren und einleuchtenden Struktur. Er war vielleicht der am klarsten schreibende römische Meisterjurist, von dem wir von nahezu zwanzig Werken die Titel kennen. Die spätere hohe Anerkennung seiner wissenschaftlichen Leistungen zeigt sich auch darin, daß das justinianische Lehrbuch *„Institutiones"* die gesamte Struktur der aus dem Jahre 161 u. Z. stammenden *„Institutionum commentarii libri IV"* und z. T. auch den Text dieses gaianischen Werkes übernommen hat, der fast vollständig und wohl nahezu unverfälscht überliefert ist. Die Handschrift wurde von dem deutschen Althistoriker G. Niebuhr 1816 auf einem Palimpsest entdeckt, einem abgewaschenen und wieder beschriebenen Pergamentkodex, der in Verona in der Stiftsbibliothek aufbewahrt wird, und der später mit den Handschriften aus Autun (1898) und aus Antinoë (el Fayum 1933) ergänzt wurde.

Aemilius Papinianus, den das nachklassische Zeitalter am meisten schätzte und den auch die heutige Literatur sehr hoch bewertet, war der Schwager des Kaisers Septimius Severus und während seiner Herrschaft auch *praefectus praetorio.* Kaiser Caracalla ließ ihn im Jahre 212 hinrichten, da Papinian schonungslos seinen Despotismus kritisierte. Seine Hauptwerke sind *„Quaestionum libri XXXVII"* und *„Responsorum libri XIX"*. Obwohl seine manchmal sehr bündige Vortragsweise die von ihm herrührenden Texte häufig schwer verständlich macht, gibt es keinen Juristen, der mit so viel Lob überschüttet und gepriesen wurde, wie Papinian.

Die Lebensverhältnisse von Iulius Paulus sind weniger klar als die seiner Zeitgenossen und seines Vorgängers im Amt des *praefectus praetorio,* Papinian. Von ihm sind etwa 90 Werke bekannt, wobei besonders sein Sabinus-Kommentar und sein Edikt-Kommentar herausragen. Die Bedeutunng von Paulus liegt hauptsächlich in der Zusammenfassung der ihm vorangehenden Literatur; dabei erörtert er in seiner Vielseitigkeit Fragen des Privat-, Prozeß-, „Straf"- und Staatsrechts.

Domitius Ulpianus war ein Rechtsgelehrter phönizischer Abstammung (aus Tyros), der unter Papinian als kaiserlicher Beamter fungierte. Später bekleidete er das Amt des *praefectus praetorio* und wurde im Jahre 223 von Angehörigen der Prätorianergarde vor den Augen des Kaisers ermordet. Seine Sabinus- und Edikt-Kommentare sind die bedeutendsten, die wir kennen. Sein Stil ist zudem oft klarer als der Papinians, seine Werke zusammenfassenden Charakters wurden auf Grund dessen in der justinianischen Kodifikation im höchsten Maße benutzt. Mit Ulpian endet die Glanzzeit des Meisterrechts.

Die nunmehr folgende letzte Generation der Klassik leitet bereits in die Nachklassik über. Zu nennen sind von den Juristen der ersten Hälfte des 3. Jh. noch Aelius Marcianus, dessen Hauptwerk 16 Bücher Institutionen sind, daneben Aemilius Macer, aus dessen Wirken uns monographische Werke in Digestenfragmenten genannt werden und vor allem Herennius Modestinus, dessen Wirken bis in die Mitte des 3. Jh. reicht. Er war wohl ein Schüler des Ulpian, verfaßte vor allem Responsen und Elementarschriften und wird als letzter Klassiker gewertet.

Die vorklassische und klassische Jurisprudenz erzeugte verschiedenartige Gattungen rechtswissenschaftlicher Werke, die in Rom als einer der Zweige der allgemeinen Literatur angesehen wurde. Von diesen Gattungen sind zu nennen:

a) Die Responsensammlungen, deren Ursprung bis zum Zeitalter der *veteres* zurückreicht;

b) die ganze Rechtsmaterie zusammenfassende Werke, wie die das ganze Zivilrecht umfassenden Werke des Q. Mucius Scaevola und des Massurius Sabinus;

c) die Kommentare, die entweder zu den obigen zivilrechtlichen Werken oder zum prätorischen Edikt gemacht wurden;

d) die Digesten, die den zusammengefaßten Kommentar des Zivilrechts und des prätorischen Rechts geben (*digerere* = zusammenordnen);

e) die *institutiones,* d. h. die Lehrbücher oder die einem ähnlichen Zweck dienenden Regelsammlungen *(regulae)*;

f) die Monographien, d. h. die über ein spezielles Thema handelnden Werke und

g) die *notae,* die zu einigen rechtswissenschaftlichen Werken geschriebene kritische Bemerkungen enthielten.

c) Die nachklassische Epoche

Die Rechtswissenschaft dieser Zeit wird charakterisiert durch eine vereinheitlichende Denkweise, durch die verändernde und weiterbildende Tätigkeit der anonymen Rechtsgelehrten, durch die Exzerption der klassischen

Werke, die Zusammenstellung der aus diesen exzerpierten Fragmente, vom abermaligen Eindringen der griechischen Philosophie und im kleineren Maße vom Einfluß des Christentums. Dies ist insofern natürlich, da in diesem Zeitalter, in dem die wirtschaftlichen Verhältnisse primitiver wurden, sich auch die Rechtswissenschaft simplifizierte, so daß in der Dominatszeit die Rechtsgelehrten kaum eine überragende Rolle mehr spielten. Der Schwerpunkt des Reiches wurde zudem nach dem hellenisierten Osten verschoben, und an die Stelle Roms als eines stadtzentrischen Staates trat seit der Zeit Diokletians bzw. Konstantins I. ein Reich, das die Polisidee völlig verwarf und seit Konstantin d. Gr. immer mehr christianisiert wurde. Die justinianischen Digesten haben von den nachklassischen Rechtsgelehrten uns nur zwei Namen überliefert, nämlich Arcadius Charisius und Hermogenianus aus dem 4. Jh. (?) Es waren im Grunde anonyme Rechtsgelehrte, die die klassischen Werke durch Bearbeitungen und evtl. Kommentierungen dem praktischen Leben anpaßten. Die aus dieser Zeit erhaltenen und von unbekannten Verfassern stammenden rechtswissenschaftlichen Werke geben dem Wesen nach die verkürzten Zusammenstellungen der klassischen Juristen wider. Diese sind im einzelnen die folgenden:

- *Aureon, sive Res cottidianae* (Goldenes Buch oder alltägliche Dinge), eine Neubearbeitung des Lehrbuches von Gaius, wahrscheinlich vom Ende des 3. Jh. stammend;
- die *Sententiarum (ad filium) libri quinque* (5 Bücher der Gutachten), die abgekürzte Zitate aus den Werken des Paulus enthalten bzw. aus Werken, die unter seinem Namen überliefert sind; das Werk stammt aus dem Ende des 3. Jh.;
- *Liber singularis regularum* (Buch der Regeln), auch als *Tituli ex corpore Ulpiani* bezeichnet, seit dem 16. Jh. aus einer im Vatikan aufbewahrten Handschrift bekannt, enthält eine aus dem 4. Jh. herrührende Zusammenstellung aus den Institutionen des Gaius und wohl auch aus den Schriften des Ulpian und des Modestin;
- die *Fragmenta Vaticana* (Vatikanische Fragmente), die im Jahre 1821 in der Vatikanbibliothek auf einem dort befindlichen Palimpsest von Kardinal Angelo Mai gefunden wurden; sie enthalten von einem uns nicht bekannten Verfasser eine Zusammenstellung aus den Werken des Papinian, Paulus, Ulpian, aus den *Codices Gregorianus* und *Hermogenianus*, die wohl in der Regierungszeit Konstantins d. Gr. erfolgte und durch spätere Kaisergesetze ergänzt wurde;
- die *Collatio legum Mosaicarum et Romanarum* (Vergleich der mosaischen und der römischen Gesetze), in den Handschriften auch bezeichnet *Lex Dei quam praecepit Dominus ad Moysen.* Diese Sammlung versucht, die Gesetze von Moses mit aus den Werken von Gaius, Papinian, Paulus, Ulpian und Modestin überlieferten und anderen römischen Textteilen, so aus dem

Codex Gregorianus und dem *Codex Hermogenianus* zu vergleichen; ihr Ursprung ist wohl am Ende des 4. Jh. zu suchen. Es geht dem sicherlich jüdischen Autor darum nachzuweisen, daß die Grundlagen des römischen Rechts bereits in der Gesetzgebung des Moses enthalten sind;
– die *Consultatio veteris cuiusdam iurisconsulti* (Ratschläge eines alten Rechtsgelehrten), uns nur durch die Ausgabe von J. Cujacius (1577) bekannt. Hierin erteilt ein unbekannter Rechtsgelehrter aufgrund der Werke von Paulus, der *Codices Gregorianus* und *Hermogenianus* und des *Codex Theodosianus* Rechtsgutachten;
– das Syrisch-römische Rechtsbuch, dessen unbekannter Verfasser das Material des im Ostteil des Reiches lebendigen römischen Rechts, in dem verständlicherweise auch syrische und griechische Elemente zu finden sind, in der nachklassischen Zeit zusammengefaßt hat. Das Werk wurde zuerst in griechischer Sprache angefertigt, dann in die syrische Sprache übersetzt und dieser Text in arabischer und armenischer Fassung neu bearbeitet. Entdeckt wurde es im Jahre 1858 durch den holländischen Orientalisten J. T. N. Land auf einer syrischen Handschrift im Britischen Museum in London, der es 1862 in lateinischer Übersetzung in Leiden im ersten Band seiner *Anecdota Syriaca* herausgab.
– Zu erwähnen ist in dieser Reihe ferner das Schriftchen *De actionibus* (Von den Klagen), aus vorjustinianischer Zeit stammend, das Werk eines Anonymus, der einen ganzen Katalog von Klagebezeichnungen unter dem Stichwort des entsprechend zu ergreifenden Rechtsmittels, eben der Klage, bietet und der möglicherweise aus der Rechtsschule von Beryt oder Konstantinopel stammen dürfte.
– Als letztes in dieser Reihe sind die Fragmente aus einem Werk des Iulianus von Askalon zu nennen, die Gesetze und Gewohnheiten in Palästina und Syrien enthalten. Durch das Zitieren von Papinians Quaestionen bei Nichterwähnung des *Corpus iuris civilis* von Justinian dürfte die Entstehung in die vorjustinianische Zeit zu fixieren sein.

d) Die Denkformen der römischen Juristen

Aus dem Unterschied zwischen der modernen und der römischen Rechtswissenschaft folgt der Unterschied zwischen der Denkweise der römischen und modernen Rechtswissenschaftler und Rechtsgelehrten. Für die römischen Juristen ist ihre privatrechtliche Denkungsart charakteristisch. Wenn wir bestrebt sind, diese Denkweise kennenzulernen, müssen wir die verschiedenen juristischen Tätigkeiten in den einzelnen Epochen der römischen Rechtswissenschaft analysieren und von diesen Tätigkeitsformen auf ihre juristischen Denkformen schließen.

Erst in Ciceros Werken lesen wir über die wichtigsten Arten juristischer

Tätigkeit *cavere, agere und respondere (de orat.* 1, 212; *Mur.* 19; *leg.*, 1, 14; *off.* 2, 65), die natürlich nicht nur von den *iuris consulti,* d. h. von den weltlichen Juristen, sondern auch von ihren Vorgängern, den *pontifices,* geübt wurden. Unter *cavere* verstand man die sog. Formularjurisprudenz (s. o. S. 100 ff.), die sich mit der Abfassung von Urkunden- und Klageformularen beschäftigte. Von dieser Tätigkeit her wird die Kautelar- (*cautio* = Urkunde) und die aktionenrechtliche (*actio* = Klage) Denkweise der *pontifices* und der *iuris consulti* abgeleitet. Unter *agere* – Tätigkeit verstand man die dem Kläger gebotene Hilfe seitens der *pontifices* oder *iurisconsulti* in der Auswahl der entsprechenden Klageformulare *(actionem instituere).* Vor dem Gericht spielten der *pontifex* oder der weltliche *iuris consultus* keine Rolle, sondern der Rhetor, der von jenen instruiert wurde.

Die Haupttätigkeit der beiden Gruppen war das *respondere,* d. h. Gutachten auf die Fragen der Prozeßpartner, des Schwurrichters oder des Magistrats zu erteilen. Dieses juristische Wirken ist das Zwischenglied, das zur vorklassischen Rechtswissenschaft führt und im Rahmen dessen die juristische Denkweise sich von den Buchstaben der Urkunden- und Klageformulare stufenweise freimachen kann. Diese Jurisprudenz ist aber keinesfalls Rechtswissenschaft im Sinne derjenigen der ausgehenden Republik. Hier handelt es sich nur um eine im Rahmen einer Fallrechtsjurisprudenz stattfindenden Rechtsbildung. Diese ist ebenso primitiv wie die Produktionsverhältnisse dieser Zeit. Die Jurisprudenz war zunächst das geheime Monopol der *pontifices,* bald jedoch die Domäne der zur herrschenden Klasse gehörenden *iuris consulti,* die das ganze Aktionensystem nach ihren Interessen formten.

Die Denkweise der Juristen in der vorklassischen Periode ist mit dem Beginn und dem Höhepunkt der Entwicklung der Produktionsverhältnisse der Republik eng verbunden. Als Produkt der sog. *cavere* – Tätigkeit (Kautelar- und Klageformularjurisprudenz) wurde der juristische Gedanke des Geschäftsformulars und des Aktionenformulars ausgebildet. Die *agere*-Jurisprudenz wurde in dieser Periode lebhafter, denn unter dem hellenistischen Einfluß stieg die Bedeutung der Rhetoren und der Oratoren (Fürsprecher). In der Respondiertätigkeit lassen sich vier juristische Denkformen unterscheiden:

1. Die Regularjurisprudenz ist auf die Zeit der *pontifices* zurückzuführen. Die erste bekannte *regula* (kurz abgefaßte Regel), die *regula Catoniana,* stammt aus dem 2. Jh. v. u. Z. von Cato *minor,* als der Einfluß der hellenistischen Philosophie noch ganz gering war. Die Regeln der Vorklassiker *(regulae veterum)* sind kasuistischen Charakters mit einem prinzipiellen Kern.
2. Die Definitionsjurisprudenz ist auch original römisch (Kaser), und ihre Aufgabe war zuerst die Umschreibung der zu diskutierenden Wörter der XII-Tafeln. Einen breiteren Umfang errang aber diese Jurisprudenz zur Zeit des

hellenistischen Einflusses, genau so wie die Regularjurisprudenz, denn die *definitiones* sind ebenso wie die *regulae* Mittel der Dialektik. Die erste uns bekannte Definition stammt aus der ersten Hälfte des 2. Jh. vom *iuris consultus* M. Manilius.

3. Die original römische Regular- und Definitionsjurisprudenz hatte sich seit der Mitte des 2. Jh. die Methode der hellenistischen Philosophie immer mehr angeeignet. So entfaltete sich in Rom durch die Kategorisierung und Klassifizierung, also Systematisierung, die dialektische Jurisprudenz, deren Ergebnis das „System" des großen Werkes von Q. Mucius Scaevola über das Zivilrecht war.

4. Das philosophische Rechtsdenken wurde unter hellenistischem Einfluß ebenfalls zum Bestandteil der römischen Rechtswissenschaft. Die Ursache für seinen Einfluß ist in der von den römischen Juristen entwickelten prätorischen Rechtsbildung zu finden. Die Grenzen des starren, formalen Zivilrechts und des – den aufblühenden Warenaustauschsverhältnissen entsprechenden – elastischen formlosen prätorischen Rechts wurden durch die Einführung dreier hellenistischer philosophischer Kategorien, nämlich *aequitas, ius naturale, ius gentium* – wie schon oben erwähnt – aufgelockert.

Bei der kasuistischen Denkweise der *iuris consulti* erscheint also in der vorklassischen Rechtswissenschaft die Tendenz zur Abstraktion, die das Ergebnis des Kampfes zwischen den beiden Schichten der herrschenden Klasse, der Nobilität und des Rittertums, war. Die prätorische Rechtsbildung, die die günstige Regelung des Fremdenverkehrs für äußerst wichtig erachtete, diente den materiellen Interessen der Geld- und Geschäftsleute, also des Ritterstandes, der *equites*.

Die Formularjurisprudenz wurde mit der Gründung des Prinzipats in den Hintergrund gedrängt, was aber keineswegs bedeutete, daß die Denkweise im Geschäfts- und Klageformular bereits verschwand. Nur die Ausbildung neuer Formulare ist nicht mehr nötig. Da die kaiserlichen Machtbefugnisse immer mehr zunahmen, wurde die Tätigkeit der Gerichtsoratoren *(agere)* stufenweise eingeschränkt.

Die Respondiertätigkeit der Juristen gewann dagegen durch das Privileg des schon erwähnten *ius respondendi* außerordentliche Bedeutung. Im Rahmen dieser Tätigkeit wurden die *regulae* und die *definitiones* immer mehr verfeinert, immer abstrakter. Die Mittel der griechischen Dialektik wurden immer breiter angewendet, z. B. die Mittel der Logik, wie das *argumentum a contrario, argumentum a maiori ad minus.* Die von der hellenistischen Philosophie übernommenen Begriffe *aequitas, ius naturale, ius gentium* waren geeignet, die Rechtszweige der früheren Rechtsordnung, *ius civile – ius praetorium* stufenweise zu liquidieren und statt dieser Kategorien eine neue Differenzierung des Rechts *ius publicum* und *ius privatum* einzuführen (s. o. S. 61 ff.). Damit wurden die philosophischen Kategorien der Griechen im

Schmelzofen der Denkweise der *iuris consulti* (im Gegensatz zu der weitverbreiteten Ansicht von Fr. Schulz) organische Bestandteile des römischen Rechts.

Die schulmäßige Rechtswissenschaft meldet sich im Rahmen der Schulen der Sabinianer und Prokulianer. Diese Rechtswissenschaft ist als echtrömisch zu bezeichnen, weil sie von jenen Rechtsgelehrten gepflegt wurde, die zum Kreis eines sehr angesehenen Gelehrten gehörten. Das Ansehen bedeutete übrigens nicht nur in der republikanischen Zeit in der Rechtswissenschaft sehr viel. Zu der *cavere-*, *agere-* und *respondere*-Tätigkeit erschien durch die Schulen auf der Bühne der Rechtswissenschaft eine vierte: die *instituere*-Tätigkeit, d. h. die Lehrtätigkeit, die die Systematisierung des Materials der Rechtswissenschaft auf den höchsten Stand erhob. Ergebnis dieser Lehrtätigkeit waren die Institutionen des Gaius mit ihrer systematischen Dreigliederung *personae, res* und *actiones.* Hier ging der große Rechtsgelehrte vom Begriff des Rechts als von einem Axiom aus, um die einzelnen Detailbegriffe präzisieren zu können. Von anderen Lehrbüchern dieser Art sind nur Fragmente erhalten. Die römische Rechtswissenschaft gelangte in dieser Periode auf ihren Höhepunkt, obwohl die Stützen der Sklavereigesellschaft bereits zu schwanken begannen. Mit der Zeit des Prinzipats, speziell in seiner zweiten Hälfte, begann eine Stagnation und dann ein stufenweiser Verfall des Sklavereisystems. Während des Stillstands der Wirtschaftsentwicklung konnten die Juristen die großen Schöpfungen der Vorklassiker *(veteres)* gründlich ausarbeiten, verfeinern, die kleinen Detailprobleme lösen. Zu dieser Zeit wurde der Begriff des Eigentums über Grundstück und Sklaven gründlich ausgearbeitet, wie dies von den Klassikern des Marxismus betont wurde.

Die Formularjurisprudenz erscheint in der nachklassischen Epoche nur in der Form der Kautelarjurisprudenz (Geschäftsformular). Neue Klageformulare zu schaffen war schon infolge der Abschaffung des Formularprozesses nicht nötig. Das bedeutete aber keineswegs, daß die aktionenrechtliche Denkweise der Juristen verschwand. Grundlage ihres Denkens war immer die Aktion (Klage) und nicht das subjektive Recht. Die *agere*-Tätigkeit wurde durch die allgemeine Bürokratisierung umgestaltet. Jetzt wird der *orator* nicht mehr vom *iuris consultus* instruiert. Die Staatsmacht baute die Oratoren in ihren Organisation ein und ernannte sie aus der Reihe der Advokaten, die verpflichtet waren, das Jurastudium zu absolvieren. Die Respondiertätigkeit wurde durch die Bürokratisierung in den Staatsapparat völlig integriert. Das kaiserliche *consistorium* und die Zentralkanzlei wählten ihre Mitglieder aus der Gruppe fachkundiger Advokaten aus. Sie wurden vom Kaiser als seine Hausjuristen ernannt, und ihre Respondiertätigkeit wurde unter dem Namen des Kaisers ausgeübt. Ihre Gutachten trugen die Form kaiserlicher Reskripte. Die Tätigkeit dieser Juristen ist kasuistisch, adaptierend, sie erschufen z. T. neue Institutionen. Doch sieht man in zwei Richtungen Abstraktionstendenzen, und zwar einerseits in der sog. Stabilisationsrechtswissenschaft, um bei der Unmenge der Kaiserkonstitutionen durch Zitiergesetze (s. u. S. 117) eine gewisse Ordnung einzuführen. Andererseits liegt eine Abstraktionstendenz in der sog. Vereinheitlichungsrechtswissenschaft vor, die – abgesehen von der besonders im Westen aufgetretenen vulgarrechtlichen Denkweise – im Osten bedeutende Schritte zur Verschmelzung antiquierter Rechtsinstitutionen machte. Diese Erscheinung zeigt sich nicht in der Richtung einer Simplifizierung, sondern in der einer fortschrittlichen Abstraktionsdenkweise.

Die juristische Lehrtätigkeit wurde auch zu einer staatlichen Funktion. Die juristischen Hochschulen (Rom, Berytus, Konstantinopel) arbeiteten nach einem festgelegten Fünfjahreslehrplan. Diese Lehrtätigkeit war klassizistisch. Sie wurde auf den klassischen Werken aufgebaut, und die Zuhörerschaft studierte auch historisches Material. Im Rahmen dieser Tätigkeit errang die Regular- und Definitionsjurisprudenz eine Renaissance, das Gaiussystem wurde ganz stabil. Der zweite Einfluß der hellenistischen Philosophie führte dazu, daß die *aequitas* jetzt zum ersten Mal dem *ius* gegenübergestellt wurde. Unter dem zweiten Einfluß der Stoa erscheint die Idee der *humanitas, benignitas, pietas* und *utilitas* (Nützlichkeit). Der Utilitätsgedanke war geeignet, die bisherige Grenze des *ius publicum* und *ius privatum* mit dem Losungswort: „Vor dem öffentlichen Interesse muß das Privatinteresse in den Hintergrund gedrängt werden“ (*utilitas publica* und *utilitas privata*) aufzulockern.

Die Umgestaltung der Rechtswissenschaft in der nachklassischen Periode war das Ende eines Entwicklungsprozesses, der schon zur Zeit des Augustus mit dem Inkrafttreten des *ius respondendi* begann. Seit Hadrian (Anfang des 2. Jh.) wurden die Zeichen des Verfalls der Sklavereigesellschaft immer sichtbarer, und zum Ausgleich dieses Prozesses schien die Bürokratisierung des ganzen Staatsapparates geeignet zu sein. Die Bürokratisierung zog den Einbau der juristischen Funktionen im Staatsapparat nach sich. Dieser Prozeß machte auch das dem sozialökonomischen Chaos entsprechende Dilemma im Rechtsleben sichtbar und richtete die Aufmerksamkeit der Staatsmacht und der einzelnen Juristen auf eine Kodifizierung.

4. Kaiserliche Verordnungen

a) Verordnungen in der Zeit des Prinzipats und des Dominats

Die Verordnungen des Kaisers waren zunächst formell noch keine Gesetze, weil die Kaiser zu Beginn der Prinzipatszeit noch den Anschein der Verfassungsmäßigkeit zu wahren versuchten und für sich kein Gesetzgebungsrecht vindizierten. Gaius sagt allerdings im 2. Jh., daß die Entscheidung des Kaisers Gesetzeskraft besitzt (1, 5). In dieser Zeit wurden die kaiserlichen Verordnungen mit einem zusammenfassenden Namen als *constitutiones principum* bezeichnet. Je nachdem, ob sie allgemeinen Charakter trugen oder nur für einzelne Fälle galten, wurden sie als *constitutio generalis* oder *specialis* bezeichnet.

Die kaiserlichen Verordnungen können nach der Periodisierung der römischen Kaiserzeit in zwei Gruppen eingeteilt werden: in die vom *princeps* erlassenen Verordnungen, also die Zeit des Prinzipats und in die Verordnungen des absoluten Herrschers, also die Zeit des Dominats.

In der Prinzipatszeit erließ der Kaiser als *princeps rei publicae,* als erster Mann des Staates, nach dem Muster der Edikte der Magistrate ebenfalls Edikte, *leges edictales* oder *edicta.* Diese Edikte sind Ergebnisse der kaiserlichen magistratischen Macht, wurden öffentlich bekanntgegeben und regeln allgemeine und spezifische Fragen. Gegenüber der an das Amtsjahr des Magistrats gebundenen Gültigkeit von dessen Edikten galten kaiserliche Edikte auch für die Herrschaftszeit späterer Kaiser – bis zur nachdrücklichen Aufhebung derselben – weiter.

Der Kaiser als „oberster Beamter des Staates" teilte seinen Willen den Amtsträgern vor allem in den Provinzen in Form des *mandatum principis* mit. Einmal beziehen sich die Mandate auf die Amtstätigkeit des einzelnen Beamten und gelten für sein Aufgabengebiet und während seiner Amtsdauer; sie entwickelten sich zu einem Mandatenbuch, dem *liber mandatorum.* Allmählich galten Mandate als allgemeine Quelle neuen Rechts, für jedermann verbindlich.

Als Vorsteher der Rechtsprechung des Reiches entschied der Kaiser in den ihm von Ämtern oder Privatpersonen vorgelegten Fragen nach Konsultation seiner Ratgeber durch Antwort in Form von *rescripta.* Dabei trifft der Herrscher keine formelle Entscheidung, sondern erteilte nur eine Auskunft für einen Rechtsstreit, die de facto aber verbindlich ist unter der Voraussetzung korrekter Darstellung der Rechtslage. Die Reskripte können in zweifacher Form auftreten. Fragen von Beamten und öffentlichen Körperschaften werden vom Kaiser in Form der Briefe *(epistulae)* in der speziellen Kanzlei *ab epistulis* beantwortet. Er unterzeichnete mit der Grundformel *vale,* danach wird der Brief dem Empfänger übermittelt. Gehen Privatpersonen hingegen durch Gesuche *(libelli)* den Kaiser um Rat an, bereitet die Kanzlei *a libellis* den Entscheid des Kaisers vor, der unter die Eingabe geschrieben wird *(subscriptio).* Der Herrscher signiert *(re) scripsi* und läßt den Entscheid publizieren, damit der Auskunftssuchende sich informieren kann.

Als oberster Richter des Reiches entschied der Kaiser in den an ihn appellierten Prozeßangelegenheiten in Form der Dekrete, *decreta.* Es sind dies die Entscheidungen des Kaisers zu speziellen, unmittelbar von ihm behandelten oder an ihn ergangenen Rechtsfällen, ob als Urteil oder Interlokute

(Zwischenbescheide) in Zivil- oder Strafsachen. Gestützt auf sein *consilium* führt der Kaiser die Untersuchung *(cognitio)* und fällt das Urteil. Obwohl die kaiserlichen Entscheidungen nur für spezielle Prozesse galten, werden sie ab der Severerzeit gesetzesgleich und von den Richtern als verbindliche Rechtsquelle in gleichgelagerten Fällen anerkannt. Von den genannten Verwendungsformen waren hinsichtlich der Entwicklung des Privatrechts die *rescripta* die bedeutendsten.

Die Verordnungsformen des Prinzipats hielten sich teilweise auch in der Zeit des Dominats. Allerdings verschwinden die Bedeutungsunterschiede der *edicta, mandata, decreta* und der *rescripta* nach und nach. Neues Recht durfte nur vom Kaiser bzw. von dem dazu vom Kaiser delegierten *praefectus praetorio* erlassen werden. Aus diesem Grunde gewannen die *leges,* die seit dem Aufhören der Gesetzgebung durch das Volk hinfällig geworden waren, als Kaisergesetze wieder an Bedeutung.

Es gibt aus dieser Zeit allgemeine Anordnungen, *leges generales,* meist als *leges edictales* in Briefform an das Volk, *ad populum,* an den Senat, *ad senatum,* an den *praefectus praetorio* oder an andere kaiserliche Beamte gerichtet. Sie leiten sich von den Edikten her, stehen aber den *orationes principis,* den kaiserlichen Anträgen, meist vor dem Quästor oder Senat verlesen, bedeutend näher. Die *oratio principis* ist ein Gesetz in sich selbst, ebenso wie die *sanctio pragmatica,* die eine unter festlichen Äußerlichkeiten erlassene kaiserliche Verordnung darstellt, in der der Kaiser meist Bestimmungen für eine Provinz erließ oder für die Gemeinschaften Privilegien sicherte.

b) Die Sammlungen der Kaiserkonstitutionen

Die Zusammenstellung der kaiserlichen Verordnungen begann im nachklassischen Zeitalter. Im Jahre 291 stellte ein ansonsten nicht näher bekannter Jurist namens Gregorius als eine Privatsammlung, die auf eigenen archivalischen Forschungen beruhte, die Kaisergesetze seit mindestens Hadrian bis zu Diokletian zusammen. Dieser *Codex Gregorianus* dürfte spätestens im Jahre 294 veröffentlicht worden sein und ist systematisch in Titel, d. h. Abschnitte mit Überschriften und in die Zusammenfassung mehrerer Titel, in Bücher, eingeteilt. Leider ist weder der *Codex Gregorianus* noch der gleich zu erwähnende *Codex Hermogenianus* insgesamt überliefert, aber es ist möglich, ihn in etwa zu rekonstruieren, da große Teile der in ihm enthaltenen Konstitutionen im *Codex Iustinianus,* den *Fragmenta Vaticana,* der *Collatio,* der *Consultatio* und in anderen juristischen Werken enthalten sind.

Der *Codex Hermogenianus* ist vermutlich von einem Juristen gleichen Namens erstmalig 295 publiziert worden und umfaßt zunächst nur die Konstitutionen Diokletians aus den Jahren 293–294. Wohl wie sein Vorgänger im Osten des Reiches geschrieben, wurde der *C. H.* zweimal von Hermogenianus selbst neu verfaßt und enthielt dann die Gesetze Diokletians und seiner Mitregenten. In späterer Zeit wurde der *Codex Hermogenianus* durch Nachträge und Rechtsentscheidungen aus dem Westen des Reiches erweitert.

In der Entwicklung der *Codices* ist als nächster der nach dem oströmischen Kaiser Theodosius II. (408–450) benannte *Codex Theodosianus* zu erwähnen. Gemeinsam mit seinem Mitkaiser des Westens, Valentinian III. (425–455), sollten nach dem Vorbild des *Codex Gregorianus* und *Hermogenianus* die seit Konstantin I. erlassenen Kaisergesetze nach bestimmten sachlichen Aspekten und in chronologischer Anordnung gesammelt werden. Zudem war vorgesehen, aus diesen genannten drei *Codices* und den Juristenschriften einen einheitlichen *Codex* als geltendes Gesetzeswerk zu schaffen. Dieser Plan gelang nicht, so daß durch Konstitution beider Kaiser vom 20. 12. 435 eine neue Kommission von 16 Mitgliedern ernannt wurde mit dem Ziel, einen Konstitutionenkodex zu schaffen. Alle seit Konstantin d. Gr. erlassenen *leges generales* sollten aufgenommen, Konstitutionen, die außer Kraft getreten und durch neue Gesetze ersetzt worden waren, berücksichtigt werden. Überflüssiges Beiwerk durfte von den kompilierenden Juristen weggelassen und Änderungen angebracht werden. Am 11. 1. 439 erhielt das Werk als *Codex Theodosianus* für beide Reichshälften Gesetzeskraft. Es gliedert sich in 16 Bücher, die Bücher in mehrere Titel mit Überschriften, die die chronologisch erfaßten Konstitutionen – es sind über 3 000 – aufnehmen. Die äußerst unterschiedlich langen Bücher enthalten für jede Konstitution Herkunft, Urheber und Adressaten, die in der sog. Inskription und das Datum, das in der Subskription angegeben ist. Zitiert wird nach Buch, Titel, Konstitution. So bedeutet beispielsweise *C. Th.* (oder auch *CT*) 1, 3, 2 = *Cod. Theod.* Buch 1, Titel 3, *const.* 2. Bei längeren Konstitutionen haben wir noch eine Unterteilung in Paragraphen. Der *Codex Theodosianus* behielt bis zur Gesetzgebung Justinians im Gesamtreich Geltung und ist für uns Heutige eine hervorragende Rechtsquelle, die über die Niedergangsperiode des Römischen Reiches äußerst wichtige Informationen bietet.

Nach Inkrafttreten des *Codex Theodosianus* wurden weitere neue Gesetze geschaffen, die sog. *Novellae leges.* In beiden Reichsteilen bestand eine zwar formell getrennte, aber doch selbständige Gesetzgebung, wobei man die in der einen Reichshälfte erlassenen Gesetze dem Herrscher des anderen Reichsteiles übermitteln wollte, der sie dann auch für seinen Herrschaftsbereich mit Gesetzeskraft zu publizieren hatte. Da das Weströmische Reich sich bereits in seiner Untergangsphase befand, das politische Übergewicht somit in Konstantinopel lag, finden wir in der westlichen Reichshälfte durchaus östliche Gesetze vor, westliche Gesetze aber nicht im Osten. Diese neuen Gesetze wurden sowohl im Osten als auch im Westen gesammelt. Im Westen sind uns drei Sammlungen überliefert, die westkaiserliche Gesetze und rezipierte östliche Gesetze enthalten. Es sind dies die von Kaiser Maiorian

(457–461), dem Herrscher des Westreiches, veranstalteten Sammlungen von 26 Gesetzen des Theodosius II., 36 Gesetzen von Valentinian III. und zwölf von Maiorian selbst. Die zweite Sammlung stellt einen Auszug aus der ersten dar, der sich in der *lex Romana Visigothorum* befand, auf die noch zurückzukommen sein wird, und enthält zudem fünf Gesetze des oströmischen Kaisers Marcian (450–457) und ein Gesetz des weströmischen Kaisers Libius Severus (461–465). Die dritte Sammlung bietet weitere zwei Gesetze von Severus III. und drei Gesetze vom weströmischen Kaiser Anthemius (467–472). Insgesamt umfassen diese sog. posttheodosianischen Novellen über 100 Gesetze aus den Jahren 438–468.

c) Die Werke der Rechtsgelehrten in der Rechtsprechung

In der Zeit des Dominats finden wir keine Juristen mehr mit dem *ius respondendi* an den Kaiserresidenzen vor. Leider sind uns die Namen der Juristen, die die kaiserlichen Konstitutionen geschaffen haben, nicht bekannt, sie sind im wesentlichen, von nur geringen Ausnahmen abgesehen, anonym.

Die kaiserlichen Gesetze werden jetzt als *leges* bezeichnet, die allein in der Lage sind, Recht zu erzeugen. Demgegenüber werden die in den Juristenschriften verarbeiteten Volksgesetze, Senatsbeschlüsse, Verordnungen der Beamten und die Schriften der Juristen selbst nunmehr als *ius vetus, antiquum* oder kurz *ius* bezeichnet.

Die Verflechtung der kaiserlichen Verordnungen mit der Rechtswissenschaft besteht vor allem darin, daß die Benutzbarkeit, das Maß der Anwendbarkeit der rechtswissenschaftlichen Werke, durch die kaiserlichen Konstitutionen bestimmt wird, nachdem sich die Gerichte in der Menge der Schriften der Rechtsgelehrten beinahe verloren. Zuerst verbot das Kassiergesetz Konstantins d. Gr. im Jahre 321, daß die Gerichte die zu Papinian geschriebenen *notae* von Paulus und Ulpian anwenden dürfen (C. Th. 1, 4, 1) und stattete dann alle Werke des Paulus und besonders die ihm zugeschriebenen *Sententiarum libri* mit bindender Kraft aus (C. Th. 1, 4, 2 – 328). Aus dem Jahre 426 stammt das berühmte Zitiergesetz der Kaiser Theodosius II. und Valentinian III., die *lex citationis*. In dieser gemeinsam erlassenen Anordnung wurden mit Einhaltung der früher ergangenen Verfügungen sämtliche Werke der berühmtesten römischen Rechtsgelehrten, Papinian, Ulpian, Paulus, Modestin und – erstmalig öffentlich als Autorität bestätigt – Gaius sowie die Werke derjenigen früheren Rechtsgelehrten, auf die sich diese fünf „Weisen“ beziehen, mit verbindlicher Kraft versehen. Wenn die Meinungen der Koryphäen nicht übereinstimmten, war die aus den Schriften hervorgehende Meinung anzuwenden, an die sich Papinian angeschlossen hatte. Wenn sich Papinian nicht zu dieser Frage geäußert hatte, konnte der Richter unter den verschiedenen Meinungsgruppen frei wählen. Es leuchtet allerdings ein, daß die Praxis anders aussah, da die Einbeziehung einer großen Menge von Juristen für den Richter fast chaotische Zustände bewirken mußte, so daß man sich doch weitgehend an die Sentenzen des Paulus hielt. Das Zitiergesetz wurde dann durch Justinian aufgehoben.

5. Die justinianische Kodifikation

a) Justinians Zielsetzung

Kaiser Justinian I. (527–565), mit seinem ursprünglichen Namen Uprauda, entstammte einer einfachen illyrischen Familie. Mit Hilfe seines Onkels Justin, der als Soldat an die Macht gekommen war, wurde er zuerst dessen Mitregent und dann sein Nachfolger auf dem Thron des Byzantinischen Reiches. Seine politische Zielstellung, bei deren Verwirklichung auch seine Gattin, die Kaiserin Theodora, eine entscheidende Rolle spielte, war die Wiederherstellung eines einheitlichen Römischen Reiches. Um dieses Ziel zu erreichen, begann er durch seine talentierten Heerführer Belisar und Narses seine Eroberungszüge nach dem Westen, deren Ergebnis die Eroberung von Italien, Nordafrika, der westlichen Mittelmeerinseln und Südostspanien sowie ihre Eingliederung in das Byzantinische Reich war.

Im Dienste dieses Ziels stand die Konstruierung und Kodifizierung des römischen Rechts in bisher nie dagewesene umfassende und gewaltige Gesetzbücher. Kaiser Justinian beabsichtigte damit, ein für den Osten als auch für den Westen des Römischen Reiches gleichermaßen gültiges Gesetzeswerk zu schaffen und durch die Rechtseinheit den Zusammenhalt der östlichen und der westlichen Teile des ehemaligen *Imperium Romanum* zu sichern. Bei dieser gewaltigen Arbeit stützte er sich grundlegend auf die Ergebnisse der beiden Rechtshochschulen des Byzantinischen Reiches in Berytos und Konstantinopel. Die Juristen dieser Schulen haben die Rechtsschöpfung der klassischen Zeit mit großer Sorgfalt studiert und die Juristengeneration der justinianischen Ära in diesem Sinne erzogen. Diese Generation erwies sich auch als geeignet, eine so große und umfassende Aufgabe erfolgreich zu lösen.

b) Hergang der Kodifikation

Justinian berief am 13. Februar 528 durch die *constitutio „Haec"* eine Kommission aus zehn Mitgliedern, darunter sieben Beamte der höchsten Zentralverwaltung, unter ihnen Tribonianus, daneben waren es zwei Anwälte im Gericht des *praefectus praetorio Orientis* und der Rechtsgelehrte Theophilus. Die unmittelbare Aufgabe der Kommission war es, aus dem Material der *Codices Gregorianus, Hermogenianus* und *Theodosianus* sowie aus den später erschienenen posttheodosianischen Novellen und den jüngeren Kaisergesetzen ein einheitliches Lehrbuch zu schaffen. Die Gelehrten sollten lt. kaiserlicher Weisung nur die wesentlichen Gesetze aufnehmen, inzwischen Veraltetes entfernen und vorhandene Widersprüche beseitigen. Dieses Werk war der sog. erste *Codex*, der am 7. April 529 durch die *Constitutio Summa* als *Codex Iustinianus* verkündet wurde und Gesetzeskraft erhielt. Mit seinem Erscheinen wurden die bisherigen Konstitutionen der Kaiser und die Sammlungen des Kaiserrechts außer den bleibenden Sonderprivilegien aufgehoben. Er wurde durch den revidierten *Codex* des Jahres 534 außer Kraft gesetzt und ist leider nicht erhalten. Ein bescheidener Teil seines Inhaltsverzeichnisses ist auf einem in Ägypten gefundenen Papyrus überliefert, daneben sind die beiden *constitutiones „Haec"* und *„Summa"* erhalten.

Zwei Jahre später beauftragte Justinian Tribonianus und eine von diesem zusammenzustellende Kommission mit der Sammlung der Schriften der Rechtsgelehrten *(ius)*, um daraus ein einheitliches Rechtsbuch zu konstruieren. Die Kommission bestand neben Tribonian aus Rechtslehrern von Konstantinopel und Berytos, aus den Richtern der Obergerichte und dem kaiserlichen Schatzmeister. Für die Ordnung des Rechtsstoffes wurden vom Kaiser mehrere Gesetze erlassen und dann die wichtigsten 50 Konstitutionen in einer Separatsammlung unter dem Titel *Quinquaginta decisiones* (50 Entscheidungen) verfaßt und vom Herrscher um die Jahreswende 530/31 in Kraft gesetzt. Diese Sammlung ist nicht auf uns gekommen, und es besteht die Vermutung, daß im neuen *Codex*, auf den unten einzugehen sein wird, alle oder die meisten darin aufgenommenen Gesetze enthalten sind.

Am 15. Dezember 530 beauftragte Justinian durch die *const. „Deo auctore"* Tribonian, der inzwischen den Titel eines *quaestor sacri palatii* (Justizminister) erhalten hatte, mit der Bildung einer Kommision, die neben Tribonian die Rechtsgelehrten Theophilus und Cratinus (aus Konstantinopel), Dorotheus und Anatolius (aus Berytos), den ersten Minister *(magister officiorum)* und elf Anwälte des Gerichts des Prätorianerpräfekten von Konstantinopel umfaßte. Sie sollte aus den Schriften der Juristen mit dem *ius respondendi* bei wörtlicher Exzerpierung das noch Brauchbare auswählen und Überflüssiges bzw. Überholtes entfernen, daneben den Text durch Beseitigung auftretender Widersprüche ändern. Das Ganze sollte nach der Gliederung des prätorischen Edikts geordnet und in 50 Büchern zusammengestellt werden. Innerhalb der unvorstellbar kurzen Zeit von drei Jahren wurde das Werk vollendet und am 16. Dezember 533 mit der in lateinischer und in griechischer Fassung veröffentlichten *constitutio „Tanta"* als *Digesta* oder *Pandekta* verkündet und am 30. Dezember 533 in Kraft gesetzt. Die Digesten (von *digerere* = ordnen, *pandeches* = alles enthaltend) teilen sich in 50 Bücher *(libri)*, jedes Buch hat mehrere Titel *(tituli)* mit einer Überschrift *(rubrica)*, die den Inhalt des behandelten Gegenstandes angibt. Die Titel gliedern sich in Fragmente, die manchmal nur aus einem Satz bestehen und mit einer Quellenangabe, der *inscriptio,* die Namen, Titel und Buchziffern des exzerpierten Werkes enthält, versehen sind. Ausgedehntere Fragmente besitzen eine Einleitung *(principium* oder *proemium)* und sind in Paragraphen untergliedert.

Die Tätigkeit der Kommission erstreckte sich ohne Rücksicht auf die im Zitiergesetz vom Jahre 426 fixierten Einschränkungen auf die Zusammenstellung der Ausschnitte aus ungefähr 2 000 *libri* mit rund drei Millionen Zeilen *(versus)* der zu ihrer Zeit überwiegend mit dem *ius respondendi* versehenen vierzig Rechtsgelehrten. Der Kreis der Juristen reicht von Alfenus Varus, Q. Mucius Scaevola und Aelius Gallus aus vorklassischer Zeit bis zum nachklassischen Hermogenian und Arcadius Charisius und umfaßt schließlich rd. 150 000 Zeilen, $^1/_{20}$ der Gesamtmasse. Von Ulpian stammt fast ein Drittel, von Paulus etwa ein Fünftel der gesamten Digesten, wesentliche Teile sind Papinian, Pomponius und Iulian entnommen. Da Justinian, wie bereits betont, aufgrund seiner kaiserlichen Verordnung die die Kompilation ausführenden Juristen, die Kompilatoren, aufgefordert hatte, in der Zusammenstellung Wiederholungen und Widersprüche zu vermeiden und wo es ihnen notwendig erschien, den Originaltext zu modifizieren, zu verändern und die überholten Regeln aufzugeben, ist es verständlich, daß große Probleme entstanden und Fragen aufgeworfen wurden, die auch heute noch längst nicht restlos geklärt sind. Diese textändernde Arbeit der Kompilatoren wurde *interpolatio* (*interpolare* = modifizieren) genannt. Trotz der Interpolationsarbeit geschah es aber, daß einige Fragmente in diesem Gesetzeswerk zweimal erschienen *(leges geminatae)* und andere nicht unter den entsprechenden Titel gerieten *(leges fugitivae).* Den neuesten Ansichten nach bedeuten aber diese Interpolationen in zahlreichen Fällen nur stilistische und nicht unbedingt inhaltliche Textänderungen, so daß die am Anfang des 20. Jh. entwickelte „Interpolationenjagd“ in der romanistischen Literatur heutzutage manchmal als irreführend eingeschätzt wird. Die geistige Haltung der Kompilatoren Justinians war nämlich klassizistisch, und infolgedessen mußten sie die auch von ihnen hochgeschätzten Werke der Klassiker inhaltlich größtenteils unberührt lassen.

Im Jahre 1820 konnte F. Bluhme aus den Inskriptionen der einzelnen Fragmente erkennen, daß die Kompilatoren dieses großen Werkes die verwendeten Juristenschriften auf drei Hauptmassen verteilt hatten. So steht am Anfang eines jeden Titels regelmäßig aus den Schriften des *ius civile* eine Fragmentengruppe, vor allem aus den Kommentaren des Ulpian und Paulus zu Sabinus, die daraufhin die „Sabinusmasse“ genannt wird. Danach folgt die „Ediktsmasse“ als zweite Gruppe mit den Kommentaren zum Edikt, danach als dritte Gruppe die sog. „Papiniansmasse“ mit der kasuistischen Literatur, also den Responsen- und Quästionenwerken des Papinian und anderer Gelehrten. Abschließend folgt die sog. Nachtragsmasse als „Appendixmasse" mit Werken verschiedenen Inhalts, die bei der Bearbeitung hinzugefügt wurden.

Die Digesten sind in zahlreichen Handschriften überliefert, von denen die älteste und wohl beste die sog. *„Florentina"* (F) aus dem 6. oder 7. Jh. darstellt, die zuerst in Pisa, danach ab 1406 in Florenz aufbewahrt wird. Seit der Glossatorenzeit des 11. Jh. finden sich die von der Florentina stammenden „Vulgathandschriften", die aber auf einer verlorengegangenen zweiten Handschrift (S = *secunda*) beruhen. Die wichtigste moderne Ausgabe der Digesten stammt von Th. Mommsen und P. Krüger, die in der Gesamtausgabe des *Corpus iuris civilis* enthalten ist und nach der heute zitiert wird. So bedeutet z. B. Dig. oder D. 50, 17, 173, 3 = Digesten, Buch 50, Titel 17, *lex* 173, § 3.

Noch während der Zeit der Bearbeitung der Digesten beauftragte Justinian Tribonian, zusammen mit den Rechtsgelehrten Theophilus und Dorotheus ein Einführungslehrbuch für das Rechtsstudium herzustellen, das an die Stelle der Institutionen des Gaius treten und ebenfalls Gesetzeskraft erhalten sollte. Das neu geschaffene Lehrbuch stützt sich hauptsächlich auf die Institutionen des Gaius in seiner inhaltlichen und formellen Einteilung *(de personis, de rebus, de actionibus)* und häufig selbst auf seinen Text. Unter dem Titel *Institutiones* wurde es bereits vor Erscheinen der Digesten am 21. November 533 durch die *const. „Imperatoriam"* verkündet und trat mit den Digesten am 30. Dezember 533 in Kraft. Außer den Institutionen des Gaius wurden die unter seinem Namen überlieferten *Res cottidianae sive aurea* sowie die Institutionenwerke des Florentinus, Ulpian, Marcian und die pseudoulpianischen *regulae* verwertet. Aus den Institutionen des Gaius fehlen leider Pfandrecht und Mitgift, überholte Stellen wurden gestrichen und durch Interpolationen wesentliche kaiserrechtliche Bestimmungen Justinians eingefügt. Das Buch besteht aus vier Büchern (*liber,* Mz. *libri),* außerdem hat jedes Buch einen sachlich bezeichneten Titel *(titulus),* der einen fortlaufenden und in Paragraphen eingeteilten Text enthält. Die heute üblich Zitierweise ist z. B. Inst. oder I 2, 22, 1 = Institutionen, 2. Buch, 22. Titel, § 1. Die heute wichtigste moderne Ausgabe ist diejenige von Paul Krüger.

Nach der Herstellung der Digesten war es notwendig geworden, den bisherigen *Codex* zu revidieren. Seit 529 waren neue Konstitutionen erlassen worden, die man in den *Codex* einbeziehen und die älteren Konstitutionen dem Inhalt der Digesten anpassen mußte. Tribonian wurde im Jahre 534 beauftragt, eine sog. „neue Lesung" des *Codex* zusammen mit Dorotheus und weiteren drei Anwälten vorzunehmen.

Der *Codex repetitae praelectionis* (*Codex* zweiter Lesung) wurde am 16. November 534 durch die *const. „Cordi nobis"* mit Gesetzeskraft vom

24. Dezember 534 verkündet. Der der Rechtspraxis seiner Zeit gegenüber den Digesten um vieles näher stehende *Codex Iustinianus* (zweiter Fassung) enthält die kaiserlichen Verordnungen seit der Zeit Hadrians bis zu Justinian. Es sind über 4 600 Konstitutionen aufgenommen, von denen 80 doppelt sind und ca. 500 durch Teilung von 200 größeren gebildet wurden. Die älteste Konstitution stammt, wie bereits gesagt wurde, von Hadrian, aus der Zeit der Severer sind 800, von Diokletian über 1 200 enthalten, von Konstantin I. finden sich über 200, von Theodosius I. und II. mehr als 550 und von Justinian selbst reichlich 400 Konstitutionen vor. Der *Codex* ist in 12 Bücher gegliedert, die sich wiederum in Titel unterteilen, die sachlich bezeichnet sind. Die Titel zerfallen in die einzelnen Konstitutionen oder *leges* und sind bei längeren Gesetzeswerken in Paragraphen untergliedert, von denen der erste § ebenfalls *principium* heißt. Am Anfang jeder Konstitution findet sich eine *inscriptio* mit dem Namen des oder der jeweiligen Herrscher und des Adressaten, während am Ende eine *subscriptio* mit Zeit und Ortsangaben angeschlossen sind. Die Konstitutionen sind zeitlich innerhalb der einzelnen Titel geordnet. Im 1. Buch finden wir das Kirchenrecht, die Rechtsquellen und einzelne Materien des Verwaltungsrechtes, im 2.–8. Buch ist das Privatrecht und der Zivilprozeß abgehandelt, im 9. Strafrecht und Strafprozeß und im 10.–12. Finanzrecht und andere Teile des Verwaltungsrechts.

Leider ist die Überlieferung des *Codex* bedeutend ungünstiger als die der Digesten. Nur ein Bruchstück des Werkes ist handschriftlich aus dem 6. oder 7. Jh. auf einem Veroneser Palimpsest erhalten, daneben gibt es wesentlich schlechtere und erst aus späterer Zeit stammende Handschriften. Die moderne Ausgabe, die den gesamten Text im wesentlichen zuverlässig widerspiegelt, ist in der erwähnten Gesamtausgabe des *Corpus iuris* von Paul Krüger enthalten. Zitiert wird z. B. C. oder *Cod.* 6, 1, 4, 2 = *Codex,* 6. Buch, 1. Titel, 4. *constitutio,* § 2.

Die nach der Anfertigung der Institutionen, der Digesten und des *Codex* erschienenen Gesetzgebungsakte Justinians wurden seit 535 in Nachtragsgesetzen, Novellen *(novellae leges)* behandelt. Sie sind aber in keiner amtlichen Sammlung erschienen und nur in Privatsammlungen überliefert. Der Beginn der Novellen ist bereits mit dem 1. 1. 535 zu datieren; wir besitzen 175 Nachtragsgesetze aus der Zeit Justinians I. und seiner Nachfolger Justinus II. und Tiberius III. Meist griechisch abgefaßt, enthalten sie vor allem Fragen der Staatsverwaltung, der Kirchen, z. T. Privatrecht und Prozeßrecht. Regelmäßig beginnt jede Novelle mit einer *praefatio,* die den Inhalt bezeichnet, ihr folgt der Text, in Kapitel gegliedert und danach ein *epilogus.* Auch hier sind längere Novellen in *principium* und Paragraphen untergliedert, danach werden die Novellen *(Nov.)* auch zitiert.

Die wichtigsten privaten Novellensammlungen sind:

1. Die *Epitome Iuliani,* eine wohl für Italien bestimmte lateinische Bear-

beitung von 124 Novellen aus der Zeit von 535 bis 555, hergestellt vom Rechtsgelehrten Iulianus aus Konstantinopel.
2. Das sog. *Authenticum,* es enthält 134 Novellen in lateinischer Fassung aus der Zeit von 535–556.
3. Im 15. Jh. fand sich im Westen eine griechische Novellensammlung von 168 Gesetzen, ältere Gesetze von 512–534, vier Erlasse der *praefecti praetorio,* vier Gesetze aus der Zeit Justinus II. (565–578) und drei aus der Zeit des Kaisers Tiberius (578–582).
4. Als Anhang haben wir letztlich eine Sammlung, bestehend aus 13 griechischen Novellen, die sog. *Edicta Iustiniani.* Die moderne Ausgabe der Novellen stammt von R. Schoell und W. Kroll in der Gesamtausgabe des *Corpus iuris,* die 168 Novellen der griechischen Novellensammlung enthält und die lateinische Fassung des sog. *Authenticum* gegenüberstellt. Als Anhang dazu sind die *Edicta Iustiniani* und weitere Konstitutionen Justinians beigefügt. Zitiert wird z. B. *Nov.* 8, 4 = *Novellae* 8, 4. Abschnitt.

c) Klassische Rechtswissenschaft und Kodifikation

Das justinianische Gesetzeswerk bleibt hinter den Ergebnissen der klassischen Zeit keinesfalls zurück. Zunächst bedeutet die Tatsache der Kodifikation unbedingt gegenüber der bis dahin bestehenden Unordnung des gewaltigen Rechtsstoffes einen riesigen Schritt nach vorn. Die Tätigkeit der Kodifikatoren Justinians war auch nicht nur rezeptiv und kompilatorisch, sondern zu einem bedeutenden Teil eine selbständige schöpferische Arbeit. Im Rahmen der Kasuistik und unter dem Einfluß der griechischen Philosophie wurden dabei Grundsätze konzipiert, Definitionen gegeben und mit der Vereinfachung der klassischen Rechtsinstitute eine bedeutende Abstraktion geleistet. Dabei wurden die in der Kasuistik der Klassiker manifestierten divergenten Lösungen häufig vereinigt.

Die justinianischen Kodifikatoren standen auch bezüglich ihrer Bildung keinesfalls hinter den klassischen römischen Juristen zurück. Dies ist erwiesen durch ihre großartige abstrahierende Tätigkeit und ihr theoretisches Vermögen, was vor allem auf den genialen Tribonian zutrifft. Mehrere von ihnen waren zudem Professoren der Rechtsschule von Berytos bzw. Konstantinopel. Außerdem ist darauf hinzuweisen, daß sie die Ergebnisse der Rechtsentwicklung von rd. zehn Jahrhunderten zu übersehen, zu ordnen und in eine Einheit zusammenzufassen vermochten, wenn sie auch auf Vorarbeiten zurückgreifen konnten.

d) Justinianische Kodifikation und zeitgenössische Gerichte

Das Material der justinianischen Kodifikation war aber nicht das von allen gerichtlichen Instanzen des Byzantinischen Reiches allein angewendetes Recht. Dies hatte vor allem drei Gründe:

1. Die justinianischen Gesetzbücher hatten im allgemeinen ein mit den damaligen Verhältnissen verglichen entwickeltes gütererzeugendes Wirtschaftssystem vor Augen, während in einem bedeutenden Teil des Reiches, vor allem außerhalb der Städte, bereits die Feudalisierung der Produktionsverhältnisse begann.
2. Die Gesetzbücher sind in lateinischer Sprache geschrieben, während die Sprache des Oströmischen Reiches überwiegend griechisch war.
3. Die Reste der örtlichen Personen-, Familien- und Erbrechte hielten sich in der Praxis der unteren Gerichte – wie bereits erwähnt – auch nach der *Constitutio Antoniniana* (212 u. Z.). Es wäre allerdings übertrieben, daraus den Schluß zu ziehen, daß das Material der justinianischen Kodifikation kein lebendes Recht war, denn in den Städten, hauptsächlich in den Großtstädten, blühten Gütererzeugung und Geldwirtschaft auch weiter. Die städtischen Juristen kannten auch die lateinische Sprache und benutzten sie im allgemeinen. Die justinianischen Gesetzbücher schließlich wurden trotz des Verbotes Justinians mit Kommentaren versehen, es werden dazu *Indices* angefertigt, und sie selbst werden noch nach Jahrhunderten exzerpiert.

e) Die Denkstruktur der Kodifikation

Die Grundlage der wissenschaftlichen Arbeit der justinianischen Kodifikatoren war das klassische Recht bzw. die Rechtswissenschaft, ihre Methode dagegen die der nachklassischen Rechtswissenschaft, d. h. die Dialektik.

Die abstrahierende Denkweise der Kodifikatoren erscheint in formalen und inhaltlichen Eigentümlichkeiten.

1. Die Kodifikation berücksichtigte die Ergebnisse eines fast 700 Jahre währenden Entwicklungsprozesses und schuf aufgrund dieses Materials eine Zusammenfassung, für die es in der Geschichte Roms bisher kein Beispiel gab. Das bedeutet formal die höchste Abstraktion. Die Kompilatoren haben einen ganzen Digestentitel für die *regulae* (D. 50, 17) und einen Titel für die *definitiones* (50, 16) abgefaßt, in denen die Regular- und Definitionsjurisprudenz die bisher höchste Stufe erreichte. Die gesamte Kodifikation enthält zahlreiche feine Differenzierungen und Distinktionen, die die Charakterzüge der dialektischen Methode tragen. Sowohl der *Codex repetitae praelectionis* als auch das justinianische Lehrbuch, die *Institutiones* und die Digesten haben ein verhältnismäßig festes System.
2. Was die inhaltliche Abstraktion angeht, so ist festzustellen, daß einerseits in Verallgemeinerungen, andererseits in Vereinheitlichungen früher bedeutungsvolle, aber nun bedeutungslos gewordene Differenzierungen verschwinden. Die justinianische Abstraktion bedeutete also die höchste Stufe der Abstraktion in der römischen Rechtswissenschaft. Da sie aber auf ka-

suistischem Grund stand, war sie ungeeignet, Theorien schaffen zu können, z. B. Besitz-, Erbschaftstheorie.

Institutionen, Digesten und *Codex Iustianus* erschienen im Druck einheitlich zuerst 1583 in der Ausgabe des berühmten französischen Kommentators des *Codex Theodosianus,* Dionysius Gothofredus (1549–1622). Sie erhielten dann den Namen *Corpus Iuris Civilis (CIC).* In die späteren Ausgaben des *CIC* wurden folgerichtig auch die Novellen mit aufgenommen.

6. Die schriftlichen Denkmäler des römischen Privatrechts

Die schriftlichen Überlieferungsträger des römischen Rechts sind nach ihrem Gehalt und ihrer Form durchaus unterschiedlichen Charakters. Im allgemeinen können drei Kategorien unterschieden werden: Denkmäler mit Inschriften, Urkunden und Schriftwerke.

Inschriften erscheinen am meisten auf Kupfer- und Bronzetafeln, auf Marmor, Steinen und Steintafeln. Ihrem Inhalt nach sind sie entweder Rechtsquellen von großer Bedeutung, geben den Text von Gesetzen wieder oder sind Gebäude- und Grabinschriften, aus denen das Rechtsleben des Römischen Reiches erschlossen werden kann. Auf einer Bronzetafel ist z. B. die *lex Acilia repetundarum* aus dem Jahre 123 v. u. Z. erhalten, auf der anderen Seite eine *lex agraria,* die Verordnungen über den *ager publicus* bietet. An einer Bronzetafel ist der Text einer *lex Rubria de Gallia Cisalpina* benannten Provinzialordnung überliefert. Als Beispiel einer bedeutsamen Marmorinschrift sollen die *Fasti Capitolini* hervorgehoben werden, die die fragmentierten Listen von Beamten und auch Triumphatoren enthalten, und die für die frühe Geschichte Roms von großer Bedeutung sind. Mommsen bezeichnet als „Königin der Inschriften" die bereits 1555 von Busbecq entdeckte, von Th. Mommsen 1883 grundlegend neu edierte Marmorinschrift, die als *Monumentum Ancyranum (Ancyra* = Ankara) bzw. *Res gestae Divi Augusti* (Tatenbericht des göttlichen Augustus) in die Geschichte eingegangen ist. Die auf das römische Rechtsleben bezüglichen Inschriften sind in der Sammlung der Inschriften in lateinischer Sprache, dem *Corpus Inscriptionum Latinarum (CIL)* zu finden, das die damalige Preußische Akademie der Wissenschaften unter der Leitung von Th. Mommsen seit der zweiten Hälfte des vorigen Jahrhunderts zu publizieren begann und das Mommsen bis zu seinem Tode im Jahre 1903 als hervorragende Leistung zu außerordentlicher Bedeutung führte. Heute führt die Akademie der Wissenschaften der DDR das Werk fort. Die wichtigsten Inschriften rechtlichen Inhalts sind auch in den Sammelwerken deutscher und italienischer Verfasser zu finden, die den neuesten Stand der Inschriftenforschung repräsentieren.

Die u r k u n d l i c h e n Denkmäler sind auf Wachs- und Holztafeln, auf Papyrus und Pergament, ferner als Ostraka (Tonscherben) überliefert, seltener sind auf Bronzetafeln erhaltene Verträge und andere Rechtserklärungen sowie Texte, die Verwaltungsakten und Gerichtsprotokolle enthalten.

Hier sind z. B. die in Verespatak (Alburnus *maior*) gefundenen sog. Transsylvanischen (Siebenbürgischen) Wachstafeln zu erwähnen, die aus der Zeit zwischen 137 und 167 u. Z. die Texte mehrerer Kauf-, Gesellschafts- sowie Lohnverträge und Darlehen enthalten; ferner die Wachstafeln von Herculaneum, die die Texte aus der Zeit vor 79 u. Z. von mehreren Kauf- und anderen Verträgen für die Nachwelt konservieren.

Von besonderer Bedeutung sind die Papyrusurkunden. Auf den aus dem Mark der nahezu universal verwendbaren Papyrusstaude gefertigten Blättern haben sich zahlreiche öffentliche und private Verträge, Gerichtsprotokolle und Verwaltungsbefehle erhalten. Aufgrund Tausender und Abertausender von Papyrusurkunden mit rechtlichem Inhalt ist es ausgezeichnet möglich, das lokale Rechtsleben im römischen Ägypten und die Wirkung des römischen Reichsrechts auf das griechisch-römische Recht und umgekehrt zu untersuchen. Leider gibt es bis heute im Gegensatz zum *Corpus Inscriptionum Latinarum* (CIL) und *Corpus Inscriptionum Graecarum* (CIG) und den *Inscriptiones Graecae* (IG) kein *Corpus Papyrorum,* das die Erschließung der ungeheuren Menge an gefundenen und aufbereiteten Papyri wesentlich erleichtern würde.

Dagegen tritt für die antike juristische Überlieferung die Pergamenturkunde gegenüber der literarischen Rechtsüberlieferung auf Pergament zurück. Übrigens war es im Alten Orient weit verbreitet, auf speziell präparierte Tierhaut zu schreiben, ebenfalls relativ früh bei Griechen und Italikern. Im allgemeinen wird heute das Wort Pergament wegen seiner Benutzung in der großen Bibliothek des Attalidenherrschers Eumenes (2. Jh. v. u. Z.) in Pergamon so bezeichnet.

Die wichtigsten schriftlichen Denkmäler des römischen Rechts sind jedoch literarische Überlieferungen. Mit den Quellen der rechtswissenschaftlichen Werke vor der justinianischen Kodifikation hatten wir uns bereits in Verbindung mit der klassischen und nachklassischen Rechtswissenschaft beschäftigt. Hier sollen nochmals besonders die Institutionen des Gaius genannt werden. Dieses bedeutende Werk war bis zum Beginn des vorigen Jahrhunderts aus der *Lex Romana Visigothorum* (s. u.) bekannt, bis der deutsche Romanist Niebuhr im Jahre 1816 unter einem Hieronymuskodex die Veroneser Gaiushandschrift entdeckte. Die fragmentarischen Teile dieser Handschrift wurden mit dem im Jahre 1898 von E. Chatelain gefundenen Fragment von Autun, dem im Jahre 1928 gefundenen Fragment von Oxyrhynchus und dem im Jahre 1933 publizierten Gaiusfragment von Antinoë ergänzt. Auch der *Codex Theodosianus* ist in der *Lex Romana Visigothorum* zu finden, wobei das älteste Manuskript bis in das 9. Jh. zurückreicht. Von der Überlieferung des justinianischen Codex war bereits die Rede.

Zu der nichtjuristischen Literatur gehören die Historiker, wie Polybios, Caesar, Sallust, Dionys von Halikarnassos, Livius, Tacitus, Sueton, Appian, Cassius Dio etc., die Enzyklopädisten und Grammatiker wie Varro, Gellius, Festus, die Schriftsteller und Dichter, wie Plautus, Vergil, die Rhetoren, wie Cicero und Quintilian, die alle – in erster Linie Cicero – sehr wertvolle Beiträge in ihren Schriftwerken zur Kenntnis der römischen Rechtsentwicklung liefern.

VII. Das Nachleben des römischen Rechts

1. Die Entwicklung im Westen vom Untergang des Weströmischen Reiches bis zur justinianischen Kodifikation

a) Die Leges Romanae Barbarorum

Die weströmische Gesetzesüberlieferung bricht nach den Gesetzen der weströmischen Kaiser Maiorianus, Libius Severus und Anthemius ab. Auf dem Boden des Weströmischen Reiches waren germanische Königreiche entstanden, deren Bewohner teils Germanen, wie Goten, Burgunder u. a., teils ehemalige römische Bürger bzw. ihre Nachkommen waren. Die Gesetzbücher, die in den „barbarischen" Königreichen aufgrund des sog. Personalitätsprinzips – jeder soll entsprechend seiner eigenen Nationalität be- oder verurteilt werden – in erster Linie für die römischen Bürger und deren Nachkommen in Kraft gesetzt wurden, bezeichnet man mit einem zusammenfassenden Namen als *Leges Romanae Barbarorum.* Dabei sind im einzelnen folgende *leges* zu nennen:

Die *Lex Romana Visigothorum,* am 2. Februar 506 zu Tolosa vom Westgotenkönig Alarich II. (485–507) verkündet, nach dem dieser *Codex* vom 16. Jh. an auch als *Breviarium Alaricianum* bezeichnet wird. Er galt für die in seinem Reich lebenden früheren römischen Bürger und deren Nachkommen. Dieses wichtige und die spätere Rechtsentwicklung am meisten beeinflussende Werk enthält Auszüge aus dem *Codex Theodosianus,* den posttheodosianischen Novellen, den Institutionen des Gaius, den *Sententiarum libri* des Paulus sowie Auszüge aus den *Codices Gregorianus* und *Hermogenianus* und eine Textstelle von Papinian. Der aus den Institutionen des Gaius verfertigte Auszug wird auch „westgotischer Gaius" genannt. Das im südwestlichen Teil Frankreichs und in Spanien geltende *Breviarium Alarici* war den primitiveren Lebensverhältnissen entsprechend ein Vulgarauszug aus den Materialien des klassischen und nachklassischen römischen Rechts. Es war für das Rechtsstudium sehr bedeutsam und wurde als Rechtsbuch bis in das 12. Jh. in Deutschland, Frankreich und in England verwendet.

Die *Lex Romana Burgundionum* stammt vom Burgunderkönig Gundobad (474–516) und war für die ehemaligen römischen Untertanen des Burgunderreiches bestimmt. Sie legte die drei *Codices,* die posttheodosianischen Novellen, die *Epitome Gai,* die Sentenzen des Paulus nebst der Interpretationenliteratur zugrunde. Der anonyme Verfasser der *Lex Romana Burgundionum* hat das römische Recht nicht wörtlich beibehalten, sondern entsprechend verarbeitet, wobei auch exakte Zitate vorhanden sind. In 47 Artikeln wird ein kurzer Leitfaden des Privat-, Straf- und Prozeßrechtes geboten.

Das *Edictum Theodorici* wurde nach der herkömmlichen Meinung auf Befehl des Ostgotenkönigs Theoderich d. Gr. (489–526) um etwa 500 geschaffen und galt für das Ostgotenreich, wobei sich das Werk nicht nur auf die ehemaligen römischen Bürger und ihre Nachkommen, sondern auf alle Untertanen gleichermaßen bezieht. Heute neigen einige Forscher dazu, dieses Gesetzeswerk dem Westgotenkönig Theoderich II. (453–467) zuzurechnen. Diese Frage ist aber noch nicht restlos entschieden. Wir sind jedoch der Meinung, daß das *Edictum Theodorici* unter dem Ostgotenkönig Theoderich I. d. G. in Italien entstanden ist. Das Gesetzgebungswerk wurde in 154 Kapiteln auf der Grundlage der *Codices Gregorianus, Hermogenianus* und *Theodosianus,* der posttheosianischen Novellen, der *Sententiarum libri* des Paulus und der *Gaiusepitome* oder *Interpretatio* zusammengestellt. Vom *Breviarium* abweichend, wurde dieses Werk mit einem einheitlichen Text bearbeitet.

b) Die *Leges Barbarorum*

Weitere Gesetzeswerke, die in den germanischen Königreichen entstanden sind und von denen nur einige genannt sein sollen, waren im allgemeinen für die germanischen Untertanen bestimmt und wiesen ebenfalls starke Einflüsse des römischen Rechts auf.

Nach jüngeren Forschungsergebnissen gab es im Westgotenreich ein Gesetzeswerk des Königs Eurich, den sog. *Codex Euricianus,* um 475 entstanden und sicherlich für die arianischen Goten bestimmt. In dieser Gesetzessammlung sind entscheidende Grundzüge aus dem römischen Vulgarrecht übernommen worden. Erhalten sind lediglich und auch noch lückenhaft die Kapitel 274–336 auf einem Pariser Palimpsest.

Durch den bereits genannten Burgunderkönig Gundobad wurde die sog. *Lex Gundobada* oder auch *Lex Burgundionum* geschaffen. Sie galt vor allem für die Burgunder, wurde aber auch bei Rechtsbeziehungen zwischen Burgundern und Römern zugrunde gelegt.

Der Westgotenkönig Leovigild ersetzte in der zweiten Hälfte des 6. Jh. den *Codex Euricianus* durch eine überarbeitete Fassung, die z. T. in die vom König Reckesvind (649–672) erlassene *Lex Visigothorum Reccesvindiana* einging. Das Gesetzeswerk war für alle Untertanen bindend, wurde auch als *liber iudiciorum* bezeichnet und hob die Gesetzeskraft des *Breviarium* auf. Auch in diesem Codex ist die Einwirkung des römischen Vulgarrechts weiterhin ersichtlich.

Auf dem *Breviarium* fußte ebenfalls die im 8. Jh. in Churrätien (Graubünden) verfaßte *Lex Romana Curiensis.*

2. Hauptformen des Fortlebens des justinianischen Rechts

Es sollen drei Haupttypen des post-justinianischen Weiterlebens des römischen Rechts unterschieden werden, wobei natürlich zwischen diesen Typen eine ganze Reihe von Variationen besteht. In dieser Hinsicht können wir unterscheiden: das kontinuierliche Weiterleben des römischen Rechts, andererseits das Wiedererwachen des römischen Rechts in solchen Gebieten, in denen es einst in voller Blüte stand und viel später, nachdem es seine Geltung verloren hatte, wieder zu neuem Leben erwachte. Schließlich können wir von der Rezeption, der Aufnahme des römischen Rechts in das örtliche Rechtssystem sprechen, die entweder mit einem einmaligen gesetzgeberischen Akt oder mit einer kontinuierlichen Eindringung geschah.

a) Byzanz, Balkan, Osteuropa

Aus dem justinianischen Gesetzeswerk begann man trotz der Verbote des Kaisers Auszüge zu machen. Diese Auszüge erschienen seit dem 8. Jh. in Form von Gesetzbüchern, von denen die folgenden zu nennen sind:
die *Ekloge ton nomon* (Gesetzesauszug), auf Befehl des Kaisers Leon III. (des Isauriers) (717/41), entweder 726 oder 740 in griechischer Sprache abgefaßt. Sie ist nur eine bescheidene Auswahl aus dem *Corpus iuris,* und sie enthält neben Anzeichen größerer Humanität in verschiedenen Fällen und bei Milderung in privatrechtlichen Vorschriften auch ein ausgebildetes System von Körperstrafen, die neben dem Abschneiden von Nase, Zunge auch Blenden und Handabhauen festsetzen.

Unter den makedonischen Kaisern erfolgte eine Restauration der alten traditionellen Rechtskultur. Hier ist der Kaiser Basileios I. „der Makedonier" (867–886) zu nennen, der einen verkürzten Auszug aus dem justinianischen Gesetzbüchern anfertigen ließ, das sog. *Procheiron* oder *Prochiron* (= Handbuch). Dieser Auszug blieb aber unvollendet. Er ist in 40 Titeln mit entschiedenem Rückgriff auf Justinian gegliedert.

Vollendet wurde der Auszug unter dem Kaiser Leon VI. dem Weisen (886–912) und er erschien jetzt unter dem Begriff *Basilika* (Kaiserliche Gesetze). Es sind insgesamt 60 Bücher in griechischer Sprache, wobei jedes Buch in Titel gegliedert ist und bei denen die aus den Digesten, dem *Codex* und den Novellen in Reihenfolge herausgezogenen Stellen mit Auslegung der byzantinischen Rechtsgelehrten angeführt sind. Dieses riesige Werk ist auf die sozialökonomischen Verhältnisse des im 9. Jh. blühenden Byzantinischen Reiches zugeschnitten, und die Basiliken behielten bis zum Untergang des Oströmischen Reiches im 15. Jh. Gesetzeskraft.

Dieses mit hohem wissenschaftlichen Anspruch verfertigte Gesetzeswerk erwies sich allerdings bald als ein Gesetz viel zu hohen Niveaus verglichen mit den sich weiterhin vereinfachenden Warenaustauschverhältnissen, so daß man bald begann, aus den Basiliken Auszüge anzufertigen und den Rechtsentscheidungen zugrundezulegen. Davon sollen genannt sein: in der Regierungszeit des oströmischen Kaisers Konstantinos VII. *Porphyrogennetos* (913 bis 959) ein alphabetischer Auszug, die *Synopsis (magna) Basilicorum;* ferner aus dem 12. Jh. der *Tipucitus* („wo etwas steht"); der letzte der Auszüge war der sog. *Hexabiblos* (6 Bücher), auch *Promptuarium,* Handbuch des Rechts in 6 Büchern, genannt, 1435 in Saloniki von dem Richter Konstantinos Harmenopulos, verfaßt. In verschiedenen Abschnitten sind Gesetze, Gerichtsorganisation, Wiedereinsetzung, Freiheit, Besitz, Adoption, Veräußerung, Verlobung und Ehe, Testament, Delikte und Strafen erfaßt. Das Gesetzeswerk überlebte selbst die Zeit der Türkenherrschaft und blieb in Griechenland bis zum Inkrafttreten des Griechischen Bürgerlichen Gesetzbuches 1946 in Geltung.

An weiteren bedeutenden Rechtssammlungen haben wir eine Privatarbeit, die *Ecloga Legum in Epitome expositarum,* kurzweg *Epitome* genannt, die aus dem Jahre 920 stammt und einen Auszug in 50 Titeln enthält, die dem *Codex Iustinianus,* den Digesten, den Institutionen und Novellen entnommen sind und das Prochiron mit verwerten.

Der oben erwähnten *Synopsis (magna) Basilicorum* ist eine zweigeteilte Novellensammlung angefügt, die aus der zweiten Hälfte des 10. Jh. stammt. Im ersten Teil sind Novellen und Gerichtsentscheidungen aus der Zeit 922 bis 964 enthalten, im zweiten Teil Novellen zwischen 886 und 969.

Aus der Zeit um 1045 stammt die sog. *Meditatio de nudis pactis* (Überlegungen über bloße Vereinbarungen), eine in der Form einer Disputation durchgeführte Verteidigung des justinianischen Rechts bezüglich der Lehre der *pacta,* die ebenfalls in den Basiliken Geltung besaß. Durch Kaiser Konstantinos IX. *Monomachos* (1042–1055) wurde in Konstantinopel eine Rechtsakademie gegründet, deren erster Präsident Johannes Xiphilinos war. Diesem Xiphilinos dürfte wohl die allerdings nur anonym überlieferte Abhandlung *Tractatus de peculiis* zuzuschreiben sein, wo betr. des Vermögens des Gewaltunterworfenen altes und neues Recht, *Codex Iustinianus,* Scholien und Basiliken ausgewertet sind.

Der Mitte des 11. Jh. ist zuzurechnen *Practica ex actis Eusthatii Romani,* gerichtliche Entscheidungen aus der Rechtspraxis unter *Eustathios Romanus* von einem anonymen Verfasser. Es ist dies ein wichtiges Handbuch der byzantinischen Rechtswissenschaft jener Zeit, das die Überlegenheit des römischen Rechts über jedes andere Recht demonstrieren soll.

Es gibt weitere Zeugen des justinianischen Rechts in Byzanz, auf die aber im einzelnen nicht weiter eingegangen werden kann. Die Situation des römischen Rechts im Byzantinischen Reich zeigt also durchaus das Bild des Weiterlebens, wobei das justinianische Rechts ständig weiter vulgarisiert wurde. Das byzantinische Recht hat sowohl in Serbien, Bulgarien und in den rumänischen Fürstentümern eine bedeutende Wirkung auf die Rechtsentwicklung ausgeübt, was durch die enge Verbindung dieser Länder mit Byzanz und dem durch die christlich-orthodoxe Kirche vermittelten Einfluß auch verständlich ist. Gemäß dem Einfluß der orthodoxen-byzantinischen Kirche drang das byzantinische Recht auch in Rußland ein. So war das Gesetzbuch „Sobornoe Ulozhenie“ vom Jahre 1649 ein aus den Texten der Kirchenväter, den byzantinischen Gesetzen und zaristischen Erlassen zusammengesetzter Kodex. Vom 19. Jh. an hat das römische Recht hauptsächlich durch die deutsche Pandektistik seinen Einfluß auf die russische Rechtsentwicklung ausgeübt.

b) Italien

Das römische Recht besaß im Oströmischen Reich weiter unbestrittene Geltung. Das Weströmische Reich war 476 zugrundegegangen, auf dem Boden dieses Reichsteiles hatten sich germanische Staaten gebildet, so daß es staatsrechtlich zum Bruch mit der Vergangenheit kam. Nach dem Untergang des Ostgotenreiches 553 blieb für Italien die Wirksamkeit des von Justinian in Kraft gesetzten *Codex*, der Institutionen und Novellen sowie der Digesten im allgemeinen auch nach der Eroberung Nord- und Mittelitaliens durch die Langobarden 568 in Kraft. Dies bezog sich vor allem auf die Gebiete des noch unter byzantinischer Herrschaft stehenden Ravenna, seiner Umgebung, sowie einiger anderer Gebiete Italiens, wie Venedig, Neapel etc. Vom Weiterwirken römischer Rechtselemente in den west- bzw. ostgotischen und burgundischen Rechtssammlungen war bereits gesprochen worden.

Seit dem 11. Jh. nahmen Handel und Gewerbe in Italien einen großen Aufschwung. Die sich erneut entwickelnden Städte brauchten geschulte Richter. Während sich in den vorangegangenen Jahrhunderten der Rechtsunterricht nach Justinian auf sehr elementarerer Stufe vollzogen hatte und eine meist nur dürftige Kenntnis der Rechtsquellen für den Bedarf der Praxis vermittelt wurde, änderte sich dies vom Ende des 11., Anfang des 12. Jh. an. Hatte man in den Jahrhunderten vorher das juristische Schrifttum vor allem in Form von Auszügen, Zusammenfassungen und Erläuterungen benutzt – siehe die sog. „Turiner Institutionenglosse“ aus dem 10. Jh., ein an den Rand einer Institutionenhandschrift geschriebener Scholienapparat oder die sog.

Summma Perusina, ein aus Perugia stammender Auszug aus dem *Codex Iustinianus* vom 10. Jh. – kommt es nun zu einer erneuten großen Entwicklung der schöpferischen Rechtswissenschaft. Sie ist eng verknüpft mit der zu dieser Zeit gegründeten Universität von Bologna *(Studium generale),* der neben der theologischen Hochschule von Paris ältesten europäischen Universität. Untrennbar verbunden ist hiermit der Name von Professor Irnerius, der um 1080 mit der Texterläuterung der justinianischen Gesetzbücher begann. Er schrieb Randerläuterungen (Glossen) zu den Quellentexten, so daß von dieser Unterrichtsweise der Rechtsschule in Bologna die Bezeichnung Glossatorenschule herrührt. Die Glossatoren haben später auch Zusammenfassungen *(summae)* und Rechtsfallsammlungen *(casus)* verfaßt. Ihre Arbeit war durch eine außerordentliche Präzision gekennzeichnet, mit der sie die zusammenhängenden Gesetzesstellen und die einander widersprechenden Sätze sammelten, um die Widersprüche aufzuheben. In ihrer unhistorischen Betrachtungsweise sahen sie das *Corpus iuris* als Justinians einheitliches Gesetzeswerk an.

Die hervorragendsten Glossatoren waren die *quattuor doctores* (vier Doktoren) Martinus, Bulgarus, Hugo und Jacobus. Ein weiterer wichtiger Glossator war Placentinus, der um 1170 eine *Summa Codicis* in Montpellier verfaßte. Ebenfalls eine *Summa Codicis* ist einem der bedeutendsten Glossatoren zu verdanken, Azo (um 1230 gestorben), mit dessen Wirken verbunden wir eine ganze Reihe von bedeutenden Rechtsgelehrten in den neugegründeten Universitäten Mittel- und Obertitaliens, in Spanien, Frankreich und England finden. Dieses erneuerte römische Recht blieb nicht ohne Einfluß auf das kanonische Recht und auf die in Italien anzutreffenden Lokalrechte verschiedener Städte, die Statuten, zugleich auf die verschiedenen Berufsgruppen zugebilligten Sonderrechte. Der um etwa 1182–1260 in Bologna lebende Accursius faßte die Glossen seiner Vorgänger in der sog. *Glossa ordinaria* zusammen. Aufgrund der außerordentlichen Autorität dieses Rechtsgelehrten wurde es zu einem geflügelten Wort, daß diejenigen Textteile der justinianischen Kodifikation, die „die Glosse nicht anerkennt, auch vom Gericht nicht anerkannt werden“ *(quidquid non agnoscit glossa, non agnoscit curia).* Weitere Werke der Glossatoren waren *summae* (kurze Inhaltsangaben), *dissensiones* (Kontroversen), *distinctiones* (begriffliche Unterscheidungen) und *casus* (konstruierte Lehrfälle zur Quellenerläuterung) sowie Monographien, die über bestimmte Gegenstände geschrieben wurden.

Obwohl die Glossatoren unter dem Druck des praktischen Lebens entschieden, ob in Italien das Vulgarrecht des *Breviarium Alarici* oder Justinians entwickeltes Warenaustauschrecht angewendet werden sollte und sie damit den Weg der Privatrechtsentwicklung ganz Europas bestimmten, hatte ihre Tätigkeit dennoch keine solche Wirkung auf die Gerichtspraxis wie die Tätigkeit der sog. Kommentatoren oder Konsiliatoren. Diese Juristen haben hauptsächlich an den Universitäten von Perugia und Pavia sowie Orléans und Toulouse die Randvermerke der Glossatoren mit ausgedehnten Erläuterungen versehen, so daß man sagte, daß ihre Tätigkeit *glossare glossarum glossas* (sie machen Vermerke zu den Randbemerkungen der Randbemerkungen) sei. Konsiliatoren heißen sie auch deshalb, weil sie ihre Rechtsgutachten (Konsilien) für die Rechtspraxis ihrer Zeit verfaßten. Wenn auch der wissenschaftliche Wert ihrer Arbeit hinter derjenigen der Glossatoren zurückblieb, war ihre praktische Bedeutung außerordentlich groß, weil sie das glossierte römische Recht dem Leben viel näher brachten als die Glossatoren selbst und damit den Siegeszug des römischen Rechts, besonders des römischen Privatrechts, in ganz Europa vorbereiteten. Die Impulse hierzu gingen von Frankreich aus, speziell von den Universitäten von Orléans und Toulouse. Besonders wichtige Vertreter dieser „Ultramontani" sind Jacobus de Ravanis (Jaques de Revigny) und Petrus de Bellapertica (Pierre de Belleperche), die auf die italienische Rechtswissenschaft einen starken Einfluß ausübten. Dies zeigt sich vor allem deutlich in dem Codexkommentar des Cinus. Ihre wohl bedeutendsten Vertreter waren Bartolus (de Saxoferrato, 1314–1357) und sein Schüler Baldus (de Ubaldis, 1327–1400). Vor allem Bartolus' Name war mit der Rechtswissenschaft so eng verbunden, daß es zu einem geflügelten Wort wurde: *„Nemo iurista, nisi Bartolista"* (Nur der ist ein Jurist, der ein Anhänger von Bartolus ist). In der Tätigkeit der Kommentatoren vermengte sich das von den Glossatoren ausgelegte und von den Kommentatoren weiter erklärte justinianische Recht mit dem lombardischen Feudalrecht und auch mit kirchenrechtlichen Elementen. Dieses Mischungsrecht wurde zum *ius commune,* dem sog. „gemeinen", wohl aber richtiger „gemeinsamen Recht", das zunächst auf dem Gebiet Deutschlands zur Herrschaft gelangte.

c) Frankreich, Spanien

In Frankreich können wir im Mittelalter von zwei Rechtsgebieten sprechen. Im Süden, im Gebiet der ehemaligen gotischen und burgundischen Königreiche, war bis zum 12. Jh. formell und danach auch inhaltlich das *Breviarium Alarici* in Geltung, das diesem Gebiet eine gewisse Rechtseinheit sicherte. Es wurde als das Gebiet des geschriebenen Rechts, pays de droit écrit bezeichnet. Im nördlichen Teil des Landes finden wir etwa 360 germanische Gewohnheitsrechte vor, die sog. *coutumes.* Aus diesem Grunde heißt dieses Gebiet auch das Rechtsgebiet der coutumes (pays de droit coutumier). Die Schüler der Glossatoren und Kommentatoren brachten aber nach und nach die Achtung und Kenntnis des glossierten justinianischen Rechts aus Italien mit, was seine Wirkung sowohl auf dem Gebiet der „geschriebenen Rechte", als auch auf dem der „coutume-Rechte" ausübte. Aus dem justinianischen Recht bildete sich dann als Ergebnis eines langen Entwicklungsganges, mit Hilfe der königlichen Gewalt, der Gerichtspraxis und der Rechtswissenschaft, zuerst mit einem subsidären Charakter, das französische *ius commune* (droit commun = gemeines, richtiger = gemeinsames Recht) aus. Das römische Recht entwuchs aber bald seinem subsidären Charakter, und die Krönung der Rechtsentwicklung war das aufgrund des französischen gemeinen Rechts und auf Veranlassung Napoleons geschaffene französische bürgerliche Gesetzbuch, der Code civil des Jahres 1804, auch Code Napoléon genannt. Seine nachhaltige Wirkung ist bei mehreren europäischen (italienischen, belgischen, bulgarischen und rumänischen) sowie überseeischen Gesetzbüchern (z. T. japanischen und einigen südamerikanischen) nachweisbar.

In Spanien wie in Südfrankreich blieb das römische Recht durch das Vulgarrecht des *Breviarium Alarici* noch lange Zeit in Geltung.

d) Heiliges Römisches Reich Deutscher Nation

Das justinianische Recht drang zuerst stufenweise nach Deutschland ein und bekam durch einen gesetzgebenden Akt allgemeine Rechtswirksamkeit. Bereits in den deutschen Rechtsquellen des 12. und 13. Jh. sind die Normen des römischen Rechts zu finden. Dies ist nicht nur darauf zurückzuführen, daß in den deutschen Klosterschulen das *Breviarium Alarici* gelehrt wurde, sondern auch darauf, daß der Machtkampf zwischen Kaiserreich und Papsttum zum Teil auf rechtlicher Ebene ausgetragen wurde und die beiderseitigen konträren Standpunkte meist mit dem römischen Recht begründet wurden. Daneben entstand im geistigen Leben Deutschlands eine solche wissenschaftliche Richtung, die im Bereich des Rechtslebens das von den Schülern der Glossatoren importierte „Gelehrtenrecht" anwendete. Ab dem 13. Jh. machte sich in der Praxis das römische Recht auch bei den Kirchengerichten geltend. In den verschiedenen Provinzen des Reiches beginnt man dann in der zweiten Hälfte des 15. Jh. das römische Recht neben den Stadt- und Provinzialrechten als Hilfsrecht einzuführen. Diese Entwicklung beschließt die Reichskammergerichtsordnung vom Jahre 1495. Diese verordnet für den Fall, in dem in einem vor den Obersten Gerichtshof gelangten Prozeß weder das Stadt- noch das Landrecht eine Regelung vorsieht, die Anwendung des Reichs- und des gemeinen Rechts *(ius commune)*. Unter diesem verstand man das römische Recht als Hilfsrecht.

Die Rezeption erfolgte auf der Basis folgender Gesetze: auf dem mit der *Glossa Ordinaria* des Accursius versehenen Teil des justinianischen Gesetzeswerkes; auf dem aus den Novellen verfertigten Auszug *(Authenticum)*; auf den Gesetzen der Kaiser Friedrich I. Barbarossa (1152–1190) und Friedrich II. (1212–1250) *(Authenticum Fridericianum)* und auf dem die Gesetze der deutschen-römischen Kaiser und des langobardischen Feudalrechts enthaltenden Codex *(Libri Feudorum)*.

Vielfach war den Richtern des Reichskammergerichts nur das glossierte justinianische, aber nicht das heimische feudale Gewohnheitsrecht bekannt, das wegen seines feudalen Charakters übrigens meist keine Lösung für die aus den sich entwickelnden Warenaustauschsverhältnissen entstandenen Rechtsstreitigkeiten vorsah. Dadurch erhielt das überwiegend glossierte justinianische Recht nicht nur einen Hilfscharakter, sondern wurde primär angewendet. Das so rezipierte römische Recht blieb dann formell in Geltung in Preußen bis zum Inkrafttreten des sog. Preußischen Landrechts (1794), des Österreichischen Allgemeinen Bürgerlichen Gesetzbuches (1811), des Sächsischen Bürgerlichen Gesetzbuches (1863), und auf dem Gebiet des gesamten Deutschen Reiches bis zum Inkrafttreten des Deutschen Bürgerlichen Gesetzbuches vom 1. 1. 1900 (BGB).

e) Polen

Die an den italienischen Universitäten studierenden polnischen Studenten brachten schon seit dem 12. Jh. die Achtung und die Kenntnis des römischen Rechts der Glossatoren mit nach Polen. Die Kirchengerichte konnten sich hier seit dem 13. Jh. selbst in weltliche Prozesse einschalten, wobei die Prozeßregeln des kanonischen, also des Kirchenrechts, stark von den Regeln des römischen Rechts durchdrungen waren. Auch im Ehe- und im Testamentsrecht setzte sich das römische Recht in vieler Hinsicht durch. In der zweiten Hälfte des 15. Jh. beginnen sich in den Städten frühkapitalistische Verhältnisse zu entwickeln, und die Gerichte fingen an, sich auf das römische Recht der Glossatoren zu berufen. Das römische Recht erscheint allerdings kaum in der Praxis der Adelsgerichte. Dies ist darin begründet, daß die polnischen Stände dieses Recht als das des deutschen Kaisers (Kaiserrecht) verachteten und deshalb befürchteten, daß die Rezeption die Entwicklung Polens zu einem deutschen Lehensstaat begünstigen würde. Polen ist somit betreffs der Verbreitung des römischen Rechts derjenige Landestyp, in dem die Rezeption des römischen Rechts, genau wie in Ungarn, nur in der Form des allmählichen Eindringens desselben erfolgte.

f) Skandinavische Länder

Im Rechtsgebiet Skandinaviens, also im dänisch-norwegischen und im schwedisch-finnischen, wo das Recht bereits im 17./18. Jh. kodifiziert war, drang das römische Recht kontinuierlich ein und wurde so nach und nach aufgenommen. Die Rezeption des römischen Rechts erfolgte in Dänemark durch die Rechtswissenschaft (A. S. Ørsted), in Schweden durch die römisch-rechtlich gebildeten Richter des Schwedischen Hofrates (Svea Hovrätt). Der Grund dieser Rezeption ist darin zu sehen, daß sich im Laufe des 15.–17. Jh. Dänemark und auch Schweden zu europäischen Handelsgroßmächten entwickelten und in einer lebhaften wirtschaftlichen und politischen Verbindung mit Deutschland und den Niederlanden standen.

g) Ungarn

In Ungarn war das römische Recht vor dem Zerfall des altungarischen Königreiches (in Habsburg-Ungarn, Mittelungarn unter der Türkenherrschaft und Fürstentum Siebenbürgen) kontinuierlich eingedrungen. Das Rechtsbuch des Großrichters von Ungarn, István Werbőczy, das *Tripartitum* vom Jahre 1514, hatte allerdings das römische Recht auf der Grundlage der *Summa Legum* des Meisters Raymundus aus Neapel (13. Jh.) mehr äußerlich als inhaltlich aufgenommen und daneben das feudale ungarische Privatrecht zusammengefaßt. Dadurch wurde das weitere Eindringen des römischen Rechts in Ungarn verhindert. Erst nach der ungarischen bürgerlichen Revolution von 1848 bzw. nach dem Ausgleich mit der Habsburger Monarchie nahm das ungarische Recht das römische Recht der Pandektenwissenschaft in einem bedeutenden Maße auf.

h) England

Die Charakteristik der kontinentalen Rechtsentwicklung zeigt, daß in diesen Ländern das römische Recht in unterschiedlichem Maße eine Rolle spielte, was vor allem dem Aufschwung des Gewerbes und des Handels und später des Kapitalismus zuzuschreiben ist. In England dagegen bewahrte das auf der Basis der sächsischen und fränkisch-normannischen Rechtssynthese ausgestaltete Rechtssystem seine feudalen Formen und nahm das römische Recht selbst in der Zeit des Kapitalismus nicht an, (anders in Schottland). Dies bedeutete natürlich nicht, daß das römische Recht in England gänzlich unbekannt war. Die prinzipielle Einleitung des um 1250 von Henry Bracton geschriebenen Rechtsbuches *„De legibus et consuetudinibus Angliae"* spiegelt die Wirkung der Glossatoren wider. Bracton versuchte das in Entwicklung befindliche Rechtsmaterial mit der Benutzung der entwickelten Begriffe des römischen Rechts zu systematisieren.

3. Die Entwicklung der Wissenschaft vom römischen Recht in Europa

a) Humanisten

Im 16. Jh. beginnt in Frankreich unter der Wirkung der Renaissance eine ausgesprochen wissenschaftliche Richtung, die humanistische Schule, sich mit dem Material des justinianischen Rechts zu beschäftigen. Während die Glossatoren, verglichen mit ihrer eigenen Zeit, an den Inhalt der justinianischen Kodifikation mit einem wissenschaftlichen Anspruch herantraten, ist ihr Wirken doch mehr in bezug auf die Entwicklung des lebenden Rechts als in wissenschaftlicher Hinsicht zu werten. Die Humanisten beschäftigten sich mit dem gegenständlichem Inhalt der Kodifikation. Sie bezogen darin auch die von den Glossatoren und Kommentatoren außer acht gelassenen und in griechischer Sprache geschriebenen Novellen, nicht nur in rechtlicher, sondern auch in geschichtlicher und sprachwissenschaftlicher Erforschung ein. Die Humanisten brachten als erste zum Ausdruck, daß die justinianische Kodifikation kein einheitliches Gesetzeswerk, sondern die Zusammenstellung von in verschiedenen Zeiten entstandenen Rechtsregeln gewesen ist. So wandte sich diese Richtung vornehmlich der Quellenkritik zu, was aber betreffs der römischen Rechtsquellen vor allem Interpolationenforschung bzw. Interpolationenkritik bedeutet. Dabei ging es ihnen darum, die im Gesetzeswerk Justinians, also in den Digesten, Institutionen und im Codex vorhandenen Fragmente aus den Schriften der römischen Klassiker und die Kaiserkonstitutionen von den erfolgten nachträglichen Veränderungen (sog. *emblemata Triboniani*) zu reinigen, die sich bei der justinianischen Kompilatorenkommission ergeben hatten.

Der Anfang der Interpolationenforschung knüpft sich an den Namen des berühmten Humanisten Antonius Faber (Antoine de Favre, 1557–1624). Sie beschäftigten sich nicht mit den Glossen, sondern unterzogen die originalen justinianischen Texte einer eingehenden geschichtlichen und sprachwissenschaftlichen Kritik. Die zwei herausragendsten Vertreter dieser Richtung waren Jacobus Cuiacius (Jaques Cujas, 1522–1590) und Donellus (Hugo Doneau), von denen besonders die Texterläuterungen des ersten und die Kommentare des letzteren von großer Bedeutung sind. Wenn diese als französische Schule bezeichnete Richtung nur der theoretischen Tätigkeit von Cuiacius gefolgt wäre, hätte sie in der Verbreitung des justinianischen Rechts in Frankreich kaum eine wesentliche Rolle gespielt. Donellus war ursprünglich Bartolist, aber er übte auch eine praktische Tätigkeit aus, so daß die humanistische Schule gerade mit Hilfe dieses hervorragenden Vertreters zu einem tätigen Faktor der Verwurzelung des justinianischen Rechts in Frankreich wurde.

In Spanien, wo das *Breviarium Alarici* Jahrhunderte hindurch seine Geltung besaß, war das römische Recht nicht unbekannt. Die Wirkung der im benachbarten Frankreich tätigen Humanisten dehnte sich im 17. Jh. folgerichtig auch auf Spanien aus. In Holland entfaltete sich diese Richtung im 17. und 18. Jh., erreichte hier ihre zweite Blütezeit und wird auch als holländische Schule bezeichnet, deren bedeutendste Vertreter Vinnius und Schulting waren. Sie hat auf die niederländische Rechtsentwicklung eine nachhaltige Wirkung ausgeübt.

b) Die deutschen Praktiker und die Wissenschaft der Pandektistik

Seit dem 16. Jh. bildete sich in Deutschland eine praktische Richtung aus, die für die Gerichte als eine moderne Praxis der Pandekten *(usus modernus Pandectarum)* das römische Recht der Kommentatoren bearbeitete. Obwohl die Richtung der deutschen Praktiker weniger wissenschaftlich war, ist es ihr Verdienst, die Grundlagen der Pandektistik gelegt zu haben, was die kapitalistische Rechtsentwicklung unter den halbfeudalen Verhältnissen wesentlich beförderte.

Der *usus modernus Pandectarum* der deutschen Praktiker wurde seit dem Beginn des 19. Jh. zur Grundlage einer sich früh entfaltenden und enorme Bedeutung erlangenden römischen Rechtswissenschaft, der Pandektistik.

Diese Richtung beginnt mit der am Ende des 18. Jh. von Gustav Hugo gegründeten und durch den Berliner Rechtsgelehrten und späteren preußischen Minister, Friedrich Carl v. Savigny (1779–1861) zu großem Ansehen gelangenden historischen Rechtsschule. Savigny kehrte folgerichtig zu den Quellen des römischen, ausschließlich justinianischen Rechts zurück und begann die streng auf der Analyse der Quellenstellen beruhende Pflege sowie der äußeren Geschichte des römischen Rechts als auch der inneren Geschichte der römisch-rechtlichen Rechtsinstitute. Obwohl seine politische Zielstellung konservativ war, diente er doch mit seinem über den Besitz geschriebenen epochemachenden Werk „Das Recht des Besitzes“ (1803) der Ideologie der aufkommenden Bourgeoisie. Seine siebenbändige „Geschichte des römischen Rechts im Mittelalter“ (1. Aufl. ab 1833, 2. Aufl. 1850/51) legte den Grund für die weiteren Arbeiten auf diesem bedeutsamen Forschungsgebiet.

Die Tätigkeit eines Teiles der Anhänger von F. C. v. Savigny, so G. Puchta, R. G. Rudorff, Ph. E. Huschke, C. G. Bruns, ist vor allem in rechtsgeschichtlicher Richtung zu sehen. Der andere Teil hat durch die Weiterentwicklung der auch von Savigny und besonders von Puchta angewendeten Begriffsanalysierungsmethode die „Begriffsjurisprudenz“ geschaffen. Die hervorragendsten Vertreter dieser Richtung sind L. Arndts, A. Brinz, H. Dernburg und B. Windscheid, die zu Begründern der Dogmatik des Privatrechts wurden. Das Auftreten des letzten großen Pandektisten, Rudolf v. Ihering (1818 bis 1892), Professor der Rechte in Gießen, Wien und danach in Göttingen, leitete eine neue Richtung in der Pandektistik ein. Ihering ging von den Grundlagen der historischen Rechtsschule aus, stellte sich aber später der einseitigen historischen Anschauung dieser Schule entgegen. Er unterwarf seiner Untersuchung die inneren Zusammenhänge der Rechtsinstitute, das durch das Recht verteidigte Interesse und die in den Rechtsinstituten manifestierte Zweckmäßigkeit. Damit näherte er sich der originalen Konzeption der Römer in mehreren Fällen, so z. B. in bezug auf die Besitzlehre. Ihering hat mit der Anwendung seiner interessenforschenden Methode und mit der schonungslosen Kritik der Übertreibungen der Begriffsjurisprudenz in der Ausgestaltung der Wissenschaft des modernen Privatrechts eine ganz bedeutende Rolle gespielt, vgl. u. S. 191.

Durch das Inkrafttreten des Deutschen Bürgerlichen Gesetzbuches (BGB) am 1. 1. 1900 wurde das Pandektenrecht als lebendes Recht außer Kraft gesetzt und damit auch der Pandektistik als Wissenschaft ein Ende bereitet, obwohl sich auch das BGB auf die Pandektenwissenschaft stützte.

c) Die modernen Richtungen der römischen Rechtswissenschaft

Die moderne Wissenschaft des römischen Rechts wurde durch das Inkrafttreten des BGB in gewisser Weise für die weitere Entwicklung motiviert, d. h. auf historische Bahnen gelenkt.

Die Untersuchung des Rechtslebens in den römischen Provinzen begann bereits am Ende des vorigen Jahrhunderts, als der deutsche Gelehrte L. Mitteis darauf hinwies, daß im Römischen Reich nicht nur das römische Reichsrecht bestand, sondern auch die östlichen „Volksrechte“ weiterlebten, d. h. die ursprünglichen Rechte der nichtrömischen Bevölkerung in unterworfenen Staaten. Die juristische Papyrologie ist im engen Zusammenhang mit dieser Forschungsrichtung zu sehen. Die Pflege dieser bedeutsamen Disziplin begann mit der Entdeckung eines vom Ende des 2. Jh. erhaltenen Papyrus in griechischer Sprache, der Charta Borgiana, die die Namenslisten der zur öffentlichen Arbeit verpflichteten Bewohner einer römisch-hellenistisch-ägyptischen Dorfgemeinde enthielt. Im Laufe des 19. Jh. gelangten enorme Mengen von Papyri in den Besitz des Pariser Louvre, danach gaben die von dem englischen Forscher Flinders Petrie gesammelten Papyri der Entwicklung dieses Wissenschaftszweiges einen großen Impuls. Die Papyri enthalten meist Texte in griechischer Sprache. Die juristische Papyrologie nahm ab der Jahrhundertwende einen großen Aufschwung, der mit der Tätigkeit von L. Mitteis und L. Wenger, ferner von R. Taubenschlag und später von H. J. Wolff und E. Seidl sowie von V. Arangio-Ruiz verbunden ist.

Gerade der juristischen Papyrologie ist es zu verdanken, daß das Alltagsleben des römischen Ägypten besonders gut bekannt wurde. Der Inhalt der *Constitutio Antoniniana* ist aus einem in Gießen aufbewahrten Papyrus *(Pap. Giss. 40)* bekannt. Das Gaiusfragment von Antinoë (Ägypten) ist gleichfalls auf einem Papyrusfragment überliefert (s. o. S. 126.)

Die Interpolationenforschung kann auf die Humanisten zurückgeführt werden, errang aber erst seit der zweiten Hälfte des vorigen Jahrhunderts in Deutschland (G. Beseler, O. Gradenwitz, E. Eisele, Fr. Pringsheim) und in Italien (I. Alibrandi, E. Albertario) größere Bedeutung. Diese wissenschaftliche Richtung hatte wesentlichen Anteil daran, daß die Pandektistik, die allein die justinianische Kodifikation vor Augen hatte, in Europa untergegangen ist, und sie versah die Forscher des römischen Rechts mit einer sehr wichtigen Methode. Ihren Vertretern gelang es, die Schichten des römischen Rechts teils mit linguistischen, teils mit historischen Mitteln festzustellen, obwohl es bei dieser Methode um die Jahrhundertwende auch zu Übertreibungen, zur „Interpolationenjagd" kam.

Die jüngste Richtung der Interpolationsforschung versucht nicht nur die klassischen Texte aus den justinianischen Gesetzbüchern herauszufinden, sondern auch die weitere Schichtung der Texte – vorklassisch, klassisch und nachklassisch – in Zeit und Raum zu fixieren. Hervorragende Vertreter dieser sog. Textstufenforschung sind Fritz Schulz und Franz Wieacker. Der Methode der Interpolationsforschung schreibt auch die marxistische Romanistik eine ernste Bedeutung zu mit Rücksicht auf die gesellschaftlichen Verhältnisse. Die vergleichende Rechtsgeschichte des Altertums, die sich hauptsächlich um die Jahrhundertwende zu entfalten begann, suchte die Rechtssysteme des antiken Ostens und Griechenlands mit dem römischen Recht zu vergleichen und daraus Schlußfolgerungen für die Entwicklung des Rechts zu ziehen. Der Beginn dieser Richtung ist mit dem Namen von Leopold Wenger verbunden, ihre Hauptvertreter waren M. San Nicolò, der große Romanist Paul Koschaker und E. Volterra. Die Namen zeigen die Internationalität dieser Forschung.

Die Untersuchung des Vulgarrechts ist mit dem Namen des Romanisten Ernst Levy verknüpft. Seine Forschungen haben gezeigt, daß der ständig vulgarisierende Einfluß vor allem im Westen des Römischen Reiches zu erkennen ist, während die Auswirkungen des Vulgarrechts im Osten weniger spürbar blieben.

Seit der Jahrhundertwende ist ebenfalls ein Gegenstand bedeutender Untersuchungen die Wirkung der griechischen Philosophie und der christlichen Ideen auf die römische Rechtsentwicklung. Diese Richtung ging zunächst von Italien aus. Ihre Hauptvertreter sind B. Biondi, teilweise auch S. Riccobono und neuestens D. Nörr. Die Untersuchung der erwähnten Geistesströmungen ist zugleich eine der wichtigsten Aufgaben der Romanistik marxistischer Richtung.

Die marxistische juristische Romanistik, die sich auf die Originalquellen stützt, versucht, die Klassenwurzeln der einzelnen römischen Rechtsinstitute aufgrund des historischen und dialektischen Materialismus aufzudecken. Dabei nimmt sie in ihre Arbeit alle jenen wissenschaftlichen Methoden auf, so die Interpolationsforschung, vergleichende Untersuchung der antiken Rechtsgeschichte etc., die sie von den durch die bürgerliche Romanistik geschaffenen Methoden für entsprechend erachtet.

ZWEITER TEIL

Grundriß der Geschichte des Privatrechts

I. Das System des römischen Privatrechts

Zur Zeit des alten Rechts gab es, wie bereits erwähnt, innerhalb des Zivilrechts keine sichtbare Gliederung, obwohl in Rahmen des XII-Tafel-Gesetzes die Lebensverhältnisse in den einzelnen Tafeln doch ziemlich getrennt voneinander geregelt waren. Zu erinnern ist z. B. an den Prozeß und an die Zwangsvollstreckung in den ersten drei Tafeln, die Regulierung der Familienverhältnisse in der vierten Tafel etc. Die Trennung der rechtlichen Regelung der öffentlichen und der privaten Lebensverhältnisse wurde aber bereits in der Zeit der mittleren Republik sichtbar – so *ager publicus – ager privatus, servus publicus – servus privatus* etc. Als Ergebnis dieses Prozesses erschien die Rechtsordnung in der Form des *ius publicum* und des *ius privatum.*

Eine gewisse Systematisierung der Regelung der privaten Lebensverhältnisse ist schon aus dem großen Werk des Q. Mucius Scaevola im letzten Jahrhundert der Republik erkennbar, aufgrund dessen von M. Sabinus im 1. Jh. der Kaiserzeit das sog. Sabinussystem aufgebaut wurde. Dieses „System" bedeutet aber mehr eine Serie von Programmpunkten einer Responsensammlung, wobei mit der Erörterung der Vererbung, später mit den Fragen des Besitzes begonnen wird. Das erste auf wissenschaftlichen Erkenntnissen aufgebaute Elementar-, also Lehrbuchsystem, ist bei dem Rechtsgelehrten Gaius im 2. Jh. zu finden, das in den Institutionen, dem Lehrbuch der justinianischen Kodifikatoren, wiederholt wird. In diesem Sinne wird das System des römischen Privatrechts in drei Teile untergliedert, nämlich in: *personae, res* und *actiones.*

Der erste behandelt die rechtliche Regelung der persönlichen Lage des einzelnen Bürgers, der zweite das Vermögensrecht, wie Vermögensgegenstände, Eigentum, Vererbung, Obligationen und der dritte die prozessualen und die außerprozessualen Rechtsmittel. Wenn wir die Dynamik der Entwicklung des römischen Privatrechts erörtern wollen, ist von diesen drei Teilen der dritte der wichtigste. Die bereits bekannten rechtsbildenden Faktoren, die *pontifices,* die Prätoren, die *iuris consulti* haben nämlich durch prozessuale Mittel, also durch die Ausgestaltung verschiedener Klageformulare, die einzelnen subjektiven Rechte, wie später zu erörtern sein wird, aufgebaut. So war dementsprechend das Prozeßrecht, das System der Klagen, der *actiones,* die Wiege des materiellen Rechts, des Personen- und Vermögensrechts.

Vom didaktischen Standpunkt her wäre es deshalb vielleicht am zweckmäßigsten, den Teil über die *actiones* voranzuschicken. Wenn wir allerdings der historischen Systematisierung des römischen Privatrechts treu bleiben wollen, müssen wir das Privatrechtssystem des antiken Rom im Rahmen des von Gaius begründeten und von Justinian aufrechterhaltenen Institutionensystems, das in der europäischen Rechtsentwicklung dem Wesen nach bis in das 18. Jh. in Geltung blieb, erörtern. Im folgenden versuchen wir daher, die Institutionengeschichte des antiken römischen Privatrechts im Rahmen des Personenrechts, des Vermögensrechts und des Zivilprozeßrechts in ihren Grundlagen kurz darzustellen.

II. Das Personenrecht

1. Die Rechtsfähigkeit

Während nach dem heutigen bürgerlichen Recht jeder Mensch eine Person, also rechtsfähig, somit frei ist und die privatrechtliche Rechtsfähigkeit – die Fähigkeit, ein Subjekt von Berechtigungen und Verpflichtungen sein zu können –, die Freiheit aller Menschen grundsätzlich theoretisch und möglicherweise auch praktisch die gleiche ist, ist dies im römischen Recht anders.

Nach dem römischen Recht gibt es Unfreie, Sklaven, also Menschen, die juristisch als Rechtsobjekt, als Sache behandelt werden. Der *servus,* Sklave, ist unfähig, Träger von eigenen Rechten zu sein, er ist nur fähig, Gegenstand von Rechten zu sein. So heißt es bei Paulus, D. 4, 5, 3, 1 u. a.: *Servile caput nullum ius habet* (der Sklave hat kein Recht). Mit *servus* gleichbedeutend wird auch *homo* gebraucht, ebenfalls *mancipium* (= „mit der Hand ergriffen" = gefangen, D. 1, 5, 4, 3 – Florentinus): *mancipia vero dicta, quod ab hostibus manu capiantur* (Sklaven heißen diejenigen, die vom Feind gefangengenommen wurden). Im klassischen römischen Recht wurde nur jener Mensch als *persona* oder als *caput* bezeichnet, der Subjekt von Rechten und Pflichten sein konnte, der also Rechtssubjekt, somit rechtsfähig war. Der Ausdruck „Rechtsfähigkeit" war bei den Römern unbekannt, aber das Wort *persona (caput)* entsprach völlig dem modernen juristischen Ausdruck. Allerdings war das Maß der Rechtsfähigkeit im römischen Recht nach einem sog. „dreifachen" Personenstand bemessen, es wurde determiniert für die Freien nach dem Bürgerrecht und nach der familienrechtlichen Stellung. So unterscheiden wir folgende drei *status* als Stufen der menschlichen Rechtsfähigkeit:

a) den *status libertatis* (Freiheitszustand), wonach die Menschen entweder Freie oder Sklaven sind,

b) den *status civitatis* (Bürgerstand), wonach die Freien entweder römische Bürger oder Nichtbürger sind und

c) den *status familiae* (Familienstand), wonach der römische Bürger entweder Eigenberechtigter *(pater familias,* nicht unter Gewalt stehende Frau) oder Gewaltunterworfener ist.

Paulus betont in seinen D. 4, 5, 11:

Tria enim sunt quae habemus, libertatem, civitatem, familiam.
Wir haben nämlich drei [Güter], Freiheitszustand, Bürgerrecht und Familienzustand.

2. Der status libertatis

Hinsichtlich der wichtigsten Kategorisierung sind nach Gaius alle Menschen entweder Freie oder Sklaven (1, 9): *Et quidem summa divisio de iure personarum haec est, quod omnes homnies aut liberi sunt aut servi.* Obwohl der klassische Jurist Ulpian feststellt, „die Sklaven sind bloße Dinge" (reg. 19, 1), war doch ihre rechtliche Lage von den Gegenständen völlig unterschieden, vor allem auch deshalb, weil man die Ausbeutung der geistigen Arbeitskraft der Sklaven ideologisch begründen mußte. Der Sklave ist vermögensunfähig und wird von der Teilnahme an den bürgerlichen Beziehungen ausgeschlossen, D. 50, 17, 32 Ulpian: *Servi pro nullis habentur* (die Sklaven gelten für keine Person) und D. 28, 1, 20, 7 Ulpian:

Servus quoque merito ad sollemnia adhiberi non potest, cum iuris civilis communionem non habeat in totum, ne praetoris quidem edicti.
Mit Recht kann auch ein Sklave nicht in die Förmlichkeiten des Testaments einbezogen werden, da er nicht die Wohltat genießt, im bürgerlichen Recht, ja, nicht einmal im prätorischen Edikt inbegriffen zu sein.

Obwohl der Sklave rechtsunfähig ist, er somit kein Eigentümer, Gläubiger oder Schuldner, Kläger oder Beklagter sein konnte, war doch seine Handlungsfähigkeit, infolge derer er seinem Herrn Vermögensgegenstände unmittelbar mit Rechtswirksamkeit erwerben konnte, anerkannt. Daraus galt es für den Herrn, den für den Rechtsverkehr entsprechenden Nutzen zu ziehen, was durch den Einsatz des Sklaven als Erwerbsgehilfe erfolgte. So wurde der Sklave als ein selbständig handelnder Erwerbsgehilfe durch die Einräumung eines *peculium* seitens seines Herrn in den Rechtsverkehr eingeordnet. Das *peculium* stellt ein kleines oder auch größeres Sondervermögen dar, das der Herr aus seinem Gesamtvermögen abtrennt und dem Sklaven zur Bewirtschaftung und Nutzung überläßt, nämlich:

Quod servus domini permissu separatum a rationibus dominicis habet, deducto inde si quid domino debetur.
Was ein Sklave mit Genehmigung des Herrn abgesondert vom Vermögen des Herrn besitzt, nach Abzug dessen innehat, was er dem Herrn etwa schuldet (D. 15, 1, 5, 4 – Ulpian).

Übrigens verbleibt das Pekulium im Eigentum des Herrn. Da das vom Sklaven Erworbene dem Herrn gehört, haftet der Herr auch für evtl. Verbindlichkeiten des Pekuliums, das beim Tode des Sklaven an den Herrn zurückfällt.

Die Hausgewalt *(dominica potestas)* über den Sklaven, der durch Kriegsgefangenschaft, Verkauf, infolge einer Strafe oder aufgrund der Geburt durch eine Sklavin oder später infolge einer Strafe in diese Lage geriet, konnte durch die Freilassung seitens des Herrn aufhören.

Der Freigelassene *(libertinus)* war aber trotzdem lebenslänglich seinem ehemaligen Herrn durch das Patronatsverhältnis *(ius patronatus)* rechtlich verbunden. Auch nach der Freilassung war er dem Freilasser als *libertus* oder *libertinus* zu körperlichen oder geistigen Arbeitsleistungen und zur Gehorsamkeit verpflichtet. Außerdem war der Patron nach den Deszendenten des Freigelassenen in zweiter Linie der gesetzliche Erbe des Freigelassenen, und beide waren gegenseitig verpflichtet, im Notfall für den Unterhalt des anderen zu sorgen.

Seit dem Ende der späten Republik, vor allem seit der allgemeinen Krise der auf Sklaverei beruhenden Produktionsverhältnisse ab der zweiten Hälfte des 2. Jh. u. Z. zeigte es sich, daß – wie oben bereits ausgeführt – die Sklavenarbeit infolge der Interessenlosigkeit der Sklaven in der Produktion höchstens noch geeignet war, diese quantitativ, aber nicht mehr qualitativ zu vermehren. Das Ergebnis dieser Erscheinung war im rechtlichen Überbau des Römischen Reiches die Ausbildung des Kolonats. Von Freigelassenen, verarmten Freien, kleinen Bauern u. a. entstand nach und nach eine Schicht, die spätestens seit Konstantin I. 332 gesetzlich an die Scholle gebunden war, obwohl ihre Mitglieder juristisch gesehen persönliche Freiheit genossen. Sie waren Halbfreie, persönlich keine Sklaven, aber de facto Sklaven des Grundstücks, zu dem sie gehörten. Samt dem Grundstück waren sie verkäuflich und näherten sich allmählich der Klasse der Sklaven an, wobei sie des öfteren als Sklaven behandelt wurden. Gewisse Arten des Kolonats waren die Vorläufer der Leibeigenschaft des Feudalismus.

3. Der status civitatis

Die freie Bevölkerung des Römischen Reiches bestand im großen gesehen aus drei Schichten. Die römischen Bürger *(cives Romani)* waren die vollberechtigten Mitglieder des Staates. Sie – aber nur die Männer – besaßen die vollständige politische Rechtsfähigkeit, also aktives und passives Wahlrecht, Berechtigung zum Dienst in den Legionen und die privatrechtliche Befähigung für alle vermögens- und familienrechtlichen Handlungen, d. h. *commercium* und *conubium*. Die Bürgerinnen hatten keine politische Rechtsfähigkeit und stellten die nicht völlig gleichberechtigten Mitglieder der römischen Familie dar.

Eine beschränkte Persönlichkeit (d. h. Rechtsfähigkeit) besaßen vom Gesichtspunkt des römischen Zivilrechts die *Latini*. Dies waren vor allem die Mitglieder der verbündeten latinischen Gemeinden. Sie erhielten nach dem Latinerkrieg (338 v. u. Z.) das Latinerrecht, das *commercium* und evtl. das *conubium*, ausnahmsweise das passive Wahlrecht in den Volksversammlungen in Rom (vgl. oben S. 32). Außer diesen „alten Latinern“ *(Latini veteres, Latini prisci)*, die latinischer Herkunft waren, bekamen das Latinerrecht als Privileg die freien Mitglieder der privilegierten Städte der Provinzen *(coloniae)*, die *Latini coloniarii* genannt wurden und als Privileg das *commercium* besaßen. Daneben gab es Kolonien römischer Bürger, *coloniae civium Romanorum*. Die freien Untertanen des Römerreiches, die vom Gesichtspunkt des römischen Reichsrechts nicht als *persona* behandelt wurden, waren aber dennoch im Sinne der von Rom aufrechterhaltenen Volksrechte der eroberten Länder rechtsfähig.

So war z. B. die ägyptische Geschwisterehe von Rom in dieser Provinz für die Ägypter selbst anerkannt, obwohl dies aus der Sicht des Reichsrechts nicht nur ein Ehehindernis, sondern sogar ein Verbrechen bedeutete. Die freien Untertanen des Römerreiches wurden ebenso *peregrini* (Fremde) genannt, wie die Bürger fremder Staaten. Infolge der bereits mehrfach erwähnten *Constitutio Antoniniana* des Jahres 212 wurde diese Kategorie abgeschafft, alle freie Untertanen des Römischen Reiches wurden zu römischen Bürgern und nur die Bürger anderer Staaten noch als *peregrini* bezeichnet. Außerdem verloren verbannte römische Bürger ebenfalls ihr Bürgerrecht und wurden als *peregrini* behandelt.

Eine dritte Gruppe waren die durch die *lex Iunia* des Jahres 19 u. Z. geschaffenen *Latini Iuniani*, Freigelassene minderen Rechts, die im wesentlichen den *Latini coloniarii* gleichgestellt wurden. Sie besaßen das *commercium* nur *inter vivos* (unter Lebenden), d. h. sie waren zum Testierrecht unfähig.

4. Der status familiae

Dem Familienstand nach waren die römischen Bürger, und nur sie, die *cives Romani*, entweder eigenberechtigt *(sui iuris)* oder Gewaltunterworfene *(alieni iuris)*. Eigenberechtigt war nur der Familienvater *(pater familias)* und die römische Bürgerin *(mater familias)*, die weder unter väterlicher, noch unter eheherrlicher Gewalt *(patria potestas* und *manus)* stand.

Die Änderung des früheren Zustandes *(prioris status commutatio* I. 1,

16 pr.) bedeutete eine Rechtsschmälerung, die *capitis deminutio;* sie konnte dreifach sein:

a) unter *capitis deminutio maxima* verstand man den Verlust der Freiheit,

b) unter *capitis deminutio media* den Verlust des Bürgerrechts, der *civitas Romana* und

c) unter *capitis deminutio minima* die Veränderung des Familienstandes – aus dem Gewaltunterworfenen wurde ein Eigenberechtigter und umgekehrt.

Der Verlust der Freiheit bedeutete naturgemäß den Verlust des bürgerlichen Zustandes *(status libertatis)* und des Familienstandes *(status familiae).* Im erstgenannten Fall geht die rechtliche Persönlichkeit überhaupt verloren, im zweiten und dritten Fall ändert sich nur die bisherige rechtliche Arbeit der Persönlichkeit.

Außer den drei *status* wurde die Rechtsfähigkeit *(persona, caput)* auch durch das weibliche Geschlecht, durch die Ehrlosigkeit (*intestabilitas,* im XII-Tafel-Gesetz bald *infamia,* später *turpitudo*) und durch Arbeitsverrichtung, die von den Römern mit Ausnahme der landwirtschaftlichen Arbeit gesellschaftlich verachtet wurde, beeinflußt. Die Frauen waren politisch rechtsunfähig; der Ehrlose verlor auch seine politischen Rechte und wurde zeugnisunfähig, der physisch Arbeitende besaß nur das aktive Wahlrecht. Bei der Ehrenminderung sind zwei Arten zu unterscheiden: einmal die *infamia iuris,* die infolge von Rechtsvorschriften eintritt. Hier gibt es eine *infamia iuris,* die als gesetzliche Folge einer schimpflichen Handlung, wie unehrenhafte Entlassung aus dem Heer, Betreibung eines unehrlichen Gewerbes, Eingehen eine doppelten Ehe, als Nebenfolge einer gerichtlichen Verurteilung – Diebstahl, Raub, Injurie, Betrug – oder wegen Bruchs des Vertrauensverhältnisses im Zivilprozeß entsteht. Vom Gesichtspunkt des römischen Privatrechts war die prätorische *infamia* von Bedeutung. Die unmittelbare *infamia (i. immediata)* war das Ergebnis einer unsittlichen Lebensführung (z. B. Prostitution), die mittelbare *infamia (i. mediata)* war die Folge der einzelnen Gerichtsurteile im Falle eines Delikts oder Vertragsbruchs. Die *infamia facti* dagegen oder *turpitudo* wurde durch die öffentliche Meinung – ob jemand in Schimpf und Schande geraten war – zum Ausdruck gebracht. Die Festlegung der *turpitudo,* d. h. jemanden als eine *persona turpis* zu erklären, war im justinianischen Recht vom richterlichen Ermessen abhängig.

Die Rechtsfähigkeit *(persona)* des Menschen begann in Rom mit der lebendigen Geburt, die Leibesfrucht war noch keine *persona,* sie war nicht rechtsfähig. Handelte es sich allerdings um die Interessen der Leibesfrucht, wurde auch diese als bereits geborene Person behandelt, wie Paulus in den Digesten 1, 5, 7 betont:

Qui in utero est, perinde ac si in rebus humanis esset custoditur quotiens de commodis ipsius partus quaeritur: quamquam alii antequam nascatur nequaquam prosit.

Für die Leibesfrucht wird, sobald über deren Vorteil eine Frage entsteht, stets so gesorgt, als ob sie schon am Leben wäre. Einem anderen kann sie, ehe sie geboren wird, in keiner Art Vorteil bringen.

Die Empfängniszeit wurde zwischen den von der Geburt zurückgerechneten 182. und dem 300. Tag vermutet. Die Persönlichkeit endete mit dem Tode. Die Verschollenheit besaß dieselben Rechtswirkungen wie der Tod, die Todeserklärung selbst war bei den Römern unbekannt.

5. Die Handlungsfähigkeit

Obwohl dieses Wort bei den Römern nicht angewendet wurde, war dies bei ihnen doch keine unbekannte Kategorie. Die Handlungsfähigkeit hat die gesetzlich anerkannte Fähigkeit zu rechtswirksamem Handeln zum Inhalt und umfaßt zunächst die Geschäftsfähigkeit. Dadurch ist der Betreffende in der Lage, seine Rechtsangelegenheiten nach seinem Willen und durch eigenes Handeln maßgeblich zu regeln. Desgleichen kann er wirksame Verpflichtungen eingehen. Ferner beinhaltet die Rechtsfähigkeit die Deliktfähigkeit, wodurch eine Verantwortung für einen rechtswidrigen Eingriff in fremde Rechtsgüter begründet ist. Der Handlungsfähige war nicht unbedingt rechtsfähig, wie dies bei dem rechtsunfähigen Sklaven der Fall ist; demgegenüber war das gewaltfreie sechsjährige Kind zwar rechtsfähig, aber doch handlungsunfähig, so daß diese beiden Fähigkeiten nicht unbedingt notwendigerweise zusammenfallen.

Die Handlungsfähigkeit wurde also durch das Alter, Geschlecht, den Geisteszustand, die Verschwendung, ja auch durch gewisse körperliche Mängel beeinflußt. Schon seit dem alten Recht wurden die Leute ihrem Alter nach als Mündige *(puberes)* und Unmündige *(impuberes)* untergliedert. Über die Grenzen der Mündigkeit führten zwei Jahrhunderte lang die Prokulianer und die Sabinianer heftige Diskussionen. Justinian legte auf der Grundlage der Ansicht der Prokulianer die Unmündigkeit in zwei Stufen fest: 1. das Kind unter sieben Jahren ist *infans,* völlig handlungsunfähig, seine Erklärungen gelten nicht für das Recht, weder in berechtigender noch in verpflichtender Hinsicht; 2. als *impubes (infantia maior)* gelten die Knaben vom 7. bis 14. und die Mädchen vom 7. bis zum 12. Lebensjahr. Diese Gruppe besitzt die Fähigkeit zum Abschluß einseitig für sie vorteilhafter rechtserwerbender Geschäfte. Sie sind also in der Lage, Geschenke anzunehmen oder sich eine herrenlose Sache anzueignen. Sie durften aber kein Recht veräußern oder sich zu etwas verpflichten, keine Ehe eingehen und kein Testament errichten. Allerdings waren Verfügungen wie Verpflichtungen des *impubes* bei Anwesenheit und Bekräftigung des Vormundes *(tutor statim in ipso negotio praesens debet auctor fieri* D. 26, 8, 9, 5 – Gaius) rechtswirksam.

Justinian fixierte ebenfalls für die Erlangung der Mündigkeit, der *pubertas*, als allgemein geltende Termine für die Knaben das 14. und für die Mädchen das 12. Lebensjahr. Damit waren sie in der Lage, die Ehe einzugehen, Testamente zu errichten und besaßen die volle Rechtsfähigkeit. Um das Jahr 200 v. u. Z. wurde die *lex Plaetoria* (oder *Laetoria*?) erlassen, auf deren Basis die Rechtsentwicklung zur Zeit des Kaiserreiches folgendes Bild aufwies: Noch nicht 25 Jahre alte Personen, *minores viginti quinque annis*, erhielten vom Prätor einen ständigen Vormund *(curator)* und besaßen damit dem Wesen nach bis zum 25. Lebensjahr eine beschränkte Handlungsfähigkeit. Aufgrund der weiteren Rechtsentwicklung entstand so bei Justinian die Kategorie der Volljährigkeit *(maior aetas)* ab 25 Jahren und der Minderjährigkeit *(minor aetas)* unter 25 Jahren. Die über 25 Jahre alten Personen sind volljährig und damit unbeschränkt handlungsfähig und verantwortlich.

Die Frauen, obschon bereits in der frühen Republik als rechtlich selbständig erachtet, waren von allen öffentlichen Funktionen ausgeschlossen und standen bis zum 4. Jh. u. Z. unter einer ständigen Vormundschaft *(tutela mulierum)*. Aber bereits im klassischen Recht war diese beschränkte Handlungsfähigkeit zur Formsache herabgesunken, und nach justinianischem Recht wurde die Frau in zivilrechtlicher Hinsicht prinzipiell dem Manne gleichgestellt. Die Geisteskrankheit *(furor)* zog für den *furiosus*, den Wahnsinnigen, abgesehen von den lichten Intervallen *(lucidum intervallum)* eine völlige Handlungs- und Deliktunfähigkeit nach sich. Die Sucht des Verschwenders *(prodigus)*, dem man die Verwaltung seines Vermögens entzog *(bonorum interdictio)*, um die Familie und auch ihn vor den Folgen der Verschwendungssucht zu schützen, bewirkte eine beschränkte Handlungsfähigkeit.

6. Die römische Familie

Die römische Familie *(familia)* war von Anfang an auf der monogamen Ehe und der väterlichen Gewalt aufgebaut. Dabei spielte die Stellung des *pater familias*, der *homo sui iuris*, also rechtlich selbständig ist, der *suae potestatis*, gewaltfrei ist, also unter keiner Hausgewalt steht, ob er nun Kinder oder eine Ehefrau hat oder alleinstehend ist, eine ganz entscheidende Rolle. Der *pater familias* war sozusagen der *princeps familiae*, dem die Gewalt über seine Familie, zu der alle seiner Hausgewalt unterworfenen Personen, Sklaven und Sachen gehörten, zustand. In der zivilrechtlichen Verwandtschaft spielte ausschließlich die Verwandtschaft im Mannesstamme – natürlich unter der anwesenden oder der ehemaligen Hausgewalt des Familienoberhauptes – eine Rolle, die sog. Agnation, und nur diese Verwandtschaftsart galt rechtlich beim *ius civile*. Im weiteren Sinne sind *agnati* (oder *adgnati*) diejenigen Personen, die Bürger gleichen Stammes und Namens sind, die gegenwärtig unter der *patria potestas* eines gemeinsamen *pater familias* stehen *(sui heredes)* oder ihr, wenn der frühere *pater familias* noch leben würde, unterworfen wären *(proximi agnati)*. Unter der Gewalt des *pater familias* standen die Frau, nämlich unter der eheherrlichen Gewalt *(manus)*, die Söhne und Töchter (unter der väterlichen Gewalt) genau so die Adoptivkinder und die Frauen der Hauskinder (unter der eheherrlichen Gewalt) und die Enkel des *pater familias*. Die letzte Abzweigung der zivilrechtlichen Verwandtschaft war das Geschlecht *(gens)*. Die *gens* spielte aber nur noch in den XII-Tafeln eine erbrechtliche Rolle und verlor später völlig ihre rechtliche Bedeutung. Die agnatische Verwandtschaft wurde durch die Zeugung in einer vollgültigen Ehe *(in iustis nuptiis)* oder durch Adoption oder Manusehe begründet, indem die Ehefrau aus ihrer Stammesfamilie ausschied und unter die *manus* ihres Mannes trat. Die agnatische Verwandtschaft wurde nur im Mannesstamme weitergeleitet und durch *emancipatio* aufgehoben, wobei der aus der Gewalt Entlassene *homo sui iuris* wurde und damit aus dem Familienverband ausschied. Das heißt also, daß die privatrechtliche Unterordnung bis zum Tode des *pater familias* andauerte und auch der volljährige Haussohn mit der gesamten Familie völlig unter der Gewalt des *pater familias* stand.

Die Vermögensgesamtheit des Familienoberhauptes wurde *familia pecuniaque* oder auch allein *pecunia* genannt. Dieses Vermögen, das schon zur Zeit der XII-Tafeln das einheitliche Gut des *pater familias* bildete, war allerdings kein persönliches Vermögen des Familienoberhauptes, aber es war Zeit seines Lebens seiner Alleinherrschaft unterworfen. Daraus folgt, daß der Hausunterworfene nicht in der Lage war, eigenes Vermögen zu besitzen, sondern daß das von ihm Erworbene zum Hausgut gehörte. Die Familienmitglieder, die das Gut nach dem Tod des Familienvaters erhalten haben, wurden als „Eigenerben" *(sui heredes)* bezeichnet, da dieser Ausdruck nur auf das virtuale Eigentum der gewaltunterworfenen Mitglieder der ehemaligen Hausgemeinschaft hinwies.

Die Agnatenfamilie wurde stufenweise, in erster Linie auf erbrechtlichem Wege, von der *cognatio*, d. h. von der aufgrund der Verwandtschaft im Mannes- und Frauenstamme aufgebauten Familie in den Hintergrund gedrängt und bis zur Zeit Justinians stufenweise abgeschafft. Die *cognatio* beruht also auf der natürlichen Blutsgemeinschaft, wobei Kognaten zwei Personen sind, deren eine von der anderen oder die gemeinsam von einer dritten Person abstammen. Sie enthält demnach die Verwandtschaft in gerader Linie, d. h. die Aszendenten und die Deszendenten und die in der Seitenlinie sowohl des Mannes- als auch des Frauenstammes Stehenden. Sowohl die Kognation als auch die Schwagerschaft stellten gewisse Ehehindernisse dar. In dem Grad, in dem jemand der Kognatverwandte eines anderen war, war in demselben Grad der Schwager oder die Schwägerin des Ehegatten der Kognatverwandte des anderen. Die Ehe *(matrimonium)* war nach römischer Auffassung betreffs der Eingehung, Auflösung und des Schutzes derselben weitgehend an die Sitte gebunden. Sie ist nach römischem Recht die juristisch anerkannte Verbindung von Mann und Frau zwecks dauernder ungeteilter Lebensgemeinschaft:

Nuptiae sunt coniunctio maris et feminae et consortium omnis vitae, divini et humani iuris communicatio (D. 23, 2, 1 – Modestin).
Die Ehe ist die Verbindung eines Mannes und eines Weibes und eine Vereinigung für das ganze Leben, die Gemeinschaft nach göttlichem und menschlichem Recht.

Die Römer haben am Grundsatz der Einehe (Monogamie) stets gewohnheitsrechtlich festgehalten, wie die Kaiser Diokletian und Maximian im Jahre 285 fixierten:

Neminem, qui sub dicione sit Romani nominis, binas uxores habere posso vulgo patet, cum et in edicto praetoris huiusmodi viri infamia notati sint. quam rem competens iudex inultam esse non patietur.
Niemand der unter der römischen Herrschaft lebt, darf zwei Fauen [zu gleicher Zeit] haben. Dies ist allgemein bekannt, da auch im Edikt des Prätors diese Männer mit der Infamie bezeichnet werden. Eine solche Handlung darf der betreffende Richter nicht ungestraft dulden. C. 5, 5, 2.

Dabei war es wichtig, daß die Verbindung auf einer rechten ehelichen Gesinnung *(affectio maritalis)* beruhte. Die Ehe verschmolz im uralten römischen Recht mit der eheherrlichen Gewalt des Mannes *(manus)*. Nach dem *ius civile* galt im ursprünglichen Sinne nur die Manusehe als *matrimonium legitimum*, indem die Frau aus ihrer bisherigen Familie ausschied und unter die eheherrliche Gewalt ihres Mannes trat *(in manum convenire)*. Sie besaß jetzt sozusagen eine „Tochterstelle" *(filiae loco)* und wurde juristisch zur *filia familias*. Ihr Vermögen gehörte ab der Eheschließung dem Ehemann, sie selbst nahm den Geschlechtsnamen des Mannes an.

Die Manusehe konnte auf dreifache Weise eingegangen werden:

1. Durch einen religiösen Formalakt, *confarreatio*, wo ein Opferkuchen *(farreus panis)* Iuppiter dargebracht und vor Priestern der Wille zur Eheschließung feierlich erklärt wurde;
2. durch die *coemptio*, indem die Frau in Form der Manzipation ihrem bisherigen Gewalthaber abgekauft wird, was als ein uralter Brauch bei vielen Völkern festzustellen ist und
3. durch die Ersitzung *(usus)* infolge der einjährigen ununterbrochenen tatsächlichen Ausübung der eheherrlichen Gewalt. Diese dritte Art der Manusehe konnte allerdings dadurch verhindert werden, indem die Frau in jedem Jahr für drei Nächte nacheinander *(trinoctium)* die gemeinsame eheliche Wohnung verließ.

Weiterhin gab es außer der Manusehe nach dem *ius gentium* eine vollgültige zivilrechtliche Ehe ohne *manus*. Dabei wurde die Frau feierlich in das Haus des Ehemannes geführt *(deductio in domum mariti)*, nachdem die eheliche Absicht *(affectio maritalis)* seitens beider Ehehälften betont worden war. Die Ehefrau blieb bei dieser Art der Eheschließung Mitglied ihrer bisherigen Familie, wenn sie bisher nicht eine gewaltfreie Frau, also „Kopf und Ende ihrer Familie“ war, und behielt nach dem Tod ihres *pater familias* ihre vermögensrechtliche Selbständigkeit *(sui iuris)*. Die gemeinsam mit ihrem Mann erzeugten und geborenen Kinder wurden agnatische Hauskinder des Mannes, sie selbst war nach römischem Recht nicht mit ihren Kindern verwandt, da sie persönlich keine Agnatin der Mannesfamilie war. Dies war natürlich äußerst unlogisch, so daß mit der allgemeinen Anerkennung der kognatischen Verwandtschaft diese Ansicht fallengelassen wurde. Nach justinianischem Recht bewirkte nicht der Beischlaf, sondern vollzog die Einwilligung die Ehe: *nuptias enim non concubitus, sed consensus facit* (D. 35, 1, 15 – Ulpian).

Daneben gab es Ehehindernisse, die unbedingt zu beachten waren: So waren zunächst unfähig zum Eingehen einer rechtlich gültigen Ehe: 1. Die Sklaven, 2. die Kastraten, 3. die Verheirateten, 4. die Unmündigen, 5. die Geisteskranken (absolute Ehehindernisse). Der unter der Gewalt seines *pater familias* stehende Haussohn hatte unbedingt die Zustimmung seines *pater familias* einzuholen. Desweiteren durften nicht heiraten (relative Ehehindernisse): Blutsverwandte in gerader Linie überhaupt nicht, Seitenverwandte nicht bis zum dritten Grad, Verschwägerte in gerader Linie und Geschwister den Ehegatten ihres Bruders oder ihrer Schwester, Vormund und seine Mündelin.

Die Auflösung der Ehe erfolgte entweder durch den Tod oder durch die Scheidung. Auch dafür gab es bestimmte Formen: Die Manusehe wurde durch einen sog. konträren, d. h. nachgeahmten Akt infolge *diffareatio* (Opfer und Sprüche entgegen der *confarreatio*) oder durch *remancipatio* (Entäußerung durch den Ehemann) aufgelöst. Die manusfreie Ehe wurde auf der Basis des freien Scheidungsrechtes beendet durch *divortium*, also durch die beiderseitige Willenserklärung, wobei die Erklärung vor sieben Zeugen oder die Übergabe des Scheidungsbriefes erforderlich war. Außerdem war die Scheidung der manusfreien Ehe möglich durch *repudium*, also durch eine einseitige Willenserklärung und ohne Zustimmung des Ehepartners. Zur Scheidung durch *repudium* benötigte man im justinianischen Recht streng vorgeschriebene Scheidungsgründe. Bei der *manus*-Ehe wurde, wie gesagt, die Frau eine *filia familias* ihres Mannes, ihr gesamtes Vermögen gehörte von nun an einschließlich der evtl. darauf haftenden Schulden dem Ehemann, der die volle Gütereinheit besaß.

Bei der manuslosen Ehe bestand die Gütertrennung, das Vermögen der eigenberechtigten Ehefrau wurde als freies Vermögen der Frau *(parapherna)* erachtet. Die Frau konnte dem Ehemann freiwillig Rechte daran einräumen, sie mußte es aber nicht. Unabhängig vom Güterstand war der Ehemann für den Unterhalt der Ehefrau und der Kinder verpflichtet. Die Vermögensgegenstände, die durch die Frau während der Ehe erworben wurden, behandelte man nach der Ansicht des Rechtsgelehrten Q. Mucius Scaevola wie die vom Ehemann stammenden. Nach der damit zusammenhängenden *praesumptio Muciana* (D. 24, 1, 51 – Pomponius) wird angenommen, wenn die Ehefrau ein Gut erworben hat und es zweifelhaft ist, woher sie es hat, daß ihr Ehemann es ihr geschenkt habe, damit man nicht an irgendeinen schimpflichen Erwerb denken kann. Seit dem Ende der Republik waren übrigens Schenkungen unter Ehegatten im Sinne einer gewohnheitsrechtlich ausgebildeten Regel ungültig. Dies erfolgte mit der Begründung, daß die eine Ehehälfte die andere nicht durch Gefühlszwang auf diesem Wege ausbeuten könne (D. 24, 1, 3 pr. – Ulpian). Schon zur Zeit der Republik entstand das Rechtsinstitut der *dos*, der Mitgift, die seitens der Ehefrau bei Schließung der Ehe dem Mann als Eigentum gegeben oder obligatorisch von der Ehefrau oder ihren Aszendenten oder von einem Dritten versprochen worden war. Es sollte die materiellen Lasten der Ehe leichter ertragen helfen.

Die *dos* entstammt dem Elternhaus der Frau, die ein Recht auf Bestellung einer *dos* hat, wobei das Recht nicht ihr gilt, sondern darauf gerichtet ist, daß der Mann die Mitgift erhält. Es gibt nach der Herkunft folgende Arten der *dos: dos profecticia,* d. h. eine Mitgift, die vom Vater bzw. väterlichen Großvater dem Ehemann übergeben wurde; *dos adventicia,* die freiwillig von einem anderen, von der Frau selbst oder von ihrer Mutter bestellte Mitgift; die *dos recepticia,* wo bei der Auflösung der Ehe die Rückgabe der Mitgift durch Stipulation versprochen wurde.

Der Ehemann hat über die ihm zu Eigentum übertragenen Dotalsachen das Recht der freien Verfügung. Er durfte die Dotalgegenstände veräußern, dinglich belasten, mußte sich aber stets darüber im klaren sein, daß er im Auflösungsfall der Ehe die Pflicht zur Rückerstattung des völlig unversehrten Vermögensbestandes der *dos* hatte. So waren der Ehemann und seine Erben verpflichtet, die Mitgift oder ihren Geldwert nach der Scheidung der Frau oder ihren Rechtsnachfolgern wieder auszuliefern. Zu diesem Zweck wurde bereits im Jahre 18 v. u. Z. durch die *lex Iulia de adulteriis* dem Mann das Veräußerungs- und auch Verpfändungsrecht für den zum *fundus Italicus* gehörenden Teil der *dos* entzogen. Kaiser Justinian dehnte das Verbot übrigens auf den gesamten *fundus dotalis* aus, damit das ganze Grundstück *in natura* erhalten bleiben sollte.

Das sog. Gegenstück zur *dos* war die Schenkung aus Ehegründen, die *donatio propter nuptias.* Dieser Brauch entstand in der späten Kaiserzeit daraus, daß der Bräutigam seiner Braut, also *ante nuptias,* für die Ehe eine Schenkung machte. Nach Justinian (C. 5, 3, 19 und 5, 3, 20) durfte diese Gabe erst während der Ehe gegeben und vermehrt werden, so daß die Bezeichnung *propter nuptias* richtiger ist (C. 2, 7, 3). Diese *donatio* war dafür gedacht, die Ehefrau im Falle der Ehescheidung – wenn diese nicht von ihr ausging – ökonomisch sicherzustellen, da sie dann kein Erbrecht mehr gegenüber dem Ehemann besaß. Die Rechtsnachfolger der Ehefrau hatten auf dieses Vermögen keinen Anspruch.

Übrigens galt für die Witwe das bereits seit frühesten Zeiten bestehende Gebot, eine bestimmte Trauerzeit einzuhalten, sog. *tempus lugendi.* Später wurden zehn Monate Trauerfrist bis zum Eingang einer neuen Ehe vorgesehen, bei Justinian ein Jahr, um nicht die Abstammung der von ihr geborenen Kinder in Schwierigkeiten zu bringen, da die Mutter sonst infamiert wurde (D. 3, 2, 11, 1 – Ulpian). Die väterliche Gewalt – *patria potestas* – bedeutet die volle Gewalt des Vaters über seine Gewaltunterworfenen, also über das Kind, das Enkelkind vom Sohn, die Frau in *manu* und reicht bis zum Recht über Leben und Tod *(ius vitae ac necis)* und zum Recht, in die Sklaverei zu verkaufen *(ius vendendi).* Einer allzu willkürlich ausgeübten Gewalt des Hausvaters konnte durch das einzuberufende Familiengericht, durch die Rüge der Zensoren *(nota censoria)* oder durch religiöse Strafen erfolgreich entgegengetreten werden. Nach den XII-Tafeln verlor bekanntlich der *pater familias* seine Gewalt über den *filius familias,* wenn er ihn dreimal in die Schuldknechtschaft zwecks Vermietung verkauft hatte.

Der *pater familias* war bis zur Zeit der Gesetzgebung Justinians verpflichtet und berechtigt, entweder im Falle eines Deliktes des Hauskindes die sich daraus ergebenden Folgen (Schadensersatz) auf sich zu nehmen oder aber durch *mancipatio* sein Hauskind, später nur seinen Haussohn, in die Sklaverei des Betroffenen zu geben *(noxae datio).* Dadurch stand dieses Kind in *mancipium* und geriet in die Lage eines Sklaven *(servi loco),* alles Erworbene fiel seinem Herrn zu, der ihm nur durch *manumissio* die volle Freiheit wiedergeben konnte. Justinian hob die noch bestehenden letzten Relikte dieses traurigen Rechts auf, nachdem bereits am Ende der frühen Republik das *ius vitae ac necis* des *pater familias* beseitigt worden war. Auch über das Vermögen des Hauskindes hatte der *pater familias* die volle Verfügungsgewalt, ja das Hauskind war nicht einmal fähig, eigenes aktives Vermögen zu haben, das von ihm Erworbene wird für den Hausvater erworben. Nach und nach wurde aber dann in der mittleren und späten Republik diese Strenge des alten Rechts gebrochen und für das Hauskind bis zur Kaiserzeit die aktive Vermögensfähigkeit eingeführt.

So wurden zunächst die vom Haussohn als Soldat erworbenen Güter, auch die ihm von Verwandten und Fremden gemachten Geschenke sein Eigentum und standen als sog. *peculium castrense* zu seiner freien Verfügung. Dieses *peculium castrense* kann er völlig frei wie ein *pater familias* verwalten oder auch testieren. Diese Regelung des *filius familias miles* wurde unter Augustus eingeführt. In der Zeit des Dominats wurde dem *filius familias* derjenige Haussohn, der öffentlicher Beamter war, gleichgestellt und juristisch fixiert, daß das von ihm Erworbene sein *peculium quasi castrense* darstellte, für das die gleichen Rechtsgrundsätze wie für das *peculium castrense* des *filius familias miles* galten. Kaiser Konstantin d. Gr. gestattete danach dem *filius familias* jeglichen Erwerb, der Vater besaß nur noch über alle Vermögensgegenstände des Familienkindes, die nicht von ihm stammten, ein Nießbrauchsrecht. Damit hatte das Hauskind die Möglichkeit, die *bona materna* (Erbschaft der Mutter) zu erwerben, dann die *bona materna generis* und schließlich jeden von einem Dritten erfolgten Erwerb, so daß damit der Begriff der *bona adventicia* gegeben war. Danach war *adventicium* alles nicht vom Vater, noch *castrense* bzw. *quasi castrense* Erworbene, das Eigentum daran hatte nunmehr das Hauskind. Dem Vater stand, wie oben bereits angedeutet, nur noch Nießbrauch und Verwaltung zu. Als sog. *peculium* alten Stils bleibt nach dem justinianischen Recht das *peculium profectium* bestehen. Dies bedeutet, daß das vom Vater dem Sohn zur freien Verfügung Gegebene Eigentum des *pater familias* bleibt.

Die väterliche Gewalt entstand entweder durch Geburt aus der Ehe eines römischen Bürgers mit einer Bürgerin, durch Annahme an Kindes statt (*arrogatio* = Annahme eines Eigenberechtigten, *adoptio* = Annahme eines Gewaltunterworfenen). Seit der Kaiserzeit konnte die *patria potestas* auch durch eine Legitimation der außerhalb der Ehe erzeugten Kinder durch nachfolgende Ehe oder durch kaiserlichen Gunstbeweis erfolgen.

Was die Geburt in der römischen Ehe angeht, äußerten die römischen Juristen die Vermutung, daß der Vater des Kindes der Mann der Kindesmutter ist, wenn das Kind gerechnet von der Eheschließung 182 Tage und nach dem Ende der Ehe innerhalb von 300 Tagen geboren war. Die väterliche Gewalt endete, wenn das Hauskind nach altem Brauch *flamen Dialis* (Priester des Iuppiter) oder *virgo Vestalis* (Priesterin der Göttin Vesta = Vestalin) wurde, nach justinianischem Recht dann, wenn der Haussohn entweder die Würde eines *patricius* oder Bischofs erlangte, desgleichen ebenfalls, wenn der Vater das Kind ausgesetzt oder die Tochter verkuppelt hatte. Stirbt der Vater, so werden nur die ihm unmittelbar Gewaltunterworfenen befreit, während die Kinder des Sohnes nunmehr in die *patria potestas* ihres jetzt selbstberechtigten Erzeugers geraten.

Der Staat bestellte für diejenigen, die als *homines sui iuris* nicht unter der väterlichen Gewalt – und natürlich auch Obhut – standen, in Ergänzung des Familienrechts die Vormundschaft. Die römischen Juristen schufen keinen speziellen Begriff des Vormundschaftsrechts und unterschieden nach *tutela* und *cura*, worauf gleich zurückzukommen sein wird. Während nach dem alten römischen Recht die Familie, die Agnaten, die Fürsorge für die Schutzbedürftigen innehatten, wurden später spezielle Beamte mit der Regelung dieser Aufgabe betraut. Generell war die Vormundschaft (*tutela* oder *cura*) ein Rechtsinstitut, das als Ersatz bzw. zur Ergänzung der fehlenden bzw. der nicht vollständigen Handlungsfähigkeit befugt war. Es gab zwei Arten der *tutela:* einmal die *tutela impuberum*, also die Vormundschaft über die Unmündigen, für den *homo sui iuris* bis zum 14., für die Mädchen bis zum 12. Lebensjahr; ferner die *tutela mulierum,* also die Vormundschaft über die Frauen, die entweder vom *pater familias* oder vom Ehemann versehen wurde, während die unverheiratete Frau *sui iuris* einen *tutor* (Vormund) erhielt (s. o. S. 148). Die *tutela mulierum* verschwand aber im 4. Jh. Die *cura* dagegen wurde angewandt, wenn ein Kurator statt des Mündels über das Vermögen derjenigen Personen verfügte, die einer besonderen Pflege und Obhut bedurften. Der Kurator erhält die Verwaltung des Vermögens allein übertragen, da der Pflegling geschäftsunfähig war.

Diese römische *cura* hatte drei Anwendungsbereiche: Die *cura minorum viginti quinque annis,* die Vormundschaft über unter 25 Jahre alte Personen, dann die *cura prodigi,* also über einen Verschwender, der eine unvollkommene Geschäftsfähigkeit besaß und der vom Prätor wegen seiner Verschwendungssucht kraft des XII-Tafel-Gesetzes und nach dem Gewohnheitsrecht (D. 27, 10, 1 pr. – Ulpian) entmündigt worden war (s. o. S. 148). Dabei nahm der Kurator die Verwaltung des Vermögens in die eigenen Hände, allerdings war nach dem klassischen Recht (D. 29, 2, 5, 1 – Ulpian) dem Verschwender erlaubt, selbst eine Erbschaft anzutreten und sein Vermögen verbessernde Geschäfte selbständig vorzunehmen; schließlich die *cura furiosi,* also über einen Wahnsinnigen, der nach dem XII-Tafel-Gesetz (V, 7) unter der *potestas* der Agnaten oder Gentilen stand. In der Folgezeit erfolgte die Ausdehnung der *cura furiosi* über *mente capti* (Geistesgestörte), Stumme und Taube, die ihre Geschäfte nicht selbst ordnungsgemäß erledigen konnten.

Die Vormundschaft über die Unmündigen *(tutela impuberum)* und auch über die Frauen *(tutela mulierum)* konnte auf dreierlei Basis fußen:
1. auf der *tutela testamentaria,* d. h. auf der Basis des Testaments, wobei der *pater familias* für die durch seinen Tod *sui iuris* werdenden Kinder oder für die *uxor in manu* einen *tutor* bestellte, der kraft dieser testamentarischen Verfügung Vormund wurde; 2. gab es die *tutela legitima,* die dann in Kraft trat, wenn kein Testament vorhanden war (D. 26, 4, 1 pr. – Ulpian). Dabei wurde der nächste gesetzliche Erbe – nach altem Recht der Agnat, nach justinianischem Recht der Kognat – berufen; 3. bestand die *tutela dativa,* wenn kein entsprechendes Testament und kein gesetzlicher Vormund vorhanden war. Dabei wurde durch die Behörde ein Vormund bestellt. Vor Justinian wurde diese Vormundschaft durch eine *lex Atilia* (2. Jh. v. u. Z.) geregelt, deshalb hieß dieser Vormund *tutor Atilianus.*

Trieb der Vormund Mißbrauch mit seinem Vermögensverwaltungsrecht, so wurde er aus diesem Amt entfernt *(remotio).* Wurde für ihn unter Umständen die Vormundschaft zu lästig, so konnte er auf Ansuchen davon befreit werden. Zur Sicherung der Unverletzlichkeit des Vermögens des Mündels war der Vormund, wenn er ein sog. *tutor legitimus* war, zum Stellen einer Kaution verpflichtet, in den anderen Fällen belastete man sein gesamtes Vermögen mit einer generellen gesetzlichen Hypothek als Sicherheit.

7. Die „juristischen Personen"

Auch im römischen Recht gab es seit der klassischen Zeit Personenzusammenschlüsse und seit dem Dominat Zweckvermögen, die eine Rechtsfähigkeit besaßen, also Subjekte von Berechtigungen und Verpflichtungen sein konnten. Die mit Rechtsfähigkeit ausgestatteten Personenzusammenschlüsse wurden von den Römern im allgemeinen *universitas,* in Einzelfällen *corpus* (z. B. der Verein der Reeder), Kollegium (z. B. Bestattungsvereine) genannt, während das Zweckvermögen, das infolge der selbständigen Organisation auch rechtsfähig war, *pia causa,* d. h. „milde Stiftung", hieß. Es handelte sich hierbei beispielsweise um ein Vermögen zwecks Aufrechterhaltung eines Krankenhauses, einer Schule oder ähnlichem. Der Ausdruck „juristische Person" war in Rom unbekannt.

Anfangs gab es im privaten Bereich keine Vereine. Der römische Staat wurde auf öffentlichem Gebiet durch die Staatsschatzkammer *(aerarium)* vertreten. Das republikanische *aerarium* spielte aber auf dem Gebiet des Privatrechts keine Rolle, während im gewissen Maße die Regeln des Privatrechts auf die Staatskasse des Princeps *(fiscus)* angewendet wurden. Der Fiskus war allerdings kein wirkliches Vermögen des Kaisers, obwohl die Regeln des Privatrechts in den vom Fiskus abgeschlossenen Verträgen galten, was dadurch offenbar wird, daß das tatsächliche Privatvermögen des Herrschers *(patrimonium)* von den testamentarischen oder gesetzlichen Erben geerbt wurde, während der Fiskus nach dem Tode des Kaisers den Thronnachfolgern gehörte. Seit der Dominatszeit verschmolzen die beiden Staatsschatzkammern und gehörten zum Bereich des *ius publicum.* Die Entstehung der Privatvereine *(collegia, sodalitas, sodalicia)* ist auf die Entwicklung der öffentlichen Körperschaften zurückzuführen. Die Provinzstädte, also *civitates* und *municipia,* spielten genau wie die Körperschaften der städtischen Beamten schon in der republikanischen Zeit im Bereich des öffentlichen Rechts eine selbständige Rolle. Ihre Autonomie setzte aber das Bestehen eines gewissen Privatvermögens voraus, wodurch sie auf diesem Gebiet auch privatrechtlichen Charakter gewannen.

Gaius betont: *civitates enim privatorum loco habentur* (die Städte werden als Privatpersonen behandelt – D. 50, 16, 16). Aufgrund dieser schon früher entwickelten, aber erst von Gaius präzisierten These boten die Prätoren den *civitates* die Möglichkeit, vor den Gerichten durch ihren Vertreter als Privatpersonen mit natürlichen Personen oder auch mit Vereinen prozessieren zu können. So wurden die öffentlichen Körperschaften schon zur Zeit der ausgehenden Republik in Rom als private Rechtssubjekte betrachtet.

Die Gründung der Vereine war in Rom ursprünglich an keine offizielle Erlaubnis gebunden. Ein Gesetz aus der Zeit des Augustus – *lex Iulia de collegiis* – setzte aber schon zur Gründung von Privatvereinen die Genehmigung der zuständigen Behörden, später des Senats voraus. Zur Gründung eines Vereins brauchte man unbedingt drei Mitglieder *(tres faciunt collegium)*.

Die rechtliche Organisation der Körperschaften oder Vereine wurde nach innen durch Sachbearbeiter (Verwalter), nach außen durch Vertreter *(actor)* hergestellt. Die Kompetenz derselben wurde durch ein Statut, eine Satzung *(lex collegii)* fixiert. Dieses Statut regelte nicht nur Ein- und Austritt der Mitglieder, die auch Frauen und Sklaven sein konnten, sie fixierte auch die zwischen Verein und Mitgliedern bestehenden Rechte und Pflichten.

Im Bereiche des Privatrechts besaßen die Körperschaften bzw. Vereine eine vollständige Rechtsfähigkeit mit Ausnahme solcher Berechtigungen, die nur an die Person eines Menschen geknüpft war (väterliche Gewalt etc.). Das Vermögen des Vereins war unabhängig vom Vermögen der einzelnen Mitglieder. Der Austritt vom Verein oder der Tod eines Mitglieds berührte keineswegs die Existenz des Vereins.

Da der Verein in sich selbst handlungsunfähig war, fungierten stattdessen seine Vertretungsorgane (*actor* – siehe oben – und *syndicus*). Die Verträge wurden statt des Vereins vom Vertreter abgeschlossen, der – allerdings immer in seinem eigenen Namen – zu prozessieren befugt war. Die erworbenen Berechtigungen und Verpflichtungen hatte er mit einem weiteren Akt dem Verein zu übertragen.

Die Aufhebung der Körperschaften bzw. der Vereine erfolgte durch einen kaiserlichen Auflösungsakt, durch die Vereitelung ihrer Ziele und durch die den Verein auflösende Entscheidung der Mitglieder, z. B. im Falle der Erschöpfung des Vereinsvermögens. In der nachklassischen Periode wurde auch die christliche Kirche als eine Körperschaft der christlichen Funktionäre staatlich anerkannt. Das Kirchenvermögen wurde Eigentum der Kirchengemeinde, über das der Bischof die Verwaltungskompetenz besaß. Anfangs vermachten größtenteils kinderlose Ehepaare ihr Vermögen in ihrer letztwilligen Verfügung der Kirche zwecks Gründung eines Spitals, eines Waisenhauses oder zu anderen Zwecken (Fonds). Seit dem 5./6. Jh. erschienen erstmalig diejenigen Testamente, in denen der Erblasser sog. „milde Stiftungen" mit der Bestimmung einer selbständigen Verwaltungsorganisation *(gubernatio)* anordnete. Dieses mit einem Selbstverwaltungsrecht ausgestattete Zweckvermögen wurde von der spätkaiserlichen Gesetzgebung als „juristische Person" behandelt (C. 1, 3, 41, 11–20) und wird heutzutage als Stiftung bezeichnet. Die Stiftung wurde durch eine Gründungsurkunde gebildet und besaß wie die Vereine Rechtsfähigkeit.

III. Das Vermögensrecht

1. Die Sachen, das Eigentum, der Besitz und die Rechte an fremden Sachen

Der Rechtsgelehrte Gaius erörterte im 2. Jh. unter dem Titel *De rebus* (Über die Sachen) im modernen Sinne gesehen das gesamte Vermögensrecht. Innerhalb dieses Teils ist es aber doch erforderlich, zwischen den Teilen, die sich mit den Sachen, mit den einen absoluten Rechtsschutz genießenden Rechten, wie Eigentum, Besitz, Rechte auf fremde Sachen, mit der Erbfolge und mit den Teilen, die sich mit den Obligationen beschäftigen, zu unterscheiden. Unter dem Begriff der Sache *(res)* verstanden die Römer körperliche Dinge, Vermögen, im allgemeinen alles, worüber der Erwerb von Eigentum möglich war bzw. was Gegenstand eines Rechts oder Rechtsstreites sein kann. Später wurde unter dem Einfluß verschiedener rechtspolitischer und rechtstechnischer Gründe von den Rechtsgelehrten Roms die Kategorie der körperlosen Sachen *(res incorporales)* ausgebildet. Unter diesen verstanden sie die Rechte, die Berechtigungen, wie dies aus den gaianischen und danach aus den justinianischen Institutionen (Lehrbüchern) ersichtlich ist.

Die Gesamtheit der Sachen (Berechtigungen) und Verpflichtungen machten das Vermögen aus (D. 50, 16, 49 – Ulpian und D. 50, 16, 83 – Iavolenus), das mit den Ausdrücken *familia pecuniaque* – wie schon im Familienrecht erwähnt – und weiterhin *patrimonium, bona, pecunia, res* bezeichnet wurde. Der getrennte Vermögensteil hieß Sondervermögen *(peculium)*, das vom Familienoberhaupt dem Hauskind oder dem Sklaven verwaltungshalber zur Verfügung gestellt wurde. Was die Kategorisierung der Sachen angeht, sind diesbezüglich die ersten Anfänge auf die ältesten Zeiten zurückzuführen. Die italischen Grundstücke, die Sklaven und Zugtiere, also die wichtigsten Produktionsmittel der italischen Landwirtschaft und zudem gewisse Berechtigungen, wie Weg- und Wasserleitungsdienstbarkeiten *(iter, via, actus, aquaeductus)* waren nur durch einen formalen Rechtsakt *(mancipatio)* übertragbar. Diese Gegenstände waren *res mancipi*. Schon zur Zeit der Republik ist eine andere Kategorisierung der Sachen festzustellen, und zwar wird differenziert in die Sachen der Gemeinde, des Staates *(res publica)*, z. B. öffentliche Straßen, Wege, Plätze, Bäder, Thermen, Arenen, Flüsse etc. und in die der Privatleute *(res privatae)*.

In der klassischen Zeit wurden weitere Einteilungen vorgenommen. Die Klassiker kannten die zum Privatvermögen gehörenden und die außerhalb des Privatvermögens stehenden *(res in patrimonio* und *res extra patrimonium)*. Zur Kategorie der *res extra patrimonium* gehörten sowohl unter das Sakralrecht wie unter das profane Recht fallende Sachen. Unter ersterem verstanden sie die mit dem Götter- und mit dem Totenkult in Verbindung stehenden Sachen und die Stadtmauern sowie die Stadttore *(res sacrae, religiosae* und *sanctae).* Die unter das profane Recht fallenden *res extra patrimonium* waren Dinge, die allen Menschen zugänglich sind *(res omnium communes),* wie die Luft, das Flußwasser in seiner Gesamtheit und die *res publicae* (die Vermögensgegenstände der Staatsschatzkammer), ferner gehörten zur Kategorie der *res extra patrimonium* herrenlose und verlassene Sachen (*res nullis* und *res derelictae).*

Eine weitere Einteilung der Sachen war die in verkehrsfähige und in verkehrsunfähige Sachen (*res in commercio* und *extra commercium).* Die ersteren duldeten einen Eigentumswechsel, die anderen nicht. Es gab Sachen, die sowohl *res extra commercium* als auch *res extra patrimonium* waren (z. B. das *Forum Romanum*). Die unter einem Gerichtsprozeß stehenden Sachen waren *res in patrimonio,* aber *res extra commercium.*

Die Einteilung der Sachen in bewegliche und in unbewegliche stammt aus dem nachklassischen Zeitalter, während vorher dieser Unterschied von geringerer Bedeutung war. Eine weitere Differenzierung der Sachen bedeutete die Kategorisierung derselben, die nach ihrem Gewicht, Masse oder Anzahl *(pondere, mensura, numero)* im Warenverkehr eine Rolle spielten, vertretbare Sachen, nach nichtrömischem Ausdruck *res fungibiles,* z. B. Nahrungsmittel, in Serie angefertigte Teile, wie z. B. Hammerköpfe etc. Ein Teil dieser vertretbaren Sachen ist als Kategorie der verbrauchbaren Sachen zu behandeln, die mit einem einmaligen Gebrauch vernichtet werden, wie z. B. Nahrungsmittel. Das Geld wurde von den Römern ebenfalls als eine zu verbrauchende Sache qualifiziert. Des weiteren gibt es noch eine Gliederung in teilbare und unteilbare Sachen. Die ersteren waren Gegenstände, die ohne eine unangemessene Entwertung und ohne Veränderung ihres Wesens zu teilen waren, z. B. Rohstoffe. Bei den Römern galt als unteilbare Sachenverbindung auch der Bestandteil, so in rechtlicher und physischer Hinsicht vereinigte Sachen, wie z. B. das Möbelstück, das bewegliche Zubehör eines Grundstücks, das die Pflege des Gutes sicherte *(instrumentum)* und die Sachgesamtheit *(universitas rerum distantium),* z. B. eine Bibliothek, eine Herde oder eine Sammlung.

Die Entwicklung des Privateigentums fand in Rom stufenweise statt, und zwar in erster Linie an den beweglichen Sachen. Der Ursprung des Privateigentums an Grundstücken ist nach legendären Quellen auf das von Romulus, dem ersten römischen König, aus dem gentilen gemeinschaftlichen Landbesitz für den Familienvater zwecks Hauswirtschaft herausgelöste Grundstück von etwa $^1/_4$ ha (ein *iugerum)* zurückzuführen. Das Grundstück wurde als ein im Rahmen der Hausgemeinschaft vererbbarer und äußerst wichtiger Vermögensgegenstand, *heredium* (vererbliches Gut), bezeichnet. Die eroberten italischen Ländereien sah man seit der Zeit der frühen Republik als

Eigentum des römischen Volkes *(ager publicus populi Romani)* an, ab dem Agrargesetz von 111 v. u. Z. gingen diese Landgüter in das Privateigentum einiger großer Familien über. Damit endete der Prozeß, in dessen Rahmen sich das Privateigentum in Rom völlig entwickelte. Zur Bezeichnung des Eigentums wurde anfangs der Ausdruck „es gehört mir" *(meum est)*, bald der des *dominium* (ursprünglich das Eigentum des Oberhauptes der Hausgemeinschaft), zur Zeit des Kaiserreiches der Begriff *proprietas* (persönliches Privateigentum, vom Worte *proprius* = eigen) verwendet.

In der Zeit der Republik bildete sich das Zivileigentum, d. h. ausschließlich dem römischen Bürger zustehendes Eigentum *(dominium ex iure Quiritium)* aus. Unter dem Ausdruck *Quirites* verstand man die Bürger des ältesten Rom. Dieses Eigentum konnte nur ein römischer Bürger von einem anderen, an einer verkehrsfähigen Sache, mit Hilfe einer zivilrechtlichen Erwerbungsart *(res mancipi* durch Manzipation, *res nec mancipi* durch Tradition) erwerben. Im erstgenannten Fall *(mancipatio)* geschah dies durch einen fünf Zeugen und eine Waage benötigenden Formalakt, bei der der Eigentumserwerber die vorgeschriebenen Worte sagen mußte, im zweiten Fall durch eine formlose Besitzübertragung.

In der mittleren Republik erfolgte die Ausbildung des prätorischen Eigentums. Der riesige Sklavenhandel war durch den schwerfälligen, rigorosen Manzipationsakt im Falle des Marktverkaufs von oft Hunderten und Tausenden von Sklaven sehr diffizil. Der Prätor half diesem Verkauf dadurch, daß er auch dem Käufer einer großen Sklavenmenge in jenem Fall einen Rechtsschutz bot, wenn er die Sklaven nicht durch einzelne Manzipationsakte, sondern durch einen formlosen Besitzübertragungsakt *(traditio)* erwarb. Dieser Besitz- bzw. Eigentumsschutz war der Grund der Ausbildung des sog. prätorischen Eigentums *(in bonis esse)*. Die Provinzialgrundstücke wurden seit Beginn des Prinzipats das Eigentum des römischen Volkes, aber dem Benutzer dieser Grundstücke sicherte man ein gewisses veräußerliches und vererbliches Nutzungsrecht *(possessio vel ususfructus* = Besitz und Nießbrauch).

Als vierte Eigentumsform wurde auch das sog. peregrinische Eigentum seitens des römischen Eroberers anerkannt, und zwar nach dem heimischen Volksrecht unter den Peregrinen der Provinzen. Die vier Eigentumskategorien wurden z. T. durch die *Constitutio Antoniniana* (212), andererseits durch den Angleichungsprozeß zwischen Italien und den Provinzen seit dem 4. Jh. u. Z. abgeschafft. Seit dieser Zeit gibt es der Rechtstheorie nach eine einheitliche Eigentumsform, obwohl, wie oben bereits ausgeführt, zwischen dem Sklaveneigentum und dem gewöhnlichen Wareneigentum doch ein gewisser Unterschied ununterbrochen bestehen blieb (E. Pólay).

Den Inhalt des Eigentums differenzierten die Rechtsgelehrten der klassischen Zeit in als Nutzung *(uti)*, Fruchterwerb *(frui)*, in Verfügung (bis zur

Vernichtung der Sache) haben *(abuti)*, haben *(habere)* und schließlich besitzen *(possidere)*. Der Inhalt des Eigentums wurde aber infolge öffentlicher Interessen – z. B. im nachklassischen Zeitalter durch Enteignung etc., – z. T. durch Privatinteressen, wie z. B. bei den Nachbarrechten schon zur Zeit der XII-Tafeln – beschränkt.

Dieselbe Sache konnte in einzelnen Fällen das Eigentum mehrerer Eigentümer bzw. Miteigentümer sein. Im archaischen Recht war jeder Miteigentümer befugt, über die gemeinsame Sache ganz unabhängig von den anderen zu verfügen *(societas ercto non cito)*. Diese veraltete Regel wurde aber bereits in der mittleren Republik stufenweise in den Hintergrund gedrängt, so daß zur klassischen Zeit die moderne Rechtsregel über die „untrennbare und ebenmäßige" Verfügung *(pro indiviso pro parte)* entstand.

Die entsprechenden Stufen zur Regelung des Eigentums brachte auch die Ausgestaltung des Besitzes *(possessio)* mit sich. Diese Institution ist auf einen Doppelursprung zurückzuführen: z. T. auf die Ersitzung nach den XII-Tafeln *(usus)*, z. T. auf die zum prätorischen Schutz des eroberten Landgutes des römischen Staates *(ager publicus)* von Einzelpersonen bzw. einzelnen großen Familien ausgeübte tatsächliche Macht.

Die wichtigsten juristischen Prinzipien des Besitzes wurden von den Rechtsgelehrten der ausgehenden Republik, den *veteres* (alten Rechtsgelehrten), erarbeitet: a) es können nur körperliche Sachen die Gegenstände des Besitzes werden, b) mehrere Personen können dieselbe Sache nicht zur gleichen Zeit besitzen, c) ein unbestimmter Teil der Sache ist nicht zu besitzen. Das Eigentum ist eine rechtliche, der Besitz eine tatsächliche Macht über die Sache, so daß der Besitz mit der Frage der Rechtmäßigkeit oder Rechtswidrigkeit nichts zu tun hat. Das bedeutet aber keineswegs, daß die Rechtswirkungen, z. B. die Ersitzung mit der Gutgläubigkeit bzw. mit dem bösen Glauben (*dolus malus* = Arglist) in keiner Verbindung stehen.

Die XII-Tafeln und die im 3. Jh. v. u. Z. publizierten Klauseln des prätorischen Edikts und auf Grund dessen die Rechtswissenschaft fügten zu dieser tatsächlichen Macht noch zwei grundlegende Rechtswirkungen hinzu: einmal die Ersitzung der Sache, also im Falle des Besitzers, der die Sache nicht durch Verbrechen erwarb, später im Falle der Gutgläubigkeit und zweitens den gerichtlichen Besitzschutz. Dieser bestand entweder bei den besitzenden bzw. beim seines Besitzes beraubten Eigentümer, beim guten und böswilligen Besitzer, beim Erbpächter, beim Faustpfandgläubiger, beim Verwahrer der bestrittenen Sache *(sequester)* und beim Gefälligkeitsbenutzer *(precarista)*.

In diesen sieben Fällen sprechen die Quellen über Besitz im engeren Sinne *(civilis possessio)*. Wenn allerdings die tatsächliche Macht über eine Sache mit Rechtswirkungen – in erster Linie mit Besitzerschutz und Ersitzung – nicht verbunden war, so reden sie von einem „natürlichem Besitz" (*naturalis possessio,* mit nicht antikem Ausdruck = *detentio*). „Der Besitz wird körperlich und durch Absicht erworben", sagt Paulus (D. 41, 2, 3, 1). Der Besitz enthält also zwei Elemente: die Möglichkeit einer körperlichen Einwirkung (*corpus* = Körper) und den Besitzwillen (*animus* = Geist, Wille).

Die Besitzerwerbung erfolgte durch einen eigenmächtigen Akt oder durch körperliche Übertragung des Besitzes (*traditio* = Besitzübertragung). Die *traditio* konnte nicht immer effektiv stattfinden. Sie geschah manchmal durch die Besichtigung des Grundstücks von beiden Teilen des Traditionsaktes (*longa manu traditio* = Übergabe mit langer Hand), durch einen symbolischen Akt, z. B. Übergabe der Schlüssel des Kellers oder durch *brevi manu traditio* (Übergabe mit kurzer Hand), z. B. in dem Falle, wenn der Mieter das Haus kaufte und darin wohnen blieb. In diesem Falle blieb er zwar unverändert weiter im Haus, aber die *causa,* d. h. die Ursache des Besitzes wurde verändert, ohne daß man es äußerlich sehen konnte. Das Ende des Besitzes geschah durch die Abschaffung der zwei Elemente – *corpus* und *animus* – oder durch die des einen oder anderen, *solo animo, solo corpore,* z. B. Verlust oder absichtliches Verlassen der Sache.

Der Besitzschutz bedeutete den gerichtlichen Schutz der über die Sache ausgeübten tatsächlichen Macht durch prätorische *interdicta,* zuerst außerprozessuale Rechtshilfe, gegen die Besitzstörung bzw. gegen den Besitzentzug. Im Rahmen dieses Verfahrens spielte es keine Rolle, ob der Besitzer eine Berechtigung zum Besitzen hatte oder nicht. Es wurde nur die Frage untersucht, ob er die tatsächliche Macht nicht etwa fehlerhaft *(vi, clam, praecario* = durch Gewalt, durch Arglist oder durch sog. gefällige Benutzung) erworben hatte. Die Interdikte fixierten später vorschriftsmäßige Klagen, die man als Besitzklagen bezeichnete. Der Besitzprozeß war in vielen Fällen deshalb Ursache des Eigentumsprozesses, weil er geeignet war, die Position der Prozeßpartner im Rahmen des Eigentumsprozesses zu bestimmen. Der Partner, der den Besitzprozeß gewonnen hatte, wurde der Beklagte des Eigentumsprozesses und deshalb mit der Beweislast des Klägers, also desjenigen, der den Besitzprozeß verlor, belastet. Die Eigentumserwerbung stand mit der Besitzerwerbung in engster Verbindung.

Den Quellen des römischen Rechts nach gab es zwei Arten des Eigentumserwerbs, und zwar die „natürlichen" nach dem *ius gentium,* die „bei allen Völkern zu finden waren", wie Aneignung, Schatzfund, Verbindung, Vermischung, Verarbeitung, Fruchterwerb und Tradition, und die nach dem Zivilrecht. Diese erfolgte durch die *mancipatio* vor fünf Zeugen und vor dem Waagebehälter durch vorgeschriebene Worte des Eigentumserwerbers und die Bezahlung des symbolischen Kaufpreises als stattgefundener symbolischer Barkauf. Bei der *in iure cessio* geschah die Eigentumsübertragung durch einen symbolischen Prozeß. Die Voraussetzungen der Ersitzung waren dem klassischen Recht nach folgende: Eine zur Ersitzung geeignete verkehrsfähige Sache, die von dem gutgläubig Besitzenden zur Zeit der Erwerbung mit einem rechtlich anerkannten Erwerbstitel in der vorgeschriebenen Zeit erworben wurde, galt nach Ablauf der vorgeschriebenen, ungestörten Ersitzungsfrist als ersessen. Der Besitzer mußte ein „Eigenbesitzer" sein.

Zur Zeit der XII-Tafeln waren diese Voraussetzungen, wie bereits ausgeführt, nicht nötig, nur die Ersitzungstermine waren bei Mobilien ein Jahr, bei Immobilien zwei Jahre. Der Eigentumsschutz wurde vom Prätor durch Eigentumsklagen gesichert. Die für den oben erwähnten zivilrechtlichen Eigentümer gesicherte Eigentumsklage *(rei vindicatio)* brauchte seitens des Klägers den Beweis, daß bei ihm zur Ersitzungszeit beschränkt die Voraussetzungen der Ersitzung bestanden hatten. Der Kläger, der den Prozeß gewann, war berechtigt, die Herausgabe der Früchte des Prozeßgegenstandes zu verlangen, während der Beklagte in jenem Fall den Wert der Investitionen auf die Sache bzw. ihr Abholen fordern konnte.

Das prätorische Eigentum wurde durch die sog. *actio Publiciana,* eine vom Prätor Publicius publizierte Klageformel, gesichert. Der Prätor betrachtete in diesem Fall – mit Hilfe einer Fiktion – den Erwerber der Sache so, als ob er die Sache schon ersessen hätte. Übrigens gewann diesen Prozeß diejenige Prozeßhälfte, die im Rahmen des Prozesses einen stärkeren Rechtstitel nachweisen konnte. So hatte beispielsweise der eine Partner die Sache vom zivilrechtlichen Eigentümer, der andere nur von einem Besitzer erworben.

Aus der Kategorie der „Rechte auf fremde Sachen" wurden zuerst die Servituten ausgebildet. Schon die XII-Tafeln kennen die Wegnutzung als Fuß- und Reitweg *(iter)*, als Fuhrwerkweg *(via)*, als Viehtrift *(actus)*, und als Wasserleitung *(aquae ductus)* über ein fremdes Grundstück. Die Grundstücksprinzipien der Servituten wurden von den Juristen der klassischen Periode ausgearbeitet. Nach dieser Ansicht konnte auf eigenem Grundstück keine Dienstbarkeit entstehen (D. 8, 2, 26 – Paulus); durch ein solches Recht kann niemand zu einer Aktivität gezwungen werden (D. 8, 1, 15, 1 – Pomponius); die Dienstbarkeit ist mit keiner weiteren zu belasten (D. 33, 2, 1 – Paulus) und kann nur unter benachbarten Grundstücken existieren (D. 8, 3, 5, 1 – Ulpian).

In der Zeit nach den XII-Tafeln entwickelte sich „das auf fremden Sachen existierende Nutzungs- und Fruchterziehungsrecht mit der Erhaltung des Bestands der fremden Sache" (D. 7, 1, 1 – Paulus), der Nießbrauch *(ususfructus)* und die Auffassung von einem verselbständigten Recht, das Gebrauchsrecht engeren Umfangs *(usus)*, den Bedürfnissen des Berechtigten und seiner Familie entsprechend. Von Justinian wurde die selbständige Wohnungsnutzung ausgebildet *(habitatio)*. Die letzteren Kategorien faßten die Kodifikatoren Justinians unter dem Begriff der persönlichen Dienstbarkeiten *(servitutes personales)* gegenüber den schon früh ausgebildeten alten Grunddienstbarkeiten *(servitutes praediales)* zusammen.

Die Erbpacht stammte teils aus Italien, teils aus dem hellenisierten Orient und wurde in den Bereich des Privatlebens nur durch die nachklassische Gesetzgebung und Rechtswissenschaft einbezogen. Bei Justinian bedeutete dieses Rechtsinstitut *(emphyteusis)* die Verpachtung eines landwirtschaftlichen Grundstücks auf unbeschränkte Zeit („für die Ewigkeit") gegen einen jährlichen Erbpachtzins für den Erbpächter und seine Erben und war mit Besitzesschutz versehen.

Das Erbbaurecht *(superficies)* war demgegenüber italischer Herkunft und entstand am Ende der Republik zum Ausgleich der Grundstückskonzentration der zu dieser Zeit wohlhabenden Schicht bzw. des Wohnungswuchers. Es bedeutete den Gebrauch eines an einem fremden Grundstück – im allgemeinen vom *superficiarius* – gebauten Gebäudes, größtenteils einer Mietskaserne, das dem Erbbauberechtigten und seinen Rechtsnachfolgern gegen einen jährlichen Bodenzins zukam. Das Gebäude wurde infolge des Prinzips *„superficies solo cedit"* (der Aufbau gehört dem Grundeigentümer als Bestandteil des Grundstücks) das Eigentum des Grundstückseigentümers. Beide Rechte – Erbpacht und Erbbaurecht – waren äußerlich und nach dem schon oben Gesagten auch vererblich.

Das alte Recht kannte keineswegs das Pfandrecht im modernen Sinne. Der zur Sicherung in das Eigentum des Gläubigers übertragene Gegenstand blieb ohne Rücksicht auf dessen Wert Eigentum des Gläubigers, wenn der Schuldner seine Schuld nicht bezahlte. Dieses Rechtsinstitut schuf Kaiser Konstantin d. Gr. im 4. Jh. Das Pfandrecht nach moderner Art entstand im klassischen Zeitalter. In dieser Zeit entwickelte sich die – übrigens ständig wiederholte – Vereinbarung der Vertragspartner zum natürlichen Bestandteil des Pfandvertrages *(ius distrahendi* = Verkaufs- und Befriedigungsrecht). Sie besagte, daß der Gläubiger im Falle der Nichtleistung des Schuldners berechtigt wurde, den Pfandgegenstand zu verwerten und sich von dessen Verkaufspreis zu befriedigen, wobei die restliche Geldsumme zurückzuzahlen war.

Historisch bildeten sie sich nacheinander aus, zeitlich bestanden aber die drei Arten des Pfandrechts gemeinsam. Es gab das Eigentumspfand *(fiducia)*, bei dem das Eigentum des Pfandgegenstandes gleich dem Pfandgläubiger mit der Treueverpflichtung *(fides)* übertragen wurde, daß er im Falle der Schuldleistung das Eigentum dem Schuldner zurückübertragen mußte. Diese Pfandart verschwand mit der Manzipation zusammen im 4. Jh. aus dem römischen Rechtssystem. Die zwei anderen Arten des Pfandrechts entwickelten sich später und wurden auch von den modernen Rechtssystemen, natürlich in modernisierter Form, aufrechterhalten. Diese zwei Arten waren das Faustpfand *(pignus)*, wo nur der Besitz dem Pfandgläubiger mit dem *ius distrahendi* übertragen wurde und das besitzlose (symbolische) Pfandrecht, die Hypothek *(hypotheca)*, das sich lediglich auf eine Vereinbarung des Gläubigers und Verpfänders begründete. Die Entstehung der Hypothek stand mit den landwirtschaftlichen Kleinpachtverträgen in enger Verbindung. Der Prätor erteilte dem Pfandgläubiger zur Sicherung des einjährigen Pachtzinses über die an dem verpachteten Grundstück befindlichen Pflegeinstrumente *(invecta, illata)* ein Pfandrecht relativer Wirkung, wobei dieses Recht ausschließlich gegen den Pächter selbst geltend gemacht werden konnte. Später bekam die Hypothek eine absolute Rechtswirkung, wodurch der Pfandgläubiger die gesetzlich für ihn gesicherten Instrumente von jeder Person, bei der er jene fand, in Anspruch nehmen und verwerten konnte. Bald wurde dieses spezielle Pfandrecht zur Sicherung von allerlei Verpflichtungen verallgemeinert. Es waren die Römer, die zur klassischen Zeit die Regeln der Priorität von mehreren Pfandgläubigern bearbeitet haben, obwohl die moderne Struktur der Pfandrechte erst mit der Entstehung des Grundbuches als Rechtsinstitut im Zusammenhang steht.

2. Das Erbrecht

So wie in allen Ländern des Altertums erstmalig die gesetzliche Erbfolge ausgebildet war, erfolgte dies auch im antiken Rom. Später – in Relation zu den Griechen aber ziemlich früh – entstand die Regelung der testamentarischen Beerbung, die sich schon zur Zeit der XII-Tafeln völlig entwickelt hatte. Das System des römischen Erbrechts ist z. T. sog. *ipso iure,* d. h. die Eröffnung des Nachlasses fiel mit der Erwerbung desselben automatisch zusammen, z. T. sog. *aditionale,* d. h. diese beiden Zeitpunkte – der Tod des Erblassers und Eröffnung sowie der Erwerbungszeitpunkt des Nachlasses – fielen nicht zusammen. Im letzteren Fall war deshalb der Nachlaß zwischen den beiden Zeitpunkten ein sog. ruhender Nachlaß *(hereditas iacens).* Während dieser Zeit hatte der Nachlaß keinen Herrn, sondern stand unter der Pflegschaft eines Kurators *(cura hereditatis iacentis).* Automatisch wurde die Erbschaft von den sog. Noterben *(necessarii heredes),* also von den Mitgliedern der im engsten Sinne betrachteten Agnation, die durch den Tod des Familienvaters frei wurden, und von den im Todesfalle freigelassenen und als Erben eingesetzten Sklaven erworben (Hauserben = *domestici heredes*). Alle anderen Erben waren sog. freiwillige Erben *(heredes voluntarii),* die die Erbschaft nur durch eine ausdrückliche oder durch eine stillschweigende Willenserklärung zu erwerben fähig waren. Eine ruhende Erbschaft existierte ausschließlich im letzteren Falle. Die Person, die einmal zur Erbfolge berufen war, blieb endgültig Erbe, d. h. nur die auflösenden Bedingungen bzw. Zustimmungen im Testament konnten sie davon entbinden. Dieses Prinzip wurde mit dem nichtantiken Ausdruck *semel heres semper heres* (wer einmal Erbe war, der blieb immer Erbe) umschreiben. Der Nachlaß war auch durch Ersitzung zu erwerben *(usucapio pro herede),* und zwar nicht nur durch jene, die trotz ihrer Berufung zum Nachlaß die Empfangserklärung versäumten, sondern auch von dem, der übrigens rechtlich mit dem Nachlaß nichts zu tun hatte. Diese veraltete Rechtsinstitution wurde zur Zeit des Kaisers Mark Aurel im 2. Jh. vollständig abgeschafft.

Die archaische gesetzliche Erbfolgeordnung, d. h. die zivilrechtliche Erbfolge, wurde gemäß der schon früher ausgebildeten Ordnung in den XII-Tafeln aufgenommen und war ausschließlich auf der reinen Agnation aufgebaut. In dieser Erbfolge bekamen in erster Linie die schon oben – im Rahmen des Familienrechts – erwähnten *sui heredes,* in zweiter Linie die *proximi agnati* und in dritter Linie die *gens* das Erbe. Für diese Erbfolgeordnung war die sog. *successio graduum et ordinum* (die Aufeinanderfolge der Grade und Reihenfolge) unbekannt. Das bedeutete, daß in jenem Falle, wenn der zur Erbschaft berufene *agnatus proximus* zur Annahme einer Erbschaft unfähig war oder sie nicht annehmen wollte, der in einer weiteren Stufe *(gradus)* stehende Erbe ebenfalls zur Beerbung unfähig war. Fiel z. B. der Bruder des Erblassers aus, so konnte sie sein Sohn nicht annehmen, und wenn ein *agnatus proximus* existierte, aber die Erbschaft nicht anzunehmen beabsichtigte, war der nächste Grad (*ordo* = die *gens*) zur Beerbung ebenfalls unfähig. Die *gens* konnte also nur in jenem Falle beerben, wenn weder entsprechende *sui* noch *proximi agnati* existierten.

Obwohl der Prätor niemanden zu *heres* = Erben machen konnte, stand ihm die Möglichkeit für die Einweisung in den Besitz der Nachlaßgüter (*bonorum possessio* = Besitz der Güter) für jene Personen zu, die nach der gesetzlichen Zivilerbfolgeordnung keine Erben waren, so z. B. für den Familiensohn, der vom Familienvater emanzipiert wurde. Diese „prätorische Erbfolge" wurde bereits aufgrund der Blutsverwandtschaft *(cognatio)* aufgebaut und erkannte schon die *successio graduum et ordinum* an. Hier bekamen in erster Linie die Deszendenten des Erblassers eine Berufung zur „Beerbung" *(bonorum possessio),* und zwar zunächst die Kinder, die per Kopf und die Enkel (Urenkel), die per Stämme die *bonorum possessio* erhielten. Diesen ersten Grad nannte man *„liberi" (bonorum possessio unde liberi).* Im zweiten Grad kamen zur Berufung zur *bonorum possessio* die zivilrechtlichen Erben in der Reihenfolge nach den XII-Tafeln (*bonorum possessio unde legitimi* = *b. p.* der „Gesetzmäßigkeit"). Danach wurde die *b. p.* für alle weiteren Blutsverwandten *(b. p. unde cognati)* und letzten Endes für die überlebenden Ehegatten (*b. p. unde vir et uxor* = *b. p.* des Ehemannes und der Ehefrau) gesichert. Im 2. Jh. wurde diese „prätorische Erbfolgeordnung" durch zwei Senatsbeschlüsse mit der Sicherung der gegenseitigen gesetzlichen Erbfolge unter der Mutter und ihren Kindern ergänzt, während die Novellen 118 und 127 Justinians – die *bonorum possessio* wurde in der justinianischen Kodifikation noch voll aufrechterhalten – die reine Kognatenerbfolge verwirklichten. Dies bedeutet Deszendenten, Aszendenten und im gleichen Grade die Vollgeschwister des Erblassers, dann die Halbgeschwister oder statt ihrer ihre Abkömmlinge und dann die anderen Blutsverwandten von der Seitenlinie.

Der letzte Grad der *bonorum possessio* für die überlebenden Ehegatten wurde auch von Justinian mit der Ergänzung so beibehalten, daß die bedürftige Witwe das Nießbrauchsrecht auf einen Teil des Nachlasses erhielt, wenn sie mit ihren eigenen Kindern konkurrierte. War dies nicht der Fall, so bekam sie einen Teilbestand des Nachlasses ihres Mannes.

Das Testament war nur in dem Falle gültig, wenn es eine Erbeinsetzung *(heredis institutio)* enthielt. Wie von Gaius betont wurde, war sie der „Kopf und Grund des Testaments" (2, 229). Die letztwillige Verfügung fand anfang in der Volksversammlung *(comitia calata) – testamentum calatis comitiis* – unter dem Vorsitz des Oberhauptes des zuständigen Priesterkollegiums *(pontifex maximus)* und vor dem kampfbereiten Heere *(procinctum testamentum),* also *in procinctu,* bald danach durch einen symbolischen Kauf mit Hilfe des Manzipationsaktes statt. Weil bei der Manzipation sieben Personen mitwirkten, stattete der Prätor das mit sieben Siegeln versehene Testament *(testamentum septem signis obsignatum)* aus. Nach Justinian war das Testament entweder Privat- oder öffentliches Testament, wobei das erstere sowohl schriftlich abgefaßt als auch mündlich übermittelt sein konnte. Im Falle der privilegierten Testamente war nicht immer die gleichzeitige Mitwirkung von sieben Zeugen erforderlich. So brauchte man z. B. während einer Epidemie nicht die gleichzeitige Anwesenheit der Zeugen, und im Lande selbst reichten fünf Zeugen für die Gültigkeit des Testamentes aus. Das öffentliche Testament wurde entweder bei der kaiserlichen Kanzlei in Schriftform gefaßt *(testamentum apud acta conditum),* oder man konnte das Privattestament zwecks Aufbewahrung der kaiserlichen Kanzlei überreichen *(testamentum principi oblatum).* Bei der Auslegung desselben sind „vielmehr der Testierwille als die Worte vor Augen zu halten", mit späterem Ausdruck das Prinzip des *favor testamenti,* sagt Papinian, der berühmte Rechtsgelehrte des 3. Jh. u. Z. (D. 35, 1, 101 pr.).

Für die Soldatentestamente wurden ab Caesar sehr große Vergünstigungen gewährt. Die Soldaten konnten entweder in ordentlicher oder in beliebiger Form schriftlich oder mündlich ihren letzten Willen erklären, was auch in Friedenszeiten galt. Dieses Testament erlosch einfach nach der ehrenhaften Entlassung *(missio honesta)* und sogleich mit der unehrenhaften Ausstoßung *(missio ignominiosa).*

Testieren nach römischem Recht konnten nur diejenigen, die auch das römische Bürgerrecht besaßen *(testamenti factio activa),* während in der Erbeinsetzung nur jene Personen eine Rolle spielen konnten, die das *commercium* (vermögensrechtliche Fähigkeit) auch zum Todesfalle besaßen *(testamenti factio passiva).* Anders wie die modernen Erbrechtssysteme tolerierten sich die gesetzliche und die testamentarische Erbfolge nicht, wobei das

Prinzip *„nemo pro parte testatus, pro parte intestatus decedere potest"* (niemand kann zum Teil mit, zum Teil ohne Testament sterben, d. h. es kann niemand z. T. ein testamentarischer, z. T. ein gesetzlicher Erbe sein) zugrundelag. Dieses Prinzip bedeutete, daß im Fall, wenn die Erbeinsetzung nur einen Teil des Nachlasses berührte, den anderen dagegen nicht, der unberührte Teil dem testierten Teil zufiel. Heute findet im allgemeinen im letzteren Teil eine gesetzliche Erbfolge statt.

Das Noterbrecht wurde im alten Zivilrecht nur dahingehend realisiert, daß der Erblasser die sog. *sui heredes* entweder als Erben einsetzte oder sie zu enterben gezwungen war (formale Unterlassung). Die im Kaiserrecht ausgebildete materielle Unterlassung zeigt schon die Merkmale des modernen Pflichtteils *(debita portio)*. Durch das Recht der Kaiserzeit wurde der Erblasser verpflichtet, den zum Pflichtteil Berechtigten (Deszendenten, Aszendenten, evtl. Geschwister) ein Viertel des gesetzlichen Erbteiles des Berechtigten zu überlassen. Es war nur möglich, den genannten Personenkreis durch eine begründete Enterbungsursache zu enterben. Im Falle der Verletzung der Pflichtteilsberechtigung ohne Begründung wurde das Testament im zuständigen Teil ungültig, und der Pflichtteilsberechtigte erhielt sein gesamtes gesetzliches Erbteil. Die Ergänzung bis zum Maße des Pflichtteils – ein Drittel oder die Hälfte des gesetzlichen Erbteils – wurde von Justinian ausgestaltet. Da die Pflichtteilsberechtigung auch entgegen dem Testament zur Geltung kam, nennt man den Inhalt des Noterbrechts „Beerbung entgegen dem Testament". Die Haftung des Erben gegenüber den Nachlaßgläubigern war im antiken römischen Recht eine Verantwortung *„ultra vires hereditatis"*, d. h. der Erbe haftete unbeschränkt für die Erblasserschulden. Er mußte also, wenn der Nachlaß überschuldet war, auch sein eigenes und vor Erwerb des Nachlasses existierendes Vermögen zur Befriedigung der Nachlaßgläubiger verwenden. Diese Erscheinung folgte auch der alten Personalexekution, die den Körper des Haftenden zur Verfügung des Gläubigers stellte, wenn er nicht alle seine Gläubiger befriedigt hatte. Gegen diese sie äußerst schwer belastende Haftung konnte der Erbe in erster Linie sich durch die Aufnahme der Nachlaßgegenstände in einem von den Notaren *(tabelliones)* angefertigten Inventar verteidigen. In diesem Falle bestand für die Nachlaßgläubiger nur die Möglichkeit, die im Inventar enthaltenen Nachlaßgegegenstände zu ihrer Befriedigung in Anspruch zu nehmen.

Unter Vermächtnis verstanden die Römer alle von Todes wegen ausgebildeten Rechtserklärungstypen, die eine Zuwendung einzelner Vermögensgegenstände bzw. Berechtigungen oder Forderungen enthielten. Während die Erbschaft die Gesamtnachfolge *(successio universalis)* von Todes wegen darstellte, war das Vermächtnis die Spezialnachfolge auch von Todes wegen *(successio singularis)*. Das römische Recht kannte einerseits das zivilrechtliche, an strenge Formalitäten gebundene Vermächtnis, das *legatum*, andererseits das vom Kaiserrecht ausgebildete formlose Vermächtnis, das *fideicommissum.* Die beiden letztwilligen Verfügungen verschmolzen völlig bis zur justinianischen Kodifikation.

Das Wesen des Legats bestand darin, daß der Erbe oder auch Miterbe mit der Herausgabe einzelner Vermögensgegenstände für andere Personen seitens des Erblassers belastet wurde, z. B. „Titius soll mein Erbe sein, er wird aber verpflichtet, meinen Schmuck dem Seius zu überreichen" (Titius wird der Erbe und Seius der Legatar). Schon früh entstanden die vier Typen des Legats:

1. Unter Sachenvermächtnis *(legatum per vindicationem),* also Vindikationslegat, wird eine solche Spezialverfügung verstanden, infolgedessen der Legatar den Gegenstand des Legats unmittelbar, als zivilrechtliches Eigentum in jenem Moment erwirbt, wie der Erbe die Erbschaft;
2. verstand man unter Obligationsvermächtnis *(legatum per damnationem),* „Damnationslegat", die später zur klassischen Zeit geschaffene Form, nach dessen Inhalt der Legatar ein Forderungsrecht gegen den Erben erwarb, damit er die Übertragung des Eigentums einer Sache oder die eines Forderungsrechtes oder einer Berechtigung verlangen konnte;
3. war es möglich, daß der Erblasser auch einen Miterben mit einem Legat belasten konnte (*legatum per praeceptionem* oder *praelegatum* = Vorausvermächtnis) und zwar mit der folgenden Verfügung: „Titius und Seius sollen meine Erben sein, Titius wird aber mit der Herausgabe meines goldenen Siegelringes für Lucius belastet". Damit wird in diesem Falle der eine Erbe zugunsten des anderen belastet.
4. bedeutete das *legatum sinendi modo* eine Mischform der ersten und zweiten Art des Legats und besaß nur eine geringe Bedeutung. Der Erbe mußte seit dem Ende der Republik ein Viertel der Erbschaft durch eine *lex Falcidia* frei von Legaten erhalten. Dieses freie Viertel wurde *quarta Falcidia* genannt und sollte die Annahme des Nachlasses seitens des Erben sichern.

3. Die Obligationen

Darunter verstanden die Institutionen Justinians (3, 13 pr.):

Iuris vinculum, quo necessitate adstringimur alicuius rei solvendae secundum nostrae civitatis iura.
Eine rechtliche Fessel, infolge deren wir zur Leistung einer Sache gezwungen sind im Sinne des Rechtes unseres Staates.

Die Subjekte der Obligation sind der Schuldner und der Gläubiger. Dabei wird überhaupt nicht ausgeschlossen, daß an beiden Seiten der Obligation mehrere Schuldner oder mehrere Gläubiger stehen können und zwar entweder so, daß unter ihnen die Schuld bzw. Forderung geteilt wird oder so, daß dies nicht geschieht. Im letzteren Falle kann jeder Gläubiger maximalerweise das Ganze fordern bzw. schuldet jeder Schuldner mit der gesamten Leistung. Dieses Rechtsverhältnis wurde von den Römern Solidarität genannt. Zur Zeit der klassischen Periode suchten die Rechtsgelehrten einen Unterschied zwischen der infolge der Untrennbarkeit der Leistung entstandenen, bzw. der gesetzlich vorgeschriebenen *(solidaritas)* und der durch Vertrag begründeten Solidarität *(correalitas)*. Im letzteren Falle besaß das gegen einen Schuldner gerichtete Verfahren eine prozeßverzehrende Wirkung gegen den anderen Schuldner, auch wenn der Prozeß gegen den ersten erfolglos war. Seit Justinian wird die Obligation auch im Falle der vertraglichen Solidarität nur mit der materiellen Befriedigung des Gläubigers aufgehoben. Damit schuf der Kaiser im großen und ganzen die moderne Konstruktion der Solidarität. Als Prinzip wurde schon seit altersher festgelegt, daß eine Obligation zugunsten oder zum Nachteil eines Dritten ungültig ist. Von Vertragsabschlüssen der Gewaltunterworfenen wurde das Familienoberhaupt nur berechtigt, aber nicht verpflichtet. Vom Prätor wurden aber auch diese Obligationen akzessorisch ebenfalls gegen den *pater familias* bzw. den Sklavenhalter klagbar gemacht.

Was den Gegenstand der Obligationen nach Paulus angeht, so sagt dieser berühmte Jurist folgendes (D. 44, 7, 3 pr.):

Obligationum substantia non in eo consistit, ut aliquod corpus nostrum aut servitutem nostram faciat, set ut aliud obstringat ad dandum aliquid vel faciendum vel praestandum.
Das Wesen der Obligationen besteht nicht darin, eine Sache oder eine Dienstbarkeit zu unserer zu machen, sondern jemanden zu zwingen, daß er für uns etwas geben, tun oder für etwas einstehen soll.

Die Leistung kann also sein ein *dare*, eine zivilrechtliche Eigentumsübertragung, eine Dienstbarkeitsbegründung, ein *facere*, alles, was nicht *dare* ist, also eine Tätigkeit oder Nichttätigkeit, obwohl im breiteren Sinne auch das *dare* ein *facere* bedeuten konnte, oder ein *praestare*, d. h. Einstehen, z. B. im Falle der Bürgschaft, Gewährleistung etc.

Von den klassischen Rechtsgelehrten wurde der Begriff der Wahl- und Gattungsschuld erarbeitet. Im ersteren Fall wurden zwei oder mehrere Leistungen geschuldet, so daß der Gläubiger von den beiden oder mehreren Leistungen nur eine Leistung erhalten konnte. Zur Ausübung des Wahlrechts war der Schuldner berechtigt, wenn die Parteien in dieser Frage nicht übereinstimmten. Im letzteren Fall wurde die Leistung nach Qualität und Quantität, also nicht auf ein individuelles Stück bestimmt. Wenn die Leistung auf einen bestimmten Vorrat beschränkt wurde, so konnte der Gegenstand der Leistung auch eine vertretbare Sache sein, obwohl die Obligation als eine spezifische bestimmt wurde, z. B.: „Du sollst mir dieses bestimmte Faß Wein geben!"

Von der Wahlschuld, mit nichtantikem Ausdruck *obligatio alternativa,* ist die „Ersetzungsbefugnis" (Kaser), mit nichtantikem Ausdruck *facultas alternativa,* scharf zu trennen. Während bei der Wahlschuld in der Obligation mehrere Leistungen und in der Erfüllung nur eine Leistung eine Rolle spielten, ist bei der *facultas alternativa* nur eine Leistung geschuldet, die aber vom Schuldner abzulösen ist. Hatte beispielsweise der Sklave einem Freien Schaden verursacht, so konnte der Verletzte nur auf Schadensersatz klagen. Es bestand aber für den Herrn des Sklaven die Möglichkeit, diesen in das Eigentum des Verletzten zu übertragen und dadurch seine Schadensersatzpflicht abzulösen.

Zu den Hauptleistungen kamen hinzu die Nebenleistungen. Unter diesen spielten in Rom die wichtigste Rolle die Zinsen und der Schadensersatz, wobei der letztere natürlich auch das selbständige Objekt der Obligation sein konnte.

Unter Zinsen *(usurae, fenus)* verstand man die Nebenleistung, die der Schuldner im allgemeinen monatlich nach dem Geldkapital – in einem bestimmten Teil des Kapitals ausgedrückt – dem Gläubiger je nach der Dauer der Kapitalentbehrung auf gesetzlicher oder auf vertraglicher Grundlage zu zahlen gezwungen war. Zur Zeit der XII-Tafeln war das gesetzliche Zinsmaximum monatlich $^1/_{12}$ der *uncia,* also jährlich $^{12}/_{12}$ = 100 % *(unciarium foenus).* Seit dem Ende der Republik galten als Höchstsatz monatlich 1 %, *centesimae usurae,* jährlich somit 12 %, wobei die Höhe des Zinsfußes später von Justinian im allgemeinen auf 6 % jährlich festgelegt wurde. Der Zinswucher, die Überschreitung des Zinsmaximums, war in Rom überall verbreitet, so daß es ein wirkliches Kreditleben im antiken Rom nicht gab. Erreichte die bezahlte Zinssumme die Höhe des ursprünglichen Kapitals, wurde die Zinszahlungspflicht aufgehoben (C. 4, 32, 10) und die Zahlung von Zinseszinsen *(anatocismus)* verboten (D. 22, 1, 29 – Marcian).

Der Schadensersatz bedeutete die Wiedergutmachung durch materielle Mittel eines Vermögensverlustes von jemandem, dessen Vermögen entweder effektiv *(quantum mihi abest* = wieviel mir fehlt, D. 46, 8, 13 pr. – Paulus) oder durch einen ausfallenden Gewinn *(quantumque lucrari potui* = wieviel ich gewinnen könnte – D. 46, 8, 13 pr. – Paulus) in Mitleidenschaft gezogen ist. Das erste wurde mit dem nichtantiken Ausdruck *damnum emergens,* z. B. Zerstörung eines Vermögensgegenstandes, das letztere mit *lucrum cessans* bezeichnet, z. B. Ausfall des Arbeitslohnes.

Unter Schaden verstand man also eine *deminutio patrimonii* (Verminderung des Vermögens, D. 39, 2, 3 – Paulus). Den Schaden sollte prinzipiell jene Person tragen, die ihn verursacht hatte. Er wurde allerdings dann einer anderen Person zugeschrieben, wenn die den Schaden verursachende Tatsache deliktualen Charakter trug oder der Schadensersatz gesetzlich oder vertraglich auf jemanden abgewälzt wurde. Das Maß des Schadensersatzes war im allgemeinen der objektive Wert der beschädigten Sache, das größtenteils im Kaufpreis, also im Marktpreis zum Ausdruck kam.

Salvius Iulianus und seine Schüler bildeten im 2. Jh. den Begriff des sog. relativen Wertes (*id quod interest* = was es für jemanden speziell bedeutet) aus. So bedeutete beispielsweise ein Jagdhund für einen Jäger auch materiell mehr als für einen Nichtjäger. Die Höhe dieser Interessen konnte nach Justinian aber nicht mehr als das Doppelte des objektiven Wertes sein. Der besondere Wert, dessen Ursache eine besondere Vorliebe in der Relation der beschädigten Sache zu ihrem Inhaber war, wurde vom Gericht nicht anerkannt (*pretium affectionis*). Die Schadensmilderungs- und Schadensverhütungspflicht waren auch im klassischen römischen Recht bekannt (D. 18, 6, 1, 3 – Ulpian).

Im Falle der Nichterfüllung des Gegenstandes der Obligation fand die Verurteilung aus objektivem Grund dann statt, wenn die Nichterfüllung allein beim Schuldner lag (*per eum stat, quominus solvatur* – D. 19, 2, 38 pr. – Paulus), unabhängig davon, ob diese Tatsache auf seine Absicht oder auf seine Fahrlässigkeit zurückzuführen war. Es war ganz gleich, ob es sich hier um eine vertragliche oder außervertragliche Obligation (z. B. Deliktualobligation) handelte. Die Haftung des Schuldners im ältesten römischen Recht war also ganz objektiv, die Schuldhaftung zur Zeit der XII-Tafeln völlig unbekannt. Nur im Falle der Brandstiftung kannten die Dezemvirn den Begriff des Vorsatzes (*sciens prudensque* = bewußt), während sie zwischen Fahrlässigkeit und Zufall keinen Unterschied machen konnten (*casu, id est neglegentia* = durch Zufall, d. h. Nachlässigkeit).

Der Begriff der Fahrlässigkeit erscheint aller Wahrscheinlichkeit nach bei Q. Mucius Scaevola, dem berühmten Rechtsgelehrten der ausgehenden Republik. So heißt es bei ihm: „Von Nachlässigkeit (*culpa*) spricht man, wenn jemand nicht vorausgesehen hat, was im Falle eines aufmerksamen Menschen vorauszusehen ist“ (D. 9, 2, 31 – Paulus).

In bezug auf die Struktur der Erfolgshaftung des uralten Rechts sowohl im Bereich der Delikte als auch in dem der Verträge führte die klassische Rechtswissenschaft tiefgreifende Änderungen herbei. Diese sind im wesentlichen die folgenden:

a) Bei den Deliktualobligationen wurde das Prinzip, wonach der die Handlung Verübende folgerichtig nur für die absichtliche Rechtsverletzung, aber nicht für die Nachlässigkeit verantwortlich sein sollte, mit Ausnahme der sog. *culpa Aquiliniana* im Falle der Sachenbeschädigung angewendet.

b) Was die vertraglichen Obligationen anbetrifft – hier handelte es sich größtenteils um Vertragsverletzung – so machte die Rechtswissenschaft einen Unterschied zwischen den sog. *stricti iuris* (nach strengem Recht) und den sog. *bonae fidei obligationes* (Obligationen auf Treu und Glauben). Im ersteren Fall wurde die alte objektive Verantwortung der XII-Tafeln (VI, 1) aufrechterhalten *„uti lingua nuncupassit, ita ius esto"* (wie es gesagt wurde, so soll er verpflichtet sein). Diese starre Konzeption wurde natürlich nicht vollkommen durchgeführt, denn im feierlichen Verbalkontrakt *(stipulatio)* war es möglich, eine Klausel mit der Verantwortung für den Vorsatz *(dolus)* aufzunehmen.

Bei den *bonae fidei obligationes* brachten schon die Rechtsgelehrten der ausgehenden Republik zum Ausdruck, daß der Schuldner der Erfüllung der Obligation halber alles leisten soll, was von ihm nach Treu und Glauben verlangt wird: *quidquid dare facere oportet ex fide bona.*

Die erste Differenzierung der Fahrlässigkeit *(culpa)* arbeitete aller Wahrscheinlichkeit nach die spätklassische Rechtswissenschaft aus. Unter *culpa* verstanden die Rechtsgelehrten jedes verwerfbare Verhalten, das nicht vorsätzlich ist; das Maß der Fahrlässigkeit scheint zu dieser Zeit größtenteils abstrakt zu sein. Vernachlässigte der Schuldner die Sorgfältigkeitspflicht des durchschnittlichen Menschen, so sprach man von der groben Fahrlässigkeit *(culpa lata)*, die in vielen Fällen zum Vorsatz zu rechnen war (D. 50, 16, 213, 2 – Ulpian und D. 16, 3, 32 – Celsus).

Die Vernachlässigung des Verhaltens des sorgfältigen Hausvaters *(diligens pater familias)* bedeutete eine niedrigere Stufe der Fahrlässigkeit, die sog. milde Fahrlässigkeit *(culpa levis)*, wie es bereits Labeo zum Ausdruck gebracht hatte (D. 19, 1, 54 pr.).

Außer dem Bereich der Schuldhaftung wurden von der Rechtswissenschaft zwei Stufen des Zufalls bearbeitet. Unter höherer Gewalt *(casus maior, vis maior)* verstand man das Ereignis, „demgegenüber die menschliche Schwäche unfähig ist, einen Widerstand zu leisten" (D. 44, 7, 1, 4 – Gaius) z. B. Feuersbrunst, Schiffbruch, Überschwemmung, Einsturz von Gebäuden, Aufruhr, Plünderung durch Räuberbanden und Feinde etc. Als „kleineren Unfall" betrachteten die Spätklassiker (?) den Zufall, mit nichtantikem Ausdruck *casus minor*, der menschlich vermeidbar war, aber auch das Verhalten des sorgfältigen Hausvaters, das zur Vermeidung dessen nicht genügt. Aller Wahrscheinlichkeit nach haben die Spätklassiker ein relativ einheitliches Haftungssystem ausgearbeitet, obwohl diese Frage in der Literatur umstritten ist. Die Struktur des kontraktualen Haftungssystems der Spätklassiker war mit ziemlicher Sicherheit folgende: der sog. unentgeltliche Schuldner, der vom Vertrag keinen Nutzen zieht (z. B. der Verleiher), war nur für den Vorsatz *(dolus)* und für die grobe Fahrlässigkeit *(culpa lata)* verantwortlich, der interessierte Schuldner demgegenüber auch für die *culpa levis* (z. B. der Vermieter, der Besteller), er wurde also mit der vollständigen Schuldhaftung belastet. Der interessierte Schuldner, der infolge des Vertrages auch mit der Aufbewahrung des Vermögensgegenstandes des Vertragspartners belastet wird, z. B. der Faustpfandgläubiger, der Sachmieter, fiel unter eine *custodia*-Haftung (Verwahrungshaftung) und wurde auch für kleinere Unfälle, z. B.

wenn der Gegenstand des Faustpfandes vom Pfandgläubiger, die Sache vom Mieter gestohlen wurde, verantwortlich gemacht. Die Haftung für höhere Gewalt war prinzipiell ausgeschlossen, allerdings mit Ausnahme des Schuldenverzugs und des Falles, wenn jemand im Rahmen eines Versicherungsvertrages die Haftung für die *vis maior* vertraglich übernommen hatte.

Das justinianische Recht scheint unseres Erachtens bestrebt gewesen zu sein, aller Wahrscheinlichkeit nach beeinflußt durch die christliche Ideologie – Zusammenhang zwischen Schuld und Sühne – die Schuldhaftung zu verallgemeinern. Aus diesem Grunde machten die Kodifikatoren Justinians, wie durch die Interpolationenforschung veranschaulicht wurde, alle Leute (mit Ausnahme des Feldmessers und Prekaristen, die nur für den *dolus* haften) für alle Stufen der *culpa* verantwortlich. Daneben wurde die *custodia*-Haftung zu einer künstlichen Schuldhaftung umgestaltet (*exactissima diligentia* = Sorgfäligkeit des sorgfältigsten Familienvaters), allerdings mit Ausnahme der Haftung des Gastwirtes als der des Urfalles der *custodia*-Haftung im prätorischen Edikt. Entweder im nachklassischen oder auch erst im justinianischen Recht wurde die sog. culpa *in concreto* ausgearbeitet. Darunter verstand man die Vernachlässigung jener Sorgfalt, die vom Schuldner in der Beziehung zu seinen eigenen Sachen beobachtet wurde (*diligentiam qualem suis rebus* – D. 17, 2, 71 – Gaius), z. B. im Falle der Mitglieder der Gesellschaft oder des Vormundes. Die *culpa lata* und *levis* (Vernachlässigung der Sorgfalt des durchschnittlichen Menschen bzw. des guten Familienvaters) richteten sich nach einer abstrakten Richtschnur, während die letztere Art der *culpa* einer konkreten folgte, davon die Nomenklatur *(culpa in abstracto – c. i. concreto).*

Die Sanktion der Obligation waren in erster Linie unmittelbar der Prozeß und die nachfolgende Zwangsvollstreckung, in zweiter Linie die Sicherungsmittel materiellrechtlichen Charakters (z. B. die Draufgabe, das Reuegeld, die Konventionalstrafe). Bürgschaft und Pfandrecht stellten ebenfalls unmittelbare Sanktionen der Obligation dar. Die Bürgschaft gewann moderne Form nach einer langdauernden historischen Entwicklung erst bei Justinian. Der Kaiser gab nämlich dem Schuldner die sog. Reihenhaltungseinrede, infolgedessen wandelte sich die bisherige Solidarbürgschaft – der Gläubiger war berechtigt, nach seinem Belieben zu wählen, ob er zuerst vom Bürgen oder vom Schuldner die Erfüllung verlangte – zu einer Ausnahme um. Die gemeine Bürgschaft wurde mit der Reihenhaltungseinrede – der Gläubiger soll zuerst vom Schuldner die Erfüllung verlangen – der Grundfall der Bürgschaft.

Die mit dem Prozessieren und der Vollstreckung nicht verbundene Obligation hieß – wohl seit Julian (?) – *obligatio naturalis* (natürliche Obligation). Sie besaß trotzdem gewisse Sanktionen. Wenn der Schuldner in diesem Falle leistete, so bedeutete das kein Geschenk, und er konnte den Leistungsgegenstand später nicht zurückfordern (D. 46, 1, 16, 4 – Julian). Hierzu gehörten auch die Obligationen der Gewaltunterworfenen. Den gaianischen Institutionen nach können die Obligationen aus zwei Tatbeständen entstehen, und zwar zum Teil aus Kontrakten, z. T. aus Delikten (3, 88). Aus den justinianischen Institutionen gibt es demgegenüber bereits vier obligationenschaffende Tatbestände: Kontrakte, kontraktartige Tatbestände *(quasi contractus)*, Delikte und deliktartige Tatbestände *(quasi delictum*, I. 3, 13, 2). Außerdem existierten auch andere Sachlagen *(variae causarum figurae)*, die zur Schaffung einer Obligation geeignet waren, so beispielsweise die Alimentationspflicht unter Verwandten oder die Obligation, in deren Sinne der Eigentümer des Haustieres für den von diesem verursachten Schaden einzustehen gezwungen war, entweder mit Schadensersatz oder auf Grund einer *facultas alternativa noxae datio* des Tieres.

Unter Kontrakt *(contractus)* versteht man eine vom Zivilrecht einklagbar gemachte Vereinbarung der Parteien. Nur jener Vertrag wurde von den Römern als Kontrakt qualifiziert, der eine zivilrechtliche *causa* besaß. Die vom Prätor später einklagbar gemachten Vereinbarungen bezeichneten die Rechtsgelehrten der spätrepublikanischen bzw. klassischen Periode z. T. noch nicht als Kontrakte. Sie erhielten ihren früheren Namen *pactum* mit dem Hinweis darauf, daß sie zu einer Zeit nicht einklagbare Vereinbarungen bezeichneten. In Rom herrschte prinzipiell ein sog. vertraglicher Typenzwang. Es gab aber doch einen Kontrakt, in dessen Rahmen mit Hilfe eines feierlichen Verbalaktes die Übernahme von Verpflichtungen aller Art ermöglicht wurde *(stipulatio)*. Hinsichtlich der allgemeinen Einklagbarkeit der Verträge ging Justinian den ersten Schritt mit der Konstruierung der sog. namenlosen Realkontrakte, deren Gegenstand nach der Variierung der *dare-facere* Obligation folgendes war *do ut des, do ut facias, facio ut des, facio ut facias*. Die Gültigkeit oder Ungültigkeit der Verträge wurde durch ihre formalen oder inhaltlichen Fehler entschieden. Der unter einem großen formalen oder inhaltlichen Fehler leidende Vertrag wurde nichtig *(negotium nullum)*, der zur Abschlußzeit nichtige Vertrag durch den Ablauf der Zeit nicht geheilt. Diese These stammte ursprünglich von Cato d. J. aus dem 2. Jh. v. u. Z. *(regula Catoniana)*. Erfolgte der Vertragsabschluß ohne Zustimmung des gesetzlichen Vertreters vom beschränkt Handlungsfähigen, war er nur von einer Seite gültig, und das Mündel wurde durch diesen Vertrag nicht verpflichtet, sondern nur berechtigt. Der unter einem milderen Fehler leidende Vertrag war nur anfechtbar durch Irreführung und durch geistigen Zwang (*dolus malus* und *vis ac metus*). Der physische Zwang, der Irrtum, das Fehlen der Handlungsfähigkeit oder der Versuch des Ersatzes des vorgeschriebenen Literalaktes durch einen Verbalakt zogen eine Nichtigkeit nach sich. Den Vertrag konnte man unter einer Bedingung *(condicio)* oder unter einer Zeitbestimmung *(dies)* abschließen. Die Vertretung erfolgte bei den Verträgen mittelbar, d. h. der Vertreter handelte statt des Vertretenen, aber im eigenen Namen. Die Berechtigungen und Verpflichtungen, die er in seiner eigenen Person erwarb, hatte er mit Hilfe eines späteren Aktes dem Vertretenen zu übertragen. Nur im hellenistischen Ägypten und im Vulgarrecht des westlichen Reichsteiles war die unmittelbare Vertretung – der Vertreter handelte statt des Vertretenen, aber in seinem eigenen Namen – verbreitet.

Der Vertragsabschluß konnte durch die Übergabe einer Sache *(re)* oder durch Worte *(verbis)*, schriftlich *(litteris)* bzw. mit formloser Vereinbarung *(consensu)* stattfinden. Der Verbalkontrakt, das mündliche, formgebundene Leistungsversprechen, die Stipulation, war bis zu Justinian der wichtigste Vertrag des Alltagslebens. Die Literalkontrakte entstanden zur Zeit der ausgehenden Republik unter hellenistischem Einfluß und schwanden etwa im 2. Jh. u. Z. aus dem Reichsrecht. Die Realkontrakte waren das Darlehen (*mutuum* = Eigentumsübertragung einer vertretbaren Sache mit der Verpflichtung, sie *in eadem qualitate et quantitate* zurückzuleiten), die Verwahrung (*depositum* = unengeltliche Aufbewahrung der übergebenen Sache), die Leihe (*commodatum* = Übergabe der unverbrauchten Sache zum unentgeltlichen Verbrauch bis zu einem bestimmten Zeitpunkt), der Faustpfandvertrag *(pignus)* und die schon oben erwähnten Innomiat-Realkontrakte. Zu den Konsensualverträgen gehörte in erster Linie der Kauf (*emptio venditio* = Austausch der Ware für den Kaufpreis), dessen Eigentümlichkeit darin bestand, daß der Verkäufer für den Kaufpreis nicht zur Eigentumsübertragung, sondern nur zur Besitzübertragung verpflichtet wurde *(vacuam possessionem tradere)*. Er mußte aber den Käufer gegen Entwährung der Kaufsache verteidigen bzw. ihm einen Ersatz geben *(praestare rem habere licere)*. Bei dem Kauf wurde die Haftung für Rechts- und Sachmangel durch das Edikt der Kuruládilen zur Zeit der ausgehenden Republik betreffs des Marktkaufes der Sklaven und Zugtiere geregelt. Durch die Rechtswissenschaft wurde diese Rechtshilfe auf Kaufsachen aller Art ausgedehnt, außerdem war der Käufer berechtigt, den Ersatz aller seiner Schäden vom Verkäufer zu verlangen. Zu den Konsensualverträgen gehörte auch die sog. *locatio-conductio,* in deren Rahmen drei Verträge durch eine einheitliche Klage *(actio locati – actio conducti)* umfaßt wurden, und zwar die Sachmiete, die Dienstmiete (Dienstvertrag) und die Werkmiete, d. h. der Unternehmungsvertrag (*l. c. rei – l. c. operarum – l. c. operis* mit nicht antikem Ausdruck). Im ersteren Falle wurde eine Sache für Mietzins zum Gebrauch einem anderen überlassen, im zweiten die Arbeitskraft des Arbeitnehmers für den Arbeitgeber gegen Lohn, und im dritten Fall verpflichtete sich der Unternehmer zur Leistung eines Arbeitserfolges für den Besteller gegen Unternehmerlohn, z. B. zum Bau eines Hauses.

Zu den Konsensualverträgen ist auch der Gesellschaftsvertrag *(societas)* zu rechnen, der einen Personenzusammenschluß ohne selbständige Rechtsfähigkeit darstellt. Gegenüber dem Verein als juristischer Person der Gesellschaft war außer diesem der wichtigste Unterschied, daß letztere nur einem wirtschaftlichen Ziel dienen konnte, kein eigenes Vermögen besaß, wenn ein Mitglied starb oder aus der Gesellschaft austrat, sie aufhörte zu existieren und zur Entstehung der Gesellschaft auch die Mitwirkung von zwei – beim Kollegium von drei – Mitgliedern genügte.

Schließlich zählte zu den Konsensualverträgen der Auftrag (*mandatum* = unentgeltliche Beauftragung einer Person zur Erledigung einer Sache), z. B. Vertragsabschluß oder ärztliche Heilung des Patienten bzw. Mandanten. Sowohl die Real- als auch die Konsensualverträge waren Verträge auf Treu und Glauben (*bonae fidei*) mit Ausnahme des Darlehens, des formlosen Rechtsgeschäftes, das an die Stelle des ehemaligen formalen Darlehens – des im 4. Jh. v. u. Z. verschwundenen altherkömmlichen und von der körperlichen Vollstreckung des Gläubigers gefolgten *nexum* – trat. Bereits seit dem Ende der Republik wurden diese von der Rechtswissenschaft mit zivilrechtlichem Charakter ausgestattet und so in die Reihe der Verträge des Zivilrechts aufgenommen.

Im Rahmen der klagbaren *pacta*, d. h. *pacta vestita* (formlose, ursprünglich nicht klagbare Vereinbarungen), wurde der Bankiervertrag (*receptum argentarii* = Anweisung), die *custodia*-Haftung des Gastwirts (*receptum cauponum*) aufgrund der zur Verwahrung übergebenen Vermögensgegenstände des Gastes, der Schiedsgerichtsvertrag zwischen dem zukünftigen Schiedsrichter und den Parteien (*receptum arbitrii*) bzw. zwischen den Partnern (*compromissum*) im prätorischen bzw. Kaiserrecht von den Rechtsgelehrten erarbeitet. Schließlich folgte im nachklassischen bzw. im justinianischen Recht der Geschenkvertrag (*donatio*), infolgedessen das Geschenkversprechen in sich selbst klagbar gemacht wurde.

Die Quasikontrakte waren vertragsmäßige Tatbestände mit obligationenerschaffender Kraft (z. B. Geschäftsführung ohne Auftrag, Vormundschaft, ungerechtfertigte Bereicherung), genau so wie die Quasidelikte, die keine Delikte bedeuteten, obwohl sie geeignet waren, aufgrund des Gesetzes Obligationen zu schaffen (z. B. die Haftung des Gastwirtes ohne Übernahme der Gegenstände des Gastes zur Aufbewahrung; Haftung des Hauseigentümers für den durch die aus dem Hause geworfenen Gegenstände verursachten Schaden etc.).

Die Deliktualobligationen entstanden aus den unter Privatverfolgung fallenden Verbrechen, während die unter öffentliche Verfolgung Fallenden zum Bereich des *ius publicum* gehörten. Die Delikte sind mit dem Begriff der Verbrechen im modernen Sinne nicht zu identifizieren und wurden größtenteils mit der auch den Schadensersatz enthaltenen Geldbuße bestraft, die nicht der Staat, sondern der Geschädigte erhielt. Die Geldstrafe legte nicht ein Strafgericht, sondern das Gericht fest, das in vermögensrechtlichen Angelegenheiten ein Verfahren führte. Die vom Zivilrecht geregelten Delikte waren der Diebstahl und die Unterschlagung *(furtum)*, die auch durch den unberechtigten Gebrauch einer Sache entstehen konnten, die Personenverletzung in Verbal- oder in Realform *(iniuria)* und die Sachverletzung, das von der *lex Aquilia* im 2. Jh. v. u. Z. konstruierte *damnum iniuria datum* in einer von den klassischen Juristen entwickelten Form. Die vom prätorischen Edikt konstruierten Delikte waren der Raub (*rapina* = Diebstahl und Gewalt gegen eine Person), die Irreführung *(dolus malus)*, die Einschränkung, d. h. psychische Gewalt *(metus)* und die Umgebung der Gläubiger *(fraus creditorum)* etc. Die Obligationen wurden durch die Erfüllung *(solutio)* oder durch die Kompensation *(compensatio)* einer Forderung gegen eine Forderung von dergleichen Sachen aufgehoben, wenn alle beiden Forderungen bereits abgelaufen waren. In diesen Fällen hatte die Obligation ihr ursprüngliches Ziel erreicht. In anderen Fällen erreichte die Obligation ihr ursprüngliches Ziel nicht, wurde aber doch aufgehoben. Die Aufhebung der Obligation fand entweder unabhängig vom Willen der Parteien statt (z. B. durch Tod, *capitis deminutio*, Strafe, Verschmelzung der Person des Schuldners und des Gläubigers z. B. im Falle der Beerbung) oder abhängig davon, z. B. bei Novation größtenteils durch Veränderung der *causa* der Obligation aufgrund der Vereinbarung der Parteien, daß der Käufer den noch nicht bezahlten Kaufpreis als Darlehen eine Zeitlang behalten konnte. Damit erreichte natürlich die Obligation keineswegs ihr ursprüngliches Ziel und endete genau so wie im alten römischen Recht die grundlegenden klagbaren Geschäfte, das *nexum* mit einem konträren Akt *(nexi liberatio)*, die Stipulation mit einem dementsprechenden Verbalakt *(acceptilatio)*.

Die Obligationenübertragung konnte sowohl seitens des Gläubigers als auch seitens des Schuldners durch Anweisung *(delegatio)* stattfinden. Sowohl die Forderungsübertragung als auch die Schuldübernahme waren schon zur Zeit der ausgehenden Republik bekannt, aber die Verfeinerung und präzisere Bearbeitung der erstgenannten Institution erfolgte erst in der Kaiserzeit durch die Rechtsform der Zession *(cessio)*.

IV. Das Prozeßrecht

1. Eigenmächtigkeit und Klage

Schon in den XII-Tafeln ist das Zurückdrängen der Eigenmächtigkeit zu erkennen, die später von einem Gesetz Caesars generell verboten wird. Dieselbe Regelung – ein allgemeines Verbot der Eigenmacht – findet sich in der Kodifikation Justinians (D. 50, 17, 176 pr. – Paulus); daneben wird das Prinzip *vim vi repellere licere* (Gewalt darf man mit Gewalt zurückschlagen) nochmals betont (D. 43, 16, 1, 27 – Ulpian). Die Rechtsstreitigkeiten wurden in Rom durch Gerichtsverfahren, in erster Linie durch Prozeß, entschieden. Die Regeln des Gerichtsverfahrens waren Bestandteile des Privatrechts. Die privatrechtliche Berechtigung, d. h. das subjektive Recht und der zur Geltendmachung von diesem ausgebildete Prozeß bildeten eine Einheit. Diese Einheit kam auch im prätorischen Edikt zum Ausdruck, wo ja durch die Klageformeln nicht nur die Äußerlichkeiten des Prozesses, sondern auch das subjektive Recht bestimmt wurde. Die Wiege des römischen Privatrechts war, wie schon erwähnt, das Verfahrens-, das Prozeßrecht. Somit gewann die Klage eine außerordentlich wichtige Rolle im römischen Recht. Ein subjektives Recht besaß nur jene Person, die vom Prätor mit einer Klage *(actio)* versehen wurde. Es gab im großen und ganzen so viele subjektive Rechte, wie Klageformeln vorhanden waren. Das römische Privatrecht war also ein System verschiedener Klagen. Die Regeln der Klagenverjährung – nur die Klage konnte verjähren, d. h. Unterbrechung, der Stillstand der Verjährung, die Verjährungsfrist von 30 Jahren – wurden im Jahre 424 im Kaiserrecht festgelegt.

Bislang waren die Aktionen entweder ewige *(actiones perpetuae)* oder an eine bestimmte Frist – ein halbes bzw. ein Jahr wie die Aktionen der Kurulädilen – gebunden *(actiones temporales)*. Die Verjährung berührte nur die erste Kategorie der Klagen. Der Beweisprozeß wurde durch Untersuchung von Beweismitteln – Schwur der Parteien, Zeugenaussage, Urkunde, Augenscheingegenstand – bis zur Zeit Kaiser Konstantins ungebunden durchgeführt, seitdem gebunden, z. B. „ein Zeuge ist kein Zeuge", „eine Urkunde gilt mehr als eine Zeugenaussage". Im Rahmen des Beweisverfahrens spielten die Präsumtionen *(praesumptio)* und Fiktionen eine große Rolle. Unter Präsumtionen verstand man die gesetzliche Vorschrift, wonach der Richter sein Urteil auf die Annahme der Wahrheit einer Tatsache, auf eine Vermutung, bei Fiktionen auf einen vorgestellten, aber nicht existierenden Tatbestand aufbauen sollte (siehe z. B. die juristische Begründung der juristischen Personen: *„civitates personarum loco habentur"*).

2. Die Prozeßordnung und außerprozessuale Rechtshilfe

Die zivilrechtliche *(legis actio)* und die prätorische Prozeßordnung (Formularprozeß) wurde durch die Zweispaltung des Verfahrens charakterisiert, also vor dem Prätor das *in iure* Verfahren, vor dem Schwurrichter = *iudex* das *apud iudicem*. Die Prozeßzäsur war in beiden Fällen die *litis contestatio*, die im ersten Falle mehr formellen, im letzten Fall mehr materiellen Charakter trug. In der prätorischen Prozeßordnung richtete der Prätor im Falle der Kontradiktion des Beklagten an den Schwurrichter *(iudex, arbiter, recu-*

perator) eine schriftliche Verordnung, eine sog. Formel *(formula),* mit der – abhängig vom Erfolg des Beweisverfahrens – der ganze Rechtsstreit hypothetisch entschieden wurde.

Die Basis der modernen Prozeßordnungen war das kaiserliche sog. Kognitionsverfahren, es wurde von einem vom Kaiser ernannten Fachrichter fortgesetzt. Es begann mit dem Einreichen eines Klagebriefes und setzte sich fort mit der Ladung von Amtswegen seitens des Gerichtes, das auch das Doppelexemplar der Klageschrift dem Beklagten aushändigte. Gegen das Urteil des Gerichtes gab es eine Appellationsmöglichkeit gegenüber dem des vorigen Verfahrens. Das höchste Appellationsforum war der Kaiser selbst. Im Urteil sollte der Richter auch über die Prozeßkosten entscheiden.

Das Edikt des *praetor urbanus* gab dem Berechtigten vier außerprozessuale Rechtshilfen, und zwar folgende: die *interdicta* (prätorischen Befehl, etwas zu tun bzw. mit einer Tätigkeit aufzuhören etc.), die *in integrum restitutio* (die Wiederherstellung des ursprünglichen Zustandes), die *missio in bona* (Einführung in den Besitz des Vermögens) und schließlich die vom Prätor vorgeschriebenen Stipulationsversprechen. Die ersten Formen der prätorischen Rechtserzeugung waren eben diese Rechtshilfen.

3. Die Zwangsvollstreckung

Die Vollstreckung des zivilrechtlichen Prozesses trug persönlichen Charakter, den Verkauf des Schuldners über den Fluß Tiber, also ins Ausland oder die Tötung durch den Gläubiger. Nach Inkrafttreten der *lex Poetelia Papiria* (326 v. u. Z.) wurde die Abarbeit der Schulden bei dem Gläubiger möglich, die bisherige Schuldsklaverei entfiel. Die Vollstreckung des Formularverfahrens des Prätors erfolgte konkursartig, indem die Vermögensgesamtheit ein Gläubiger übernahm, der bereit war, die anderen Gläubiger bis zur höchsten Quote zu befriedigen. Die Vollstreckung des kaiserlichen Kognitionsverfahrens konnte nur vermögensrechtlich erfolgen, trug nur ausnahmsweise Konkurscharakter, war im allgemeinen singulär und in einzelnen Fällen dem staatlichen Gewahrsam des Schuldners ähnlich.

DRITTER TEIL

Zur Geschichte des Strafrechts

I. Die Stellung des Strafrechts im System des römischen Rechts

Im antiken Rom gab es kein Strafrecht im modernen Sinne, denn in der römischen Rechtsordnung waren die erst im Kapitalismus entwickelten Strafrechtsprinzipien *„nullum crimen sine lege“* (ohne Gesetz gibt es kein Verbrechen) und *„nulla poena sine lege“* (ohne Gesetz gibt es keine Strafe) im allgemeinen unbekannt. Es hing also größtenteils von der Willkür der staatlichen Obrigkeit ab, weswegen der Untertan verantwortlich gemacht und mit welcher Strafe er belegt wurde. Andererseits wurden die „strafrechtlichen“ Vorschriften z. T. Bestandteile des *ius privatum (delicta),* z. T. des *ius publicum (crimina),* so daß es im antiken Rom kein selbständiges Strafrecht gab. Die Frage der *delicta,* die unter eine private Verfolgung fallenden Straftaten, ist im Rahmen des römischen Privatrechts (Obligationenrecht) im Kapitel über die obligationenerzeugenden Tatbestände erörtert worden. Hier werden nur die öffentlichen Antragsdelikte, d. h. die unter öffentliche Verfolgung fallenden Verbrechen *(crimina)* behandelt.

II. Die crimina und ihre Bestrafung

1. Republikanische Zeit

Die crimina standen außer mit den sozialökonomischen Verhältnissen auch mit der Änderung der verschiedenen Staatsformen im engen Zusammenhang, da in Rom diejenigen *crimina* als öffentliche Anklageverbrechen qualifiziert wurden, von denen die Stabilität der Staats- und Gesellschaftsordnung am meisten gefährdet war. So sind die *crimina* und ihre Bestrafung ihrem Charakter nach zur Zeit der frühen, mittleren und der späten Republik, des Prinzipats und des Dominats ziemlich unterschiedlich.

Die beiden uralten *crimina*, die Mordtat *(parricidium)* und der Landesverrat *(perduellio)*, außerdem die Brandstiftung, die versteckten nächtlichen Zusammenkünfte, die Bestechung des Richters, die mit magischer Tätigkeit durchgeführte Schädigung wurden durch die XII-Tafeln mit schweren Strafen bedroht (Taf. VIII).

Die Tötung der Eltern bzw. Verwandten wurde mit Ertränkung (D. 48, 9, 9 – Modestin), die Vernichtung der Früchte durch andere in der Nacht mit der Opferung des Täters für die Göttin Ceres bestraft (Tafel VIII, 9). Die XII-Tafeln kannten als Strafen die Todesstrafe und die Geldstrafe, nur ausnahmsweise die Auspeitschung. Die Freiheitsstrafe im modernen Sinne war in Rom unbekannt. Die kerkerartigen Objekte, z. B. der Kerkerkeller Tullianum, waren für die politischen Verbrecher vor der Hinrichtung vorbehalten. Die sog. Schuldsklaverei gehörte nicht zu dieser Kategorie, denn der gefangene Schuldner wurde nicht vom Staat, sondern vom Gläubiger festgehalten. Die *crimina* und ihre Bestrafung trugen in dieser Zeitperiode bäuerlichen Charakter, wie staatlicher Schutz der fremden Früchte, unter Aberglauben ausgebildete Verbrechen und gewisser sakraler Charakter der Strafe in einigen Fällen.

Die seit dem 2. Jh. v. u. Z. geschaffenen neuen Strafgerichte *(quaestiones)*, die größtenteils von Sulla ausgebildet wurden, verbreiterten den Kreis der öffentlichen Anklageverbrechen bedeutend bzw. modifizierten ihre Tatbestände. Die Entwicklung des Systems der gewählten Magistrate, der Ausbau der Verwaltung der Provinzen, die Korruption der herrschenden Klasse in der Zeit der Republik, die raffinierten Methoden der Mordtaten spiegeln sich in der Umgestaltung des *crimen*-Systems wider. Die aller Wahrscheinlichkeit nach von Sulla geschaffene bedeutendste Quästion beschäftigte sich mit den politischen Verbrechen *(crimina maiestatis)*. Es wurde eine spezielle Quästion für die Wahlbestechung *(ambitus)*, für die Ausbeutung der Bevölkerung der Provinzen seitens des Provinzstatthalters *(crimen repetundarum)* gebildet. Die *lex Cornelia de falsis* qualifizierte die verschiedenen Falsifikationen (Testament- und Geldfälschung) als Verbrechen. Die *lex Cornelia de sicariis et veneficiis* war für spezielle Quästionen für die Mordtaten und Giftmischungen vorgesehen. Eine andere Quästion beschäftigte sich mit der Unterschlagung der beweglichen Staatsgüter *(peculatus)*. Zu den bisherigen Strafen wurden in dieser Zeit als neue Strafarten die Unfähigkeit zur Bekleidung von Ämtern und zum Mitglied des Senats im Falle der Bestechung, in gewissen Fällen die Verbannung *(ignis atque aquae interdictio)* und die Vermögenskonfiskation eingeführt. Diese Strafarten waren sehr geeignet, die besiegten politischen Gegner, besonders zur Zeit der Bürgerkriege, moralisch, politisch und ökonomisch zu vernichten.

2. Prinzipat

Am Anfang dieser Periode gibt es noch verschiedene neue Quästionen, wie z. B. ein von der *lex Iulia de adulteriis* fixiertes Gericht für Ehebrüche. Durch die neue Prozeßordnung *(cognitio)* wurden auch der Inhalt der *crimina* gewissermaßen modifiziert und sogar neue öffentliche Anklagedelikte gebildet. Das Verbrechen des Hochverrats *(crimen maiestatis)* stellte nicht mehr eine gegen die Sicherheit des *populus Romanus* gerichtete Tätigkeit dar, sondern galt als eine Majestätsbeleidigung gegen die Persönlichkeit des Kaisers. Als neues Verbrechen wurde der *stellionatus* statuiert, worunter man alle absichtlichen Tätigkeiten rechnete, die nicht unter den Begriff anderer *crimina* fielen und der *abigeatus*, unter dem das Vertreiben des fremden Viehs verstanden wurde.

Das Bestrafungssystem des Prinzipats bot dem Richter die Möglichkeit, die zweckmäßigste Strafe im gegebenen Falle über den Täter zu verhängen.

3. Dominat

In der Anfangsperiode des Dominats finden wir keine bedeutenden Änderungen im System der öffentlichen Anklageverbrechen *(crimina)*, aber unter dem Einfluß der christlichen Ideologie wurden neue öffentliche Verbrechenstatbestände kreiert. So wurden die Herätizität, der Frauenraub und die Blutschande als *crimina* qualifiziert. Während das Bestrafungssystem des Prinzipats im Rahmen des Kognitionsverfahrens völlig ungebunden war, bildeten die Herrscher des Dominats ein ganz gebundenes Bestrafungssystem aus und führten nunmehr eine ganze Reihe spezieller Todesstrafen, wie z. B. die Kreuzigung, das Verbrennen etc. ein. Daneben gab es jetzt die Zwangsarbeit in den Bergwerken als eine allgemeine Strafart. Das justinianische Recht hat die Rigorosität des Bestrafungssystems doch in verschiedenen Punkten gemildert.

III. Die Strafprozeßordnung

Zur Zeit der etruskischen Könige Tarquinius Priscus, Servius Tullius und Tarquinius Superbus war der *rex* selbst der Inhaber der richterlichen Gewalt, so daß auch die Strafgerichtsbarkeit in seinen Händen lag. Im Wirkungsbereich des Königs lag auch die Strafgerichtsbarkeit in zwei Fällen: *perduellio* (Landesverrat) und *parricidium* (Mordtat). In der Untersuchung dieses Verbrechens standen ihm die *quaestores parricidii* zur Verfügung. In der Zeit der Republik waren die Inhaber der strafrichterlichen Gewalt die mit *imperium* bekleideten Magistrate. Gegen ihr Urteil bestand aber für jeden Bürger die Möglichkeit, an die Volksversammlung zu appellieren *(provocatio ad populum)*. Aller Wahrscheinlichkeit nach wirkten aber auch die Volksversammlungen, vermutlich die *comitia centuriata,* als Strafgerichte ersten Grades. Die strafgerichtliche Gewalt der Komitien wurde sei dem 2. Jh. v. u. Z. stufenweise von den sog. *quaestiones perpetuae* als Spezialgerichte übernommen. Diese Quästionen, die wie betont größtenteils von Sulla aufgestellt wurden, bestanden aus 50 Geschworenen, deren Vorsitzender ein *praetor* war. Die am Anfang des Prinzipats in Kraft getretene *lex Iulia iudiciorum publicorum* schuf in der Funktionierung der Quästionen eine gewisse Einheit.

Eine Staatsanwaltschaft gab es in Rom überhaupt nicht, aber jeder Bürger war berechtigt, vor den Quästionen Anklage zu erheben. Das Gericht entschied ausschließlich in der Frage der Schuldhaftigkeit, und die Strafe wurde von jenem Gesetz vorgeschrieben, von dem die zuständige Quästion aufgestellt wurde. Zur Zeit des Prinzipats wurde die Rolle der Quästionen stufenweise abgeschafft und im Rahmen der kaiserlichen Prozeßordnung, des Kognitionsverfahrens, die höchste strafgerichtliche Gewalt vom Kaiser übernommen. Er ließ diese Gewalt durch seine höchsten staatlichen Würdenträger, wie *praefectus praetorio, praefectus urbi* oder Provinzstatthalter ausüben. Diese hohen Beamten waren befugt, nicht nur in der Frage der Schuldhaftigkeit, sondern auch in der Bestrafung nach ihrem freien Ermessen zu entscheiden. In den Strafprozessen politischen Charakters hatte der Senat seit Tiberius Entscheidungsbefugnis. Zur Zeit des Dominats liegt die Gesamtheit der richterlichen Gewalt in den Händen des Kaisers, der diese Gewalt durch eine sorgfältig aufgebaute Hierarchie der Strafgerichte ausübte.

VIERTER TEIL

Vom Nachleben des römischen Privatrechts

I. Über das Personenrecht

1. Die Rechtsfähigkeit

Die Rechtsfähigkeit war in der Zeit des Feudalismus genau wie bei den Römern nicht allgemein und gleich. Obwohl die Sklaverei nicht mehr die Grundlage der Produktionsverhältnisse darstellte, war sie in der feudalen Gesellschaftsordnung nicht unbekannt, so daß auch jetzt eine Klasse von Menschen unverändert rechtsunfähig blieb. Im Feudalismus folgte das Maß der ständischen Gliederung Adel – Geistlichkeit – Bürgertum, wobei die vollkommene Rechtsfähigkeit dem Wesen nach nur dem Adel und der hohen Geistlichkeit zukam.

Die abhängigen unmittelbaren Produzenten, die sich aus den verschiedenen Arten des Kolonats entwickelten, z. B. *coloni glebae adscripti,* die im Grundsteuerkataster eingetragenen Kolonen, die unter der Disziplinargewalt des *dominus* standen, die unter patrozinischem Schutz stehenden Kolonen und evtl. die *coloni liberi,* waren im Bereich der Politik völlig rechtsunfähig, dagegen auf dem Gebiet des Vermögensrechtes und im Bereich der Familienverhältnisse beschränkt rechtsfähig. Im Zeitalter des Kapitalismus verschwindet, von einigen Ausnahmen (die Sklaverei der Neger in Nordamerika) abgesehen, die Sklaverei, so daß nunmehr eine allgemeine Rechtsfähigkeit bestand. Im politischen Bereich gab es allerdings nach wie vor eine unterschiedliche Rechtsfähigkeit zwischen reich und arm, während auf dem Gebiet des Vermögensrechts und hinsichtlich der Familienverhältnisse eine – allerdings nur formelle – Gleichheit bestand.

2. Die Familie

Die rechtliche Ausgestaltung der Familie erfolgt stufenweise nach der justinianischen Kodifikation. Die römische und die christliche Ehe waren lange Zeit völlig voneinander getrennte Rechtsinstitutionen, und viele Jahrhunderte nach der justinianischen Kodifikation wurde in Europa *de iure* nur die christliche katholische Ehe als alleiniger Ehebund anerkannt. Das kanonische Recht übernahm vom römischen Recht das Prinzip der freien Vereinbarung der beiden Ehehälften *(libera debent esse matrimonia)*, ebenfalls wurde die Form der Eheschließung von kanonischen Recht wie das römische nicht gebunden. Schon Kaiser Leo VI. der Weise (886–912) erklärte durch eine Verordnung die nicht vor einem kirchlichen Forum geschlossene Ehe für ungültig. Diese staatliche Rechtsregel wurde vom kanonischen Recht im 16. Jh. aus Anlaß des Konzils von Trident (Trient) 1545/47 fixiert, wobei vorgeschrieben war, daß eine Ehe nur vor einem kirchlichen Forum und vor zwei Zeugen geschlossen werden durfte. Stufenweise wurde die Ehe seit dieser Zeit unter die kirchliche Jurisdiktion gezogen.

Die römische Ehe war auf der ständigen Ehegemeinschaftsabsicht aufgebaut; das Aufhören dieser Absicht *(affectio maritalis)* führte zur Ehescheidung, und bei einseitiger Auflösung des Ehebundes durften nur die von Justinian aufgeführten Scheidungsgründe berücksichtigt werden (s. o. S. 151). Das kanonische Recht behandelte die Ehe als einen solchen Vertrag, der im Falle des Fehlens der Gültigkeitserfordernisse, wie z. B. Irrtum oder Zwang, für ungültig erklärt wurde. Die Ehe konnte aber weder durch eine einseitige Willenserklärung noch durch eine Vereinbarung aufgelöst werden. Die kanonische These wurde dadurch unterstützt, daß man die Ehe zum Sakrament erklärte. Die später im Kapitalismus verbreitete bürgerliche Ehe konnte hingegen nach den profanen Rechtsregeln geschieden oder aufgrund ihres vertragsmäßigen Charakters für ungültig erklärt werden. Die Überreste der eheherrlichen Gewalt erklärten sich in der Reihe des Nachlebens des römischen Rechts bei der Bestrafung der Ehefrau und in einzelnen Rechtsordnungen dadurch, daß der Ehemann die des Ehebruchs für schuldig befundene Ehefrau zu töten berechtigt war. Die Anerkennung der vollständigen vermögensrechtlichen Rechtsfähigkeit der Ehefrau begann sich erst in der Zeit des ausgehenden Feudalismus auszubilden. Die *praesumptio Muciana* (siehe oben im Rahmen des römischen Familienrechtes) wurde von mehreren kapitalistischen Gesetzbüchern mit Ausnahme des französischen Code civil (1804) aufrechterhalten. Die Institution der Mitgift überlebte den Untergang des Römischen Reiches. Der *donatio propter nuptias* entsprach in den Rechtsordnungen des Feudalismus der Treuelohn, der der ihrem Mann treu gebliebenen Ehefrau zustand. Während es im römischen Recht die das Ehevermögen absondernde Ordnung gab, verbreitete sich in Europa die ehegütervereinigende Ordnung germanischen Charakters. Auf dieser Basis entstanden die damit im Zusammenhang stehenden Ehegüterrechtsinstitutionen, wie allgemeines Ehegesamtgut, eherechtliche Errungenschaftsgemeinschaft, Gesamtgut auf bewegliche Sachen etc.

Bezüglich der väterlichen Gewalt erschienen in den späteren Rechtsordnungen im allgemeinen die Rechte der Eltern, die elterliche Gewalt, die über das Kind in erster Linie dem Vater und nur ausnahmsweise der Mutter zukam. Über das Vermögen des minderjährigen Kindes kamen im allgemeinen dem Vater oder der Mutter das Behandlungsrecht oder der Nießbrauch zu. Die Institution der Vaterschaftsvermutung übernahm das mittelalterliche und kapitalistische Europa vom römischen Recht. Gleichzeitig ist in dieser Zeit das Institut der Legitimation durch nachfolgende Ehe und durch die Gunst des Staatsoberhauptes, wie bei den Römern, bekannt. Die Vorschriften des justinianischen Rechts blieben im Bereich der Adoption weiterhin in Geltung, so daß für das Adoptivkind sein Erbrecht auch in seiner früheren Familie aufrechterhalten wurde. In den modernen Rechtsordnungen können ausschließlich die Minderjährigen unter der Vormundschaft stehen. Im gesamten Mittelalter und in den modernen Rechtssystemen finden sich die drei Arten der Vormundschaft: *tutela testamentaria, legitima* und *dativa.* Zur Zeit des Nachlebens des römischen Rechts ist der Zweck der Pflegschaft bzw. Kuratel derselbe wie ehemals im römischen Recht, wobei als die wichtigsten Fälle die Kuratel der Geisteskranken und der Verschwender erachtet werden.

3. Die juristischen Personen

Eine eingehendere Ausgestaltung des Prinzips der „juristischen Personen" begann erst zur Zeit des Feudalismus durch die Konstruktion der sog. „vorgestellten Person" *(ficta persona).* Diese Fiktion stützte sich aber auf das Fundament *„civitates personarum loco habentur"* (die Städte werden als Personen behandelt). Die Ansicht der Römer wurde zum Ausgangspunkt aller rechtsphilosophischen Anschauungen, die bestrebt waren, das Wesen der „juristischen Personen" theoretisch zu erklären. Tatsächliche Rechtssubjekte werden erst seit der Mitte des 19. Jh. die Kollegien und Körperschaften im Bereich des Privatrechts, wobei vor allem die Handelsgesellschaften eine große Entwicklung und Bedeutung erreichten. Seit dem 19. Jh. wurde auch der Staat selbst durch die Institution der Staatsschatzkammer als Vertragsabschließender oder Prozeßpartner im Bereich des Privatrechts zum privatrechtlichen Subjekt. Bisher galt die These des römischen Rechts, wonach der Staat nur ein Subjekt der öffentlichen Rechtsverhältnisse sein konnte. Die vollkommene Bearbeitung der Kriterien der „juristischen Personen", die auch die Juristen der hohen Klassik und die Kodifikatoren Justinians schuldig geblieben waren, ist zu dieser Zeit vor allem den deutschen Pandektisten, den Theoretikern des deutsch-römischen gemeinen Rechts, zuzuschreiben.

4. Die Entwicklung des Pandektensystems

Das Institutionensystem *(personae, res, actiones)* wurde sowohl von den Glossatoren des 12./13. Jh. als auch von den Kommentatoren des 14. Jh. aufrechterhalten und lebte bis zur Entstehung der Schule der deutschen Naturrechtler (Pufendorf, Thomasius, Ch. Wolf) weiter. Diese theoretische Richtung versuchte die Grundprinzipien des Privatrechts in einer Einleitung des Privatrechts zusammenzustellen, wodurch die Grundlagen des sog. „allgemeinen Teils" geschaffen wurden. Die historische Rechtsschule von F. C. v. Savigny wandte diese Grundlagen zur Ausbildung des Pandektensystems in theoretischer Hinsicht an.

Der erste Teil des Institutionensystems, die *personae* – natürliche und juristische Personen – gewann so zusammen mit dem anderen theoretischen Material, wie die Lehre von den Rechtsgeschäften, den ersten Platz in diesem System. Dadurch errang der allgemeine Teil im Pandektensystem bereits den Rang der theoretischen Einleitung.

Der Ausgangspunkt der Naturrechtler in der Systembildung bestand in dem Prinzip, von der kleinsten Einheit der Rechtsverhältnisse bis zur größten zu gehen. So entstand bei ihnen nach und nach das Personenrecht, weiterhin das Recht der nächstgrößeren gesellschaftlichen Einheit, der Familie, dann das Recht der noch größeren Einheit, des Staates und letztendlich das Recht der zwischenstaatlichen Verhältnisse, das Völkerrecht. Im Rahmen dieses Gedankenganges entwickelte sich das Familienrecht und wurde von den Pandektisten als ein selbständiger Rechtszweig – abgesondert vom Teil der *personae* – des Privatrechts betrachtet.

II. Über das Vermögensrecht

1. Das Eigentum und der Besitz

In der Regelung des Eigentumsrechts zeigte sich nach der Kodifikation Justinians in Europa eine bedeutende Differenzierung, die auf die veränderten sozialökonmischen Verhältnisse, vor allem der Produktionsverhältnisse, zurückzuführen ist. Wie in Rom vor dem 4. Jh. zeigte das von Justinian vereinheitlichte römische Eigentum wieder eine scharfe Gliederung. Im Bereich des Mobiliareigentums finden wir in der Relation des justinianischen Rechts keine bedeutenden Veränderungen, dagegen spiegelte sich vom kanonischen Recht her die privilegierte Lage des Mobiliareigentums der Kirche, so z. B. im Bereich des Erbrechts, wider. Die Konstruktion des Grundeigentums wurde dagegen gründlich umgestaltet. So entstand in Westeuropa unter germanischem Einfluß das feudale Doppeleigentum oder das sog. geteilte Eigentum *(duplex dominium)*. Während im römischen und im kapitalistischen Recht das Eigentum ein freies und verhältnismäßig unbeschränktes Verfügungsrecht beinhaltete, war dem Feudalismus diese Art des Grundeigentums nicht bekannt. So wurden auf den verschiedenen Kategorien des Grundbesitzes verschiedene Beschränkungen ausgebildet, die die freie Verfügung zugunsten des Königs, des Landesherrn oder für den Oberlehensherrn bzw. die Familie, für den Unterlehensherrn oder für die Bauerngemeinde begrenzten. Das feudale Grundeigentum stellte entweder ein allodium oder feudum dar. Unter allodium verstand man das dem Wesen von feudalen Lasten und Gebundenheiten nach freie Grundstück, über welches aber das Verfügungsrecht für die Familie oder für das Geschlecht aufrechterhalten wurde.

Von der bisherigen römischen Regelung gänzlich unterschieden erschien die andere Form des Grundeigentums in der Art des feudums. Das nach römischem Sinne bewertete Eigentum steht prinzipiell dem feudalen Herrn zu, es entspricht also gewissermaßen dem Verhältnis zwischen Grundeigentümer und Nießbraucher, von denen der erste nur das „nackte Eigentum" *(nudum ius Quiritium)* besaß. Dieses Eigentum nannte man Obereigentum *(dominium superius)*, während diesem gegenüber das Untereigentum *(dominium inferius)* dem Unterlehensherrn, dem Erbpächter, dem Leibeigenen zukam. Dies bedeutet, daß der Unterlehensherr zum Gebrauch des Grundstücks berechtigt wurde, das man infolgedessen als Gebrauchseigentum *(dominium utile)* bezeichnete.

Das Verhältnis zwischen dem Feudalherrn und den feudalabhängigen Bauern war in Europa später in zweifacher Art und Weise geregelt. So trug das Grundeigentum des Lehensherrn entweder urbarialen oder Herrenhofcharakter. Das urbariale Grundstück stand im „Gebrauchseigentum" des abhängigen Bauern, der seinem Lehensherrn dafür die urbarialen Leistungen zu erfüllen hatte. Im Herrenhof des Lehensherrn war der Leibeigene zur Pflege des Grundstücks über die durch die Urbarialordnung vorgeschriebene Fronarbeit, die rechtlich an das Untereigentum des Leibeigenen über das Urbarialgrundstück gebunden war, verpflichtet.

Seit dem 12./13. Jh. erfolgte der Eigentumserwerb eines Grundstücks durch einen neuen Übertragungsakt. Die Übertragung des Feudums hieß *investitura* und war an strenge Formen, wie Zeugen, Übergabe eines Schollenstücks, gebunden. Außerdem war auch die sog. intellektuelle Übertragung, von Baldus als *traditio intellectualis* bezeichnet, bekannt.

Der Unterschied zwischen dem römischen und dem feudalen Eigentum erscheint also in folgenden Charakterzügen: während dem Wesen nach das Mobiliareigentum des römischen Rechts unverändert blieb, entstand im Bereich des Immobiliareigentums das Doppeleigentum: Ober- und Untereigentum oder Gebrauchseigentum. Nur das Allodialeigentum scheint mit gewissen Einschränkungen die Charakterzüge des römischen Grundeigentums widerzuspiegeln.

Schon im römischen Vulgarrecht begann der Auflockerungsprozeß der Grenzen des Eigentums. Dieser Prozeß endete im feudalen Eigentum, wo diese Grenzen zwischen Eigentum und Besitz in der Relation des Feudums völlig verwischt wurden. Das Eigentum wurde auch nach der Standlage einzelner Volksklassen – Adel, Geistlichkeit, Bürgerstand – differenziert. Was die Frage der Wandlung des Besitzbegriffes anbelangt, so muß man feststellen, daß die Justiz des feudalen Staates sehr langsam und schwankend war. Dieser Rechtsunsicherheit versuchten die Fachjuristen seit der Glossatorenschule durch Vermehrung der Besitzschutzmittel zu begegnen. Die Rechtsformen dieses gesteigerten Besitzschutzes waren einerseits die juristischen Konstruktionen, andererseits die *interdicta utilia.* Diese erkannten einzelnen Detentoren *(possessor naturalis)* des justinianischen Rechts, also Pächtern, Kommodataren kraft *officium iudicis* einen Besitzschutz zu *(Glossa Ordinaria* von Accursius). Dieser schleppenden Entscheidung von Besitzstreitigkeiten suchte man durch die Schaffung neuer Besitzklagen zu begegnen (*actio spolii* und *possessorium summarium).* Aufgrund der *actio spolii* wurden die Grundlagen des modernen Besitzschutzes ausgebildet. Der wichtigste Charakterzug der *actio spolii* war der, daß ohne zeitliche Begrenzung der Kläger nicht nur der Besitzer, sondern auch der Detentor sein konnte. Es war zur Rückforderung der beweglichen Sache geeignet, während die *interdicta recuperandae possessionis* nur zur Rückforderung der Grundstücke dienten. Außerdem wurde dadurch die Beerbung der „Besitzrechte" ermöglicht. Das *possessorium summarium* diente dazu, den Besitzstreit an Ort und Stelle rasch zu entscheiden.

Im engeren Sinne bildete sich eine Besitztheorie erst seit dem 16. Jh. aus. So trugen der *affectus domini* des Humanisten Donellus, die *opinio domini* des Humanisten Cujacius und später der *animus habendi* der deutschen Schule – also die Kriterien der französischen Humanisten und des deutschen *usus modernus* – für die Grenzlinien zwischen Besitz und Detention bereits einen subjektiven Charakter. Die Besitzauffassung des Mittelalters, in deren Mittelpunkt der gesetzliche Besitzschutz selbst stand, war dem Wesen nach objektiven Charakters. Die erste wirkliche Besitztheorie stellte der Begründer der historischen Rechtsschule, der berühmte deutsche Gelehrte F. C. v. Savigny, in seinem grundlegenden Werk „Das Recht des Besitzes" dar. Nach dieser Ansicht wird ein Besitzschutz nur jenen Personen gesetzlich gesichert – seines Erachtens auch bei den Römern –, die einen *animus domini* (Willen des Inhabers) besaßen, während andere Detentoren sind. Seiner Meinung nach stellt der Besitz kein subjektives Recht, sondern nur ein Faktum dar. Der Grund des Besitzschutzes ist der, die Verletzung des Besitzers zu vermeiden; dadurch sind alle Verletzungen des Besitzschutzes als Delikte zu qualifizieren. Demgegenüber sah der deutsche Pandektist R. v. Ihering in der zweiten Hälfte des 19. Jh. das Kriterium des Besitzes entgegen der Detention in der *causa possessionis* (Grund des Besitzes), die seines Erachtens allein vom Gesetz festgelegt wird. Der Besitz ist seiner Meinung nach ein rechtlich geschütztes Interesse, d. h. der Besitz bedeutet eine Berechtigung. Da der Besitzer größtenteils auch der Eigentümer der Sache ist, ist die rechtspolitische Grundlage des Besitzschutzes der Schutz des Eigentümers. Während die *animus domini*-Konstruktion von Savigny eine Besitztheorie der Römer zu imputieren versuchte – obwohl die Römer keine Theorien, weder über juristische Personen noch über den Besitz etc. ausgebildet haben –, entspricht unseres Erachtens die von Ihering aufgestellte Besitzkonstruktion im großen und ganzen der Besitzkonstruktion der römischen Rechtsgelehrten. Es muß allerdings bemerkt werden, daß die subjektive Konstruktion der Besitztheorien Savignys seiner eigenen Zeit, dem Liberalkapitalismus, entsprach, während die Auffassung Iherings infolge seines objektiven juristischen Gedankengangs mehr dem Monopolkapitalismus entgegenkam.

2. Entwicklung der Kategorie der dinglichen Rechte

Schon die Kommentatoren Bartolus und Baldus teilten die Kategorie des Vermögensrechts *(res)* in *„iura in re"* (Rechte in der Sache) und *„iura ad rem"* (Rechte zur Sache) ein. Diese Ansicht wurden von den Humanisten weiterentwickelt (Apel), bis schließlich der deutsche Rechtsgelehrte Hahn fixierte, daß ein Teil der Vermögensrechte einen absoluten, ein anderer Teil einen relativen Charakter besitzt. Die Vermögensrechte absoluten Charakters, zu denen das Eigentum, der Besitz, die Dienstbarkeiten, das Pfand- und das Erbrecht gehören, bezeichnete man im Rahmen einer Sammelkategorie als Sachenrecht. Darunter sind solche Rechte zu verstehen, die gegen alle Personen einen absoluten rechtlichen Schutz genießen. Die Vermögensrechte, die nur gegen Einzelpersonen einen rechtlichen Schutz besitzen, haben einen relativen Charakter und wurden Obligationenrechte genannt.

Die absoluten Rechte (Sachenrechte) kategorisierte man aufgrund römischrechtlicher Ausdrücke schon zur Zeit des Feudalismus in „Rechte auf eigene Sache" *(iura in re sua)* und in „Rechte auf fremde Sachen" *(iura in re aliena)*. So entstand innerhalb der Sachenrechte einerseits das Eigentum mit dem Besitz und die Rechte auf fremde Sachen, wie Dienstbarkeiten, die Erbpacht, das Erbbaurecht und das Pfandrecht. Von den letzteren verschwand in der Zeit des Feudalismus die Erbpacht, während die anderen mit größeren und kleineren Modifizierungen aufrechterhalten wurden. Vom Pfandrecht blieb gemäß dem justinianischen Recht der Faustpfand und die Hypothek. Die Hypothek errang durch die Bearbeitung der verschiedenen Grundbuchsysteme besonders dadurch eine große Bedeutung, daß durch das Grundbuch die hypothekarischen Lasten des Grundstücks offiziell bekannt gemacht wurden und das Kreditleben dadurch einen besonderen Aufschwung gewann.

3. Das Obligationenrecht im Feudalismus

Die Vermögensverhältnisse des Feudalismus waren wegen der erneut stark ausgebildeten Naturalwirtschaft im Verhältnis zum warenproduzierenden Sklavereisystem, in dessen rechtlichem Überbau die verfeinerte, ausgeschliffene und minutiös bearbeitete Regelung des einfachen Warenaustauschverkehrs erfolgte, bedeutend einfacher. Damit soll natürlich nicht gesagt sein, daß es in der Zeit des Feudalismus keinen Warenaustauschsverkehr mehr gab, zumal gerade in vielen Städten des Byzantinischen Reiches, besonders aber in der Lombardei, der alte Warenaustausch aufrechterhalten wurde bzw. in neuer Blüte auferstand. Die Anwendung des einfachen römischen Warenaustauschrechts wurde infolge dieser Erscheinung nicht gegenstandslos, aber eben auf bestimmte Bereiche abgedrängt, und zwar in die Städte, wo ein lebhafter Warenverkehr stattfand und infolgedessen auch eine lebhafte Geldwirtschaft zu finden war. Für die Entwicklung des Obligationenrechtes war das Zeitalter des Feudalismus sehr ungünstig, da in den außerstädtischen Gebieten wegen der Naturalwirtschaft der Warenverkehr äußerst gering war. Er beschränkte sich hier auf die periodisch organisierten Märkte, zudem schränkte innerhalb der Städte das Zunftsystem den freien Warenverkehr doch beträchtlich ein. Der feudale Partikularismus spiegelte sich auch im rechtlichen Überbau wider und führte dazu, daß der Innen- und auch der Außenhandel oft vor unüberwindlichen Schwierigkeiten standen. Dies lag vor allem daran, daß in den verschiedenen Gebieten unterschiedliche Verkehrsrechtsnormen bestanden – so gab es in Nordfrankreich zur Zeit des Feudalismus ca. 360 Kutümrechte – und die Verkehrsverhältnisse größtenteils ungeregelt waren. Zusammenfassend hierzu ist festzustellen, daß in der Zeit des Feudalismus am meisten das Obligationenrecht in den Hintergrund gedrängt wurde.

Die wissenschaftliche Tätigkeit der Kommentatoren praktischen Charakters gab mit der Ausgestaltung der Grundlagen des Sachen- und Obligationenrechts einen bedeutenden Anstoß zur Entwicklung jenen Rechts, das mit der Erscheinung der präkapitalistischen Lebensverhältnisse im Zusammenhang steht. Das Sachenrecht, das die Vermögensverhältnisse durch grundlegende „Ergreifung" der Vermögensgegenstände geregelt hat, entwickelte sich stufenweise. Es bildete die Grundlagen des kapitalistischen Eigentums im großen und ganzen aus und machte sie in zweiter Linie für das Obligationenrecht „erfaßbar". Der Verkehrsgegenstand muß nämlich zuerst vom Eigentumsrecht „erfaßt" werden, ehe die Möglichkeit zur rechtlichen Regelung des Eigentumsaustausch über die einzelnen Sachen besteht.

Ein anderer Erfolg der präkapitalistischen Rechtsentwicklung war derjenige Entwicklungsprozeß, der zur Ausgestaltung eines selbständigen Strafrechts führte. Bekanntlich gab es im antiken Rom kein selbständiges Strafrecht. Die verschiedenen Verbrechen wurden entweder als Delikte mit privatrechtlichen Mitteln oder als Verbrechen im Rahmen des Staatsrechts verfolgt. Bei den erstgenannten Delikten wurde die Regelung mit der mit dem Schadensersatz in vielen Fällen verbundenen und dem Beschädigten zukommenden Geldstrafe im Rahmen des Zivilprozeßrechts, also im Rahmen des Privatrechts, geahndet. Bei dem zweitgenannten Verbrechen handelte es sich um solche, die die ganze Gesellschaft, besonders die politischen Interessen der herrschenden Klasse gefährdeten, wie *parricidium* (Mord), *perduellio* (Landesverrat), im allgemeinen also die wichtigsten Verbrechen, die eine öffentliche Verfolgung nach sich zogen.

Das Obligationenrecht wurde mit dem Material der Geldstrafenobligationen ärmer. Die Entstehung der Strafrechtsbücher – z. B. der von der Kirche bearbeitete *Malleus Maleficarum* (Hexenhammer) im 15. Jh. oder Strafgesetzbücher, wie z. B. der im Deutsch-Römischen Kaiserreich im Jahre 1552 in Kraft getretene *Codex Criminalis Carolina* (Karls Strafgesetzbuch) und Ordannance des Strafprozeßrechts vom Jahre 1670 in Frankreich – bildeten das Strafrecht als einen selbständigen Rechtszweig aus.

Das feudale Privatrecht konnte den feudalen Partikularismus wohl tolerieren, da die Naturalwirtschaft mit diesem nicht im Widerspruch stand, aber die Verkehrsunsicherheit des Handels duldete den Partikularismus keineswegs. Mit der Entwicklung des Handels wurde auch der Wunsch der Kaufleute immer stärker, die gesetzgeberische Gewalt zur Kodifizierung des Handelsrechts zu zwingen, was auch mit den Interessen der herrschenden Klasse im Einklang stand. So entstand in Frankreich z. B. das Ordannance de Commerce und Ordannance Maritime, d. h. das Handels- und Seehandelsbuch zur Zeit Ludwigs XIV. Damit wurde aus dem Rahmen des Obligationenrechts die Regelung der speziellen Handelsgeschäfte zu einem besonderen Rechtszweig, zum Handelsrecht, erhoben.

4. Entwicklung der Rechtsgeschäftslehre

Das Rechtsgeschäft war im antiken römischen Recht als selbständiger Begriff nicht bekannt, obwohl von den Rechtsgelehrten der Ausdruck *negotium* (Rechtsgeschäft) in verschiedenen Verbindungen mit anderen Wörtern – z. B. *negotium nullum* (nichtiges Rechtsgeschäft) – manchmal angewendet wurde. Die große Leistung der Pandektisten des 19. Jh. ist wegen ihrer wissenschaftlichen Wirkungen auch in der sozialistischen Rechtstheorie bzw. im Zivilrecht zu spüren. Der Aufbau der Rechtsgeschäftslehre beginnt in der Pandektistik nicht im Rahmen des Obligationenrechts, sondern in dem des sog. allgemeinen Teils. Einzelne Teile dieser Lehre werden aus natürlichen Gründen im Rahmen des allgemeinen Teils des Obligationenrechts, wie z. B. die Lehre von den Kontrakten, erörtert. Savigny schuf in seinem letzten grundlegenden Werk in der Mitte des 19. Jh. den allgemeinen Teil des Obligationenrechts, die Auflösung des Vertragstypenzwangs. Dessen rechtsgeschichtliche Ursache wurde von ihm bereits im allgemeinen Teil des „Systems des heutigen römischen Rechts" von der im Alltagsleben des antiken Rom angewendeten und zur Klagbarmachung der Vereinbarungen aller Art geeigneten Stipulation abgeleitet. Diese Tatsache rief den „besonderen Teil" des Obligationenrechts (einzelne Verträge) ins Leben.

Der Ausgangspunkt der Rechtsgeschäftslehre der Pandektistik war die juristische Tatsache. Die juristischen Tatsachen sind nach der Pandektenlehre entweder Handlungen oder Ereignisse, deren Folge die Entstehung, Änderung oder das Aufhören des subjektiven Rechts ist (Rechtswirkung). Die Handlungen können rechtmäßig oder unrechtmäßig sein. Zu den rechtmäßigen Handlungen gehören die gestattete Eigenmacht, wie die Selbsthilfe und der Selbstschutz, die Rechtsgeschäfte und die verschiedenen anderen Handlungen, so z. B. die Geschäftsführung ohne Auftrag. Die unrechtmäßigen Handlungen stellen die privatrechtliche Seite der Delikte mit der Folge der Schadensersatzpflicht dar. Die Rechtsgeschäfte, die nach der Pandektenlehre zur Erziehung einer Rechtswirkung, also Entstehung, Änderung oder Beendigung der Berechtigung befugte bzw. gestattete Willenserklärungen sind und die aus zwei Elementen, und zwar der Willenserklärung und der Willensentscheidung entstehen, können ein- oder auch zweiseitig sein. Ein einseitiges Rechtsgeschäft ist beispielsweise das Testament, die Bevollmächtigung oder die Verkündigung, während der Vertrag das zweiseitige Rechtsgeschäft darstellt. Die Ereignisse können ganz verschiedene Offenbarungen der Außenwelt sein, so z. B. die Erscheinungen der Natur, wie der Blitzschlag oder der Hagel, ja selbst der Zeitablauf, an den sowohl Rechtsentstehung (z. B. Ersitzung) oder Rechtsverlust (z. B. Verjährung der Klage) gebunden sein können. In der frühen Periode der Pandektistik bezüglich der Willenserklärung im Rahmen des Rechtsgeschäftes trat die sog. Willenstheorie in den Vordergrund. Demgemäß sollte aufgrund des prätorischen Rechts der Wille selbst der entscheidende Faktor des Rechtsgeschäftes sein. In der späteren Periode entwickelte sich aber die sog. Erklärungstheorie, die die Wichtigkeit der äußeren Erklärung des existierenden oder nichtexistierenden Willens als entscheidend betrachtete. Im allgemeinen Teil des Pandektenrechts erscheint die Frage der Qualifizierung des Irrtums als Nichtigkeits- oder Anfechtbarkeitsgrund des Rechtsgeschäftes. Der frühen Pandektistik nach war die erstere, der späten Pandektistik nach die zweite Ansicht anzunehmen. Im Rahmen des allgemeinen Teils des Obligationenrechts – in enger Verbindung mit der Vertragshaftung – wird die Haftungslehre des „heutigen römischen Rechts" erörtert. Die frühere Pandektistik (Savigny und Puchta) hat die „Haftungslehre der Römer" nicht bearbeitet. Sie begnügte sich mit der Feststellung, daß in der frühen Zeit der Entwicklung des römischen Rechts ein objektives Haftungssystem herrschte, das bis zur Zeit Justinians stufenweise zu einem vollständigen Schuldhaftungssystem umgestaltet wurde. In der späteren Pandektistik wurde, besonders von Windscheid, auf justinianischer Basis das ganze System der Schuldhaftungslehre der Pandektistik ausgearbeitet. Der berühmte Pandektist Ihering schuf die sog. *culpa in eligendo* (Fahrlässigkeit in der Auswahl des Vertreters) und die *culpa in contrahendo* (Fahrlässigkeit des Antragstellers um den Vertragsabschluß). Im Rahmen der letzteren Konzeption erwähnt er aber die Möglichkeit der Erfolgshaftung als „Zukunftsmusik".

5. Das Erbrecht im Feudalismus und später

Die wesentlichsten Charakterzüge des Feudalismus, der Niedergang der Warenproduktion, die Entwicklung des feudalen geteilten Eigentums, die mit dem Feudalismus zusammenhängenden Gebundenheiten, das Ständesystem, die entscheidende Rolle der Kirche, alle diese Faktoren haben den Charakter der Entwicklung des Erbrechts im Mittelalter und zu Beginn der Neuzeit determiniert.

Die Projektion der Eigentümlichkeiten des feudalen Eigentums war die Absonderung des Vermögens auf Ahnengut (Erbgut) und auf Vermögen mit Errungenschaftscharakter.

Die feudalen Rechtssysteme beschränkten die Testierfreiheit auf die letztgenannten Vermögen. Im Ahnengut zu testieren, war fast völlig ausgeschlossen. Gab es Deszendenten, dann erbte das Ahnengut, in erster Linie die Immobilien, im französischen und im deutschen Rechtsgebiet der ältere Sohn (Majoresko). Gab es aber keine Deszendenten, so kam das Prinzip *„paterna paternis, materna maternis"* (die väterliche Güte der väterlichen, die mütterlichen Güte der mütterlichen Linie) zur Anwendung. Das Donationssystem, das in erster Linie den Grundbesitz betraf und im allgemeinen in der europäischen Rechtsentwicklung zu finden ist, zog das Heimfallsrecht des Königs, des Staates, der Krone nach sich. Übrigens war das Heimfallsrecht des Fiskus auch in Rom im Falle der Unwürdigkeit der Erben nicht unbekannt *(bona ereptoria)*. Die gesetzliche Erbfolge wurde nach den verschiedenen Ständen (Adel, Geistlichkeit, Bürgertum) differenziert, während im Bereich der Erbfolge der Leibeigenen besondere Rechtsvorschriften zur Geltung kamen.

Die weiteren Eigentümlichkeiten des Erbrechts im Feudalismus waren: die Zweiteilung des Vermögens nach seinem Ursprung in Ahnengut und erworbenes Vermögen, weiter die Beschränkung der Testierfreiheit auf ein enges Gebiet, das Prinzip *„paterna paternis, materna maternis"*, die Differenzierung der gesetzlichen Erbfolge nach den verschiedenen Ständen und endlich das Heimfallsrecht des Königs bzw. der Krone.

Diese Rechtsinstitutionen standen im allgemeinen dem System des justinianischen Erbrechts entgegen. Sie wurden besonders im deutschen Rechtsgebiet dadurch entwickelt, daß das langobardische Feudalrecht *(Libri feudorum)* zum Material des rezipierten justinianischen Rechts hinzugefügt wurde, so daß die Institutionen des justinianischen Erbrechts auf diesem Rechtsgebiet naturgemäß in den Hintergrund gedrängt wurden. Die Kirche führte das Institut des römischen Testaments in das deutsche Recht ein und übte im Bereich des Testierrechts einen immer größeren Einfluß aus. Der Erfolg dieser Erscheinung war der justinianische Charakter des Testierrechts im Mittelalter. Von der vollendeten bürgerlichen Revolution, also von der Großen französischen Revolution, wurden die Grundinstitutionen des Erbrechts des Feudalismus abgeschafft. Es bestand nunmehr die Möglichkeit, einzelne Institutionen des entwickelten römischen Rechts wiederherzustellen. Dies betraf beispielsweise die Formalitäten im justinianischen Recht, den Pflichtteil, den Nießbrauch der Witwe, die Erbenvertretung, d. h. Erbeinsetzung statt des ausfallenden Erben, Nacherbeneinsetzung, d. h. Bestimmung der Aufeinanderfolge der einzelnen Erben, Vindikations- und Damnationslegat, Nachlaßinventar etc.

Das aditionale System des römischen Rechts, demgemäß die Erben nur durch eine Erwerbungserklärung die Erbschaft erwerben konnten und infolgedessen die Institution des ruhenden Nachlassens *(hereditas iacens)* existierte, wurde von mehreren Zivilgesetzbüchern, wie z. B. vom Allgemeinen Bürgerlichen Gesetzbuch für Österreich (1811) übernommen. Im Deutschen Bürgerlichen Gesetzbuch von 1900 wendete man das *ipso iure* Erbrechtsystem an, d. h. die Eröffnung und der Erwerb des Nachlasses fielen automatisch zusammen, was z. B. auch in Ungarn stets anerkannt wurde.

Wie bereits erwähnt, erörterten die Glossatoren und Kommentatoren das römische Recht im Rahmen des Institutionensystems *(personae, res, actiones)*, obwohl die Kommentatoren, in erster Linie Bartolus, bereits mit der Differenzierung des Vermögensrechts *(res)* begannen. Aufgrund dieser wissenschaftlichen Tätigkeit entstand bei den Pandektisten als Erfolg einer stufenweisen Entwicklung das Sachen- und Obligationenrecht. Vor den Pandektisten spielte das Erbrecht als Zweig des Privatrechts noch keine selbständige Rolle, da das Erbrecht im Rahmen des Sachenrechts erörtert wurde. Die Erkenntnis der Pandektisten (Savigny, Puchta), daß im Rahmen des Sachen- und Obligationenrechts eine spezielle Regelung jener Lebensverhältnisse stattfindet, die mit dem Tatbestand des Überlebens eng verbunden ist, führte sie zu der Feststellung, daß ein gewisser Teil der Sachen- und Obligationenrechte einen selbständigen Teil des Privatrechts darstellt, und zwar das Erbrecht. Damit wurde das Pandektensystem vollständig ausgebildet und zerfiel in einen allgemeinen Teil, in das Sachen-, Obligationen-, Familien- und Erbrecht.

III. Das Nachleben der Überreste des römischen Zivilprozeßrechts

Der Kognitionsprozeß der Kaiserzeit wurde fast gänzlich von der Glossatorenschule in Bologna übernommen. Damit wurde das Kognitionsverfahren, ergänzt mit mittelalterlichen italischen und mit kanonischen Elementen, zum Grund des Zivilprozeßrechts der kapitalistischen Staaten. In diesen Prozeßordnungen war das Verfahren, genau wie in der kaiserlichen Prozeßordnung, einheitlich. Der von der Obrigkeit ernannte fachkundige Amtsrichter wurde in den meisten Fällen auch der Prozeßleiter. Der Prozeß begann auch hier mit dem Einreichen des Klagebriefes und wurde mit der Ladung von Amts wegen seitens des Gerichts eröffnet. Das zweite Exemplar des Klagebriefes händigte man mit der Ladung dem Beklagten aus. Die Schriftlichkeit gewann gegenüber der uralten und der prätorischen Prozeßordnung eine bedeutende Rolle, obwohl es auch möglich war, das Schriftmaterial wörtlich vorzutragen. Der Beweis wurde von verschiedenen Vorschriften geregelt, und das freie Ermessen des Richters war ziemlich beschränkt. Im Rahmen des Urteils sollte der Richter auch über die Prozeßkosten entscheiden. Eine Appellationsmöglichkeit gab es unbedingt bis zum höchsten Gerichtshof.

Im Feudalismus ist der Vollstreckungsprozeß eine mit Hilfe der Mitwirkung stattfindende singuläre Vermögensvollstreckung, die mit amtlicher Verpfändung durchgeführt wird. Erst zur Zeit des Kapitalismus erschien wieder das Konkursverfahren als universelle Vollstreckung. Die Personenvollstreckung erfolgte in der Form des Schuldgefängnisses, das auch im 19. Jh. allgemein verbreitet war.

Die prozessuale Vertretung zeigte im justinianischen Recht teilsweise bereits das Bild einer unmittelbaren Vertretung. Während im Prozeß noch eine mittelbare, in der Vollstreckung aber schon eine unmittelbare Vertretung zur Geltung kam, d. h. die Vollstreckung ging gerade gegen den Vertretenen, wurde zur Zeit des Kapitalismus eine vollständige unmittelbare Vertretung sowohl im Rahmen des Prozesses als auch im Rahmen der Vollstreckung ausgebildet.

Die Grundlage der *interdicta* wird sowohl in kapitalistischen, als auch in sozialistischen Rechtsordnungen aufrechterhalten: a) in Form des Zahlungsbefehls, b) die *missio in bona* in der Einweisung in den Nachlaß seitens des Notars, c) die *in integrum restitutio* in der Wiederherstellung des ursprünglichen Zustandes im Falle der Ungültigkeit des Rechtsgeschäftes in verschiedentlich veränderter Form.

Im Falle des Zahlungsbefehls gibt das Gericht auf Bitte des Gläubigers ohne Anhören des vermutlichen Schuldners einen Befehl, im Falle der Kontradiktion des Schuldners folgt daraus ein Prozeß, im Gegenfalle gewinnt der Zahlungsbefehl eine Rechtskraft, infolgedessen wird er vollstreckbar.

Das römische Prozeßrecht war sowohl in der Rechtswissenschaft der Glossatoren als auch in der der Kommentatoren infolge der Anwendung des Institutionensystems der dritte Teil des Privatrechts. Die Pandektisten, namentlich Savigny und Puchta, waren diejenigen Rechtsgelehrten am Anfang des 19. Jh., die im Rahmen des „heutigen römischen Rechts" das Prozeßrecht nicht mehr erörtert und damit vom Privatrecht abgesondert haben, wodurch es zu einem selbständigen Rechtszweig wurde. Die Ausgestaltung des kapitalistischen Privatrechtssystems (Pandektensystem) wurde damit beendet.

ANHANG

ZEITTAFEL

In die Zeittafel sind neben den wichtigsten historischen Daten zur römischen Geschichte die bedeutendsten Rechtsquellen und die Angaben zu den berühmtesten römischen Juristen aufgenommen worden.

Römische Frühzeit und Königszeit

etwa 1200–etwa 1000 v. u. Z.	Einwanderung der Italiker
10. Jh.	Beginn der Einwanderung der Etrusker. Siedlung auf dem Palatin in Rom
um 1000–800	Illyrische Stämme wandern in Italien ein
753–508/07 (oder 510/09)	Legendäre Königszeit. Angebliche *leges regiae*, im *ius Papirianum* gesammelte Satzungen röm. Könige, die das Familienrecht, Mord-, Schuldrecht, und die Opferhandlungen regelten (D. 1, 2, 2, 2 f. – Pomponius)
Ende 7. Jh.–1. Hälfte 5. Jh.	Etrusker erringen größte Machtausdehnung
Ende 7. Jh.–Ende 6. Jh.	Etruskische Herrschaft über Rom
Ende 7. Jh.	Stadtwerdung Roms unter etruskischem Einfluß abgeschlossen („Vierregionenstadt")
6. Jh. 2. Hälfte	Legendäre Reform des Königs Servius Tullius (Servianische Verfassung)
508/07 (oder 510/09)	Ende der Königszeit, Beginn der Republik

Römische Republik

508/07 (oder 510/09)	Beginn der röm. Republik. *Lex Valeria de provocatione* (über die Berufung) des Konsuls P. Valerius Poplicola, Einführung des Provokationsrechts (Cic., *rep.* 2, 53)
508/07	1. römisch-karthagischer Vertrag
494–493	1. Sezession der Plebejer. Einrichtung des Amtes der Volkstribunen und der Volksädilen (*tribuni plebis* und *aediles plebis*). Vertrag zwischen Rom und den Latinern *(foedus Cassianum)*

450/449 (oder 451/450)	*lex duodecim tabularum, decemviri legibus scribundis,* auch *tabulae duodecim* (Zwölftafelgesetz), Gewohnheitsrecht wird kodifiziert (Liv. 3, 34; D. 1, 2, 2 – Pomponius)
449	*leges Valeriae Horatiae* der Konsuln L. Valerius Poplicola und M. Horatius Barbatus über die Einführung der *provocatio ad populum* (Liv. 3, 55)
um 477	Einrichtung des Amtes der Quästoren
445	*lex Canuleia de conubio patrum et plebis* (über die Ehe zwischen Patriziern und Plebejern), Aufhebung des Eheverbotes zwischen Patriziern und Plebejern durch den Volkstribunen C. Canuleius (Liv. 4, 1). Wahrscheinlich um diese Zeit Amt der Zensoren geschaffen
5. Jh. 2. Hälfte	Aller Wahrscheinlichkeit nach um diese Zeit „Servianische" Zenturienordnung fixiert
443	Amt der Zensoren eingerichtet
445–367	Konsulartribunen oberste Funktionäre
396	Eroberung von Veji durch die Römer
387	Am 18. Juli Niederlage der Römer gegen die Kelten an der Allia
367–366	*leges Liciniae Sextiae* der Volkstribunen L. Sextius Lateranus und C. Licinius Stolo, Gleichberechtigung der Plebejer bei der Besetzung des Konsulats, Höchstmaß (500 *iugera* für Grundbesitz an *ager publicus* festgelegt (Liv. 6, 3); Prätur und zwei kurulische Ädilen geschaffen
357	5 %ige Freilassungssteuer für Sklaven festgelegt (Liv. 7, 16, 7)
348	2. römisch-karthagischer Vertrag
347	Zinsen werden auf die Hälfte reduziert
343–341	1. Samnitenkrieg (?)
340–338	Latinerkrieg. Latinischer Städtebund aufgelöst
339	*lex Publilia Philonis,* Gesetz des Diktators Q. Publilius Philo: schon vor den Gesetzesbeschlüssen *auctoritas patrum.* Angebliche Gesetzesgleichheit der Plebiszite und der *leges* (Liv. 8, 12, 14)
326	*lex Poetelia Papiria de nexis* (über die Abschaffung der Schuldknechtschaft), Abschaffung der Schuldsklaverei in Rom (Liv. 8, 28)
326–304	2. Samnitenkrieg
312	Zensur des Ap. Claudius Caecus, Tribusreform
um 312	*lex Ovinia,* Zusammenstellung des Senats durch die Zensoren *(lectio senatus)*
300	*lex Ogulnia* der Volkstribunen Cn. und Q. Ogulnius Gallus, Plebejer können die wichtigsten Priesterämter bekleiden (Liv. 10, 6)
300	*lex Valeria de provocatione* (über die Berufung) des Konsuls M. Valerius Corvus (Liv. 10, 9)
300	Unter ersten plebej. *Pontifices* ist P. Sempronius Sophus, Konsul 304, *pont. max.* 300, bedeutender Jurist am Ende der frühen Republik
um 300	Cn. Flavius, angeblicher Beginn der Jurisprudenz durch Laien
um 300	*ius civile Flavianum,* Veröffentlichung der Legisaktionen und der Geschäftsformulare

298–290	3. Samnitenkrieg
290	Sabiner werden unterworfen
287	*lex Hortensia de plebiscitis* (über die Plebiszite) des Diktators Q. Hortensius, Plebiszite und *leges* endgültig gesetzesgleich (Gell. 15, 27, 4; Gai. 1, 3)
um 286	*lex Aquilia de damno* (über Schaden, Buße), Regelung von Vermögensbeschädigungen (D. 9, 2, 1 – Ulpian; 9, 2, 2 – Gaius)
283	Nach der Schlacht am Vadimonischen See Herrschaft der Römer von der Poebene bis zur Nordspitze Lukaniens ausgedehnt
279	Römer unterliegen Pyrrhos in der Schlacht bei Ausculum („Pyrrhossieg")
275	Niederlage des Pyrrhos in der Schlacht bei Beneventum
um 274–um 202	Cn. Naevius, röm. Schriftsteller, schrieb u. a. *Bellum Punicum* (Punischer Krieg)
265	Abschluß der Eroberung Italiens durch die Römer nach der Einnahme von Volsinii
264–241	1. Punischer Krieg
um 254–184	T. Maccius Plautus, bedeutendster röm. Komödiendichter
253	Ti. Coruncanius, erster plebejischer *pont. max.*, bedeutender Jurist der mittleren Republik, erteilte als erster öffentlich seine Rechtsgutachten bei Zulassenden von Studierenden als Zuhörer
242	Einsetzung eines Fremdenprätors in Rom *(praetor peregrinus)*
239–169	Q. Ennius, bedeutendster Dichter der frühen Republik, Hauptwerk *Annales* (Jahrbücher)
238	Sardinien von den Römern besetzt, mit Korsika zur zweiten röm. Provinz (nach Sizilien) vereint
234–149	M. Porcius Cato Censorius, C. d. Ä., konservativer Staatsmann, Begründer der lat. Prosaliteratur, vollständig erhalten ist sein wichtiges Werk *De agri cultura* (Über die Landwirtschaft)
232	*lex Flaminia de agro Gallico et Piceno viritim dividundo* (über die pro-Kopf-Verteilung des gall. und picen. Ackers) des C. Flaminius, regelte die Landverteilung an röm. Bürger (Liv. 22, 63, 2)
229–228	1. Illyrischer Krieg
227	Mit der Einsetzung von Proprätoren als Statthalter Beginn der röm. Provinzialverwaltung
226	Sog. Ebrovertrag
225–222	In Oberitalien Keltenkrieg
218	*lex Claudia de modo navium* (über die Größe der Schiffe) des Volkstribunen Q. Claudius, Verbot des Besitzes von Schiffen mit einem Fassungsvermögen über 330 Amphoren für Senatoren (Liv. 21, 63)
219	2. Illyrischer Krieg
218–201	2. Punischer Krieg
216	2. August Kesselschlacht bei Cannae, schwere Niederlage der Römer durch Hannibal
215–205	1. Makedonischer Krieg

um 213	Der *denarius*, die röm. Silberstandardmünze, wird eingeführt
212	Syrakus durch die Römer erobert, dabei Tod des berühmtesten Mathematikers und Physikers der Antike, Archimedes (geb. 287)
206	Spanien in den Händen der Römer
204	*lex Cincia de donationibus* (über Schenkungen) des Volkstribunen M. Cincius Alimentus, Höchstwert bei Schenkungen, außer an Verwandte, fixiert und Verbot der Annahme eines Honorars durch die *advocati* (Cass. Dio 54, 18)
202	Sieg Scipios bei Zama Regia über Hannibal
201	Römer diktieren den Karthagern die Friedensbedingungen
201	P. Aelius Catus, Jurist
200	*lex Plaetoria* betr. Minderjährige
um 200–120	Polybios, berühmter Historiker, verfaßt eine Weltgeschichte für die Zeit von 264–141
200–177	Zur Sicherung Oberitaliens Feldzüge der Römer
199 (?)	*lex Porcia de tergo civium* des Volkstribunen P. Porcius Laeca (?), Provokationsrecht auf das gesamte Reichsgebiet ausgedehnt
198 oder 195	*lex Porcia de tergo civium* des M. Porcius Cato, Provokationsrecht der Bürger gegen die Prügelstrafe (Liv. 10, 9, 4)
198	Sex. Aelius Paetus Catus, Konsul 198, schuf Aktionensammlung *qui appellatur ius Aelianum* und das wohl damit nicht identische berühmte Werk Tripertita
197	Spanien als Provinz eingerichtet (*Hispania Citerior* und *H. Ulterior)*
192–188	Krieg der Römer gegen Antiochus III. von Syrien, Antiochus erleidet bei Magnesia (188) schwere Niederlage
188	Friedensschluß von Apameia
um 190–159	P. Terentius Afer (Afrikaner), größter röm. Komödiendichter neben Plautus
185	Sklavenerhebung in Apulien
um 180–102	C. Lucilius, röm. Satirendichter
180	*lex Villia annalis* (Jahresgesetz) des Volkstribunen L. Villius, Festlegung des Mindestalters für die Führung kurulischer Ämter (Liv. 40, 44, 1)
171–168	3. Makedonischer Krieg
169	*lex Voconia* des Volkstribunen Q. Voconius Saxa, Verbot von Erbeinsetzungen für Frauen in der ersten Zensusklasse (Cic., Balb 21; Gell. 17, 6, 1)
168	Nach der vernichtenden Niederlage des Perseus bei Pydna Ende des Antigonidenreiches
167	Befreiung der Römer von direkten Bürgersteuern *(tributum)*
152	Tod des Juristen M. Porcius Cato *(minor)*, geb. 192
149–146	3. Punischer Krieg
149	*lex Aebutia*, zivilrechtliche Anerkennung des Formularprozesses
149	*lex Calpurnia de repetundis pecuniis* (über rückzufordernde Gelder) des Volkstribunen L. Calpurnius Piso, Einsetzung ständiger Gerichtshöfe *(quaestiones perpetuae)* für Erpressungsklagen (Cic., Brut. 106)

149	Tod des M. Porcius Cato *maior*, geb. 243 *(regula Catoniana)*
149	M. Manilius, Konsul 149; einer der Begründer der röm. Rechtswissenschaft, Verfasser der *venalium vendendorum leges*
146	Zerstörung Karthagos, röm. Provinz Africa wird eingerichtet
146	Zerstörung Korinths durch die Römer, Griechenland wird dem Statthalter Makedoniens unterstellt, *Achaia* Provinz
139	Viriathus in Spanien ermordet, der ab 147 den Befreiungskampf der Lusitanier gegen Rom (140 von Rom als unabhängiger König anerkannt) führte
139	*lex Gabinia tabellaria* des Volkstribunen A. Gabinius, schriftliche geheime Abstimmung bei der Wahlen in den Komitien (Cic., *leg.* 3, 35)
138–133	Attalos III. Philometor, König von Pegamon
137	*lex Cassia tabellaria* des Tribunen L. Cassius Longinus, schriftliche geheime Abstimmung vor Gericht (Cic., *leg.* 3, 35)
136–132	1. sizilischer Sklavenaufstand
133	Attalos III. Philometor, König von Pergamon, setzt als Erben seines Reiches die Römer ein
133–129	Aufstand des Aristonikos, Halbbruder des Attalos III., gegen die Römer; nach schweren und beiderseits äußerst verlustreichen Kämpfen wird Aristonikos besiegt und 129 in Rom ermordet
133	Gesetze des Ti. Sempronius Gracchus (162–132): a) *lex agraria* (Ackergesetz), Festsetzung des Höchstmaßes an *ager publicus* (1 000 *iugera*) und Bildung von Kleinbauernstellen (App., *civ.* 1, 9); b) Amtsenthebung des Volkstribunen M. Octavius (Cic., *leg.* 3, 34); c) Verwendung des Vermögens von Attalos III. von Pergamon (Liv., *perioch.* 58)
133	P. Mucius Scaevola, *pont. max.*, Konsul 133; M. Iunius Brutus, ihm gebührt zusammen mit M. Manilius und P. Mucius Scaevola besonderes Verdienst bei der Grundlegung der röm. Zivilrechtswissenschaft: *fundaverunt ius civile*
132	Ermordung des Ti. Sempronius Gracchus
129	Q. Aelius Tubero (d. Ä.) Volkstribun, bedeutender Jurist
123	C. Sempronius Gracchus erneuert das Agrargesetz von 133, a) *lex agraria* (Ackergesetz), Ergänzung zur *l. Sempronia* seines Bruders (Liv., *perioch.* 60); b) Verbot der Hinrichtung eines röm. Bürgers ohne Volksbeschluß (Cic., *Rab. perd.* 12); c) *lex frumentaria,* (Getreidegesetz), verbilligtes Getreide für die Stadtbevölkerung (Cic., Sest. 103); d) *lex iudiciaria* (Geschworenengesetz), Übertragung der Repetundengerichte auf den Ritterstand (App., civ. 1, 22); ferner: *lex militaris* (Militärgesetz), nicht vor dem 17. Lebensjahr Aushebung, Kosten der Ausrüstung werden vom Staat übernommen (Plut., C. Gracch. 5, 2); *lex de provincia Asia* (über die Provinz Asia), das röm. Steuerpachtsystem wird in dieser Provinz eingeführt (Cic., Verr. 3, 12); *lex de provinciis consularibus* (über die Konsularprovinzen), vor der Wahl wird bestimmt, welche Provinz die künftigen Konsuln zur Verwaltung erhalten (Cic., *dom.* 24); *lex de provocatione* (über die Berufung), regelte Fragen der Berufung gegen gerichtliche Urteile; *lex de viis*

	muniendis (über den Ausbau der Straßen), förderte den öffentlichen Straßenbau (App., *civ.* 1, 23)
123	*lex Acilia de repetundis pecuniis* (über rückzufordernde Gelder) des Volkstribunen M.' Acilius Glabrio gegen Erpressungen durch röm. Beamte (FIRA I, 7)
121	Ermordung des C. Sempronius Gracchus. Einrichtung der Provinz *Gallia Ulterior*
118 oder 117	Gründung der ersten außeritalischen Kolonie Narbo Martius (Narbonne) in Südgallien
117	Q. Mucius Scaevola (d. Ä.), bedeutender Jurist, Mitglied des Augurenkollegiums, Konsul 117
116–27	M. Terentius Varro, bedeutender schöpferischer röm. Gelehrter, universale Bildung, u. a. erhalten sind drei Bücher über den Landbau *(Res rusticae)*
113	Niederlage der Römer gegen Kimbern, Teutonen und Ambronen bei Noreja
111–105	Krieg gegen Jugurtha, König von Numidien. *lex agraria* (Ackergesetz) des Volkstribunen Sp. Thorius (?), Aufteilung des *ager publicus* wird eingestellt (FIRA I, 8; Cic., Brut. 136)
107	Beginn der Heeresreform das Marius
106–43	M. Tullius Cicero, berühmter röm. Redner, Politiker und Schriftsteller
106–48	Cn. Pompeius *Magnus* (der Große), bedeutender röm. Feldherr und Staatsmann
105	Schwere Niederlage der Römer gegen die Kelten bei Arausio
105	P. Rutilius Rufus, bedeutender Jurist, Konsul 105
104–101	2. Sizilischer Sklavenaufstand
103	*lex Domitia* des Volkstribunen Cn. Domitius Ahenobarbus, Wahl der Priester durch Kollegien (Vell. 2, 13, 3)
102	Siege des Marius über die Ambronen und Teutonen bei Aquae Sextiae
101	Marius siegt über die Kimbern bei Vercellae
100	Schwere Auseinandersetzungen zwischen Optimaten und Popularen im 2. Volkstribunat des L. Appuleius Saturninus
100	*lex Appuleia agraria* (Ackergesetz), Versorgung der Veteranen geregelt
100	*lex Appuleia de piratis persequendis* (über die Verfolgung der Piraten) (FIRA I, 9)
100–44	C. Iulius Caesar
um 96–55	T. Lucretius Carus, bedeutender röm. Dichter und materialist. Philosoph, dessen großes Lehrgedicht *De rerum natura* (von der Natur der Dinge) vollständig überliefert ist
96	Kyrene fällt durch Testament an Rom
95–46	M. Porcius Cato Uticensis, C. d. J., Gegner Caesars, wurde zum Vorbild aller Gegner der Alleinherrschaft
95	Q. Mucius Scaevola, *pont. max.* 87, 82; Konsul 95, gest. (ermordet) 82, einer der berühmtesten Juristen der Republik, schrieb u. a. 18 Bücher *Ius civile,* in republikan. Zeit einzige systematische Darstellung des gesamten Privatrechts. Einer seiner bedeutendsten Schüler war L. Lucilius Balbus
91–88	Bundesgenossenkrieg

90	*lex Iulia de civitate* (über das Bürgerrecht) des Konsuls L. Iulius Caesar, Bürgerrechtsverleihungen an nicht abgefallene Italiker (Cic., Balb. 21)
89	*lex Plautia Papiria* des Volkstribunen M. Plautius Silvanus und C. Papirius Carbo, Bürgerrecht für die Italiker (Cic., *Arch.* 7)
89–85	1. Mithradatischer Krieg
88	*lex Cornelia* des Konsuls bzw. Diktators L. Cornelius Sulla, Gesetzesanträge der Volkstribunen nur nach Zustimmung durch den Senat (App., *civ.* 1, 59)
87–84	Cinna Konsul, Terrorherrschaft der Popularen in Rom
86–35/34	C. Sallustius Crispus, bedeutender röm. Historiker, völlig erhalten sind von ihm die beiden hist. Monographien *Coniuratio Catilinae* und *Bellum Iugurthinum* (Die Verschwörung des Catilina und der Krieg gegen Jugurtha)
um 85–54	C. Valerius Catullus, bedeutender röm. Lyriker, sein Werk umfaßt 116 Gedichte
83–81	2. Mithradatischer Krieg
82–30	M. Antonius, röm. Staatsmann und Feldherr
82	*lex Valeria* des *Interrex* L. Valerius Flaccus (d. Ä.) über die Diktatur Sullas auf unbestimmte Zeit (Cic., *leg.* 3, 5)
82–79	Diktatur Sullas
82	*lex Cornelia* des L. Cornelius Sulla, Ächtung der Proskribierten und ihrer Nachkommen (Cic., Rosc. 125)
82	*lex Cornelia* des L. Cornelius Sulla, Ausschluß der Volkstribunen von der Ämterlaufbahn (Liv., *perioch.* 89)
81	*lex Cornelia* des L. Cornelius Sulla, Strafen für Fälschungen von Testamenten, Münzen u. a. (D. 48, 10)
81	*lex Cornelia* des L. Cornelius Sulla, Erhöhung der Quästorenzahl auf 20 (FIRA I, 10)
81	*lex Cornelia* des L. Cornelius Sulla, Aufhebung der *lex Domitia,* Ergänzung der Priesterkollegien durch *cooptatio* (Liv., *perioch.* 89)
81	*lex Cornelia* des Cornelius Sulla, Landanweisungen an Veteranen (Liv., *perioch.* 89)
80–72	Widerstand der Marianer unter Q. Sertorius in Spanien
79	*lex Aurelia* des Prätors L. Aurelius Cotta, Teilung der Richterstellen zwischen Senatoren, Rittern und Aerartribunen (Ascon., Corn. p. 67 C)
um 76–4/5 u. Z.	C. Asinius Pollio, röm. Staatsmann, Feldherr, Redner und Schriftsteller
75	*lex Aurelia* des Konsuls C. Aurelius Cotta, Wiederzulassung von Volkstribunen zur Ämterlaufbahn (Ascon., Corn. p. 67 C)
74–64	3. Mithradatischer Krieg
74	Kyrene wird röm. Provinz
73–71	Aufstand des Spartacus, größter Sklavenaufstand der Antike
70–19	P. Vergilius Maro, bedeutendster röm. Epiker, sein Epos *Aeneis* wurde statt der Annalen des Ennius zum Nationalepos der Römer
70	Im Konsulat des Cn. Pompeius *Magnus* und M. Licinius Crassus Aufhebung der sullanischen Verfassung, *lex Pompeia*

	Licinia, Wiederherstellung der Tribunatsgewalt und uneingeschränkten Plebsbeschlüsse (Cic., *leg.* 3, 22)
68–67	Unterwerfung Kretas
67	*lex Gabinia de piratis persequendis* des Volkstribunen A. Gabinus, Oberbefehl für Pompeius im Seeräuberkrieg (Vell. 2, 31)
66–65	1. Catilinarische Verschwörung
66	C. Aquilius Gallus, bedeutender Schüler des Q. Mucius Scaevola, Prätor im Jahre 66, u. a. *actio de dolo* und *stipulatio Aquiliana*
66	*lex Manilia* des Volkstribunen C. Manilius, Oberbefehl des Pompeius im Krieg gegen Mithradates VI. (Cass. Dio. 36, 43)
66	Kreta wird röm. Provinz
65–8	Q. Horatius Flaccus, bedeutender röm. Lyriker, dessen Werk vollständig erhalten ist, bekanntester antiker Dichter in der Neuzeit
64	Pompeius richtet die Provinz *Bithynia et Pontus* und *Syria* ein
63–14 u. Z.	C. Octavianus (Augustus)
63	2. Verschwörung Catilinas, Konsulat Ciceros
62	Niederlage des Catilina bei Pistoria und Tod C.'s
60	1. Triumvirat zwischen Caesar, Pompeius und Crassus
59–17 u. Z.	T. Livius, bedeutender röm. Historiker, Freund des Augustus, schrieb *Ab urbe condita* (Geschichte seit der Gründung der Stadt Rom)
59	*lex Vatinia de imperio Caesaris* (über das Kommando Caesars) des Volkstribunen P. Vatinius, fünfjähriges Prokonsulat für Caesar in *Gallia Cisalpina* (Suet., Iul. 22)
59	Konsulat Caesars
59	*lex Iulia* des Iulius Caesar: a) *agraria* (Ackergesetz), Ansiedlung von *proletarii* und Veteranen (Cass. Dio. 38, 1); b) *de repetundis* (über rückzufordernde Gelder), gegen Erpressung von Provinzialen (D. 48, 11)
58	*lex Clodia* des Volkstribunen P. Clodius Pulcher, Ächtung des Magistrats, der einen röm. Bürger ohne Gesetzesspruch getötet hatte, führte zur Exilierung von Cicero (Vell. 2, 45)
58–50	Eroberung Galliens durch Caesar
56	Zusammenkunft von Luca: Triumvirat erneuert
55	*lex Licinia Pompeia:* gallische Statthalterschaft Caesars auf 5 Jahre lt. Antrag des L. Crassus und Cn. Pompeius verlängert
55 und 54	Caesars Expeditionen nach Britannien
55 und 53	Caesar überquert den Rhein
53	Niederlage der Römer bei Carrhae gegen die Parther und Tod des Crassus
52	Erhebung der Gallier unter Vercingetorix, Fürst der Arverner
52	Pompeius alleiniger Konsul
52	*lex Pompeia* des Konsuls Cn. Pompeius Magnus, a) gegen Wahlbestechung *(ambitus)* und b) gegen Gewaltanwendung *(vis)* (Ascon., Mil. p. 36 C)
51	Gallien wird als röm. Povinz eingerichtet

51	Ser. Sulpicius Rufus, Konsul 51 (gest. 43), meist nur Servius genannt, bedeutender Jurist der republikanischen Zeit neben Q. Mucius Scaevola, trat als erster mit einem Kommentar zum Edikt auf, leitete damit die Behandlung des *ius honorarium* in der Jurisprudenz ein, verfaßte 180 *libri*, einflußreicher Rechtslehrer
um 55–um 17	Albius Tibullus, größter röm. Elegiendichter
49	Senatsbeschluß über Caesars Abberufung aus Gallien, am 7. 1., am 10. 1. überschreitet Caesar den Rubicon, Beginn der Bürgerkriege
49	*lex Roscia* des Praetors L. Roscius Fabatus, Bürgerrecht für die Transpadaner (FIRA I, 20)
49	*lex Rubria* des Volkstribunen Rubrius, Gerichtsordnung für *Gallia Cisalpina* (FIRA I, 19)
48	9. August, Schlacht bei Pharsalos
48	A. Ofilius, Jurist, Schüler des Servius, gehörte zum engeren Kreis Caesars, u. a. *De legibus vicensimae* und *Ad edictum praetoris*
48–47	Alexandrinischer Krieg
um 50–um 15	Sex. Propertius, bedeutender röm. Elegiker
47	Caesar siegt bei Zela über Pharnakes *(veni, vidi, vici)*
47–46	Im afrikanischen Feldzug Sieg Caesars bei Thapsus, Numidien wird als *Africa nova* röm. Provinz
46	Caesar wird auf zehn Jahre Diktator
46	*lex Iulia frumentaria* des C. Iulius Caesar: Getreideverteilung auf 150 000 Personen beschränkt (Suet., Iul. 41)
46–45	Nach der Schlacht bei Munda wird Widerstand der Pompeianer in Spanien gebrochen
45	*lex Iulia municipalis* (Munizipiengesetz) des C. Iulius Caesar: Verfassung der Munizipien (?) (D. 50, 1)
45	1. Januar: Julianischer Kalender eingeführt
44	*lex Coloniae Genetivae Iuliae sive Ursonensis* des C. Iulius Caesar, Gründung der Bürgerkolonie in Urso (FIRA I, 21)
44	Am 15. März (Iden des März) Ermordung Caesars
44	*lex Antonia* des Konsuls M. Antonius: a) *de mense Quintili* (über den Monat *Quintilis)*, Umbenennung des Monats *Quintilis* in *Iulius* zu Ehren des toten Caesar (Macr., *sat.* 1, 12, 34); b) *de dictatura in perpetuum tollenda*, Abschaffung der Diktatur (Cic., *Phil.* 5, 4, 10); c) *de actis Caesaris confirmandis*, Caesars Verfügungen werden bestätigt (Cic., *Phil.* 5, 3, 8)
43	A. Cascellius, Jurist, auf ihn geht vermutlich das *Iudicium Cascellianum* zurück, schrieb u. a. ein *Liber bene dictorum*
43	*lex Pedia* des Konsuls Q. Pedius, Sondergerichte gegen die Caesarmörder (Vell. 2, 69, 5)
43–17 u. Z.	P. Ovidius Naso, neben Vergil wirkungsreichster röm. Dichter, Hauptwerke *Metamorphoses* (Verwandlungen) und *Fasti* (Festkalender)
43	Mutinensischer Krieg
43	*lex Titia* des Volkstribunen P. Titius, Einsetzung des Antonius, Octavian und Lepidus als *tresviri rei publicae constituendae* – 2. Triumvirat (App., *b. civ.* 4, 7)

42	Zwei Schlachten bei Philippi. *Gallia Cisalpina* wird Italien angegliedert.
41–40	Perusinischer Krieg
40	Vertrag von Brundisium
40	*lex Falcidia* des Volkstribunen P. Falcidius, Sicherung der Ansprüche der Erben, indem höchstens $^3/_4$ des Erbgutes durch Legate veräußert werden dürfen (D. 35, 2, 1 – Paulus)
40	Juristen: C. Trebatius Testa, jurist. Berater des C. Iulius Caesar und später des Augustus; gest. etwa 4 u. Z., bekannt von ihm sind die Bücher *De iure civili* und *De religionibus;* Q. Aelius Tubero (d. J.), auf ihn soll die Behandlung des röm. Rechts zurückgehen, erwähnt wird von ihm ein Buch *De officio iudicis*; C. Aelius Gallus, bedeutendster Schüler des Q. Mucius Scaevola, schrieb *De verborum quae ad ius pertinent significatione;* Aufidius Namusa, faßte die meisten Schriften seines Lehrers Ser. Sulpicius Rufus u. a. Juristen in einem Sammelwerk von 140 Büchern zusammen
39	Der Jurist P. Alfenus Varus Konsul, verfaßte Digesten in 40 Büchern
37	Octavian und Antonius schließen den Vertrag von Tarent, Triumvirat wird um weitere fünf Jahre verlängert
36	M. Antonius heiratet die Ptolemäerherrscherin Kleopatra VII.
36	Lepidus wird seiner Vollmachten enthoben
36–34	Feldzüge des Antonius gegen die Parther
35–33	Illyrische Feldzüge des Octavian
32–30	Ptolemäisch-römischer Krieg
31	Sieg des Octavian (bzw. seines Feldherrn Agrippa) bei Actium (2. September) über Antonius
30	Selbstmord des Antonius und seiner Frau Kleopatra VII., Ende der Ptolemäerdynastie, Ägypten wird röm. Provinz
30	Octavian erhält durch die *lex Saenia* die Ermächtigung zur Ernennung von Patriziern (Tac., *ann.* 11, 25, 2)

Die frühe römische Kaiserzeit – der Prinzipat

28	Im 6. Konsulat des Octavian wird ihm der Ehrentitel eines Ersten Bürgers *(Princeps rei publicae)* und eines Ersten Senators *(Princeps senatus)* verliehen
27	Am 13. Januar erhält Octavian das *Imperium proconsulare* (prokonsularische Befehlsgewalt), am 16. Januar wird ihm der Ehrenname *Imperator Caesar Augustus divi filius* verliehen.
27–14 u. Z.	Augustus (geb. 63 v. u. Z.)
23	Augustus erhält das Volkstribunat auf Lebenszeit *(tribunicia potestas)*. Übernahme des *imperium proconsulare maius*
20	Übereinkunft mit den Parthern, Armenien wird röm. Klientelstaat
19	Augustus wird das *imperium consulare* auf Lebenszeit verliehen
18	Ehegesetze des Augustus: a) *lex Iulia de maritandis ordinibus* (über die Heiratspflicht der Stände), Verbot standeswidriger Ehen für Senatoren und Ritter und Sanktionen für Unver-

	heiratete (Suet., Aug. 34); b) *lex Iulia de adulteriis coercendis* (über die Verhinderung von Ehebrüchen), enthält Vorschriften von Strafen bei Ehebruch und Unzucht (Cass. Dio 54, 16, 1 ff., D. 4, 4, 37 – Tryphoninus); *lex Iulia de ambitu:* gegen Wahlbestechung (Cass. Dio 54, 16)
17	*lex Iulia iudiciorum publicorum et privatorum* (über öffentliche und zivile Gerichtsbarkeit), Gesetze zur Regelung des Verfahrens-, Straf- und Privatrechts (D. 43, 16, 1, 2 – Ulpian; D. 48, 2, 12, 2 – Venuleius Saturninus)
17	M. Antistius Labeo (geb. um 50 v. u. Z., gest. 10/11 u. Z.), berühmter Jurist, u. a. *Commentarii ad XII tabulas, Epistulae, Responsae,* Kommentar *Ad edictum praetoris* etc.
17	C. Ateius Capito (gest. 22 u. Z.), Jurist, Konsul 5 u. Z., u. a. von Gellius (4, 6, 10; 4, 10, 7; 1, 14) erwähnt *Coniectanae,, De pontifico iure, De officio senatorio.* Zeitgenossen des Labeo und Capito sind die Juristen Vitellius und Fabius Mela
15	Provinz *Raetia* eingerichtet
12–9	Feldzüge des Drusus (gest. 9) in Germanien
12	Tod des Lepidus. Augustus übernimmt das Amt des *Pontifex maximus*
9	Pannonien wird röm. Provinz
9	*lex Quinctia* des Konsuls T. Quinctius Crispinus gegen Beschädigung öffentlicher Wasserleitungen, einziges im vollständigen Wortlaut erhaltenes Gesetz (Frontin, *aq.* 129)
8–7	Tiberius' Feldzüge in Germanien
um 4–65 u. Z.	L. Anneus Seneca, röm. Staatsmann, Schriftsteller, einer der bedeutendsten Stoiker der Kaiserzeit
2	Augustus erhält den Ehrennamen *Pater patriae* (Vater des Vaterlandes). Die Römer stoßen über die Elbe vor
2	*lex Fufia Caninia* der Konsuln C. Fufius Geminus und L. Caninius Gallus: Beschränkung testamentarischer Freilassungen (Gai. 1, 42)
4 u. Z.	*lex Aelia Sentia* der Konsuln S. Aelius Catus und C. Sentius Saturninus: Beschränkung des Freilassungsrechts (Gai. 1, 18 bis 20, 38–41)
5	*lex Valeria Cornelia* der Konsuln L. Valerius Messala und Cn. Cornelius Cinna: neues Verfahren für die der Wahlversammlung vorzuschlagenden Kandidaten für Prätur und Konsulat *(destinatio)*
6	Moesien wird römische Provinz
6–9	Aufstand der Pannonier
9	Sieg des Arminius in der Schlacht im Teutoburger Wald über die Römer unter P. Quinctilius Varus
9	*lex Iulia et Papia Poppaea* der Konsuln M. Papius Mutilus, C. Poppaeus Sabinus: Ergänzung zur *lex Iulia de maritandibus ordinibus* des Augustus (Cass. Dio 56, 10)
10	Pannonien als Provinz eingerichtet
10	*SC Silanianum* über Folterung und Hinrichtung von Sklaven eines ermordeten Herrn (Paul., *sent.* 3, 5; D. 29, 5; C. 6, 35; vgl. Tac., *ann.* 14, 42)
14	Tod des Augustus

14–37	Tiberius zweiter Kaiser der Julisch-Claudischen Dynastie. Berühmte Juristen: M. Cocceius Nerva d. Ä., gest. 33, Konsul vor 24, Vertreter des Tiberius, Selbstmord wegen Staatsmißständen 33; Haupt der auf M. Antistius Labeo zurückgehenden Schule, dessen Lehrmeinungen von Celsus, Paulus und Ulpian überliefert werden; Massurius Sabinus, noch bis zur Regierungszeit Neros, von Tiberius wurde ihm als ersten Juristen aus dem Ritterstand das *ius respondendi* verliehen. Bedeutungsvoll sind vor allem seine Bücher *Libri tres iuris civilis (Ad Sabinum),* ferner *Libri ad Vitellium,* ein *Liber de furtis* und ein Kommentar *Ad edictum praetoris.* Er war das Oberhaupt der auf C. Ateius Capito zurückgehenden und dann nach ihm benannten Schule der Sabinianer
14–16	Feldzüge der Römer in Germanien
17	Kommagene und Kappadokien werden röm. Provinzen
17–24	Erhebung des Tacfarinas in Nordafrika
21	Aufstände in Thrakien und Gallien
23–79	C. Plinius *Secundus Maior,* d. Ä., röm. Staatsbeamter, Offizier, Schriftsteller und Historiker, erhalten von ihm ist nur seine großartige *Naturalis historia* (Naturkunde)
23–79	L. Iunius Moderatus Columella, bedeutender Ackerbauschriftsteller, schrieb *De re rustica* (Über die Landwirtschaft) und *De arboribus* (Über die Baumzucht)
um 25/26–101	Silius Italicus, Ti. Catius, röm. epischer Dichter, gestaltete im Epos *Punica* den 2. Punischen Krieg
34	*SC Persicianum* über die Befreiung von den Rechtsgeschäften des *caelibatus* (Ulp., *reg.* 16, 3; vgl. Suet., Claud. 23)
34–62	A. Persius Flaccus, röm. Dichter, schrieb Satiren nach dem Vorbild des Lucilius und des Horaz
um 35–um 95	M. Fabius Quintilianus, erster staatlich besoldeter Lehrer der Rhetorik in Rom, erhalten von ihm sind seine *Institutio oratoria* (Unterweisungen in der Redekunst)
37–um 100	Flavius Josephus, Historiker aus jüdischem Priestergeschlecht, schrieb u. a. über den „Jüdischen Krieg" und eine „Jüdische Geschichte"
37–41	Kaiser C. Iulius Caesar (Caligula); Juristen: Proculus, besaß als Nachfolger des älteren Nerva und Oberhaupt der von Antistius Labeo begründeten Rechtsschule hohes Ansehen, soll u. a. *Epistulae* (D. 18, 1, 68 f.) und *Notae* zu Labeo (D. 3, 5, 9, 1) geschrieben haben. Ein Zeitgenosse von ihm war der Jurist Atilicinus C. Cassius Longinus, Konsul im Jahre 30, 40–41; Prokonsul in Asien, 45–49 Legat in Syrien, von Nero 65 verbannt, von Vespasian zurückberufen, gest. ca. 70, Schüler des Sabinus, nach ihm Oberhaupt der Sabinianer (daher auch Cassianer), Hauptwerk *Libri iuris civilis*
39–65	M. Annaeus Lucanus, nach Vergil bedeutendster röm. epischer Dichter, erhalten sind von seinen zahlreichen Werken in Poesie und Prosa allein die *Pharsalia* oder auch *Bellum civile* (Bürgerkrieg)
um 40–um 102	M. Valerius Martialis, Klassiker des röm. Epigramms, schon zu Lebzeiten im *Imperium Romanum* sehr berühmt

40	Nach dem Aufstand der Mauretanier wird Mauretanien als Provinz eingerichtet
41–54	Kaiser Claudius; Jurist Plautius, wohl bis in die Zeit Vespasians lebend, Hauptwerk *Ius honorarium*
42	*SC Largianum* über die *Latini Iuniani* (Gai. 3, 63; Inst. 3, 7, 4; C. 7, 6, 1, 1 a. 12 a.; Nov. 78)
43–44	Eroberung Südbritanniens, das röm. Provinz wird
44	Thrakien wird röm. Provinz
46	*SC Vellaeanum* über die Ungültigkeit der von Frauen übernommenen Bürgschaften (Bruns I, 50, S. 194)
um 46–nach 119	Plutarch von Chaironeia, bedeutender Historiker, schrieb u. a. „Parallelbiographien", daneben moralische, literaturhistorische, medizinische, physikalische, rhetorische, theologische und musikgeschichtliche Schriften
47	*SC Vellaeo Rufo et Ostorio Scapula cos. (Ostorianum)* über die Bestimmung von Freigelassenen (Bruns I, 51, S. 194)
um 50–um 130	Epiktetos, einer der bedeutendsten Vertreter der späten stoischen Philosophie
54–68	Kaiser Nero, unter ihm SC *Neronianum* über Vermächtnisse (Gai. 2, 197. 212. 218. 220.; Ulp., *reg.* 24, 11 a; *Fragm. Vat. 85)*
54	*SC Claudianum* über die Ehe einer röm. Bürgerin mit einem Sklaven (Gai. 1, 84; Inst. 3, 12, 1; vgl. Tac., *ann.* 12, 53)
um 54	*SC Claudianum* über die Vormundschaft heiratsfähiger Frauen (Gai. 1, 157 f.; Ulp., *reg.* 11, 8)
um 54	Jurist M. Cocceius Nerva (d. J.), angesehener Jurist, in den Digesten (41, 2, 47) werden seine *Libri de usucapionibus* erwähnt. Möglicherweise war sein Sohn der spätere Kaiser Nerva
um 55–um 120	P. (?) Cornelius Tacitus, bedeutender röm. Historiker, Hauptwerke *Historiae* und *Annales,* wichtig ist weiterhin seine Schrift *Germania*
56 oder 62	*SC Trebellianum* über Fideikommisse (Bruns I, 55, S. 202)
um 57	*SC Neronianum,* wohl, da Piso der Kollege Neros im Jahre 57 war = *SC Pisonianum* mit ähnlichem Inhalt (D. 29, 5, 8 – Paulus), ein Zusatz zum *SC Silanianum* über die Behandlung von Sklaven eines ermordeten Herrn (Paul., *sent.* 3, 5, 5; vgl. Tac., *ann.* 13, 32)
um 60–nach 127	D. Iunius Iuvenalis, röm. bedeutender Satirendichter und Rhetor
60–61	Aufstand der Boudicca in Britannien
um 61–um 113	C. Plinius *Secundus Minor* (d. J.), röm. Beamter, Schriftsteller, von literarischen Werken sind neun Bücher *Epistulae* (Briefe) erhalten
61	*SC Calvisianum* über die Befreiung von den Rechtsgeschäften des *caelibatus* (Paul., *sent.* 2, 21 A. 4, 10, 2; Ulp., *reg.* 16, 4; C. 7, 24; vgl. Suet. Claud. 23)
62	*SC Trebellianum,* Universalfideikommiß als Ersatz der in Rom unbekannten Nacherbfolge
62	*SC Afinianum* (unrichtig *Sabinianum)* über Erbschaftsrechte adoptierter Kinder (Inst. 3, 1, 14; C. 8, 47, 10, 3)

64	Brand Roms (im Juli). Königreich Pontos wird in eine römische Provinz umgewandelt
65	Verschwörung des Piso in Rom
66–70	Aufstand in Judäa
66	Tod des C. oder T. Petronius Arbiter, röm. Schriftsteller, hoher Staatsbeamter, erhalten ist z. T. sein satirischer Roman *Satiricon* mit dem Kernstück *Cena Trimalchionis* (Gastmahl des Trimalchio)
68	Selbstmord des Nero, damit Ende der Dynastie der Julier – Claudier
68–69	Vierkaiserjahr: Galba, Otho, Vitellius, Vespasian
69–79	Vespasian erster Kaiser aus der Dynastie der Flavier. *Lex de imperio Vespasiani* (Gesetz über das Imperium des Vespasian), Vespasian werden aufgrund eines *SC* dem augusteischen gleiche Prinzipatsrechte übertragen (FIRA I, 15) – *SC Pegasianum,* zum Universalfideikommiß als Ersatz der in Rom unbekannten Nacherbfolge (Gai. 1, 31; 2, 254 f.; Ulp., *reg.* 25, 14 f.; Inst. 2, 23, 5; C. 1, 17, 2, 6 a) – *SC Macedonianum,* Verbot von Darlehen an einen *filius familias* (Bruns I, 57, S. 203) – *lex Manciana,* wohl unter Vespasian erlassenes Gesetz (Statut) für die privaten und kaiserlichen Grundbesitzungen in Afrika, regelte die beiderseitigen Rechte und Pflichten der Grundeigentümer, Kolonen, Großpächter und Verwalter. Jurist Pegasus, Konsul bzw. *praefectus urbi* unter Vespasian und Domitian; folgte auf Proculus als Haupt der Rechtsschule
69–70	Aufstand keltischer und germanischen Stämme unter Führung des C. Iulius Civilis
70	Titus erobert Jerusalem
um 70–um 140	C. Suetonius Tranquillus, bedeutender römischer Historiker, erhalten sind von seinen zahlreichen Werken die Lebensbeschreibungen der ersten zwölf Kaiser von Caesar bis Domitian *(De vita Caesarum)*
71–74	Feldzüge nach dem Norden Britanniens
71–80	Triumphbogen des Titus in Rom, *Forum Vespasiani* und das flavische Amphitheater *(Colosseum)* errichtet, *Circus Maximus* neu gebaut
74	Besetzung des Neckarlandes
79–81	Kaiser Titus
79	am 24. August Ausbruch des Vesuvs, die Städte Pompeji, Herculaneum und Stabiae werden verschüttet
81–96	Kaiser Domitian. *Lex Salpensana, lex Malacitana:* Stadtrechte spanischer Gemeinden mit latinischem Recht *(ius Latii)* Jurist: C. Octavius Titius Tossianus Iavolenus Priscus, geb. vor 60, gest. nach 106; lange im Staatsdienst tätig, befehligte in Afrika und in Dalmatien Legionen, *iuridicus* in Britannien und Statthalter in *Germania superior,* Syrien und in Afrika; 86 Konsul, gehörte zum *consilium* des Kaisers, besaß das *ius respondendi,* Haupt der Schule der Sabinianer nach Caelius und Lehrer Julians. Besondere wiss. Werke: 14 Bücher *Epistulae,* enthaltend *Responsa* und *Quaestiones,* Bearbeitungen

	der *Posteriores* des Antistius Labeo, des *Ius civile* des Cassius und des Ediktskommentars des Plautius. In seine Zeit fällt wohl das Wirken des Juristen Fulcinius Priscus, eines Spezialisten im Ehegüterrecht. *SC Ninnianum* über den Erwerb der *ingenuitas* durch Betrug (D. 40, 16, 1 – Gaius; C. 7, 20, 2)
82–84	*lex Flavia municipii Malacitani* Kaiser Domitians, Stadtrecht von Malaga fixiert (FIRA I, 24)
82–84	*lex Flavia municipii Salpensani* Kaiser Domitians, Stadtrecht von Salpensa fixiert (FIRA I, 24)
83	Aufstand der Britannier unter Calgacus
nach 83–nach 161	Claudius Ptolemaeus, bedeutendster Astronom der Antike, weiterhin Astrologe, Geograph und Mathematiker
89	Die beiden Provinzen *Germania superior* und *Germania inferior* werden eingerichtet
um 95–um 175	Flavius Arrianus, röm. Offizier, hoher Beamter, bedeutender Historiker, schrieb indische Geschichte *(Indika)* und über den Perserfeldzug Alexanders d. Gr. *(Anabasis Alexandru)*
96–98	Mit Kaiser Nerva Beginn der Dynastie der Antonine (Adoptivkaiser), letzte *lex agraria* (D. 47, 21, 3 – Callistrat)
98–117	Mit Kaiser Trajan erster Provinzialer auf dem römischen Kaiserthron. Unter ihm *SC auctore Traiano* über Vorgehen gegen die Ernennung von Vormündern (C. 5, 75, 5) Juristen: Neratius Priscus, Konsul 87, Statthalter von Pannonien etwa 96/98; Mitglied des kaiserlichen *consilium* unter Trajan und Hadrian, Vorsteher der Rechtsschule der Prokulianer; Hauptwerke: 15 Bücher *Regulae,* drei Bücher *Responsa,* sieben Bücher *Membranae;* die meisten späteren Juristen beziehen sich auf ihn. Als Nachfolger des Schulhauptes der Sabinianer ist Aburnius Valens und danach der sonst nicht näher genannte Tuscianus zu erwähnen. T. Aristo gehörte sicherlich dem *consilium* Hadrians an, war Gutachter und Advokat, schrieb u. a. *Notae* zu den *Posteriores* des Antistius Labeo, zu Sabinus und zum *Ius civile* des Cassius P. Iuventius Celsus Aufidius Hoenius Severianus (Celsus *filius*), Prätor 106/07; 129 zum zweitenmal Konsul, Mitglied des *consilium* unter Kaiser Hadrian, Haupt der proculianischen Schule, aus den Digesten sind 39 Bücher *Digestae* bekannt, Ulpian überlieferte von ihm *Epistulae, Commentarii* und *Quaestiones.* Celsus *filius* ist der Sohn des älteren Iuventius Celsus, des Schulhauptes der Prokulianer nach Pegasus. In die trajanische Zeit fallen weiter die Juristen Vivianus, Octavenus, Plautius und Urseius
101–177	Herodes Atticus, bedeutendster griech. Redner der zweiten Sophistik, von seinen Schriften sind nur Fragmente *Peri politeias* (Über die Staatsverfassung) erhalten
101–102	1. Dakischer Krieg
103 (?)	*SC Rubrianum* über Freilassung (Bruns I, 58, S. 204)
105–106	2. Dakischer Krieg. Dakien wird röm. Provinz
106	Einrichtung der Provinz *Arabia*
113–117	Krieg gegen die Parther
113	Trajansforum in Rom vollendet

114	Armenien wird römische Provinz
115–116	Mit der Einrichtung der Provinz *Assyria* größte Ausdehnung des Römischen Reiches erreicht. Aufstände der Judäer in Kyrene, Syrien, Ägypten und auf Cypern
um 117 (oder 129)–um 187	Aelius Aristides, gefeierter Redner im *Imperium Romanum,* typischer Vertreter der zweiten Sophistik
117–138	Kaiser Hadrian
	Unter ihm *SC Tertullianum* über das Recht der Mutter, von Kindern ohne Testament zu erben (Ulp., *reg.* 26, 8; Inst. 3, 2, 7; D. 38, 17, 2, 9 Ulpian; C. 1, 17, 2, 7; 6. 56. 57, 6. 58, 14; 8, 58, 2; Nov. 22, 47, 2) – *SC Dasumianum* über Freilassung (D. 40, 5, 22, 2 – Papinian; 40, 5, 36 pr. – Maecian; 40, 5, 51, 4 – Marcian) – *SC Iuventianum* über Erbschaftsansprüche (Bruns I, S. 204)
	lex Hadriana de rudibus agris (Gesetz H.s über unbebaute Äcker), ein von Hadrian evtl. zur Ergänzung der *lex Manciana* erlassenes Gesetz, das besondere Schutzverordnungen und Rechte für Kolonen enthält, so Erbrecht und Inbesitznahme unbebauter Äcker
	lex metalli Vipascensis (Statut des Bergwerks von Vipasca), Bergwerksordnung für Vipasca in Portugal (Lusitanien)
	oratio Hadriani über Verfahren in Erbschaftsansprüchen (D. 5, 3, 22 – Paulus)
	SC Apronianum über die Fähigkeit der *civitates,* Vermächtnisse oder Fideikomisse anzunehmen (D. 36, 1, 27 – Paulus; vgl. Ulp., *reg.* 24, 28)
	SC Vitrasianum über Freilassungen (D. 40, 5, 30, 6 – Ulpian)
um 120–nach 180	Lucianus, griech. schreibender Schriftsteller, von Fr. Engels als „Voltaire des Altertums“ bezeichnet
122	Hadrianswall in Britannien eingerichtet
123	*SC Articuleianum* über Freilassung (D. 40, 5, 51, 7 – Marcian)
um 124–um 170	Apuleius, Schriftsteller, Rechtsanwalt, Philosoph, in seinem Roman *Metamorphoses* (Verwandlungen) oder „Der goldene Esel“ ist das einzige antike und zur Weltliteratur gehörende Märchen „Amor und Psyche“ enthalten
127	*SC Iuncianum* über Freilassung (Bruns I, 59, S. 204)
129	*SU Iuventianum* über Erbschaftsangelegenheiten (Bruns I, 60, S. 204)
129–199	Galenos, seit 169 Leibarzt am römischen Kaiserhof, letzter großer Vertreter der wissenschaftlichen Medizin in der Antike
um 130	Abschließende Fassung der Jurisdiktionsedikte durch Salvius Iulianus, Blüte der klassischen Rechtswissenschaft, berühmteste Juristen dieser Zeit sind: L. Octavius Cornelius Salvius Iulianus (bis zu den *divi fratres),* erreichte in der Ämterlaufbahn das Amt des Konsuls 148, Statthalter von *Germania inferior, Hispania citerior* und *Africa;* wirkte als Vorsteher der Rechtsschule der Sabinianer, hervorragende Bedeutung durch die von ihm im Auftrag des Kaisers Hadrian vorgenommene Zusammenfassung des prätorischen Edikts; erwähnt werden von seinen Werken 90 Bücher *Digestae,* verfaßte sicherlich auch

	Responsa. Ein Zeitgenosse Julians war Sex. Pedius, der einen Kommentar zum prätorischen und zum ädilizischen Edikt schrieb, ferner mehrere *libri de stipulationibus;* Sex. Caecilius Africanus, Schüler des Salvius Iulianus, dessen Entscheidungen den Hauptgegenstand seiner *Quaestiones* darstellen; ein weiterer Julianschüler war Terentius Clemens, schrieb u. a. Kommentar *Ad legem Iuliam et Papiam* in 20 Büchern; L. Volusius Maecianus, bekleidete zahlreiche Ämter, war u. a. *Praefectus Aegypti* etwa 161, im *consilium* des Antoninus Pius und der *divi fratres,* erwähnt werden in den Digesten von ihm *Quaestiones de fideicommissis, Ex lege Rhodia* und *De iudiciis publicis*
132–135	Aufstand der Judäer unter Bar Kochba
135	Die Provinz *Syria Palaestina* wird eingerichtet
138–161	Kaiser Antoninus Pius Unter ihm berühmte Juristen (s. o.) Venuleius Saturninus, wirkte bis zu den *divi fratres* (s. u.), schuf Werke über Interdikte, Actionen und Stipulationen, ferner werden erwähnt *De iudicis publicis* und *De officio consulis;* Sex. Pomponius, wirkte in der Zeit von Hadrian bis Marc Aurel und Verus, besonders bedeutsam als Quelle für die ältere Rechtswissenschaft ist der *Liber singularis enchiridii* (D. 1, 2, 2), bezeugt sind von ihm 35 Bücher *Ex Sabino,* 39 Bücher *Ad Q. Mucium,* in denen das *ius civile* behandelt wird. D. 38, 5, 1, 14 – Ulpian erwähnen einen umfangreichen Kommentar zum Edikt in etwa 83 Büchern. Bekannt sind von ihm weiter sieben Bücher *Ex Plautio, Variae lectiones,* 20 Bücher *Epistulae,* fünf Bücher *Senatusconsulta* und ein Buch *Regula*; Gaius, geb. unter Hadrian, gest. nicht vor 178. Sein Lehrbuch, die *Institutionum commentarii libri IV,* war im ganzen Reich verbreitet, es diente den Institutionen des Justinian (der ihn Gaius *noster* bezeichnet) zur Grundlage. Vor den etwa um 161 abgefaßten Institutionen entstanden die *Libri ad Q. Mucium,* die Kommentare *Ad edictum praetoris* und *Ad edictum provinciale.* An die Institutionen schließen sich an ein Kommentar *Ad edictum aedilium curulium,* weiter die *Libri de fideicommissis, De manumissionibus, De verborum obligationibus,* 15 Bücher *Ad legem Iuliam et Papiam* sowie Einzelschriften, ihm werden auch die sog. *Res cottidianae* oder *Aureon* und *Regulae* zugeschrieben; Ulpius Marcellus, Mitglied des *consilium* des Antoninus Pius und des Mark Aurel, verfaßte u. a. *Digestae* in 31 Büchern, sechs Bücher *Ad legem Iuliam et Papiam,* in einem Buch *Responsae,* für den Staatsdienst ein Werk *De officio consulis* (vgl. D. 40, 15, 1, 4 – Marcian), wahrscheinlich auch *De officio praesidis*
142	Anlage des Antoninuswalls nördlich des Hadrianswalles in Nordbritannien
144–152	Aufstände in Mauretanien
um 150–vor 215	Clemens Alexandrinus, christlicher Lehrer in Alexandria, Schriftsteller, zitierte aus über 360 Autoren, deshalb wichtige Quelle für die antike Literatur und Philosophie

um 150–um 235	Cassius Dio Cocceianus, griech. schreibender Historiker, röm. Senator, Konsul. Seine röm. Geschichte von der Gründung Roms bis 229, die nur teilweise direkt erhalten ist, stellt eine der wichtigsten Quellen der ersten Jahrhunderte der Kaiserzeit dar
152–153	Aufstände in Judäa und in Griechenland
um 160–nach 220	Septimius Florens Tertullian, christlicher Schriftsteller, Rechtsanwalt, gab dem Montanismus geistiges Profil, prägte entscheidend die christliche lateinische Sprache
161–180	Kaiser Mark Aurel, Mitregent Lucius Verus (161–169) = *divi fratres*
	Berühmte Juristen dieser Zeit: Q. Cervidius Scaevola, *praefectus vigilum* 175, unter Mark Aurel im *consilium*, Hauptwerke: 40 Bücher *Digestae*, sechs Bücher *Responsae*. Daneben weitere Werke: 20 Bücher *Quaestiones*, ein Buch *Quaestiones publice tractatae*, vier Bücher *Regulae;* Papirius Iustus, aus dem *Index Florentinus* werden von ihm Konstitutionen der *divi fratres* in einer Sammlung von 20 Büchern genannt; Florentinus, Verfasser einer Einführungsschrift *(Institutiones)*
161–166	Krieg gegen die Parther
166	Germanische und sarmatische Stämme fallen in das Donaugebiet ein
169–175	Die Römer führen eine Gegenoffensive gegen Markomannen, Quaden und Jazygen
172	Bauernaufstand im Nildelta
174	Unterwerfung der Markomannen
175	Quaden und Jazygen unterworfen
177–180	2. Markomannenkrieg
177	Christenverfolgung in Lugdunum (Lyon)
178	*SC Orfitianum* über das Recht der Kinder, die Erbfolge der Mutter ohne Testament anzutreten (Bruns I, 64, S. 211)
180–192	Kaiser Commodus
	Jurist Tarruntenus Paternus, bearbeitete ein juristisches Spezialthema, das Militärrecht, in vier Büchern *De re militari*, war unter Mark Aurel *praefectus praetorio*, von Commodus wegen angeblichen Hochverrats hingerichtet
um 184–253/54	Origines, Leiter der Katechetenschule in Alexandria, dann Caesarea, versuchte christliche Dogmen und griechische Philosophie zu verbinden, verfaßte erste kritische Textausgabe des Alten Testaments
186	Kämpfe gegen die „Räuber" *(latrones)* in Italien
um 190	Mark-Aurel-Säule in Rom errichtet
192	Ermordung des Commodus
193	Fünfkaiserjahr: Septimus Severus, Helvius Pertinax, M. Didius Salvius Iulianus, C. Pescennius Niger und D. Clodius Albinus
193–211	Mit Septimius Severus Beginn der Severerdynastie
195	*oratio Severi*, über erlaubte Verkäufe durch Vormünder (D. 27, 9, 1 – Ulpian)
	Berühmte Juristen: Aemilius Papinianus, Zeitgenosse des Septimius Severus und des Caracalla, war wohl zuerst *advocatus*

fisci, dann Assessor der *praefecti praetorio*, seit 203 *praefectus praetorio*, 212 oder 213 hingerichtet. Hauptwerke: 17 Bücher *Quaestiones*, 19 Bücher *Responsa*, drei Bücher *Definitiones* etc. Die Nachwelt erachtete Papinian als größten Klassiker des römischen Rechts; Claudius Tryphoninus, Zeitgenosse Papinians, Mitglied des *consilium* des Kaisers Severus, schrieb 21 Bücher *Disputationes*, ferner *Notae* zu den Digesten und Responsen von Scaevola; Callistratus, unter Septimius Severus und Caracalla tätig, überliefert sind von seinen Werken drei Bücher *Institutiones*, vier Bücher *De iure fisci et populi*, als erste Einzeldarstellung des Finanzrechts geltend, sechs Bücher *De cognitionibus*, dazu zwei Bücher *Quaestiones* und sechs Bücher *Ad edictum monitorium;* Tertullianus, Jurist zur Zeit des Septimius Severus, schrieb acht Bücher *Quaestiones* und ein Buch *De peculio castrense;* Iulius Paulus, bei Papinian Assessor, später *magister sacrae memoriae*, unter Septimius Severus oder Caracalla und Alexander Severus Mitglied des kaiserlichen *consilium*, *praefectus praetorio*, schrieb als außerordentlich fruchtbarer juristischer Schriftsteller u. a. 89 Schriften zu *Notae* anderer Werke; 18 Bücher *Ad Plautium* und 78 Bücher *Breve edictum* sowie ein Kommentar von 23 Büchern *Breve edictum* sind dem Privatrecht neben 16 Büchern *Ad Sabinum* zuzurechnen. Daneben finden sich Entscheidungssammlungen, *Decreta* und *Imperiales sententiae*. Für den Rechtsunterricht schrieb Paulus zwei Bücher *Instititutiones*, sechs Bücher *Regulae* und ein *Liber singularis regularum;* außerdem erörterte Paulus Verfahrens- und Strafrecht und Aufgabenbereiche der Beamten, so z. B. *De officio proconsulius*

195–197 Separatistische Bestrebungen des D. Clodius Albinus in Gallien

197–199 Krieg gegen die Parther, Mesopotamien wieder römisch

um 200–258 Thascius Caecilius Cyprian, 248 Bischof von Karthago, galt als große Autorität, schrieb u. a. *De ecclesiae unitate* (über die Einheit der Kirche), in der er Ehrenprimat des röm. Bischofs anerkannte

204–270 Plotinos, griech. Philosoph, eigentlicher Begründer des Neuplatonismus

206–207 Kämpfe gegen den Bandenführer Bulla Felix in Italien

208–211 Kriege in Britannien

212–217 Kaiser Caracalla

Bedeutende Juristen: Domitius Ulpianus, zur Zeit des Septimius Severus, des Caracalla und des Severus Alexander. Unter Septimius Severus und Caracalla war Ulpian Assessor des Prätorianerpräfekten, wurde 222 in das *consilium* des Kaisers Severus Alexander berufen, war im gleichen Jahr *magister libellorum*, *praefectus annonae* und *praefectus praetorio*. 228 von den Prätorianern ermordet. Von seinen Werken zum Privatrecht ragen besonders die 81 Bücher *Ad edictum* heraus. Ein weiteres Hauptwerk sind 51 Bücher *Ad Sabinum*. An Einzelschriften zum Privatrecht sind erhalten

	familienrechtliche Kommentierungen, wie *De sponsalibus, Ad legem Iuliam et Papiam, Ad legem Iuliam de adulteriis,* ferner vier Bücher *De appellationibus.* Er verfaßte zudem zwei Bücher *Responsa,* zehn Bücher *Disputationes* und sechs Bücher *Opiniones.* Zu den Werken über die Amtsaufgaben der Magistrate sind bedeutend vor allem drei Bücher *De officio consulis* und zehn Bücher *De officio proconsulis.* Lehrschriften: zwei Bücher *Institutiones,* sieben Bücher *Regulae* und ein *Liber singularis regularum;* er ist der in den Digesten am meisten zitierte Jurist (fast 2 500 Zitate); Aelius Marcianus, Jurist zur Zeit Caracallas, Hauptwerk *Institutiones* in 16 Büchern, ähneln den *Institutiones* des Gaius; ferner fünf Bücher *Regulae* und Einzelschriften, u. a. Erklärungen zu Papinians *Libri de adulteriis publicis iudicis.* In die erste Hälfte des 3. Jh. ist Aemilius Macer zu rechnen, von dem monographische Arbeiten in Digestenfragmenten bekannt sind, so *De re militari; de officio praesidis; ad legem vicesimae hereditatum; de appellationibus* und *de iudicis publicis*
212	*Constitutio Antoniniana*
213	Krieg gegen die Alamannen
216–217	Krieg gegen die Parther
216	Thermen des Caracalla in Rom vollendet
217–218	Kaiser Macrinus, erster Kaiser aus dem Ritterstand
218–222	Kaiser Elagabal
222–235	Kaiser Severus Alexander
	Jurist Herennius Modestinus, zwischen 224–244 *praefectus vigilum* in Rom, Respondierjurist, schrieb u. a. 19 Bücher *Responsa,* zwölf Bücher *Pandectae,* zehn Bücher *Regulae,* neun Bücher *Differentiae.* An Einzelschriften ist besonders wichtig das Werk *De excusationibus;* er ist der letzte bedeutende und sicher datierbare klassische Jurist, der sich weitgehend auf Ulpian und Paulus stützt
231–233	Krieg gegen die Perser
233	Durchbruch der Alamannen durch den Limes
235–238	Kaiser Maximinus Thrax
	In der Zeit bis 284 in der Rechtswissenschaft frühe Nachklassik, Sentenzen des Paulus, *Epitome Gai* etc.
238	Gegenregenten Gordian I. und II.
238–244	Kaiser Gordian III.
241–271	Schapur I. König von Persien
242–244	Krieg gegen die Perser
244–249	Kaiser Philippus Arabs
248	Tausendjahrfeier Roms
249–251	Kaiser Decius, erster illyrischer Kaiser
250	Im gesamten Imperium Christenverfolgung
251	Decius fällt beim Kampf gegen die Goten
251–253	Kaiser Trebonianus Gallus
253–260	Kaiser Valerian
253	Goten, Burgunder und Karpen fallen in das Imperium ein, Perser beginnen erneute Kämpfe

256	Goten und Karpen besetzen Dakien, Limes von Alamannen und Franken durchbrochen
258–259	Obergermanisch-rätischer Limes aufgegeben
um 260–339/340	Eusebius, Bischof von Caesarea, schrieb Weltchronik und erstes Kirchengeschichtswerk von der Gründung der Kirche bis 324, wurde der „Vater der Kirchengeschichtsschreibung"
260–274	Gallisches Sonderreich
260–268	Kaiser Gallienus
261	Alamannen bei Mediolanum besiegt
267	Besetzung Raetiens durch die Alemannen. Zenobia bildet in Palmyra Sonderreich mit Anschluß von Ägypten
268–270	Kaiser Claudius II. *Gothicus*
269	Goten von den Römern besiegt
270–275	Kaiser Aurelian
270	Provinz Dakien wird aufgegeben
271	Alamannen aus Italien vertrieben
272	Römer erobern und zerstören Palmyra
273	Ägypten von den Römern zurückerobert
274	Gallischer Usurpator Tetricus unterwirft sich Kaiser Aurelian
275–276	Kaiser Tactitus
275	Goten und Alanen in Kleinasien besiegt
276–282	Kaiser Probus
277	Franken und Alamannen aus Gallien vertrieben
278	Rätien zurückerobert
282–283	Kaiser Carus
283–285	Kaiser Carinus, Ende des Prinzipats

Die spätrömische Kaiserzeit – der Dominat

284/85–305	Kaiser Diokletian
285–305	Maximian Mitaugustus
285–286	Bagaudenaufstände in Gallien
288–292	Schwere Kämpfe gegen Franken, Alamannen, Sarmaten und Sarazenen
288–296	In Britannien unter Carausius und Allectus separatistische Bestrebungen
293	Verfassungsreform – Tetrarchie
295–296	Kämpfe gegen Goten und dakische Karpen
296	Erhebungen in Ägypten niedergeworfen
297	Nach dem Sieg über die Perser Vereinbarung der Tigrisgrenze. Alamannen in der Schweiz besiegt. Provinzreform
299	Diokletiansthermen als größtes Bauwerk Roms vollendet
um 300	*Codex Gregorianus* und *Codex Hermogenianus,* beide nur aus Zitaten überliefert, Verfasser nicht exakt bekannt. Der *C. Gregorianus* enthielt eine Zusammenstellung von Kaiserkonstitutionen von Hadrian bis Diokletian, der *C. Hermogenianus* die des Kaiser Diokletian Jurist Hermogenianus, einer der wenigen bekannten nachklassischen Juristen, wirkte zur Zeit Diokletians, schrieb sechs Bücher *iuris epitomae,* die Auszüge aus Juristenschriften enthalten, vermutlich Autor der (halbamtlichen) Sammlung der

	293–294 ergangenen Konstitutionen Diokletians (als Angehöriger seines *consilium*?), ging in Auszügen in die *Lex Romana Visigothorum* und in den *Codex Iustinianus* ein
300–305	Bau des Diokletianspalastes in Spalato (Split)
301	Preisedikt Diokletians *(edictum de pretiis rerum venalium)*
303–304	Im Gesamtreich letzte große Christenverfolgung
306–337	Kaiser Konstantin I. d. G.
	Jurist Aurelius Arcadius Charisius, einer der wenigen bekannten nachklassischen Juristen, aus den Digesten Justinians sind Auszüge über drei *libri singulares* überliefert: *de muneribus civilibus, de officio praefecti praetorio, de testibus*
306–312	Konstantinsbasilika in Rom erbaut
um 310–um 395	D. Magnus Ausonius, hochgeehrter Dichter, verfaßte u. a. *Mosella,* eine epische Beschreibung der Mosellandschaft
311	Toleranzedikt des Galerius für die Christen
313–324	Licinius Mitregent Konstantins I.
313	Toleranzedikt des Konstantin und Licinius von Mailand, Glaubensfreiheit und Gleichberechtigung des Christentums verkündet
314–um 395	Libanios aus Antiocheia, griechischer Rhetor, berühmter Redner seiner Zeit, lehnte Christentum ab
314	Synode von Arles
um 315–403	Epiphanios, Bischof von Salamis, dessen maßlose Orthodoxie in seinem Hauptwerk *Panario* (*Haereses,* Arzneikasten) gegen 80 Häresien zum Ausdruck kommt
um 315–367	Hilarius aus Poitiers, 350 Bischof von Poitiers, 356 verbannt, unter Kaiser Julian nach Gallien zurückgekehrt, verhalf dort der Orthodoxie zum Siege; sein theologisches Hauptwerk ist *De trinitate* (Über die Dreifaltigkeit)
nach 317	L. Caecilius Lactantius gestorben, lateinisch schreibender Kirchenschriftsteller, schrieb u. a. *Divinae institutiones* (Unterweisungen in der Religion), ferner *De mortibus persecutorum* (Über die Todesart der Christenverfolger), wurde von den Humanisten als „christlicher Cicero" verehrt
321	Ein Kassiergesetz Konstantins erklärt Papinians Auffassungen für verbindlich und beseitigt die kritischen *Notae* Ulpians und des Paulus zu Papinian (C. Th. 1, 4, 2). Um diese Zeit (?) *fragmenta Vaticana* und *Collatio legum Mosaicarum et Romanarum*
325	Kirchenkonzil von Nikaia
um 329–390	Gregorios von Nazianz, bedeutender Schriftsteller, 380/81 Patriarch von Konstantinopel, zog sich dann als Asket nach Nazianz zurück
um 330–400	Ammianus Marcellinus, bedeutender Historiker, schrieb *Res Gestae,* eine Schilderung der Taten der Kaiser von 96–378, erhalten ist die Darstellung der Zeit von 353–378
um 330–379	Basilios d. Gr. von Caesarea, theologischer Schriftsteller, Bischof von Caesarea, bekämpfte die Arianer
330	Konstantinopel wird neue Hauptstadt des Reiches, Einweihung am 11. Mai

332	Kolonen durch Dekret an die Scholle gebunden. Sieg über die Goten
um 335–nach 394	Gregorius von Nyssa, griechischer Kirchenvater, strebte Synthese von Theologie und Neuplatonismus an
337–361	Kaiser Konstantius II.
338–363	Krieg gegen die Perser
333/4 oder 339/40–397	Ambrosius von Mailand, Kirchenvater, 374 Bischof von Mailand, bedeutender Kirchenpolitiker, führte in der Westkirche den liturgischen Hymnengesang ein
341–342	Franken fallen in Gallien ein
341	Heidnische Opfer im Westen des Reiches verboten
343	Nach Kämpfen gegen die Picten und Scoten wird der Hadrianswall erneuert
um 345–nach 402	Q. Aurelius Symmachus, Stadtpräfekt von Rom 384/85, Konsul 391, als Haupt des „S.-Kreises" versuchte er die Restauration römischen Glaubens und Kulturgutes gegenüber dem vordringenden Christentum zu erreichen
um 347–um 420	Hieronymus, Kirchenvater, übersetzte die Bibel neu, dieser Text wurde seit dem 13. Jh. als *Vulgata* (Allgemeingebräuchliche) bezeichnet; daneben verfaßte er u. a. eine erste christliche Literaturgeschichte *(De viris illustribus)*
348–nach 405	Aurelius P. Clemens Prudentius, bedeutendster christlicher lateinischer Dichter der Antike, der in seiner *Psychomachia* (Kampf um die Seele) antike Kultur mit christlichem Glauben verbindet
um 350 (?)	Aemilius Palladius, schreibt ein Werk über die Landwirtschaft *(Opus agriculturae)*
um 350–407	Johannes Chrysostomos, Kirchenvater, fruchtbarster christlicher Schriftsteller, 397 Bischof von Konstantinopel, 404 verbannt, wegen seiner großen Beredsamkeit seit dem 6. Jh. als *Chrysostomos* (Goldmund) bezeichnet
354–430	Aurelius Augustinus, Kirchenvater, 395 Bischof in Hippo Regius, schrieb u. a. *De civitate Dei* (Über den Gottesstaat) und die Selbstbiographie *Confessiones* (Bekenntnisse)
356–359	Franken und Alamannen über den Rhein zurückgeworfen
356	Das Heidentum wird verboten, Tempel geschlossen
361–363	Kaiser Julian (Apostata)
363–364	Kaiser Jovian
364–375	Kaiser Valentinian I., Mitregent Valens (364–378)
367–369	Gotenkrieg
370	Maurische Asturianer fallen in Afrika ein
372–375	In Nordafrika Aufstand des Firmus
um 375–nach 404	Claudius Claudianus, letzter bedeutender lat. schreibender Dichter, berühmt ist sein mythologisches Epos *De raptu Proserpinae* (Raub der Proserpina)
375–383	Kaiser Gratian
377–382	Westgotenaufstand an der unteren Donau
378	Bei Adrianopel schwere Niederlage der Römer gegen die Goten (8. August). Sieg der Römer über die Alamannen
379–395	Theodosius I. d. G.
391	Die heidnischen Kulte werden im Römischen Reich verboten,

	das Christentum wird Staatsreligion, der jüdische Glaube geduldet
394	Olympische Spiele verboten
395	Endgültige Reichsteilung in ein West- und ein Oströmisches Reich nach dem Tod Theodosius' I.
395–423	Honorius weströmischer Kaiser
395–408	Arcadius oströmischer Kaiser
397–398	Erhebung des Gildo in Nordafrika
um 400–um 480	Salvianus aus Massilia, christlicher Schriftsteller, vor allem bekannt durch sein Werk *De gubernatione Dei* (Von der Regierung Gottes)
401	Rätien von Vandalen und Alanen besetzt. Westgoten fallen unter Alarich in Italien ein
403	Westgoten werden zum Rückzug nach Illyricum gezwungen
405–406	Ostgoten fallen in Italien ein
406–407	Rhein von Alanen, Vandalen und Sueben überschritten, Zug durch Gallien, 409 nach Spanien
407–411	Erneute Bagaudenaufstände
seit 407	Konstantin III. Gegenkaiser
408–450	In Ostrom Theodosius II. Kaiser
410	Plünderung Roms durch die Westgoten unter Alarich
411–414	Bewegung der Agonistiker in Nordafrika niedergeschlagen
413	Ein Burgundisches Reich um Worms entsteht
418–507	Tolosanisches Reich der Westgoten
423–425	In Ravenna Usurpator Johannes
425–455	Valentinian III. Kaiser des Westreiches
425	*Notitia dignitatum* (offizielle Liste der Hierarchie der kaiserlichen Ämter)
426	Zitiergesetz
428–477	Geiserich König der Vandalen
429–435	Eroberung des römischen Nordafrika durch Vandalen und Alanen
429–534	Vandalenreich in Nordafrika
um 430–um 485	Apollinaris Sidonius, lateinischer Schriftsteller aus hohem gallischen Adel, 468 Stadtpräfekt von Rom, seit 469/70 Bischof von Clermont
434–453	Attila König der Hunnen
436–437	Burgunderreich durch Aëtius vernichtet
438	*Codex Theodosianus.* Oströmische Rechtsschule; *Scholia Sinaitica*
438–468	Posttheodosianische Novellen
440	In Gallien und Spanien Bagaudenbewegungen
443	An der Rhone entsteht ein neues Burgunderreich
450–457	Im Ostreich Kaiser Marcianus
451	Schlacht auf der Katalaunischen Feldern
454	Begauden durch die Westgoten vernichtet
455	Kaiser Petronius Maximus im Westreich
455–456	Kaiser Avitus im Westreich
457–474	Kaiser Leo I. im Ostreich
457–461	Kaiser Maiorianus im Westreich
457–472	Heermeister des Westreiches Ricimer

463	Im Westreich Kaiser Libius Severus
461–465	Aegidius siegt bei Orléans über die Westgoten
464–486	Syagrius in Gallien
466–484	Eurich König der Westgoten. *Codex Euricianus.* Syrisch-römisches Rechtsbuch
467–472	Anthemius weströmischer Kaiser
472–473	Die Westgoten erringen die Unabhängigkeit
472	Kaiser Olybrius in Westrom
472–474	Glycerius weströmischer Kaiser
474–516	König Gundobad bedeutendster Burgundenherrscher, *Lex Burgundionum*
474	Leo d. J. Kaiser Ostroms
474–491	Kaiser Zenon in Ostrom. *Consultatio veteris cuiusdam iurisconsulti*
474–475	Kaiser Nepos im Weströmischen Reich
475–476	Romulus Augustulus, letzter weströmischer Kaiser
um 475	*Codex Euricianus,* erstes schriftlich überliefertes germanisches Recht
476	Romulus Augustulus wird durch den germanischen Heerführer Odoakar abgesetzt
um 480–547	Benedikt von Nursia, Vater des Mönchtums in Westeuropa, gründet 529 auf dem Monte Cassino das berühmte Mutterkloster der Benediktiner
482–511	Chlodwig König der Franken
484–507	Alarich II. König der Westgoten
486	In der Schlacht bei Soissons Niederlage des Syagrius gegen die Franken
488–493	Reich des Odoakar in Italien von den Ostgoten unter Theodorich I. erobert
491–518	Anastasius I. oströmischer Kaiser
um 500	*Edictum Theodorici* König Theodorichs I. d. Gr.
um 506	*Lex Romana Burgundionum*
um 506	*Lex Romana Visigothorum*
506	Westgoten durch die Franken aus Gallien verdrängt
518–527	Justinus I. Kaiser Ostroms
527–565	Justinian I. Kaiser Ostroms Berühmteste Juristen: Tribonianus, Theophilus, Dorotheus
528	*Const. Haec,* Kommission zur Erarbeitung des *Codex* berufen
529	Akademie in Athen geschlossen
529	*Const. Summa rei publicae,* der erste *Codex Justinianus* wird in Kraft gesetzt
530	*Const. Deo auctore,* Digestenkommission berufen
530/31	*Quinquaginta decisiones*
532–537	Hagia Sophia in Konstantinopel erbaut
533	*Const. Tanta,* Digesten in Kraft gesetzt
533	*Const. Omnem* (Studienordnung) erlassen
533	*Const. Imperatoriam maiestatem* (Institutionen werden in Kraft gesetzt)
534	*Const. Cordi nobis* (Der *Codex repetitae praelectionis* wird in Kraft gesetzt)

534	Die Franken erobern den Burgunderstaat
535–553	Der Staat der Ostgoten wird durch Ostrom unterworfen
535–562	Novellen (vor allem die Zeit zwischen 535 und 556 betreffend)
541–553	Totila König der Ostgoten
543–553	Die Lehren des Origines werden verurteilt
552–553	Teja König der Ostgoten
553	In der Schlacht am Vesuv werden die Ostgoten durch Justinians Feldherrn Narses vernichtend geschlagen, Teja fällt
553	*Corpus iuris* in Italien eingeführt
568	Eindringen der Langobarden in Italien eingeführt
584	Suebenstaat in Nordwestspanien durch die Westgoten erobert
Anfang 7. Jh.	Im Ostreich *Anonymusparaphrase*
654	*Lex Visigothorum*
717–741	Kaiser Leo III. *Isaurus*
726–740	*Ekloge*
8. Jh.	Im Westen *Lex Romana Curiensis*, eine in den Alpengebieten um Friaul und Graubünden auf römischen Grundlagen basierende Gesetzessammlung
867–886	Kaiser Basilius I. *Macedo*
886–911	Kaiser Leo VI. *Philosophus*, Rechtsquelle: *Basilica*
9./10. Jh.	Turiner Institutionenglosse; *Summa Perusina*
um 950	In Ostrom *Synopsis Basilicorum*, alphabetischer Auszug aus den Basiliken
Ende 11. Jh.–13. Jh.	Westen: Glossatoren Irnerius (gest. nach 1125); Azo (gest. 1230); Accursius (gest. 1261)
12. Jh.	Osten: *Tipucitus* (Wo etwas steht), erweiterter Basilikenauszug
1345	Osten: Rechtsgelehrter Harmenopulos
14./15. Jh.	Westen: Kommentatoren Cinus (1270–1336); Bartolus (1314 bis 1357); Baldus (1327–1400)
1453	Konstantinopel durch die Türken erobert, Ende des Byzantinischen Reiches

BIBLIOGRAPHIE

In dieser Bibliographie sind die wichtigsten Literaturangaben, speziell der sozialistischen Länder, chronologisch zu den einzelnen Kapiteln angeführt, die wesentlichsten Arbeiten der Klassiker des Marxismus sowie die bedeutendsten Hand- und Lehrbücher zu unserer Thematik sind hier vorangestellt. In den bibliographischen Angaben zur Einleitung sind ebenfalls weitere Arbeiten von K. Marx und Fr. Engels enthalten, die Aussagen zum römischen Recht bieten. (Stand der Literaturangaben: 1982)

Wichtigste Äußerungen der Klassiker des Marxismus

Zur frühen Periode des alten Rom und für den historischen Überblick Fr. Engels, „Der Ursprung der Familie, des Privateigentums und des Staats" (in: MEW, Bd. 21, Berlin 1972, S. 25–173); zur Kritik der Pandektistik die Ausführungen von K. Marx, „Zur Kritik der Hegelschen Rechtsphilosophie" (in: MEW, Bd. 1, Berlin 1972, S. 201–333); zur Struktur der Sklavenhaltergesellschaft K. Marx, „Formen, die der kapitalistischen Produktion vorhergehen" (in: Grundrisse der Kritik der politischen Ökonomie, Berlin 1953, S. 375–413); zur Bedeutung des römischen Rechts für die europäische Kultur ist zu verweisen auf Fr. Engels „Herrn Eugen Dührings Umwälzung der Wissenschaft" („Anti-Dühring") (in: MEW, Bd. 20, Berlin 1962, S. 1–303), des weiteren Fr. Engels, „Über den Verfall des Feudalismus und das Aufkommen der Bourgeoisie", und Fr. Engels, „Ludwig Feuerbach und der Ausgang der klassischen deutschen Philosophie" (in: MEW, Bd. 21, Berlin 1972, S. 259–307); über die Kritik der Richtung der historischen Rechtsschule die Schrift des jungen Marx „Das philosophische Manifest der historischen Rechtsschule" (in: MEW, Bd. 1, Berlin 1972, S. 78–85).

Überblicksdarstellungen

Das von dem sowjetischen Gelehrten I. B. Nowickij und I. S. Pereterskij redigierte „Rimskoe častnoe prawo" (Römisches Privatrecht), Moskau 1948[2], das Lehrbuch von I. B. Nowickij, „Osnowy rimskogo graždanskogo prawa" (Grundzüge des römischen Zivilrechts), Moskau 1972[3] und das Lehrbuch von O. S. Joffe und V. A. Musin, „Osnowy rimskogo graždanskogo prawa" (Grundzüge des römischen Zivilrechts), Leningrad 1974, enthalten vom Material der römischen Rechtsgeschichte nur die Geschichte der Rechtsquellen. Die römische Staatsgeschichte wird im Rahmen der allgemeinen Staats- und Rechtsgeschichte erörtert. Wichtig ist hierbei P. N. Galanza „Istoria gosudarstva i prawa zarubežnych stran" (Geschichte des Staates und des Rechtes der ausländischen Länder), Bd. 1, Moskau 1963, wo das Verfassungsrecht der Römer eingehend erörtert wird und das Lehrbuch „Allgemeine Staats- und Rechtsgeschichte von der Entstehung des Staates bis zum Kapitalismus" (Übers. aus dem Russischen von B. Funck und A. Reißner, wiss. Bearb. der DDR – Ausgabe H. Schröder), Berlin 1980. Weiterhin sind zu nennen N. A. Maschkin, „Römische Geschichte", Berlin 1953, das wichtige Hinweise zur Entwicklung des römischen Rechts und zum Kodifizierungsprozeß unter Justinian aus marxistischer Sicht bietet sowie das Hochschullehrbuch „Römische Geschichte bis 476", Berlin 1979 von H. Dieter und R. Günther, das Fragen des römischen Rechts mit enthält. Das von dem bekannten bulgarischen Spezialisten M. Andreew veröffentlichte Lehrbuch „Rimsko tschastno prawo" (Römisches Privatrecht), Sofia 1975[5] bietet die römische Rechtsgeschichte bis auf die justinianische Kodifikation, ohne allerdings auf das Nachleben des römischen Rechts einzugehen. Das Lehrbuch des polnischen Wissenschaftlers K. Kolańczyk, „Prawo rzymskie" (Römisches Recht), Warschau 1976[2], enthält nur die Geschichte der Quellen des römischen Rechts, erörtert aber daneben auch das Nachleben des römischen Rechts bis zur Gründung der historischen Rechtsschule. Der jugoslawische Romanist D. Stojčević gibt in seinem Lehrbuch „Rimsko privatno pravo" (Römisches Privatrecht), Belgrad 1977[9] eine Geschichte der Rechtsquellen. Daneben stellt er in seinem Werk auch das Nachleben des römischen Rechts incl. der Pandektistik dar. Im Lehrbuch des rumänischen Gelehrten V. Hanga „Drept privat roman" (Römisches Privatrecht), Bukarest 1977[3], wird auch eine Skizze der Staatsgeschichte Roms geboten und das nachjustinianische Leben des römischen Rechts mit der Pandektistik erörtert. Die ungarischen Romanisten R. Brósz und E. Pólay bringen in ihrem Lehrbuch „Római jog" (Römisches Recht), Budapest 1976[2], die Skizze einer vollständigen Rechtsgeschichte mit den sozialökonomischen Grundlagen, der Staatsgeschichte, Quellengeschichte und dem Nachleben des römischen Rechts den gesamten Stoff zusammenfassend. In diesem Lehrbuch erhielt auch die Geschichte des römischen Straf- und Strafprozeßrechtes einen entsprechenden Platz. Von den Lehrbüchern aus den sozialistischen Ländern ist weiter das des polnischen Wissenschaftlers A. Wilinski, „Das römische Recht", Leipzig 1966 zu erwähnen, in dem die Geschichte und Grundbegriffe des römischen Privatrechts mit einem Anhang über Strafrecht und Strafprozeß enthalten sind. Über die Gliederung des Systems des römischen Rechts im Prozeß seiner Entwicklung spricht E. Pólay in seiner „Differenzierung der Gesellschaftsnormen im antiken Rom", Budapest 1964. Schließlich ist in diesem Zusammenhang noch das Lehrbuch „Rimske právo" (Römisches Recht) des tschechoslowakischen Gelehrten K. Rebro, Bratislava 1980, zu erwähnen.

Aus den Darstellungen des römischen Rechts und der römischen Rechtsgeschichte in den westlichen Ländern sind vor allem die folgenden Werke zu nennen: Über die römische Staats- und Rechtsgeschichte schrieben W. Kunkel, „Römische Rechtsgeschichte", Köln – Graz 1968[5], M. Kaser, „Römische Rechtsgeschichte", Göttingen 1967[2], G. Dulckeit – F. Schwarz – W. Waldstein, „Römische Rechtsgeschichte", München 1975 und A. Söllner, „Einführung in die römische Rechtsgeschichte", München 1980[2]. Ferner wären zu erwähnen E. Seidl, „Römische Rechtsgeschichte und römisches Zivilrecht", Köln – Berlin – Bonn – München 1971[3] sowie als eines der ältesten bedeutendsten Werke O. Karlowa, „Römische Rechtsgeschichte", Bd. I, Leipzig 1885 und Bd. II, Leipzig 1901. Als das modernste italienische Standardwerk ist anzusehen „Lineamenti di storia del diritto romano" (Entwicklungslinien des römischen Rechts), redigiert von M. Talamanca (Verfasser: M. Amelotti, R. Bonini, M. Brutti, L. Capogrossi, F. Cassola, G. Cervenca, L. Labruna, A. Masi, M. Mazza, B. Santalucia und M. Talamanca), Milano 1979 und A. Guarino, „Storia del diritto romano" (Geschichte des römischen Rechts), Napoli 1981.

Über die römische Staatsgeschichte ist noch immer als herkömmliches Handbuch Th. Mommsen, „Römisches Staatsrecht", Bd. I, II 1/2, Leipzig 1887[4] und III 1/2, Leipzig 1888[4] (Neudruck 1963) und zudem H. Siber, „Römisches Verfassungsrecht in geschichtlicher Entwicklung", Leipzig 1952 sowie neuerdings F. De Martino, „Storia della costituzione romana" (Geschichte des römischen Staatsrechts), Bd. I–V, Napoli 1972–1975 zu erwähnen.

Die hervorragendsten Handbücher zu den Quellen des römischen Rechts sind L. Wenger, „Die Quellen des römischen Rechts" (Österreichische Akademie der Wissenschaften, Denkschriften 2), Wien 1953 und Fr. Schulz, „Geschichte der römischen Rechtswissenschaft", Weimar 1961.

Für die Prinzipien des römischen Privatrechts ist zu nennen Fr. Schulz, „Prinzipien des römischen Rechts", 1934 (Neudr. 1954), erweiterte englische Ausgabe „Principles of Roman Law", 1936; italienische Ausgabe 1946.

Das Material des römischen Strafrechts findet man in dem grundlegenden Werk „Römisches Strafrecht" von Th. Mommsen, Leipzig 1899 (Nachdruck Darmstadt 1955). Über das Nachleben des römischen Rechts wären vor allem heranzuziehen F. C. v. Savigny, „Geschichte des römischen Rechts im Mittelalter", Bd. I–VII, Heidelberg 1834–1851; P. Koschaker, „Europa und das römische Recht", München – Berlin 1958³, Fr. Wieacker, „Privatrechtsgeschichte der Neuzeit", Göttingen 1967² und in den Heften der Serie „Ius Romanum Medii Aevi", die von bedeutenden Fachleuten des römischen Rechts in Europa geschrieben werden (H. Coing, R. Feenstra, J. Gaudemet, G. Gensmer, G. Rossi, R. Trifone, H. Balte, G. Vismara, M. Bohaček, G. Bónis, B. H. D. Hermesdorf etc.). Die Serie wird im allgemeinen „Neuer Savigny" genannt (Milano).

Zur Geschichte der Institutionen des römischen Privatrechts sind unerläßlich die Handbücher des römischen Privatrechts von P. Bonfante, „Corso di diritto romano" (Geschichte des römischen Privatrechts), Bd. I–IV, Rom 1925–1930; M. Kaser, „Das römische Privatrecht", Bd. I, München 1971², Bd. II, München 1975². Das modernste und umfassendste Handbuch der Geschichte des römischen Zivilprozeßrechts ist das von M. Kaser, „Das römische Zivilprozeßrecht", München 1966. Die Handbücher von M. Kaser sind für die Forscher des römischen Privatrechts auch infolge der umfassenden Literaturangaben unentbehrlich. Ein ausgezeichnetes Lehrbuch des römischen Privat- und Zivilprozeßrechts ist das Werk „Römisches Privatrecht" auf der Basis des Werkes von P. Jörs bearbeitet von W. Kunkel mit einem Abriß des römischen Zivilprozeßrechts von L. Wenger, Berlin – Göttingen – Heidelberg 1949³.

Zur Einleitung

F. Engels: Bruno Bauer und das Urchristentum, in: MEW, Bd. 19, Berlin 1962, S. 297 bis 305. – Ders.: Einleitung zur englischen Ausgabe (1892) „Die Entwicklung des Sozialismus von der Utopie zur Wissenschaft", in: MEW, Bd. 19, Berlin 1962, S. 524–544. – Ders.: Engels an Karl Kautsky in Zürich, in: MEW, Bd 36, Berlin 1967, S. 167–168. – Ders.: Juristen-Sozialismus, in: MEW, Bd. 21, Berlin 1972, S. 491–509. – Ders.: Zur Geschichte des Urchristentums, in: MEW, Bd. 22, Berlin 1963, S. 447–473. – K. Marx: Aufzeichnung einer Rede von Karl Marx über das Erbrecht – Aus dem Protokoll der Sitzung des Generalrates vom 20. Juli 1869, in: MEW, Bd. 16, Berlin 1962, S. 559–562. – Ders.: Einleitung zur Kritik der politischen Ökonomie, in: MEW, Bd. 13, Berlin 1961, S. 615–642. – M. Bartošek: Come si dovrebbe studiare il diritto romano. Alcune idee, in: Studi Arangio-Ruiz I, Napoli 1953. – Ders.: Studio e insegnamento del diritto romano, in: Labeo 2, 1956. – J. Irmscher: Friedrich Engels' altertumswissenschaftliche Studien, in: Živa antika 10, 1960. – M. Világhy: Bemerkungen zu einigen prinzipiellen Fragen der Romanistik, in: Acta Juridica Acad. Sc. Hungaricae 2, 1960. – J. Irmscher: Bemerkungen zur Situation der antiken Rechtsgeschichte in der DDR, in: Acta Antiqua Acad. Sc. Hung. 10, 1962. – M. Móra: Die juristische und historische Betrachtungsweise im römischen Recht, in: Acta Antiqua Acad. Sc. Hung. 11, 1964. – M. Bartošek: Rimské pravo a socialisticka spolecnost (Römisches Recht und sozialistische Gesellschaft), Prag 1966. – E. Pólay: Das römische Recht in den sozialistischen Ländern, in: Labeo 13, 1967. –

Ders.: L' insegnamento del diritto romano nei paesi socialisti, in: Studi Sassaresi I, Milano 1969. – M. Niziolek: Über den Unterricht des römischen Rechts in den sozialistischen Staaten, in: RIDA 16, 1969. – F. Benedek: Pflege und Literatur des römischen Rechts in Ungarn seit 1945. Einzelne Probleme der Rechtsgeschichte und des römischen Rechts, in: Acta Jur. et Pol. Univ. Szeged 17, 1970. – R. Brósz: Bekämpfung versteinerter Vorurteile und andere aktuelle Aufgaben im Unterricht des römischen Rechts, in: ebda. – G. Härtel: Engels' Stellung zur Antike, in: Das Altertum 16, 1970. – K. Kolánczyk: Über den Bildungswert der römischen Zivilprozeßlehre für den sozialistischen Juristen, in: Acta Jur. et Pol. Univ. Szeged 17, 1970. – M. Bartošek: Für eine wirklich historische Auslegung der römischen Rechtsquellen, in: Sein und Werden im Recht, Festg. für U. v. Lübtow. Berlin 1970. – J. Irmscher: Lassalle als Historiker des römischen Rechts, in: Studi Volterra I, Milano 1971. – R. Müller: Hegel und Marx über die antike Kultur, in: Philologus 116, 1972. – E. Pólay: Nochmals über das Ziel des Unterrichts des römischen Rechts in den sozialistischen Ländern, in: Index 3, 1972. – K. Rebro: Diritto romano in Cecoslovaccia, in: Index 3, 1972. – Ch. Trilse: Marx und Engels über Antike und antiken Mythos, in: Klio 56, 1974. – D. Nörr: Rechtskritik in der römischen Antike. Abh. Bayer. Akad. der Wiss., Phil.-Hist. Kl. 77, München 1974. – M. Bartošek: Sì, diritto Romano e marxismo!, in: Klio 56, 1974. – L. Huchthausen: Das Problem des römischen Rechts im Rahmen der Antikerezeption in der Deutschen Demokratischen Republik, in: Die Antike in der sozialistischen Kultur, Wiss. Beitr. der Friedrich-Schiller-Universität Jena, 1974. – J. G. Lautner: Zur Bedeutung des römischen Rechts für die europäische Rechtskultur und zu seiner Stellung im Rechtsunterricht, hrsg. von C. Soliva – B. Huwiler, Zürich 1976. – G. Härtel: Bemerkungen zu einigen bürgerlichen Theorien zur Staats- und Rechtsentwicklung im Römischen Reich, in: Wiss. Mitteilungen der Historiker-Gesellschaft der DDR, H. 1979, III. – L. Huchthausen: Über den Charakter der Beziehungen zwischen dem römischen Recht und seiner ökonomischen Basis, in: Aktuelle Fragen der Methodologie in den Altertumswissenschaften-Beiträge zur Rechtsgeschichte, Wilhelm-Pieck-Universität Rostock, 1979. – K. Rebro: Socialisticka spoločnost a rímskoprávna kultúra (Sozialistische Gesellschaft und römisch-rechtliche Kultur), Bratislava 1979. – R. Günther: Vorbemerkungen zum Kolloquium „Römische Geschichte, römisches Recht und aktuelles Recht", in: Klio 61, 1979. – G. Härtel: Römisches Recht und römische Gesellschaft, in: ebda. – V. Hanga: Römisches Recht und aktuelles Recht, in: ebda. – E. Pólay: Das Studium des römischen Rechts in den sozialistischen Ländern, in: ebda. – P. Blaho: Einige Glossen zur Methodologie marxistischer Romanistik, in: ebda. – Ders.: Das römische Recht und die Methode der Rechtsvergleichung, in: Aktuelle Fragen der Methodologie in den Altertumswissenschaften (11.–13. 4. 1978), Wilhelm-Pieck-Universität Rostock, Sektion Geschichte, 1979.

Erster Teil

ENTWICKLUNG UND QUELLEN

Zur Vorbemerkung des ersten Teils

R. v. Ihering: Geist des römischen Rechts auf den verschiedenen Stufen seiner Entwicklung, 3 Bde. (in 4), Darmstadt 1953[9] (Nachdruck der 5. Aufl. von 1891). – E. Pólay: Die Blütezeit des römischen Wirtschaftslebens und die klassische Zeit des römischen Rechts, in: Acta Antiqua Acad. Sc. Hung. 5, 1957. – F. Wieacker: Über das Klassische in der römischen Jurisprudenz, in: Vom römischen Recht, Stuttgart 1961. – M. Bartošek:

Le periodizzatione del diritto romano, in: Synteleia Arangio – Ruiz II, Napoli 1964. – E. Seidl: Römische Rechtsgeschichte und römisches Zivilprozeßrecht, Köln – Berlin – Bonn – München 1971[3]. – D. Liebs: Römisches Recht, Göttingen 1975. – V. Arangio-Ruiz/A. Guarino/G. Pugliese: Il diritto romano. La costituzione – caratteri – fonti, Napoli 1980.

Zu I. Archaisches Recht

J. Binder: Die Plebs, Leipzig 1909. – A. Rosenberg: Der Staat der alten Italiker, Berlin 1913. – F. Leifer: Studien zum antiken Amtswesen I, Leipzig 1913. – K. J. Beloch: Römische Geschichte bis zum Beginn der punischen Kriege, Berlin 1926. – H. Rudolph: Stadt und Staat im römischen Italien, Leipzig 1935. – J. M. Nap: Die römische Republik, Leiden 1935. – H. Siber: Die ältesten römischen Volksversammlungen, in: SZ 57, 1937. – M. Kaser: Mores maiorum und Gewohnheitsrecht, in: SZ 59, 1939. – R. Orestano: Dal ius al fas, in: BIDR 46, 1940. – J. Kuczynski: Allgemeine Wirtschaftsgeschichte I, Berlin 1949. – M. Kaser: Die altrömische ius, Göttingen 1949. – F. Wieacker: Vom römischen Staat als Rechtsordnung, Freiburg i. Br. 1949. – F. Schwind: Römisches Recht I, Wien 1950. – W. Hellebrand: Ein Beitrag zur Problematik matrimonium und mos, in: SZ 70, 1953. – U. v. Lübtow: Das römische Volk, sein Staat und sein Recht, Frankfurt a. M. 1955. – P. de Francisci: Primordia civitatis, in: Pontificium Institutum Utriusque Iuris. Studia et Documenta, Rom 1959. – W. Kunkel: Zum römischen Königtum, Ius et Lex, in: Festgabe für Gutswiller, Basel 1959. – W. Kunkel: Bericht über neuere Arbeiten zur römischen Verfassungsgeschichte IV, in: SZ 77, 1960. – H. van den Brink: Ius fasque, Amsterdam 1968. – E. M. Staerman: Die Blütezeit der Sklavenwirtschaft in der römischen Republik, Wiesbaden 1969. – O. Behrends: Ius und ius civile. Untersuchungen zur Herkunft des ius-Begriffes im römischen Zivilrecht, in: Sympotica F. Wieacker, Göttingen 1970. – E. Pólay: Das ‚regimen morum' des Zensors und die sogenannte Hausgerichtsbarkeit, in: Studi Volterra III, Milano 1971. – P. Catalano: Tribunato e resistenza, Torino 1971. – J. Ellul: Réflexions sur la révolution, la plebe et le tribunat de la plebe, in: Index 3, 1972. – P. Catalano: Populus Romanus Quirites, Torino 1974. – E. Ferenczy: From the patrician state to the patricio-plebeian state, Budapest 1976. – F. Serrao (Hrsg.): Legge e società nella repubblica romana, I, Napoli 1981.

Zu II. Das Recht des Großreiches. Republik

L. Mitteis: Reichsrecht und Volksrecht in den östlichen Provinzen des römischen Kaiserreichs, Leipzig 1891, Neudr. 1935. – Ders.: Römisches Privatrecht bis auf die Zeit Diokletians I., Leipzig 1908. – J. Stenzel: Studien zur Entwicklung der Platonischen Dialektik von Sokrates zu Aristoteles, Breslau 1917. – A. Stein: Der römische Ritterstand, München 1927. – E. Schönbauer: Reichsrecht gegen Volksrecht?, in: SZ 51, 1931. – F. Pringsheim: Bonum et aequum, in: SZ 52, 1932. – E. Schönbauer: Reichsrecht, Volksrecht und Provinzialrecht, in: SZ 57, 1937. – M. Lauria: Ius gentium, in: Festschrift für Koschaker, I, Weimar 1939. – G. Lombardi: Ricerche in tema di ius gentium, Milano 1946. – Ders.: Sul concetto di ius gentium, Rom 1947. – E. Meyer: Römischer Staat und Staatsgedanke, Zürich 1948. – T. R. S. Broughton: The Magistrates of the Roman Republic, 2 Bde., New York 1951/52, Suppl. Bd. New York 1960. – R. Voggensperger: Der Begriff des ‚Ius naturale' im römischen Recht, Basel 1952. – H. Coing: Zum Einfluß der Philosophie des Aristoteles auf die Entwicklung des römischen Rechts, in: SZ 69, 1952. – R. Taubenschlag: Die römischen Behörden und das römische Volksrecht vor und nach der C. A. (Constitutio Antoniniana), in: SZ 69, 1952. – F. Serrao: La ‚iurisdictio' del pretore peregrino, Napoli 1954. – U. v. Lübtow: Das römische Volk, sein Staat und sein Recht, Frankfurt a. M. 1955. – W. Kunkel: Bericht über neuere Arbeiten zur römischen Verfassungsgeschichte, II, in: SZ 73, 1956. – E. Pólay: Die Blütezeit des römischen Wirtschaftslebens und die klassische Zeit des römischen Rechts, in: Acta Antiqua Acad. Sc. Hung. 5, 1957. – Th. Meyer-Maly: Gemeinwohl und Naturrecht bei Cicero, in: Festschr. für Verdross, Wien 1960. – F. Pringsheim: Ius aequum und ius strictum, in: Gesammelte Abhandlungen, I, Heidelberg 1961. – A. Watson: The Law of Persons in the Later Roman Republic, Oxford 1967. – Ders.: The Law of Property in the Later Roman Republic, Oxford 1968. – F. Wieacker: Über das Verhältnis der römischen Fachjurisprudenz zur griechisch-hellenistischen Theorie, in: Iura 20, 1969. – O. Behrends: Die römische Geschworenenverfassung. Ein Rekonstruktionsversuch (Göttinger rechtswiss. Studien, Bd. 80), Göttingen 1970. – J. Bleicken: Die Verfassung der römischen Republik, Paderborn 1975. – Ders.: Lex publica. Gesetz und Recht in der römischen Republik, Berlin – New York 1975. – M. Talamanca: Lo schema ‚genus-species' nelle sistematiche dei giuristi romani, in: La filosofia greca e il diritto romano. II. Acc. Naz. dei Lincei, Roma 1977. – A. Heuß: Zur Thematik republikanischer ‚Staatsrechtslehre', in: Festschrift für Wieacker, Göttingen 1978.

Zu III. Das Recht des Großreiches. Prinzipat

E. Schönbauer: Wesen und Ursprung des Prinzipats, in: SZ 47, 1927. – H. Siber: Caesars Diktatur und der Prinzipat des Augustus, in: SZ 55, 1935. – F. Stella-Maranca: Le due positiones dello studium iuris, in: Studi Barillari, Bari 1936. – A. Manigk: Privatautonomie, in: Festschrift für Koschaker, I, Weimar 1939. – A. Steinwenter: Utilitas publica – utilitas singulorum, in: Festschrift für Koschaker, I, Weimar 1939. – J. Kuczynski: Allgemeine Wirtschaftsgeschichte, I, Berlin 1949. – A. B. Ranowitsch: Wostotschnie provinzii Rimskoj Imperii, Moskau – Leningrad 1949. – M. Kaser: Ius publicum – ius privatum, in: SDHI 17, 1951. – N. A. Maschkin: Zwischen Republik und Kaiserreich, Leipzig 1954. – U. v. Lübtow: Das römische Volk. Sein Staat und sein Recht, Frankfurt a. M. 1955. – G. Grosso: Lezioni di storia del diritto romano, Torino 1955[3]. – W. Kunkel: Bericht über neuere Arbeiten zur römischen Verfassungsgeschichte, II, in: SZ 73, 1956. – D. Nörr: Die Entwicklung des Utilitätsgedankens, in: SZ 73, 1956. – Ch. Sasse: Die Constitutio Antoniniana, Wiesbaden 1958. – J. Gaudemet: Le régime imperial, in: SDHI 1960. – F. Wieacker: Über das Klassische in der römischen Jurisprudenz. Vom römischen Recht, Stuttgart 1961. – W. Kunkel: Über das Wesen des augusteischen Prinzipats, in: Gymnasium 68, 1961. – V. Hanga: Ius publicum – ius privatum, in: Studia Universitat Babes-Bolyai, Cluj 1963. – G. Härtel: Der Beginn der allgemeinen Krise im Westen des Römischen Reiches. Wirtschaftliche und soziale Veränderungen in der Zeit von Marc Aurel bis Septimius Severus (161–211 u. Z.), in: Zeitschrift für Geschichtswissenschaft 13, 1965. – Ders.: Die Widerspiegelung von Symptomen der Krise der Sklaverei im Rechtsdenken der Römer in der Zeit von Gajus bis Modestinus, in: Wissenschaftliche Zeitschrift der Karl-Marx-Universität Leipzig, 19, 1970. – H. Volkmann: Zur Rechtsprechung im Prinzipat des Augustus. Hist. Beiträge, 2. durchges. und erw. Aufl. (Münchener Beiträge zur Papyrusforschung und antiken Rechtsgeschichte, 21), München 1969. – J. Bleicken: Verfassungs- und Sozialgeschichte des Römischen Kaiserreiches (Uni-Taschenbücher 838/839), Paderborn 1978.

Zu IV. Das Recht des verfallenden Reiches. Dominat

B. Biondi: Guistininiano primo, principe e legislatore cattolico, Milano 1936. – W. Enßlin: Gottkaiser und Kaiser von Gottes Gnaden. Sitzungsberichte der Bayer. Akad. der Wiss., Phil.-Hist. Kl. 6, 1943. – E. Stein: Geschichte des spätrömischen Reiches, I, Wien 1928, II, 1949. – B. Biondi: Il diritto romano cristiano I–III, Milano 1952–1954. – U. v. Lübtow: Das römische Volk. Sein Staat und sein Recht, Frankfurt a. M. 1955. – E. Levy: Weströmisches Vulgarrecht und Justinian, in: SZ 76, 1959. – Ders.: Westöstliches Vulgarrecht und Justinian, in: SZ 76, 1959. – F. Wieacker: Vulgarismus und Klassizismus im Recht der Spätantike. – Corpus Iuris. Vom römischen Recht, Stuttgart 1961. – F. Pringsheim: Die archaistische Tendenz Justinians. Ges. Abh. II, Heidelberg 1961. – W. Seyfarth: Soziale Fragen der spätrömischen Kaiserzeit im Spiegel des Theodosianus. (Schriften der Sektion für Altertumswissenschaften bei der DAW zu Berlin, Nr. 33), Berlin 1963. – J. W. Barker: Justinian and the Later Roman Empire, Madison 1966. – K. Schindler: Justinians Haltung zur Klassik, Köln – Graz 1966. – G. Härtel: Zu einigen Problemen des spätrömischen Rechts, in: Živa Antika 26, 1976. – Ders.: Einige Probleme zum Niedergang der antiken Sklaverei im spätrömischen Recht, in: Antiquitas 6, 1978.

Zu V. Zwischenstaatliche Beziehungen

Fusitano: Dei Feziali e del diritto feziale, Rom 1884. – E. Täubler: Imperium Romanum, I. Die Staatsverträge und Vertragsverhältnisse, Leipzig 1913. – A. Heuß: Die völkerrechtlichen Grundlagen der römischen Außenpolitik, Leipzig 1933. – A. Wenger: Geschichte des Völkerrechts, Stuttgart 1936. – P. Frezza: Le forme federative e la struttura dei rapporti internazionali nell' antico diritto romano, in: SDHI 4, 1939; 5, 1940. – E. Pólay: Il carattere e luogo delle regole delle relazioni interstatali nel sistema del diritto romano. Acta Jur. et Pol. Univ. Szeged 5, 1958. – D. Nörr: Imperium und Polis in der hohen Prinzipatszeit, München 1966. – M. Lamosse: Le regime des relations internationales dans le Haut-Empire Romain, Paris 1967.

Zu VI. Die Quellen des Privatrechts und seine Schriftdenkmäler

P. Jörs: Römische Rechtswissenschaft zur Zeit der Republik, I, Berlin 1888. – P. Krüger: Geschichte der Quellen und Litteratur des römischen Rechts, München – Leipzig 1912[2]. Th. Kipp: Geschichte der Quellen des römischen Rechts, Leipzig 1919[4]. – O. Lenel: Das Edictum Perpetuum, Leipzig 1927[3]. – K. Személyi: Az interpolációs kutatómódszer (Die Interpolationsforschungsmethode), Pécs 1929. – F. Schulz: Prinzipien des römischen Rechts, München – Leipzig 1934. – W. Kunkel: Das Wesen des ius respondendi, in: SZ 66, 1946. – V. Hanga: Technica juridica criteriu de distinctia intre scoala sabiniana si proculiana (Die juristische Technik, als Kriterium der Distinktion zwischen der Schule der Sabinianer und der Prokulianer), Studia Universität Babes-Bolyai, Cluj 1959. – F. Wieacker: Lex publica. Gesetz und Rechtsordnung im römischen Freistaat. – Der Prätor. Gerichtsherrschaft und Rechtsgang. Vom römischen Recht, Stuttgart 1961. – Ders.: Textstufen klassischer Juristen, Göttingen 1961. – B. Schmiedel: Consuetudo im klassischen und nachklassischen römischen Recht, Köln – Graz 1966. – W. Kunkel: Herkunft und soziale Stellung der römischen Juristen, Köln – Graz – Wien 1967[3]. C. S. Tomulescu: Der juristische Wert des Werkes Ciceros, in: Gesellschaft und Recht im griechisch-römischen Altertum, I, Berlin 1968. – E. Pólay: Zur Geschichte der Rechtswissenschaft im republikanischen Rom, in: Gesellschaft und Recht, I, Berlin 1968. – F. Horak: Rationes decidendi, I., Innsbruck 1968. – M. Fuhrmann: Interpretatio, in: Sympotica F. Wieacker, Göttingen 1970. – B. Schmidlin: Die römischen Rechtsregeln. Forschungen zum römischen Recht 29, 1970. – D. Nörr: Spruchregel und Generalisierung, in: SZ 89, 1972. – Ders.: Divisio und Partitio. Bemerkungen zu römischen Rechtsquellen und zur antiken Wissenschaftstheorie. Münchener Universitätsschriften, Juristische Fakultät, München 1972. – W. Waldstein: Entscheidungsgrundlagen der klassischen römischen Juristen, in: Aufstieg und Niedergang der römischen Welt (im folgenden = ANRW), II. 15, Berlin – New York 1976. – J. Kodrebski: Der Rechtsunterricht am Ausgang der Republik und zu Beginn des Prinzipats, in: ANRW II. 15. – D. Liebs: Rechtsschulen und Rechtsunterricht im Prinzipat, in: ANRW II. 15. – E. Bund: Salvius Iulianus, Leben und Werk, in: ANRW, II. 15. – D. Nörr: Pomponius oder „Zum Geschichtsverständnis der römischen Juristen", in: ANRW II. 15. – Gy. Diósdi: Gaius der Rechtsgelehrte, in: ANRW II. 15. – A. Guarino: La formazione dell' Edictum Perpetuum, in: ANRW II, 15. – Ders.: L'imperatore Giustiniano, Storia e mito, Milano 1978. – E. Pólay: Privatrechtliche Denkweise der römischen Juristen. Acta Jur. et Pol. Univ. Szeged, 26, 1979.

Vorjustinianische Quellen: C. G. Bruns: Fontes iuris Romani antiqui, Tübingen 1909 bis 1912. – P. Krüger – Th. Mommsen – G. Studemund: Collectio librorum iuris anteiustiniani, I–III, Berlin 1927. – P. F. Girard – F. Senn: Textes de droit romain, Paris 1936[6]. – S. Riccobono, J. Baviera, C. Ferrini, J. Furlani, V. Arangio-Ruiz: Fontes iuris romani anteiustiniani (= FIRA), Firenze 1941–1969. – O. Lenel: Das Edictum Perpetuum, Neudr. Leipzig 1956. – Ders.: Palingenesia iuris civilis, I–II, Neudruck Graz 1960. – M. David, H. L. W. Nelson: Gai institutiones commentarii IV, Leiden 1954–1968. – Th. Mommsen – P. M. Meyer: Theodosiani libri XVI, Neudr. Berlin 1954.

Justinianische Quellen: Th. Mommsen – P. Krüger – R. Schoell – W. Kroll: Corpus iuris civilis. Institutiones, Digesta, Codex repetitae praelectionis, Novellae, Berlin 1928–1929[5] (Neudruck 1954).

Zur Papyrologie: L. Mitteis – U. Wilcken: Grundzüge und Chrestomatie der Papyruskunde, I–VI, Leipzig 1912, Neudr. 1965.

Quellenzusammenstellungen: V. Arangio-Ruiz – A. Guarino: Breviarium iuris romani, Milano 1974. – Gy. Diósdi: A római jog világa (Welt des römischen Rechts), Budapest 1974. – L. Huchthausen – G. Härtel: Römisches Recht. Zwölftafelgesetz. Gaius. Institutionen. Aus den Digesten. Ciceros Rede für Sextus Roscius Amerinus und Auswahl aus den zwei Büchern Rhetorik, Berlin – Weimar 1975. – O. Behrends: Der Zwölftafelprozeß (Göttinger Rechtswiss. Studien, 92), Göttingen 1972.
Die Wachstafeln aus dem römischen Dakien: E. Pólay: A dáciai viaszostáblák szerzödései (Verträge der dakischen Wachstafeln), Budapest 1972. (Im Anhang eine Zusammenstellung von 12 leserlichen Urkunden in lateinisch – griechisch – ungarisch).

Zu VII. Nachleben

E. Genzmer: Die justinianische Kodifikation und die Glossatoren, in: Atti del congresso internazionale di diritto romano in Bologna, I, Pavia 1934. – H. U. Kantorowitz: Studies in the glossators of the Roman law, Cambridge 1938. – R. Feenstra: Zur Rezeption in den Niederlanden, in: Europa e il diritto romano, I, Milano 1954. – F. Calasso: Medio evo del diritto, I. Fonti, Milano 1954. – A. V. Solowjew: Der Einfluß des byzantinischen Rechts auf die Völker Osteuropas, in: SZ 76, 1959. – V. Hanga: Bartolus si teoria statutelor. (Bartolus und die Theorie des Staates). Studie Universitat Babeš – Bolyai, Cluj 1959. – J. Sontis: Das griechische Zivilgesetzbuch, in: SZ 78, 1961. – F. Wieacker: Europa und das römische Recht, in: Vom römischen Recht, Stuttgart 1961. – V. Hanga: B. de Sassoferrato. Studia et documenta per il VI. centenario, I–II, Milano 1962. – H. Coing: Römisches Recht in Deutschland, in: IRMAE, Pars V. 6, 1964. – Gy. Bónis: Einflüsse des römischen Rechts in Ungarn, in: IRMAE, Pars V. 10, 1964. – H. Coing: Die europäische Privatrechtsgeschichte der neueren Zeit. Ius commune, I., Frankfurt am Main, 1967. – H. Peter: Römisches Recht und Englisches Recht, Wiesbaden 1969. – M. Andreew: Sur la probléme de la réception du droit romain dans les pays des laves du sud, in: Acta Jur. et Pol. Univ. Szeged, 17, 1970. – K. Bukowska: Das römische Recht in der Gerichtspraxis des XVI.–XVIII. Jahrhunderts in Polen, in: ebda. – Z. Kaczmarczyk: Das Problem des römischen Rechts in den dalmatischen Städten des Mittelalters, in: ebda.: – H. Thieme: Zum Begriff des Gemeinen Rechts, in: ebda. – W. Trusen: Zur Rezeption des römischen Rechts in Deutschland, in: ebda. – A. Vetulani: La Pologne médiévale et le droit romain, in: ebda. – R. Lieberwirth: Das römische Recht in den Anfängen der Universität Wittenberg, in: ebda. – E. Pólay: Das Studium des römischen Rechts in Ungarn zwischen den beiden Weltkriegen (1920–1944), in: SZ 89, 1972. – Ders.: A pandektisztika és hatása a magyar magánjog tudományára (Die Pandektistik und ihr Einfluß auf die ungarische Privatrechtswissenschaft), in: Acta Jur. et Pol. Univ. Szeged, 23, 1976. – G. Härtel: Zur Problematik der pragmatischen Sanktionen, spez. zur Sanctio pragmatica pro Petitione Vigilii, in: IURA, Vol. 27, 1976 (Pubbl. 1979). – E. Pólay: Einfluß der Pandektistik auf die ungarische Privatrechtswissenschaft, in: Acta Jur. Acad. Sc. Hung., 19, 1977. – G. Astuti: Recezione teorica e applicazione pratica del diritto romano nell' età del rinascimento giuridico, in: Le droit romain et sa reception en Europe, Warschau 1978. – B. Paradisi: La renaissance du droit romain entre Italie et France, in: ebda. – E. Volterra: Influences des institutions romains sur les codex modernes, in: ebda. – E. Pólay: Ursprung, Entwicklung und Niedergang der Pandektistik, Acta Iur. et Pol. Univ. Szeged, 28, 1981.

Zweiter Teil

GRUNDRISS DES PRIVATRECHTS

Zu I. System des Privatrechts

O. Lenel: Das Sabinussystem, in: Festgabe der Rechts- und Staatswiss. Fakultät der Universität Straßburg für Ihering, 1892. – F. Affolter: Das römische Institutionen-System, Berlin 1897. – A. B. Schwarz: Zur Entstehung des modernen Pandektensystems, in: SZ 42, 1921. – M. Világhy: A Magyar Népköztársaság polgári törvénykönyvrendszerérlöl (Über das Gesetzbuchsystem der Ungarischen Volksrepublik), Budapest 1955. – E. Pólay: Zur Geschichte der Rechtswissenschaft im republikanischen Rom, in: Gesellschaft und Recht im griechisch-römischen Altertum, I, Berlin 1968. – Ders.: Privatrechtliche Denkweise der römischen Juristen. Acta Jur. et Pol. Univ. Szeged, 26, 1979.

Zu II. Das Personenrecht

Die Rechtsfähigkeit: H. Coing: Der Rechtsbegriff der menschlichen Person. Deutsche Landesreferate zum III. Intern. Kongr. für Rechtsvergleichung in London, 1950. – B. Biondi: Il diritto romano cristiano, II, Milano 1952. – J. Zlinszky: Zur Frage der Verschollenheit im römischen Recht, in: Acta Antiqua Acad. Sc. Hung. 8, 1960. – G. Hamza: Az ügyleti képviselet (Die gewillkürte Vertretung), Budapest 1982.

Zu 11.2. und 11.3.: Der status civitatis und der status libertatis: W. Buckland: The Roman Law of Slavery. The Condition of the Slave in private Law from Augustus to Justinian, Cambridge 1908. – (Nachdruck 1970). – M. Rostowzew: Studien zur Geschichte des römischen Kolonats, Leipzig – Berlin 1910. – E. Affolter: Die Persönlichkeit des herrenlosen Sklaven. Ein Stück aus dem römischen Sklavenrecht, Leipzig 1913. – P. Collinet: Le colonat dans l'Empire romain, Bruxelles 1937. – M. Kaser: Die Geschichte der Patronatsgewalt über Freigelassene, in: SZ 58, 1938. – Ders.: Die Anfänge der manumissio und das fiduziarisch gebundene Eigentum, in: SZ 61, 1941. – C. Cosentini: Studi sui liberti, Catania 1948. – F. De Visscher: La cittadinanza romana, in: Annali Seminar. Giur. Università Catania, Napoli 1949. – W. L. Westermann: The Slave Systems of Greek and Roman Antiquity, Philadelphia 1955. – F. Benedek: A senatus consultum Silanianum (Das SC S.). Studia Iuridica Auctoritate Universität Pécs Publicata, Budapest 1963. – R. Brósz: A nem teljesjogu polgárok a római jogforrásokban (Die nicht vollberechtigten Bürger in den Quellen des römischen Rechts), Budapest 1964. – R. Günther: Coloni liberi und coloni originarii. Einige Bemerkungen zum spätantiken Kolonat, in: Klio, Bd. 49, 1967. – E. Pólay: Die Sklavenehe und das römische Recht, in: Acta Jur. et Pol. Univ. Szeged, 14, 1967. – Ders.: Il matrimonio degli schiavi nella Roma repubblicana, in: Studi Grosso III, Torino 1969. – E. M. Staerman: Die Blütezeit der Sklavenwirtschaft in der römischen Republik, Wiesbaden 1969. – R. Brósz: Peculium servi (vel filii?), in: Acta Antiqua Acad. Sc. Hung. 18, 1970. – G. Diósdi: Ownership in Ancient and Preclassical Roman Law, Budapest 1970. – W. Held: Das Ende der progressiven Entwicklung des Kolonates am Ende des 2. Jh. und in der ersten Hälfte des 3. Jahrhunderts im Römischen Imperium, in: Klio, Bd. 53, 1971. – Ders.: Der römische Kolonat am Ende des 2. und zu Beginn des 3. Jahrhunderts, in: Das Altertum, Bd. 17, 1971, H. 3. – G. Härtel: Der favor libertatis und sein gesellschaftlicher Zusammenhang nach den Digesten im 2./3. Jh. u. Z., in: Index, 1974, H. 1. – W. Backhaus: Marx, Engels und die Sklaverei. Zur ökonomischen Problematik der Unfreiheit, Düsseldorf 1974. – G. Härtel: Die Widerspiegelung des Untergangs der antiken Sklavenhalterordnung anhand des Codex Theodosianus und des Codex Justinianus, in: Živa Antika 25, 1975. – E. M. Staerman/M. K. Trofimova: La schiavitù nell' Italia imperiale I–III secolo (Bibliotheca di storia antica, 2), Rom 1975. – L. Huchthausen: Zum Problem der Freiheitsbegünstigung (favor libertatis) im römischen Recht, in: Philologus, 120, 1976. – G. Härtel: Einige Bemerkungen zur rechtlichen Stellung der Sklaven und zur Beschränkung der Willkür des Herrn gegenüber dem Sklaven bei der Bestrafung im 2./3. Jahrhundert anhand der Digesten, in: Klio, Bd. 59, 1977. – Ders.: Die rechtliche Stellung der Sklaven und die Beschränkung der Willkür des Herrn gegenüber dem Sklaven bei der Bestrafung anhand der Digesten, in: Humanismus und Menschenbild im Orient und in der Antike. Konferenzvorträge, in: Wiss. Beiträge der Martin-Luther-Universität Halle – Wittenberg. 1977 (I 2), Halle (Saale) 1977. – Ders.: Einige Bemerkungen zum Pekulium und zur vermögensrechtlichen Stellung der Sklaven im Imperium Romanum anhand der Digesten im 2./3. Jh. u. Z., in: Antiquitas, 8, 1979.

Zum status familiae P. Jörs: Die Ehegesetze des Augustus, Marburg 1893. – A. Lecomte: La pluralité des tuteurs en droit romain, Paris 1928. – J. Gaudement: „Iustum matrimonium", in: RIDA 2, 1949. – M. Kaser: Ehe und „conventio in manum", in: SZ 67, 1950. – R. Orestano: La struttura giuridica del matrimonio romano del diritto classico al diritto giustinianeo, Milano 1951. – J. Gaudemet: Originalité e destin du mariage romain, in: L'Europa e il diritto romano II, Milano 1954. – M. Andreew: Razwod i adulterium klassitscheskoto rimsko prawo (Scheidung und adulterium im klassischen römischen Recht), Sofia 1954. – E. Volterra: Lezioni di diritto romano. Il matrimonio romano, Roma 1961. – R. Brósz: An nem teljes jogu polgárok a római jogforrásokban (Die nicht vollberechtigten Bürger in den römischen Rechtsquellen), Budapest 1964. – H. Kupiszewski: Studien zum Verlöbnis im klassischen römischen Recht I, in: SZ 84, 1967. – E. Pólay: Das ‚regimen morum' des Zensors und die sogenannte Hausgerichtsbarkeit, in: Studi Volterra III, Milano 1961. – P. Csillag: The Augustan law on family relations, Budapest 1976.

Die „juristischen Personen": L. Schnorr v. Carolsfeld: Geschichte der juristischen Person I, München 1933. – P. W. Duff: Personality in Roman Law, Cambridge 1938. – B. Eliachewitsch: La personnalité juridique en droit privé, Paris 1942. – A. Philipsborn: Der Begriff der juristischen Person im römischen Recht, in: SZ 71, 1954. – U. v. Lübtow: Bemerkungen zum Problem der juristischen Person, in: Europa e diritto romano, II, Milano 1954. – J. Linderski: Der Senat und die Vereine, in: Gesellschaft und Recht im griechisch-römischen Altertum, I, Berlin 1968. – R. Orestano: Il problema delle persone giuridiche in diritto romano, I, Torino 1968.

Zu III. Das Vermögensrecht

Zum Begriff und zur Distinktion der Sachen: C. Longo: Corso di diritto romano. Distinzioni delle cose, Milano 1935. – G. G. Archi: La „summa divisio rerum" in Gaio e in Giustiniano, in: SDHI 3, 1937. – P. Rasi: La pertinenze e le cose accessorie, Padova 1955. – A. Dell' Oro: Le cose collettive nel diritto romano, Milano 1963. – R. Brósz: Az osztható és oszthatatlan dolgok fogalma a római jogban (Die teilbaren und unteilbaren Sachen im römischen Recht), Acta Facultatis Politicae Iuridicae Univ. Sc. Budapest, 8, 1966.

Zum Eigentumsrecht: V. Scieloja: Teoria della proprietà, Rom 1928. – K. F. Thormann: Der doppelte Ursprung der Manzipation, München 1933. – P. Voci: Modi di acquisto della proprietà (Corsa di diritto romano), Milano 1952. – M. Kaser: Eigentum und Besitz im älteren römischen Recht. (Forschungen zum römischen Recht, 1), Köln – Graz 1956². – F. Benedek: A iusta causa traditionis a római jogban (Die i. c. t. im römischen Recht), Stud. Iur.Univ. Pécs, 8, Budapest 1959. – F. Wubbe: Quelques remarques sul la function et l'origine de l'action Publicienne, in: RIDA 8, 1961. – M. Kaser: Zur „iusta causa traditionis", in: BIDR 64, 1961. – T. Mayer-Maly: Studien zur Frühgeschichte der usucapio I–III, in: SZ 77–79, 1960–1962. – F. Sturm: Zur ursprünglichen Funktion der actio Publiciana, in: RIDA 9, 1962. – H. Hausmaninger: Die bona fides des Ersitzungsbesitzers im klassischen römischen Recht, Wien – München 1964. – A. Watson: The Law of Property in the Later Roman Republic, Oxford 1968. – C. S. Tomulescu: Les rapports de la mancipatio et de la monnaie dans l'ancient droit romain, in: RIDA 16, 1969. – L. Capogrossi Colognesi: La struttura della proprietà e la formazione dei „iura praedorium" nell età repubblicana I, Milano 1969. – G. Hamza: Az elbirtoklás fejlödése a római császárkorban (Entwicklung der Ersitzung in der römischen Kaiserzeit), Budapest 1970. – Gy. Diósdi: Ownership in Ancient and Preclassical Roman Law, Budapest 1970. – F. Benedek: Eigentumserwerb an Früchten im römischen Recht. Stud. Iuridica Univ. Pécs, 1979.

Zum Besitz: F. C. v. Savigny: Das Recht des Besitzes, Wien 1865.[7] – R. v. Ihering: Der Besitzwille, Jena 1889. – G. Schwarz: Régi és uj birtokjog. Uj irányok a magánjogban (Altes und neues Besitzrecht. Neue Richtungen im Privatrecht), Budapest 1911. – E. Albertario: Cose-diritti reali-possesso, in: Studi in diritto romano II, Milano 1941. – C. A. Cannata: „Possessio", „possessor", „possidere" nelle fonti giuridiche del basso impero romano, Milano 1962. – E. Pólay: Ihering birtoktana és a magyar jogi romanisztika (Iherings Besitzlehre und die ungarische juristische Romanistik). Acta Jur. et Pol. Univ. Szeged 16, 1969.

Zu den Rechten an fremden Sachen (iura in re aliena): L. Mitteis: Zur Geschichte der Erbpacht im Altertum, Leipzig 1901. – A. B. Schwarz: Hypothek und Hypallagma, Leipzig – Berlin 1911. – M. Boháček: Actio negatoria, Prag 1938. – B. Biondi: La categoria romana delle „servitutes", Milano 1938. – A. Manigk: „Hypotheka", in: RE 9, 1913 und „Pignus", in: RE 20, 1941. – R. Brósz: Geschichtliche Ausbildung und Wesen der Superficies. Ann. Univ. Budapest, Sectio Iur. 9, 1969. – G. Grosso: Le servitù prediali nel diritto romano, Torino 1969. – W. Bojarski: Emfyteuza wedlug prawa ryzmskiego (Die Erbpacht im römischen Recht), Torun 1970. – J. P. Meincke: Superficies solo cedit, in: SZ 88, 1971. – A. Redger: Actio Confessoria and Actio Negatoria, in: SZ 88, 1971.

Zur Beerbung (Erbrecht): P. Bonfante: Famiglia e successione. Scritti giuridici varii I, Torino 1926. – V. Korošec: Die Erbenhaftung nach römischem Recht, Leipzig 1927. – E. Goldmann: Das Alter des römischen Testaments, in: SZ 51, 1931. – M. Wlassak: Studien zum altrömischen Erb- und Vermächtnisrecht, Wien – Leipzig 1933. – F. Wieacker: Hausgemeinschaft und Erbeinsetzung, in: Festschrift Siber, Leipzig 1940. – F. Schwarz: Die Rechtswirkungen der Lex Falcidia, in: SZ 63, 1943. – M. Bartošek: Il senatoconsulto Trebelliano, in: Scritti Ferrini III, 1948. – E. Pólay: A római végrendelet eredete (Ursprung des römischen Testaments), Acta Jur. et Pol. Univ. Szeged, 2, 1956. – J. Klima: Querela inofficiosi testamenti, Prag 1957. – W. Osuchowski: Hereditas iacens, Krakau – Warschau 1964. – G. Francisci: Usucapio pro herede. Pubbl. della Facoltà giuridica dell' Univ. Napoli 74, 1965. – M. Amelotti: Le fome classiche di testamento, I–II, Torino 1966–1967. – M. Meinhart: Die senatusconsulta Tertullianum und Orifitianum, Graz – Wien – Köln 1967.

Zu den Obligationen: Über die Obligationen im allgemeinen: G. Levy: Weströmisches Vulgarrecht. Das Obligationenrecht, Weimar 1956. – B. Biondi: Concetto e definizione di obligatio. Scr. Giuridici III, Milano 1965. – P. Voci: Le obbligazioni romane I. (Corso di Pandette), Milano 1969.

Über die Subjekte der Obligationen: J. Kerr Wylie: Solidarity and Correality, Edinburgh – London 1923. – G. Wesenberg: Verträge zugunsten Dritter, Weimar 1949. – G. Branca: Unum debitum e plures obligationes. Studi De Francisci III, Milano 1956.

Über das Objekt der Obligationen: G. Billeter: Geschichte des Zinsfußes im griechisch-römischen Altertum bis auf Iustinian, Leipzig 1898. – G. Grosso: Oggeto dell' obligazione. Obbligazioni alternative e generiche. Corso di diritto romano, Torino 1940. – H. Honsell: Quod interest in bonae fidei iudicium, München 1969.

Zur Frage der Verantwortung: B. Kübler: Das Utilitätsprinzip als Grund der Abstufung bei der Vertragshaftung im klassischen römischen Recht, Breslau 1910. – K. Visky: La responsabilité dans le droit romain a la fin de la République. Mélanges De Visscher, II, in: RIDA 1949. – G. Marton: Un essai de reconstruction du développement probable du systèm classique romain de responsabilité civile. Mélanges De Visscher, II, in: RIDA 1949. –

H. Niedermeyer: Studie zu den wissenschaftlichen Grundlagen der Lehre von der Mora seit Sabinus, in: Festschrift Schulz, I, Weimar 1951. – D. Nörr: Die Fahrlässigkeit im byzantinischen Vertragsrecht, München 1960. – H. J. Hoffmann: Die Abstufung der Fahrlässigkeit in der Rechtsgeschichte, Berlin 1968.

Zu den Sanktionen: P. Frezza: La garanzie delle obbligazioni. Corso di diritto romano, I–II, Padova 1962–1963. – G. Broggini: Obligatio naturalis. Coniectanea, Milano 1966. – M. Talamanca: Fideiussione, Milano 1968.

Zur Entstehung der Obligationen: F. Wieacker: Societas, Weimar 1936. – E. Albertario: Delictum e crimen. Studi di diritto romano, III, Milano 1936. – Th. Mayer-Maly: Locatio conductio, Wien 1956. – E. Pólay: Ein Gesellschaftsvertrag aus dem römischen Dakien. Acta Antiqua Acad. Sc. Hung. 8, 1960. – Ders.: Sklavenaufkaufverträge auf Wachstafeln aus Herculanum und Dakien, a. a. O., 10, 1962. – H. Kaufmann: Die altrömische Miete, Köln – Graz 1964. – V. Arangio-Ruiz: La compravendità in diritto romano, I–II, Napoli 1964[2]. – S. E. Wunner: Contractus. Sein Wortgebrauch und Willensgehalt im klassischen römischen Recht, Köln – Graz 1964. – D. Nörr: Zur sozialen und rechtlichen Bewertung der freien Arbeit in Rom, in: SZ 82, 1965. – J. G. Wolf: Causa stipulationis, Köln – Wien 1970. – R. Röhle: Das Problem der Gefahrtragung im Bereich des römischen Dienst- und Werkvertrags, in: SDHI 34, 1968. – I. Molnár: Die Gefahrtragung bei locatio conductio im klassischen römischen Recht, in: Labeo 1975. – K. Visky: Artes liberales, Budapest 1977. – G. Diósdi: Contract in Roman Law. From the Twelve Tables to the Glossators. Hrg. E. Pólay, Budapest 1981.

Zur Beendigung der Obligationen: S. Solazzi: L'estinzione dell' obbligazione nel diritto romano, I, Napoli 1935[2].

Zu IV. Das Prozeßrecht

L. Wenger: Zur Lehre von der actio iudicati, Graz 1901. – Ders.: Institutionen des römischen Zivilprozesses, München 1925. – Ders.: Prätor und Formel, München 1926. – E. Pólay: A praetor szerepe a római magánjog fejlödésében (Die Rolle des Prätors in der Entwicklung des römischen Privatrechts), Miskolc 1944. – G. Pugliese: Il processo formulare, I–II, Gènova 1947/48 und 1948/49. – G. Broggini: Vindex und iudex, in: SZ 76, 1957. – G. Bahr: Litis contestatio. Streitbezeugung und Prozeßbegründung im Legisaktionen- und Formularverfahren, Köln – Graz 1960. – F. Wieacker: Der Prätor. Gerichtsherrschaft und Rechtsgang. Vom römischen Recht, Stuttgart 1961. – J. G. Wolf: Die litis contestatio im römischen Zivilprozeß, Karlsruhe 1968. – D. Simon: Untersuchungen zum justinianischen Zivilprozeß. (Münchener Beiträge zur Papyrusforschung und antiken Rechtsgeschichte, 54), München 1969. – E. Seidl: Römische Rechtsgeschichte und römisches Zivilprozeßrecht, Köln – Berlin – Bonn – München 1970.

Dritter Teil

ZUR GESCHICHTE DES STRAFRECHTS

E. Albertario: Delictum e crimen. Studi di diritto romano, III, Milano 1936. – G. F. Falchi: Diritto penale romano, Padova 1937. – M. Kaser: Rechtswidrigkeit und Sittenwidrigkeit im klassischen römischen Recht, in: SZ 60, 1940. – W. Kunkel: Untersuchungen zur Entwicklung des römischen Kriminalverfahrens in vorsullanischer Zeit. (Abh. der Bayer. Akademie der Wiss., phil.-hist. Klasse, 56), München 1962. – G. Gioffredi: I principi del diritto penale, Torino 1970.

Vierter Teil

NACHLEBEN DES PRIVATRECHTS

Zu I. Personenrecht

R. v. Ihering: Entwicklungsgeschichte des römischen Rechts, Göttingen 1894. – R. Sohm: Institutionen, München – Leipzig 1919. – A. B. Schwarz: Zur Entstehung des modernen Pandektensystems, in: SZ 42, 1921. – L. Schnorr v. Carolsfeld: Geschichte der juristischen Personen, München 1933. – J. Bärmann: Das neue Ehegüterrecht, in: Archiv für die zivilistische Praxis 157, 1958.

Zu II. Vermögensrecht

Zum Eigentum und Besitz: E. D. Landsberg: Die Glosse des Accursius und ihre Lehre vom Eigentum, Leipzig 1883. – E. Salvi: Storia del diritto di proprietà, Milano 1915. – H. Kiefner: Qui possidet dominus esse praesumitur, in: SZ 97, 1962.

Zur Beerbung: B. Windscheid: Lehrbuch des Pandektenrechts, III, Düsseldorf 1875^{4}. – H. Dernburg: Pandekten, III, Berlin 1887. (Die beiden genannten Werke waren übrigens die bedeutendsten Pandektenlehrbücher).

Zu den Obligationen: S. Leicht: Il diritto privato preirneriano, Bologna 1932. – H. Dilcher: Der Typenzwang im mittelalterlichen Vertragsrecht, in: SZ 90, 1960. – S. Jörgensen: Die Lehre des Grotius vom Vertrag. Vertrag und Recht, Kopenhagen 1968.

Zu III. Zivilprozeßrecht

P. Calasso: Medio evo del diritto, I, Milano 1954. – H. J. Wolff: Prozeßrechtliches und materiellrechtliches Denken in rechtsgeschichtlicher Beleuchtung. L'Europa e il diritto romano II, Milano 1954. – H. Dilcher: Beweismittel und Beweisführung nach dem sizilischen Gesetzbuch Kaiser Friedrich II., in: Festschrift Kaser, München 1976.

Abkürzungen

Altertum	Das Altertum, Berlin
ANRW	Aufstieg und Niedergang der Römischen Welt. Geschichte und Kultur Roms im Spiegel der neueren Forschung, hrsg. v. H. Temporini, I 1 ff. (West-)Berlin/New York 1972 ff.
Antiquitas	Antiquitas. Acta Universitatis Wratislaviensis, Wrocław
App., civ.	Appianus, de bellis civilibus
Ascon., Corn.	Asconius, in Cornelianam
Ascon., Mil.	Asconius, in Milonianum
BIDR	Bullettino dell' Instituto di Diritto Romano, Milano
Bruns	C. G. Bruns – O. Gradenwitz, Fontes iuris Romani antiqui, I: Leges et negotia, 1909^7, Neudruck Aalen 1958
Cass. Dio	Cassius Dio Cocceianus, Historia Romana
Chiron	Chiron. Mitteilungen der Kommission für Alte Geschichte und Epigraphik des Deutschen Archäologischen Instituts, München
Cic., Arch.	Cicero, pro A. Licinio Archia poeta oratio
Cic., Att.	Cicero, Epistulae ad Atticum
Cic., Balb.	Cicero, pro Balbo oratio
Cic., Brut.	Cicero, Epistulae ad Brutum
Cic., Caec.	Cicero, pro A. Caecina oratio
Cic., dom.	Cicero, de domo sua ad pontifices oratio
Cic., inv.	Cicero, de inventione libri
Cic., leg.	Cicero, de legibus
Cic., Mur.	Cicero, pro L. Murena oratio
Cic., off.	Cicero, de officiis libri
Cic., de orat.	Cicero, de oratore libri
Cic., Phil.	Cicero, in M. Antonium oratio Philippica
Cic., Rab. perd.	Cicero, pro C. Rabirio perduellionis reo oratio
Cic., rep.	Cicero, de re publica
Cic., Rosc.	Cicero, pro Sex. Roscio Amerino oratio
Cic., Sest.	Cicero, pro P. Sestio oratio
Cic., top.	Cicero, topica
Cic., Verr.	Cicero, in Verrem actio
C.	Codex Iustinianus
C. Th.	Codex Theodosianus
CIL	Corpus Inscriptionum Latinarum
D.	Digesta

Dessau	H. Dessau, Inscriptiones Latinae Selectae, 3 Bde., 1892–1916
Don., Ter. Eun.	Donatus, commentum Terenti, in Eunuchum vers.
Fest.	Festus, de verborum significatione
FIRA	S. Riccobono – J. Baviera – C. Ferrini – J. Furlani – V. Arangio-Ruiz, Fontes Iuris Romani Anteiustiniani, Bd. I: Leges, Firenze 1941²
Fragm. Vat.	Fragmenta Vaticana
Frontin., aq.	Sex. Iulius Frontinus, de aquis
Gai.	Gaius, Institutionum Commentarii
Gell.	Gellius, noctes Atticae
Gymnasium	Gymnasium. Zeitschrift für Kultur der Antike und humanistische Bildung, Heidelberg
HdAW	Handbuch der Altertumswissenschaft, begr. v. I. v. Müller, erw. v. W. Otto, fortgef. v. H. Bengtson, München
Index	Index. Quaderni camerti di studi romanistici, Napoli
Inst.	Institutiones Iustiniani
IRMAE	Ius Romanum Medii Aevi, Milano
Iura	Iura. Rivista internazionale di diritto romano e antico, Napoli
Klio	Klio. Beiträge zur Alten Geschichte, Berlin
Labeo	Labeo. Rassegna di diritto romano, Napoli
Latomus	Latomus. Revue d' études latines, Berchem – Brüssel
Liv.	T. Livius, ab urbe condita libri
Liv., perioch.	T. Livius, ab urbe condita librorum periochae ex libri
Macr., sat.	Macrobius, conviviorum primi diei saturnaliorum libri
Mnemosyne	Mnemosyne. Bibliotheca Classica Batava, Leyden
MH	Museum Helveticum, Bâle
Nov.	Novellae
Paul., Sent.	Paulus, Sententiae
Philologus	Philologus. Zeitschrift für das klassische Altertum, Berlin
Plin., nat. hist.	Plinius, naturalis historia
Plut., C. Gracch.	Plutarch, C. Gracchus
RE	Pauly-Wissowa, Realencyclopädie der classischen Altertumswissenschaft
RIDA	Revue Internationale des Droits de l' Antiquité, Brüssel
Salv., gub.	Salvian, de gubernatione dei
SC	Senatusconsultum
SDHI	Studia et Documenta Historiae et Iuris, Rom
Sidon., epist.	Sidonius Apollinaris, epistularum libri
Studi Romani	Studi Romani. Rivista bimestrale dell' Instituto di Studi Romani, Rom
Suet., Aug.	Suetonius, divus Augustus
Suet., Claud.	Suetonius, divus Claudius
Suet., Iul.	Suetonius, divus Iulius
SZ	Zeitschrift der Savigny-Stiftung für Rechtsgeschichte, Romanistische Abteilung, Weimar
Tac., ann.	Tacitus, annales
Ulp., reg.	Ulpianus, liber singularis regularum
Varro, ling.	Varro, de lingua latina
Vell.	Velleius Paterculus, Historia Romana
Živa Antika	Živa Antika. Antiquité vivante, Skoplje

Abkürzungen der römischen Vornamen

Aulus	A.
Appius	App.
Gaius	C.
Gnaeus	Cn.
Decimus	D.
Kaeso	K.
Lucius	L.
Marcus	M.
Manius	M.'
Mamercus	Mam.
Numerius	N.
Publius	P.
Quintius	Q.
Sextus	Sex.
Servius	Ser.
Spurius	Sp.
Titus	T.
Tiberius	Ti.

Register

Im Register sind auch die wichtigsten Begriffe und Namen zum römischen Recht und zur römischen Rechtsgeschichte aus der Zeittafel mit aufgenommen worden, um eine möglichst große Übersichtlichkeit zu erzielen.

Heinz-Peter Zierholz

Arbeiterschaft und Recht in Brandenburg-Preußen. 1648–1800

1985. 128 Seiten – 17 × 24 cm
Broschur. 16,– M / Ausland 24,– DM
Bestellangaben: 795 712 5 / Zierholz, Recht

In dieser marxistischen rechtsgeschichtlichen Arbeit, die eine der ersten auf dem Gebiet des historischen Arbeitsrechts in der DDR ist, untersucht der Autor anhand zahlreicher unveröffentlichter und bisher nicht ausgewerteter Materialien aus Staatsarchiven der DDR die rechtliche Stellung der Arbeiter in den kapitalistischen Produktionsbetrieben beim Übergang vom Feudalismus zum Kapitalismus. In je einem Kapitel wird die arbeits- bzw. strafrechtliche Stellung der Arbeiterschaft behandelt und wesentlichen Fragen nachgegangen, wie der Gründung von Manufakturen, dem Abschluß und der Beendigung von Arbeitsrechtsverhältnissen, dem Jurisdiktionsrecht, dem Charakter der Fabrikengerichte, sowie der Herausbildung neuer Strafrechtsnormen bzw. den Ursachen kriminalitätsbegünstigender Faktoren. Den Band beschließen interessante und typische Fälle zur praktischen Anwendung des Strafrechts sowie ein Quellenanhang.

HERMANN BÖHLAUS NACHFOLGER WEIMAR

Eigentum

Beiträge zu seiner Entwicklung in politischen Gesellschaften.
Werner Sellnow zum 70. Geburtstag

Herausgegeben von Jens Köhn und Burkhard Rode.

1987. Etwa 480 Seiten – 3 Abbildungen – 17 × 24 cm
Leinen. DDR 45,– M / Ausland 52,– DM
ISBN 3-7400-0055-4
Bestellangaben: 795 648 0 / Köhn, Eigentum

Der vorliegende Band untersucht an ausgewählten Beispielen der Weltgeschichte die Entwicklung des Eigentums und seine Stellung in den verschiedenen Gesellschaftsordnungen. Der Bogen spannt sich von den Eigentumsbeziehungen in neusumerischer und ägyptischer (Codex Hermipolis) Zeit über das antike Rom und das europäische Mittelalter bis in die neueste Zeit. Die *leges barbarorum* werden ebenso untersucht wie die Herausbildung neuer Eigentumsbeziehungen in den Anfängen der DDR.

FSC
www.fsc.org
MIX
Papier | Fördert
gute Waldnutzung
FSC® C083411

Kolibri 360 GmbH
Ferdinand-Jühlke-Straße 7
99095 Erfurt, Deutschland
produktsicherheit@kolibri360.de